东固革命根据地斗争史

吉安市青原区档案史志馆　编著

中共党史出版社

图书在版编目（CIP）数据

东固革命根据地斗争史 / 吉安市青原区档案史志馆编著 . -- 北京：中共党史出版社，2022.7
ISBN 978-7-5098-6081-6

Ⅰ . ①东… Ⅱ . ①吉… Ⅲ . ①革命根据地—史料—江西 Ⅳ . ① K295.6

中国版本图书馆 CIP 数据核字 (2022) 第 117628 号

出版发行：中共党史出版社
责任编辑：贾欣琪
责任校对：申　宁
责任印制：段文超
社　　址：北京市海淀区芙蓉里南街 6 号院 1 号楼
邮　　编：100080
网　　址：www.dscbs.com
经　　销：新华书店
印　　刷：保定市中画美凯印刷有限公司
开　　本：170mm × 240mm　1/16
字　　数：320 千字
印　　张：22.5
印　　数：1—4700 册
版　　次：2022 年 7 月第 1 版
印　　次：2022 年 7 月第 1 次印刷

ISBN 978-7-5098-6081-6
定　　价：108.00 元

此书如有印制质量问题，请与中共党史出版社出版部联系
电话：010 - 82517197

《东固革命根据地斗争史》编委会

《东固革命根据地斗争史》编辑部

前言

新中国成立以来，特别是党的十八大以来，以习近平同志为核心的党中央领导集体高度重视党史的宣传和教育，注重加强对革命根据地的宣传和研究，注重发挥党史对广大人民群众的革命传统教育和爱国主义教育功能。这为我们开展党史研究，推进党史宣传教育指明了方向，提供了基本遵循。

东固革命根据地作为土地革命战争时期中国共产党领导创建的最早的农村革命根据地之一，从1927年大革命失败后的当年9月开始创建，直到1935年5月留守苏区的中共公万兴特委和公万兴独立团在突围时被打散而解体，从而不复存在，历经了曲折发展的七年零九个月。从时间段来说，东固革命根据地的光辉革命历程从艰辛创建，到日渐巩固，到全盛发展，到融入发展，到最后完全解体丢失，大体上可以分为六个阶段：一是以1927年9月东固的“敖上会议”成立党支部、建立工农武装和重组农民协会为标志作为东固革命根据地创建的历史起点，经过东固暴动，至1928年4月形成以东固为中心的吉安、吉水、永丰、泰和、兴国五县交界处的红色区域割据，这是东固革命根据地正式创建形成阶段；二是自1928年5月在东固成立赣西南行动委员会，至1929年2月红四军来到东固会师前，这半年多时间成立了江西工农红军独立第二、四团，粉碎了敌人的“五县会剿”，并在政权、经济和文化建设等方面创造了根据地建设的多个第一，此为东固革命根据地日渐巩固阶段；三是自1929年2月毛泽东、朱德率领红四军来到东固与以李文林为领导的红二、四团举行盛大的东固会师，至1930年2月赣西苏维埃政府正式成立，东固政权由秘密转向公开，红色区域和武装力量更加壮大，此为东固革命根据地全盛发展阶段；四是从1930年2月二七会议的召开，至1930年10月红军第九次攻打吉安终于攻下吉安城，此为东固革命根据地完全融入到赣西南革命根据地的发展阶段，东固革命根据地成为了赣西南苏维埃区域革命斗争的中心；五是从1930年10月江西省苏维埃政府成立，至1934年10月中央和主力红军撤出中央苏区实行战略转移，此为东固革命根据地完全融入中央革命根据地的发展阶段，是中央革命根据地西北的重要前哨阵地，成为中央苏区的重要组成部分。在这个阶段，以蒋介石为首的国民党反动派对中央苏区先后发起了五次反革命“围剿”，东固革命根据地是中央苏区第一、二、三次反“围剿”的主战场，为中央革命根据地乃至中华苏维埃共和国的创建、巩固和发展作出了重要贡献；六是从1934年9月曾山临危受命接任中共江西省委代理书记，奉命留守江西苏区坚持游击斗争，直至1935年5月中共公万兴特委和公万兴独立团在突围时被完全打散而解体，从此东固革命根据地完全丢失，此为东固革命根据地浴血坚持游击阶段。在这长达九个月艰苦卓绝的游击战争岁月里，东固革命根据地军民擎起“艰苦奋斗”的伟大红旗，坚持信念不灭、精神不倒，发扬苏区优秀儿女一不怕苦、二不怕死的革命精神浴血坚持游击斗争，成功地拖住和打击了敌人，有力地配合和支援了中央和主力红军长征，保存了革命的火种，锤炼了革命的骨干，极大地鼓舞和坚定了苏区群众继续革命的斗志，在中国共产党历史和中国革命史上写下了极其悲壮的一页。

东固革命根据地是土地革命战争时期赣西南苏维埃和江西省苏维埃革命活动的中心，是中国共产党人集体探索“以农村包围城市，武装夺取政权”这一独特的中国革命道路的重要实践地，与井冈山、赣南、闽西、湘赣等众多的根据地相互配合、共同发展，为中华苏维埃共和国的创建和发展，乃至为中国革命的最后胜利，作出了重要历史贡献，书写了中国共产党历史和中国革命历史上浓墨重彩的不朽篇章，占有十分重要的历史地位。东固革命根据地的创建者赖经邦、曾炳春、李文林等人把马克思主义基本原理和东固本地实际结合起来，在建党、建军、武装斗争、政权建设、经济文化建设等诸多方面进行了重要的实践探索，创造了许多具有原创意义的宝贵革命经验，具有十分鲜明的东固革命特色，得到了毛泽东、朱德、陈毅等老一辈无产阶级革命家的高度肯定和赞扬，毛泽东把东固革命根据地与“朱毛式”“贺龙式”“方志敏式”根据地并列，称为“李文林式”革命根据地，陈毅誉之为“东井冈”，充分彰显了东固革命根据地在中国革命史上的重要地位。

在土地革命战争中，东固革命根据地人民为中国革命付出了无比巨大的牺牲，他们承受了国民党反动派疯狂的烧杀抢掠，历经了长期革命战争血与火的光辉洗礼。为着推翻黑暗的旧社会、建立光明的新社会，他们义无反顾、不怕牺牲，初心不改、矢志不移，与国民党反动势力展开了长期殊死搏斗，涌现出了许许多多可歌可泣的革命英雄主义事迹，铸就了人民心中不朽的历史丰碑。

东固革命先辈在长期的血与火的淬炼中，锻造了坚定信念、敢于斗争，实事求是、开创新路，不怕牺牲、勇于奉献，艰苦奋斗、争创一流的“东井冈”革命精神，是伟大的苏区精神和苏区干部好作风的重要体现，是对伟大的井冈山精神的弘扬和发展，这种精神将永远被历史和人民所铭记，成为激励我们不忘初心、奋勇前进的不竭精神动力。

作为中国早期的重要农村革命根据地，东固革命根据地人民的革命斗争，充满着艰辛、辉煌与悲壮，其创建时间之早，坚持斗争时间之长，斗争经验之特色鲜明，斗争环境之艰苦卓绝，实属罕见。但因各种原因，这块曾经创造过悲壮、辉煌革命斗争史的革命根据地却长期以来很少为世人所知，它的历史地位和重要影响一直没有予以充分的肯定。为探索史实真相，重温东固革命根据地这段血与火的红色革命历史，加强对广大人民群众的党史宣传教育、革命传统教育和爱国主义教育，是我们党史工作者义不容辞的重要责任。

2021 年是中国共产党成立 100 周年。为深入贯彻落实习近平总书记“把红色资源利用好、把红色传统发扬好、把红色基因传承好”的指示精神，在这喜庆的年份，我们基于对地方红色文化事业发展的深刻思考，基于对东固红色基因的传承弘扬，注重发挥党史以史鉴今、资政育人的重要作用，加大对东固革命根据地红色党史资源的挖掘整理力度，以扎实的工作作风、严谨的治学态度、科学的求实精神，系统编写一部具有官方权威性质的全面系统真实客观反映东固革命根据地辉煌革命史的历史书籍，把党领导东固革命根据地人民进行革命的奋斗历程、光辉业绩、伟大精神记录下来、弘扬下去，对于教育引导广大人民群众从我们党艰苦卓绝的斗争历程中汲取智慧力量、传承红色基因、坚定理想信念，发扬革命精神和斗争精神，凝聚不忘初心、牢记使命、永远奋斗的精神力量，勇担历史重任，奋力推进新时代经济社会实现高质量跨越式可持续发展，具有重要的现实意义和深远的历史意义。

本书编纂坚持以马克思列宁主义、毛泽东思想、邓小平理论、“三个代表”重要思想、科学发展观、习近平新时代中国特色社会主义思想为指导，运用辩证唯物主义和历史唯物主义的立场、观点和方法，坚持思想性、科学性与资料性，历史的真实性、事件的准确性与内容的可读性相统一来开展编纂工作，力求编成广大人民群众喜爱阅读的革命传统教育精品史书，进行地方党史宣传教育的鲜活教材，向伟大、光荣、正确的中国共产党成立 100 周年献礼！

编　者

2021 年 4 月 12 日

目录 CONTENTS

概 述

东固革命根据地，是土地革命战争时期中国共产党领导创建的最早的农村革命根据地之一。它从1927年9月敖上会议的召开成为其开创的起点，到1928年4月以东固为中心的“永丰、兴国、于都三县之交已形成割据”，标志着东固革命根据地的正式创建形成。再到1930年2月赣西苏维埃政府正式成立，使以东固为中心的赣西各地梅花状零星小块红色区域连成一片，形成了统一的赣西苏维埃区域。从此，东固革命根据地进入了与其他红色区域融合发展的新阶段。作为独立存在了两年半时间的东固革命根据地，历经了创建、巩固和发展三个阶段，全盛时期管辖区域面积约2200平方千米，人口约15万人。

随着革命形势的发展，1930年3月，中共赣西南第一次代表大会在富田陂下村召开，成立了中共赣西南特委和赣西南苏维埃政府，标志着在东固革命根据地基础上，融合井冈山革命根据地、延福革命根据地，管辖范围从南丰到永新，由寻乌到峡江，横贯江西半壁，纵横达700里，人口达400多万人的赣西南革命根据地的正式创建形成，东固革命根据地由此成为赣西南革命斗争的中心区域。

1931年11月，中华工农兵苏维埃第一次全国代表大会在瑞金胜利召开，标志着中央革命根据地的正式创建形成。根据大会决议成立的苏区江西省公略县，其范围即为东固革命根据地核心区域，由此东固革命根据地成为中央革命根据地的重要组成部分。1934年10月，主力红军长征后，东固地区成立了中共公万兴特委和公万兴独立团，坚持开展游击斗争，直到1935年5月被打散解体，东固革命根据地完全失陷。

东固革命根据地历时七年零九个月，其创建时间之早，坚持斗争时间之长，斗争经验之特色鲜明，斗争环境之艰苦卓绝，实属罕见，为中国革命付出了沉重牺牲，提供了原创经验，作出了重要贡献，书写了中国共产党历史和中国革命历史上浓墨重彩的不朽篇章，占有十分重要的历史地位。

一、东固革命根据地之艰辛创建（1927 年 9 月—1928 年 4 月）

东固原为吉安县东南边陲的一座小镇（今属吉安市青原区），处在吉安、吉水、永丰、泰和、兴国五县交界处，离周边五个县城均有 100 余里。这里崇山峻岭，层峦叠嶂，绵延百里；这里沟壑纵横，地势险要，信息闭塞；这里土地肥沃，气候温润，物产丰富。优越的环境，丰饶的物产，自给自足的自然经济，为创建革命根据地提供了良好的区位条件和坚实的物质基础。

东固地区历史上归属庐陵县纯化乡管辖。大革命前，居住在这里的人口绝大部分是贫农、佃农、中农，80% 的土地集中在豪绅地主手中，贫苦农民靠世代租种地主和富农的土地为生，忍受着谷物收获量 60% 以上的重租和高利贷的剥削。广大贫农、佃农终年劳作，却依然过着衣不蔽体、食不果腹的贫寒生活。在这里封建地主对农民群众的压迫剥削由来已久，反动势力根深蒂固，贫富悬殊的现象极为严重，阶级矛盾日益尖锐。不仅如此，东固的贫苦农民还要忍受当地国民党反动政府多如牛毛苛捐杂税的盘剥，苦不堪言，苦难的生活逼得东固人民在生死线上挣扎。

政治上的压迫，经济上的剥削，迫使广大的贫苦农民自发集结起来，手执农具、棍棒，开展了与反动势力的一系列决绝斗争，但这些群众自发的反抗斗争，由于没有强有力的组织领导，并不能改变当时社会的黑暗现状，也难以取得最后的胜利。只有改变旧有的社会制度，建立平等、自由的新的社会制度，人们才能过上美好幸福的生活。而要实现这个目标，就迫切需要有一群组织者和领导者挺身而出，迫切需要有一个能够真正带领人民起来推翻万恶旧社会、建立公平合理新社会的革命政党的领导。这些都为在东固地区建立党组织和创建革命根据地提供了较好的群众基础。

就在此时，国际国内形势发生了巨大而深刻的变化。1915 年，中国大地掀起了崇尚民主与科学，反对封建文化的新文化运动，这次运动沉重打击了统治中国达 2000 多年的封建传统礼教，启发了人们的思想觉悟，推动了民主与科学在现代中国的发展。1917 年，俄国爆发了十月革命，给中国送来了马克思主义。紧接着 1919 年中国发生了伟大的反帝反封建的五四爱国运动。五四运动促进了马克思列宁主义和中国工人运动相结合，这样从思想上和干部上为中国共产党的成立作了准备。终于在 1921 年 7 月，伟大的中国共产党诞生了。中国共产党的成立，是中国历史上开天辟地的大事变，给灾难深重的中国人民带来了光明和希望，也给中国革命指明了前进的方向，从此中国革命的面目为之一新。1924 年，在“联俄、联共、扶助农工”三大政策基础上，实现了第一次国共合作。从此，一场轰轰烈烈的国民大革命在中国大地迅速蔓延开来。

在大革命的深刻影响下，罗石冰、曾延生等一批吉安的革命先驱在吉安大力传播马克思主义，深深教育影响了梁一清、梁明哲等一批吉安的进步青年，引导他们纷纷走上了革命道路。1924 年，吉安团特支成立。1926 年 1 月，吉安第一个中共组织——吉安党小组成立，接着成立了中共吉安特支。从此，吉安的革命活动就有了党组织的坚强领导。1926 年 9 月，省立吉安第七师范毕业的学生、东固籍青年赖经邦加入了中国共产党，并以吉安县教育局巡学员的名义回到家乡，于 1927 年 2 月秘密建立了中共东固小组，拉开了东固革命的序幕。1927 年初，东固地区成立了农民协会，东固党小组通过农会组织农民自卫队，积极领导农民向豪绅地主展开斗争，掀起了轰轰烈烈的农民运动。这些为创建东固革命根据地奠定了较好的思想基础和组织基础。

1927 年，四一二反革命政变后，全国陷于白色恐怖之中。8 月，国民党驻吉安第八师师长朱世贵，在吉安制造了八六反革命事件，杀害了共产党员、吉安县总工会委员长梁一清、县商会会长晏然和县人民自卫队队长钟祥钦，并大肆搜捕共产党员和革命群众。东固籍共产党员赖经邦、高克念、曾炳春、刘经化、汪安国等人，由吉安秘密回到家乡，继续开展革命斗争。

1927 年 9 月，中共江西省委决定建立赣东、赣南、赣西、赣北四个特委，委派汪群、曾延生等人赴赣西地区（以吉安为中心）传达贯彻八七会议精神及《江西全省秋收暴动大纲》等文件，组织秋收暴动。

在党的八七会议关于土地革命和武装反抗国民党反动派的方针指导下，9 月下旬，赖经邦在东固敖上村主持召开了有高克念、刘经化、曾炳春等 12 人参加的全体党员大会，决定成立东龙党支部，组建工农武装，恢复和发展农民协会。敖上会议拉开了东固革命根据地创建的序幕，为东固暴动作了政治上、思想上、组织上的全面部署和准备，成为开创东固革命根据地的历史起点。

根据上级指示精神和敖上会议决议，1927 年 10 月，以东固农会会员为基础，同时争取了段月泉（又名段起凤）“三点会”绿林武装加入，在敖上成立了东固地区最早的革命武装——东固工农革命军，由赖经邦任队长，段月泉任副队长。11 月 12 日，赖经邦、段月泉率领东固工农民革命军奔袭富田，捉拿罪恶昭著的富田王家大土豪王初曦，没收其钱财充实军需，没收其全部衣物粮食分给当地贫苦农民，这就是著名的东固暴动。东固暴动的胜利，有力地打击了吉安东南一带以王初曦为首的反动势力，促进了赣西南地区土地革命斗争的发展。

1928 年 2 月，中共赣西特委决定将东固工农革命军与永丰、吉水两县暴动后成立的永吉游击队合编，在东固养军山组建了江西工农革命军第三师第七纵队，由吴江任纵队长，赖经邦任党代表，曾炳春任秘书长；以延福地区油田和塘东两支游击队为基础，并吸收部分工农群众参加，在油田七里村成立了江西工农革命军第三师第九纵队，由李育青任纵队长，刘泽民任参谋长，金万邦任党代表。七、九纵队的成立，标志着江西最早编成的工农革命军之一在东固革命根据地的诞生。3 月，第九纵队奉赣西特委之命赴东固养军山集训。与此同时，中共江西省委为加强对东固地区革命武装的统一领导，决定成立七、九纵队总指挥部，由叶天雷任总指挥，詹天龙任党代表，赖经邦任参谋长。

随着武装斗争的胜利发展，东固革命斗争出现了新的局面。1928 年 2 月，东固党组织在东龙党支部的基础上，成立了中共东龙区委，由高克念任书记。同时农会组织得到迅速发展，建立了东固、南龙、敖上、江口等 24 个乡村农会，发展了 4000 余名会员。在这里，反动政权已被推翻，地主的田契债约被烧毁，地租、苛捐杂税和高利贷已被废除，“一切权力归农会”，农会行使红色政权机构的职权，管理农村一切行政事务，对田地和茶山实行谁种谁收，豪绅地主威风扫地，革命武装和群众组织可以公开活动。随着革命形势的不断发展，东固革命的星火迅速向周边地区蔓延，从北至吉水白沙、水南，南至兴国、于都、宁都，东至永丰沙溪，西到泰和仁善、仙槎的广大地区，革命斗争如火如荼。万安暴动失败后，部分农军转移到东固休整，学习东固武装斗争经验。

从 1928 年 4 月开始，中共东龙区委和第七纵队先后三次派人送信去井冈山给毛委员和朱军长，介绍东固革命根据地的情况，沟通了两块根据地的联系。

至 1928 年 4 月底，经过东固革命根据地军民几个月来的英勇奋战，发展了党的组织，建立了乡村农会，扩大了革命武装，使东固这块赤色区域在四周白色恐怖的包围中屹然挺立。正如 1928 年 4 月 25 日中共江西省委给中央的报告中指出的那样：“永丰、兴国、于都三县之交已形成割据。”以东固为中心的武装割据局面的形成，标志着东固革命根据地的正式创建形成。

二、东固革命根据地之日渐巩固（1928 年 5 月—1929 年 2 月）

东固革命根据地的斗争在赣西南地区异军突起，影响日益扩大。为了加强对赣西南革命武装斗争的领导，1928 年 5 月，中共江西省委在东固设立赣西南行动委员会，由刘士奇任书记，萧韶、丘倜、詹天龙、赖经邦等人为委员，专门指导赣西南各地的武装暴动。

就在东固根据地军民加快武装斗争步伐，扩大革命斗争区域的关键时刻，6 月 30 日，赖经邦在率领第七纵队队员和东固数百名群众攻打兴国枫边靖卫团的战斗中不幸被捕，于 7 月 1 日壮烈牺牲。赖经邦的牺牲，使东固根据地人民失去了一位革命立场坚定、军政素质全面、领导能力优秀、熟悉本地情况的优秀领导人，是东固、赣西革命事业的重大损失。

7 月初，第九纵队奉令调回延福保卫红色政权，同期曾炳春率领第七纵队前往兴国协助崇贤暴动，进一步加强了东固与延福根据地的融合发展，也加紧了东固与兴国之间的联系。

崇贤暴动胜利后，吉安、吉水、永丰、泰和、兴国五县反动派又发动所谓“五县会剿”，由吉安县县长邹松任总指挥，兵分四路向东固进攻。第七纵队退驻养军山，待机歼敌。敌人玩弄“招抚”阴谋，第七纵队将计就计，向敌人发起突袭，邹松等狼狈逃窜，所谓“五县会剿”以惨败收场。从此，敌人很长一段时间不敢贸然进犯东固，东固革命根据地日益壮大。

9 月，第七、九纵队奉令调往吉水阜田整训。中共赣西特委秘书长李文林根据特委决定，将第七、九纵队合编为江西工农红军独立第二团，由李文林任团长兼团党委书记。红二团成立后，在峡江、永丰、乐安一带游击，不断消灭反动地方武装，扩大了赣江东面的赤色游击区。12 月 20 日，又攻克兴国县城，打败了敌驻吉刘士毅部六连兵力与兴国、永丰靖卫团的“围剿”。12 月底，回到东固，打败了吉安“五市联防”靖卫团的“进剿”。至 1929 年 1 月初，消灭了“五市联防”靖卫团。从此，国民党反动派的正规军也不敢轻易进扰东固，东固根据地得到进一步巩固，红二团更加壮大，全团已发展到 800 多人、430 多支枪。

这一时期，在中共赣西特委兼吉安县委领导下，加强了东固根据地的各项建设。党组织建设方面，1928 年 10 月初，将东龙区委改名为东固区委，由刘经化任书记，下辖东固、水南、崇贤、潭头等 24 个支部。至 1929 年初，整个赣西的党组织得到了很好的恢复和发展；经济建设方面，发展工业生产，建有兵工厂、工艺厂、锅炉厂、农具修理厂、油墨蜡纸厂等。发展农业生产，进行了“三抗”（抗租、抗债、抗苛捐杂税）斗争，大大激发了农民的革命积极性。发展商业金融，1928年10月，为打破敌人对根据地的经济封锁，创办了东固平民银行，发行了中国工农红色政权第一张纸币。同年12月，开办了东固平民消费合作社，帮助农民发展生产，解决困难。社会建设方面，发展文教卫生事业，1928年9月初，东龙区委在东固区、乡办起了平民学校（后改为列宁小学），各村还兴办夜校识字班，组织成年人学文化、学政治，编有《农民讲话》《工人讲话》《妇女讲话》《战士讲话》等课本，开展生动活泼的文化娱乐活动，唱红色歌谣，演革命戏，宣传破除迷信，废除封建婚姻，提倡男女平等，被朱德赞誉为“中国历史上最大的学习运动”。为了适应革命战争的需要，1928年10月，红二团在三彩山坑筹建了一所红军医院。发展邮政通信事业，1929年春，在东固成立了东固赤色邮政分局，保证了邮路的畅通和赤色区域的正常联系。

1929年2月初，红二团到达兴国莲塘与赣南红军第十五、十六纵队会合。根据赣西、赣南特委指示，第十五、十六两纵队在莲塘合并编成江西工农红军独立第四团，由段起凤任团长，金万邦任团党委书记。从此，红二、四团密切配合、联手战斗，成为赣西南地区革命武装斗争的主力军，推动革命形势不断发展，为保卫和发展东固革命根据地，推动赣西南地区土地革命起到了重要作用。至此，东固革命根据地得到进一步巩固和扩大，“成为赣西南群众斗争最红的地方”，进入了全盛发展时期。

三、东固革命根据地之全盛发展（1929年2月—1930年2月）

为了打破敌人对井冈山革命根据地的第三次“会剿”，1929年1月14日，毛泽东、朱德、陈毅率领红四军离开井冈山出击赣南，一路遭到敌军的围追堵截，屡战失利，部队几乎陷于绝境，迫切需要寻求一个有党有群众的地方休整部队，补充给养，安置伤员。2月初，毛泽东在寻乌县罗福嶂召开前委会议，决定前往“有党有红军”的东固。17日，红四军到达东固南龙。20日，红四军与红二、四团在东固螺坑胜利会师。22日，红四军和红二、四团在螺坑石古垅河坝上召开胜利会师大会。23日，毛泽东主持召开了云汉堂会议，传达了党的六大精神，阐述了当时的国内外形势和党的方针、任务及斗争策略，并对根据地政权建设、土地革命等问题作了明确的指示。决定留下毛泽覃、谢唯俊、陈东日等一批干部参加东固根据地的领导工作，给东固根据地党政军干部以深刻的教育和极大的鼓舞。红四军在东固休整这一星期中，得悉井冈山已失守，而尾随的赣敌李文彬旅等十个团的反动军队已对东固形成包围之势。为了引走敌人，打破敌人对东固根据地的“围剿”，毛泽东、朱德决定放弃回师井冈山，率领红四军于2月25日离开东固，东进赣南、闽西游击，开辟新的根据地，拉开了创建中央革命根据地的序幕。

东固会师使红四军在东固安全休整了一个星期，改善了战士的生活，消除了远途行军的疲劳，安置了300多名伤病员，同时进一步沟通了东固与井冈山两块革命根据地的情况，交流了实行武装割据、开展游击战争以及建党、建军和土地革命的经验，把东固根据地的革命斗争推向了一个新的阶段。陈毅赋诗盛赞东固会师：“东固山势高，峰峦如屏障。此是东井冈，会师天下壮。”毛泽东在当年4月13日以红四军前委的名义致信湘赣边界特委，建议特委应根据东固经验迅速调整斗争部署，改变行动方针。

3月27日，蒋桂战争爆发后，“进剿”东固的敌军主力部队被调往参战。红二团乘隙第二次攻占兴国县城，帮助兴国发展党组织；东固区委派胡家驹、郭绍香等人到泰和中洞发展党团员，建立党、团支部，在东坑成立泰和游击队。东固革命根据地影响进一步扩大。

5月，赣西第一次党代表大会在东固召开，大会为贯彻党的六大精神，作出了政治决议大纲，选举产生了新的赣西特委，由冯任任书记，进一步加强了对东固革命根据地的领导。6月初，成立了红二、四团行动委员会，统一指挥两个团，由李文林任书记兼红二、四团政委，鄢日新任总指挥。7月，东固区委根据中共赣西特委的指示，成立了东固革命委员会，由傅月照任主席，领导开展了打土豪分田地、扩大红军、支援前线等运动。10月，在东固革命委员会的基础上成立了东固区苏维埃政府。同月，赣西革命委员会成立，由曾山任主席。从此，东固根据地的革命政权由秘密状态转向了公开状态。

就在赣西革命形势蓬勃发展之时，而在吉安县的国民党加紧了对东固根据地的进攻。为瓦解敌人的力量，中共江西省委决定，委派省委特派员赵醒吾、军事巡视员蔡申熙和赣西特委组织部长刘士奇做团结、教育、策反吉安县靖卫大队长罗炳辉的工作，争取他参加革命队伍。危急关头，罗炳辉根据赣西特委指示，于 11 月 15 日率所部官兵宣布起义，起义部队被改编为江西工农红军独立第五团，由罗炳辉任团长。罗炳辉起义的胜利和红五团的成立，瓦解和打击了赣西一带的敌军，鼓舞了赣西革命群众的斗志，增强了赣西工农红军的实力。

11 月，中共赣西特委迁驻渼陂村，召开了赣西临时工农兵代表会议，成立了赣西临时苏维埃政府，由曾山任主席，统一领导东固、延福和各县区苏维埃政权。1930 年 2 月，又正式成立赣西苏维埃政府，使以东固为中心的赣西各地梅花状零星小块红色区域连成一片，革命红色区域和革命力量更加发展壮大。赣西苏维埃政府的成立，标志着统一的赣西苏维埃区域的形成。从此，东固革命根据地作为赣西苏维埃区域的重要组成部分，进入了创建赣西南革命根据地的新的历史发展时期。

四、东固革命根据地之融入赣西南革命根据地，成为赣西南苏区革命斗争的中心（1930 年 2 月—1930 年 10 月）

1930 年 2 月 6 日至 9 日，毛泽东在渼陂村主持召开了红四军前委，红五、六军军委和中共赣西、赣南、湘赣边特委联席会议，史称二七会议。会议讨论了政治、土地、红军、党的组织及苏维埃政权建设等一系列重大问题，提出了赣西南党的主要任务是扩大苏维埃区域、深入土地革命、扩大工农武装；制定了《赣西南土地法》；提出了攻打吉安的口号；成立了以毛泽东为书记的共同前委。会议还决定将中共赣西特委和赣南特委合并，成立中共赣西南特委。二七会议是中国共产党历史上具有重要意义的一次会议，不仅对赣西南地区的土地革命运动起了积极的推动作用，而且为党所领导的整个土地革命斗争的发展指明了方向。

3月22日，中共赣西南第一次代表大会在富田陂下村召开。大会明确了赣西南党当前与今后的四大任务：（1）当前赣西南党的任务是攻取吉安和赣州；（2）彻底分配土地；（3）扩大苏维埃区域；（4）武装工农，扩大红军。大会选举成立了中共赣西南特委会，推选刘士奇为特委书记。根据大会决议，原赣西苏维埃政府改为赣西南苏维埃政府。3月26日，赣西南苏维埃政府宣告成立，由曾山任主席。

中共赣西南特委和赣西南苏维埃政府的成立，标志着从南丰到永新，由寻乌到峡江，横贯江西半壁，纵横达700里，人口达400多万的赣西南革命根据地的正式创建形成。从此，赣西南革命斗争出现了蓬勃发展的新局面，东固革命根据地成为赣西南革命斗争的中心区域。

为深入贯彻二七会议和赣西南一大会议精神，赣西南各地土地分配深入开展，苏维埃政权普遍建立，并且把“攻取吉安”作为斗争的中心任务。其实攻打吉安的战斗从1929年10月就已经拉开帷幕，至1930年10月，赣西南军民先后发起了九次攻打吉安的战斗。在前八次攻打吉安并对吉安形成合围的基础上，1930年10月4日，红一方面军在赣西南特委及十几万地方武装和群众的配合下终于攻克了吉安城，取得了第九次攻打吉安的胜利。攻打吉安的胜利，是毛泽东坚持党的实事求是思想路线、抵制“左”倾冒险错误，实施“农村包围城市，武装夺取政权”革命道路的一次有益尝试。“九打吉安”不是一场孤立的战斗，是坚持党的人民战争路线，发动群众、依靠群众、勇于斗争的成功典范。这场长达一年之久的“攻打吉安”的大规模武装斗争，离不开群众的积极配合和参与。实践证明，“九打吉安”的战斗，是井冈山、东固、延福革命斗争的延续，为建立中央革命根据地创造了条件，在中国革命史上具有重要的历史地位。

在赣西南革命根据地时期，东固革命根据地还在极其艰难的战争环境中，大力开展了根据地的经济文化卫生建设，在工业、农业、商业、金融、教育、医药、交通、邮电等方面采取了许多积极有力的经济措施，着力解决军民生产生活及战争需要的物资供应，粉碎国民党的经济封锁。在分配土地基础上，动员苏区人民恢复和发展工农业生产，建立健全各种经济服务机构，创办和完善文化、医药等服务设施，以适应和满足苏区军民的战斗和生活需要，支援革命战争，巩固苏维埃政权。

就在赣西南苏区军民积极反抗国民党军第一次“围剿”的1930年12月，在江西省行委、省苏维埃政府驻地富田，发生了震惊苏区的富田事变，致使革命队伍遭受损失。1931年1月，以项英为代理书记的中共苏区中央局到达赣西南苏区，对富田事变作出了相应处理。为了加强赣西南地区党的领导，中共苏区中央局根据中共中央的决定，正式通告解散江西省行动委员会，在富田成立了以陈毅为书记的赣西南特区委员会。

以东固革命根据地为中心区域的赣西南革命根据地是中国共产党领导土地革命斗争取得的一个重要成果，是同时期全国范围内区域面积较大、影响较深远的革命根据地，是中央革命根据地创建的重要基础，开创了根据地党的建设、军队建设、政权建设的多个创举，为中央革命根据地的各项建设提供了许多原创经验，丰富了毛泽东关于“工农武装割据”的思想。

五、东固革命根据地之融入中央革命根据地，成为中央苏区的重要组成部分（1930年10月—1934年10月）

1930年10月7日，红一方面军前委与赣西南特委在吉安城内中山场召开了有10余万群众参加的“庆祝吉安暴动胜利大会”，会上宣告了江西省苏维埃政府的成立，由曾山任主席。这是我党历史上建立的存在时间较长的省级苏维埃政府。

随着江西省苏维埃政府的建立，土地革命的深入，红军武装力量的发展，赣西南、闽西革命根据地的不断扩大，引起了国民党反动派的极大恐慌。1930年10月，蒋、冯、阎军阀中原混战刚结束，蒋介石就迫不及待地开始对赣西南革命根据地进行疯狂“围剿”。为了粉碎敌人的“围剿”，红一方面军总前委和中共江西省行委于10月25日至30日在新余罗坊召开了联席会议，决定采取“诱敌深入”的作战方针。12月30日，红一方面军在永丰龙冈地区大获全胜，全歼了国民党军第十八师，活捉了国民党军前敌总指挥、第十八师师长张辉瓒，取得了第一次反“围剿”的辉煌胜利。

1931年2月，不甘心失败的蒋介石又调集20万大军，以何应钦为总司令，对苏区发动了第二次大“围剿”，国民党军在800里战线上分四路向苏区推进，红军采取“诱敌深入，集中优势兵力，击其虚弱，歼敌于根据地之内”的战略方针，取得白云山战斗首战大捷，全歼国民党军公秉藩第二十八师，重创王金钰第四十七师，红军乘胜追击，15天横扫700里，取得了第二次反“围剿”的全面胜利。

6月，苏区中央局为集中力量统一指挥，同时解决赣西南苏区因交通阻隔联系不便的困难，决定撤销中共赣西南特区委，同时，在东固成立中共永（丰）吉（安）泰（和）特委，由毛泽覃任书记。永吉泰特委同时拥有自己的武装——永吉泰师（即独立第五师），由萧克任师长。

7月，气急败坏的蒋介石又调集30万大军，亲任总指挥，对苏区发动了第三次大“围剿”。从7月31开始，红军接连取得莲塘、良村、黄陂、高兴圩四战大捷，歼敌近4万人，余部向吉安城、赣州方向溃逃。9月15日，黄公略指挥红三军追至方石岭、张家背一带，进行包围阻击，取得了方石岭歼灭战的辉煌胜利。至此，蒋介石的第三次“围剿”以彻底失败而告终。但是，黄公略率部向瑞金转移时，在东固六渡坳突遭敌机空袭，黄公略不幸中弹，壮烈牺牲。

红一方面军连续取得三次反“围剿”的胜利，使赣西南与闽西根据地逐渐连成一片，形成全国最大的革命根据地——中央革命根据地。中共中央决定以赣西南、闽西根据地为依托，建立苏维埃中央政府。1931年11月，中华工农兵苏维埃第一次全国代表大会在瑞金召开，选举产生了中华苏维埃共和国临时中央政府。此次大会的召开，标志着中央革命根据地的正式创建形成。

为缅怀红三军军长黄公略的光辉业绩，11月下旬，中共苏区江西省委根据中华工农兵苏维埃第一次全国代表大会的决定，在黄公略牺牲的东固地区，即吉安县与吉水县东南境苏区设立公略县，由毛泽覃任县委书记，李衍星任县苏维埃政府主席。公略县辖区正是东固革命根据地的核心区，包括原吉安县的东固、富田、纯化、儒林、水东和吉水县的白沙、冠山、折桂、水南、中鹄等区。东固革命根据地及其由此发展而来的赣西南革命根据地的大部分区域，完全融入中央苏区的版图，成为中央苏区的重要组成部分。

1932 年 3 月，中共苏区江西省委根据苏区中央局指示，在中共公略县委的基础上，成立中共公略中心县委，与中共公略县委合署办公，仍由毛泽覃任书记。公略中心县委的管辖范围包括公略、永丰、万泰、新干、龙冈五县，纵约 120 千米，横约 90 千米，总人口 30 余万人。其全盛时期，向东、向北发展后，纵约 185 千米，横约 105 千米，与其他苏区连成一片。中共公略县委及公略中心县委在党的建设、土地分配、发展红军和地方武装以及发展、巩固、保卫中央革命根据地等方面都作出了巨大的贡献，成为中央革命根据地在西北前哨的先进阵地。

1934 年 5 月中旬，蒋介石又变本加厉地调集百万大军，对苏区发动了第五次大“围剿”。“围剿”进入到十分残酷之时，驻吉安新安的国民党军第五十三师企图进占富田。陈毅率西方军主力，从东固南龙进抵富田，并根据富田易攻难守的特点，决定采取主动出击的策略，使国民党军处在三面包围之中而溃散，西方军乘胜追击，沉重地打击了国民党军的嚣张气焰。

后来由于第五次反“围剿”形势日益严峻，1934 年 5 月，公略县委、县苏维埃政府迁至富田花岩村。6 月，组建了公略独立营，由公略县委、县苏维埃政府人员和游击队、赤卫队构成，有 300 多人，由郭长江、胡登清先后任营长，后期由胡发鑫兼任。6 月底，在富田与水南交界的老古庙打败了第五次“围剿”的国民党后续军队。7 月，配合西方军打败了在水南驻扎的国民党军。

此后，由于“左”倾教条主义的错误影响和军事上的错误指挥，中央红军在第五次反“围剿”战斗中不断失利，从内线打破国民党军“围剿”已无希望。在形势日趋恶化的情况下，1934 年 10 月，中央和主力红军被迫实行战略转移，开始撤出中央苏区，突围西征。包括东固革命根据地人民在内的中央苏区人民坚持游击斗争，拖住敌人，掩护中央主力红军长征。

六、东固革命根据地之游击坚持（1934年9月—1935年5月）

1934年9月上旬，中共中央决定将江西省委书记李富春调任红军总政治部副主任，随军行动。曾山临危受命接任江西省委代理书记，留守江西苏区，领导开展游击战争。东固革命根据地军民进入了艰难的游击坚持时期。

9月下旬，曾山在宁都县安福乡西甲村召开军政工作会议，决定撤销江西省苏维埃政府、省军区，成立江西军政委员会，并将部队整编为三个独立团（乐安第一团、省直第二团、万泰第四团），会议确定了前往东固的计划。

11月，为加强对游击斗争的领导，省军政委员会决定成立公（略）万（泰）兴（国）特委，由胡海任特委书记。特委将三县的地方武装、县区干部和群众组织起来，编成公万兴独立团，共有700多人，由胡发鑫任团长，主要在富田、水南、东固、纯化和泰和中洞一带开展游击斗争，打地主，捕捉叛徒，袭扰敌人后方，牵制敌人武装等。独立团得到了当地人民群众的大力支持，不仅积极参加独立团，还秘密提供食宿，掩护部队作战。

1935年1月，敌四个师包围江西省军政委员会驻地，曾山、李赐凡召开紧急会议，决定部队分三路向东固突围。曾山率部从永丰县南坑向良村开始突围，终于到达了东固地区，与公万兴特委领导的游击队胜利会合，一边帮助群众发展生产，一边开展游击战争。

3月初，国民党北路军发现曾山领导的留守红军后，旋即调集九个团的兵力前来包围。为跳出敌人的包围圈，曾山率领二、四团向兴国崇贤挺进，与中共杨（殷）赣（县）特委书记兼独立十三团政委罗孟文在崇贤会师，在崇贤的齐分召开了省委扩大会议，讨论突围问题。但几次突围均遭失败。曾山来到胡海领导的红军游击队，向干部战士讲清当时的形势和任务。分手时，曾山拿出一面写有“艰苦奋斗”四个大字的红旗，满怀革命必胜的信念对胡海说：“这面红旗我们各拿一半，一则用艰苦奋斗的精神互相勉励；二则我们今后胜利会师时，重新把它缝合起来作为纪念。”胡海坚定地说：“革命一定会胜利，共产主义事业一定会成功，让我们艰苦奋斗吧！”3月6日清晨，由于叛徒周世祥的指认，胡海被捕，于6月15日在南昌从容就义。

与此同时，曾山率领的第二、四团面临的斗争形势也十分不利，一直遭到当时负责“剿共”的驻赣绥靖公署主任顾祝同所部悬赏追击。面对严峻形势，曾山决定辗转游击，采取灵活机动的战略战术与敌人周旋，先后在泰和的沙村、冠朝、固陂，吉安的陂头、值夏、水东，吉水的张家渡、八都，广昌的头陂，宁都，宜黄，黎川等地迂回活动，开展游击斗争。部队风餐露宿，披星戴月，短短几个月时间，进行大小战斗数百次。曾山最后转战到了新干县竹山坑，在群众家里隐蔽了20多天。5月20日，曾山经过化装，由新干至吉水，顺赣江至南昌、九江，再经长江到了上海，辗转千里终于和组织接上了关系，后经组织批准赴苏联列宁学院学习。

此时东固地区的中共公略县委、公略县苏维埃政府、公万兴独立团也在带领公略人民顽强坚持游击斗争，与敌战斗数十次，毙伤敌数百人，直到1935年5月胡发鑫被捕逃脱后失踪才停止活动。至此，东固革命根据地完全沦陷。

从1934年9月至1935年5月，红军游击队在东固苏区浴血坚持了九个月之久的游击斗争，是艰苦卓绝的中央苏区游击战争的重要组成部分，有力地配合和支援了主力红军长征，保存了革命的火种，极大地鼓舞了苏区人民的革命斗志。

七、东固革命根据地之重要历史地位

以革命老区青原区东固地区为中心的东固革命根据地，不仅是赣西南革命根据地的中心，还是中央苏区的重要组成部分。这块中国早期的重要农村革命根据地，为江西苏维埃革命运动的兴起和发展、中央革命根据地的创建和巩固，为以农村包围城市、武装夺取政权这条独特的中国革命道路的延伸发展，乃至为中国革命的胜利作出了重要的历史贡献，在中国共产党历史和中国革命史上写下了浓墨重彩的一页。东固革命根据地人民的革命斗争，充满着艰辛、辉煌与悲壮，具有鲜明的革命特色和重要的历史地位。

东固革命根据地之鲜明特点

东固革命根据地实行公开的武装斗争和秘密割据相结合的斗争形式，有利于保存革命力量和有效打击敌人。武装斗争和红军是公开的，党组织的活动是秘密的，革命政权也以农会的形式秘密存在。

东固革命根据地实行暂缓平分土地与满足农民土地要求相结合的土地政策，既满足了农民对土地的迫切要求，又极大调动了农民生产积极性及支援革命的积极性，有利于革命根据地的巩固和发展。东固党组织对土地问题的处理十分慎重，注意区别不同情况分别对待：东固暴动胜利后，家在外地的土豪再也不敢回到东固收租要粮，家住东固的地主也跑到吉安、南昌等地“避难者不计其数”，对于这一部分地主的土地、山林，则采取“地主跑了，其田地生产大半归佃农，一部分归农会拿来办公”的办法，即仍由原租种者耕种，产品大半归佃农，小部分用累进的方法征收农业税，供农会办公用。对自耕农的土地，则采取保护政策，土地所有权一律不变，农产品归自己，只需缴纳少量的农业税，这样对争取群众，孤立反动派，保护农业生产的发展极为有利，对巩固革命根据地起了很大作用。

东固革命根据地实行独特的经济文化建设，有效促进了苏区经济社会各项事业的全面发展。东固平民银行的创建，开创了红色中华的金融史。东固消费合作社的建立，是红色中华商业贸易组织的先导。创办兵工厂、工艺厂、锅炉厂、农具修理厂、油墨蜡纸厂等各类工厂，保证了根据地军民生产生活的需要。创办平民学校（后改为列宁小学），在成人中开展学文化和夜校识字班活动，文艺演出等娱乐活动得到普及，东固老百姓的文化教育学习被朱德称为“中国历史上最大的学习运动”。

东固革命根据地实行以农军为基础同争取教育、改造绿林武装、靖卫队武装相结合的方式壮大革命武装，走出了一条以“统一战线”壮大革命武装的路子。1927 年 10 月，赖经邦在东固敖上组织成立了东固地区最早的革命武装——东固工农革命军，成功地争取了段月泉、段月忠兄弟的“三点会”绿林武装加入革命队伍；1929 年 11 月，赣西特委成功争取吉安县靖卫大队长罗炳辉率所部官兵宣布起义，极大地瓦解了敌人的武装力量，壮大了革命的武装力量。这是东固革命根据地通过“统一战线”方式壮大革命武装力量的两个成功案例，是东固革命根据地的伟大创举。

东固革命根据地实行党的秘密工作与山区武装斗争相结合的斗争方式，有利于灵通信息，更好地打击敌人，保卫根据地的安全。东固革命根据地是在赤白斗争十分尖锐的环境中逐步建立起来的。为了有效地打击敌人，东固党组织在发展各种武装力量的同时，注意“把秘密工作与山区武装斗争相结合起来”，在根据地周围重要圩镇设立秘密交通站，及时提供情报，“敌人一有什么动静，马上就有人向革命队伍报告消息”。由于东固革命根据地善于把党的秘密工作与武装斗争结合，能够及时得到敌情信息，虽然国民党反动军队和地方反动武装多次开展对根据地的“会剿”和“围剿”，结果没有一次成功。即使“平时打土豪、筹款，也有人事先把情况摸清楚，使游击队便于取得给养”。

东固革命根据地实行飘忽不定的“打圈子”游击战术，可以灵活机动地打击敌人、保全自己。东固革命武装充分利用山地、农村的优势开展游击战争，打得赢就打，打不赢就走，和敌人绕圈子，把敌人拖疲拖垮。他们的足迹遍及根据地及周围 20 多个县，有效地打击和消灭了敌人，保存了自己，极大地扩大了革命影响。毛泽东在 1929 年 4 月以红四军前委的名义致信湘赣边特委，介绍并高度赞扬东固游击斗争和秘密割据经验，建议特委应根据东固经验迅速调整斗争部署，改变行动方针。

东固革命根据地实行人民战争的斗争路线，让敌人陷入人民战争的汪洋大海之中，展现了人民战争的伟力，确保了革命战争无往而不胜。东固根据地坚持发动和组织广大军民热情支持和广泛参与到根据地的建设和发展，保证了红军革命战争的伟大胜利。东固地区的土地分配、发展生产、购买公债、扩红支前等每一项重大活动，革命武装的每一次重大战斗如“九打吉安”，以及红军第一、二、三次反“围剿”和各次战斗等，都得到了根据地广大人民群众的广泛支持和参军参战。“兵民是胜利之本”在这里得到了最好的注解，为我党走群众路线这一优良作风的形成提供了原创经验。

东固革命根据地之重要历史地位

东固革命根据地从1927年9月开始创建，到1935年5月完全丢失，历经巩固、发展至全盛，到逐渐融入赣西南革命根据地和中央革命根据地，这种连续不间断的、政权基本由中国共产党领导的、土地革命斗争时间跨度长达近八年之久，在中国共产党历史和中国革命历史上都是十分罕见的，占有着十分重要的历史地位。

东固革命根据地为赣西南人民的革命斗争树立了一面旗帜，为农村包围城市、武装夺取政权这条独特的中国革命道路的延伸发展提供了丰富的实践经验

1927年9月，敖上会议的召开，拉开了东固革命根据地创建的序幕。11月12日，爆发的东固暴动点燃了东固人民的革命星火。东固工农革命军充分利用山地、农村的优势，高举革命武装斗争的旗帜，不断在东固邻近的吉水、永丰、泰和、兴国等地游击，灵活机动地打击各地反动势力，他们采取飘忽不定的“打圈子”游击战术，把敌人拖疲拖垮，成为各地反动派的“心腹之患”。

东固革命武装对周边各地农民暴动是有求必应，积极支援，促进了赣西南各地武装斗争的蓬勃发展。赣西南各地武装在暴动失败后，纷纷转移到东固来休整，学习东固革命斗争经验。东固革命根据地为赣西南地区的革命斗争发展积蓄了有生力量，逐渐发展成为赣西南革命根据地武装斗争的核心区域。

1929年2月，毛泽东率红四军与东固革命武装红独二、四团会师以后，对东固革命根据地的斗争经验及革命形式极为赞赏和肯定。东固区域武装割据的经验，极大地丰富了毛泽东关于“工农武装割据”的思想。东固革命根据地的斗争为农村包围城市、武装夺取政权这条独特的中国革命道路的延伸发展，提供了丰富的实践经验，特别是三次反“围剿”战争胜利后形成的一整套红军游击战争战略战术，进一步丰富和发展了毛泽东的军事思想理论宝库。

东固革命根据地为人民军队的发展壮大厚植了力量，为我们党确立党对军队的绝对领导这一根本原则和制度提供了坚实的实践依据

东固革命根据地是中国工农红军的重要发源地之一，创建的地方革命武装是红一方面军的重要源流，为人民军队的建设和发展作出了重要贡献。东固革命根据地创建工农革命军，组建七、九纵队，成立红二、四团的时间，与南昌起义、秋收起义的时间基本上同步，后来按照党中央的部署和地方党组织的决定，都发展或改编成了中国工农红军正规部队，是中央红军的主力部队，为中国革命的胜利和打下人民江山作出了重大贡献。

东固革命根据地为我们党确立党对军队绝对领导的根本原则和制度，提供了最初的实践范例。东固革命根据地的革命武装建设和管理经验，极大地支持、深化并更加坚定了毛泽东关于党对红军实行绝对领导的治军思想。毛泽东率领红四军到达东固后，与李文林领导的红独二、四团会师，东固红军的一些制度规定给他留下了极为深刻的印象。东固革命根据地党指挥枪的成功经验，得到了毛泽东的充分肯定和赞赏。这为毛泽东随后克服红四军中存在的小团体主义、单纯的军事观点、流寇主义、极端民主化等各种非无产阶级思想提供了丰富的实践经验，为之后进一步丰富党的建军理论，确立党对人民军队绝对领导的建军纲领提供了重要的启示和借鉴。

东固革命根据地是中央苏区第一、二、三次反“围剿”战争之主战场，是中央革命根据地创立和发展的奠基石，为中央苏区的建设与发展树立了榜样

1927 年 9 月开始创建的东固革命根据地是中国最早的农村革命根据地之一，后来逐步发展成为赣西南革命根据地的重要基础和革命中心。1929 年 2 月的东固会师直接促进了赣南、闽西革命根据地的开辟。1930 年至 1931 年作为前三次反“围剿”战争主战场的东固革命根据地，取得了三次反“围剿”战争的伟大胜利，又直接促进了赣南、闽西苏区连成一片，并与赣南、闽西红色区域共同构成了中央革命根据地的三大支柱，是中央革命根据地创立和发展的重要奠基石，成为中央苏区的重要组成部分。

东固革命根据地在革命政权建设、经济文化建设等方面的许多实践探索，为随后的中央苏区的建设和发展提供了原创经验，为中华苏维埃共和国的巩固和发展奠定了坚实的基础。中央苏区内的各种经济组织如银行、消费社、兵工厂、印刷厂、造币厂、农具厂等，各种文化教育卫生事业机构如学校，医院、邮政、文艺演出队等，各种政府机构序列等，红军的无线电训练班和红军学校等，都可以在东固革命根据地找到它的原生地或原生态形式。特别是东固革命根据地处在白色政权包围之中，立足自力更生、艰苦探索而首创的四个“第一”：第一所红色平民学校——东固平民学校（1928 年 9 月）；第一个红色金融机构——东固平民银行（1928 年 10 月）；第一个红色消费合作社——东固平民消费合作社（1928 年 12 月）；第一个红色邮局——东固赤色邮政分局（1929 年 3 月）。这四个“第一”，是东固革命根据地的原创、独创，在全国苏区中是最前卫的，而且在时间上是最早的，对江西和中央苏区的经济文化建设，都产生了重要影响。

第一章　东固革命根据地之艰辛创建

东固革命根据地是在土地革命战争时期中国共产党领导创建最早的农村革命根据地之一。它是在1927年大革命失败后整个革命形势处于低潮的情况下，在党组织的坚强领导下，经过东固早期革命领导人艰辛探索奋斗创建起来的，其创建有其经济社会条件、精神文化传统、革命理论宣传和政治组织基础。1927年9月召开的敖上会议是东固革命根据地创建的历史起点。1927年11月举行的东固暴动，拉开了东固革命根据地武装斗争的序幕。随后，东固革命的星星之火在赣西广袤土地上迅速蔓延开来，渐成燎原之势。至1928年4月基本形成了以东固为中心，北至吉水县水南、白沙、中鹄，永丰县的罗坊等地，西至吉安县富田、纯化、儒林、水东，泰和县中洞、桥市等地，南至兴国县贺堂、崇贤、枫边、大龙、黄沙塘、西林，于都、宁都等地，东至永丰县潭头、沙溪、芹溪、上下坊等五县交界地区的工农武装割据局面，标志着东固革命根据地正式创建形成。

第一节　创 建 背 景

一、适宜割据的独特地理环境

东固因位于吉安县的东南边陲，惟其后辈兴旺发达，基业日益巩固而得名。明清时期，东固地区隶属庐陵县纯化乡管辖，境内大小村庄编为83至86都，号称“三都半”。1914年，庐陵县改名为吉安县，东固仍属吉安县管辖。2000年，经国务院批准吉安撤地设市，组建吉安市青原区，东固划归青原区管辖。

东固地理位置十分偏远，处在吉安、吉水、永丰、泰和、兴国五县接壤处，东固圩镇距离周边五个县城均有100余里。这里以东固街盆地为中心，纵横百里多崇山峻岭，层峦叠嶂，沟壑纵横，地势险要，东南有“狐狸十八歇”，山势陡峭，传说狐狸过此山，也得歇上18次；南有三狮朝天的大乌山、攀缘艰难的仙平峰、高大如屏的方石岭、险峻峭拔的乌仙岭；西有高插云天的白云山、怪石嶙峋的观音崖；西北有极富神话色彩的天马山、人称一步只能爬九寸的九寸岭；北有形势险要的东固岭、翠绿如屏的钟鼓山。东固全境，山高路陡，关隘甚多，交通很不便利，周围仅有五条羊肠小道通向山外，无论通过哪一条道进山，都要攀越大山、穿过隘口，大有“一夫当关，万夫莫开”之势，地理位置十分险要。

在东固崇山峻岭之间分布着众多的小盆地，盆地内气候温润，水源充足，土地肥沃，水稻、茶叶、油茶、毛竹等物产丰富，为当地百姓粮食供给和其他基本生活资源提供了充分的保障。其中位于东固腹地的养军山，是个大山中的小盆地，住着20多户人家，垦有一二百亩田地，是屯军养马的好地方。东固百姓的日常生活用品，除了食盐和一些轻工产品需要由小商贩们翻山越岭输送进来以外，基本上能够依靠本地的生产实现自给自足。东固地区在大革命以前，各村庄“人烟稠密，人口众多”“村无闲人，耕无空地”①，过着日出而作、日落而息，凿井而饮、耕田而食的农耕生活，是个典型的自给自足小农经济社会。

可以说，东固优越的环境，丰饶的物产，自给自足的自然经济，为创建革命根据地提供了良好的区位条件和坚实的物质基础。

二、正义正直的精神文化传统

东固所在的吉安县属于庐陵文化的核心区域。自古以来庐陵地域物华

① 吉安县东固镇志编纂委员会编：《东固镇志》，1995年印，第29页。

天宝、人杰地灵、英才辈出，这里曾诞生了像北宋的欧阳修，南宋的胡铨、文天祥，明朝的解缙等一大批光耀千古的庐陵先贤，他们忧国忧民的情怀、刚正不阿的品格为庐陵先民树立了光辉榜样，促进了庐陵大地不甘屈辱、勇于革新的民风逐渐形成。生活在这片土地上的人们所向往的是先贤们所描绘的“老者衣帛食肉，黎民不饥不寒”这种王道乐土，希望过上虽然不是很富足但却也太平的日子。但是，当统治者“朱门酒肉臭”，而百姓却“路有冻死骨”时，这里的人民便忍受不了酷政暴吏的压榨，往往会揭竿而起，奋起反抗，表现出像庐陵先贤们一样的正义豪气，体现出与腐朽的黑暗势力抗争的正直勇气。

流经东固的富水河流域自古人文蔚起，深受庐陵文化熏陶。东固远在大禹时期就有先民散居于此。唐末以后，又有不少先民先后从广东、福建等外省及周边乡迁徙至此结庐寄寓，自此便一代一代繁衍生息至今，成为客家先民居住地之一。生活在边远山区的畲族人（俗称山哈人）约占东固人口的 30%，他们在元末明初开始逐步从福建、广东迁入东固一带居住。这些迁居在东固的客家人和 1000 多年前因战乱南迁，早先生活在东固一带的土著居民，具有相同的中原历史文化基因，使得庐陵文化、客家文化能够在这里得到融合共生。客家文化、庐陵文化中的一些传统思想观念，如“均贫富”思想观念和“耕者有其田”的社会理想，在最底层的黎民百姓当中具有相当广泛的社会基础，也最容易引起广大百姓的强烈共鸣，成为起来反抗剥削压迫、追求美好社会理想的潜在重要思想根源；庐陵先贤如欧阳修、胡铨、文天祥、解缙等一批仁人志士所践行的正义正直、爱国清廉的思想观念也为庐陵各地宗族、家族和普通百姓效法学习，成为庐陵地方千百年来传承的民风家风；东固地区的人民群众千百年来养成的勤劳简朴、艰苦奋斗、敢为人先、自强不息、不怕牺牲、团结一心的精神和品格，也成为东固广大百姓的精神体现和具体行动；庐陵文化核心在于盛行传统的耕读文化，庐陵学子秉承“学而优则仕”，通过秉烛苦读，从而达到改变自身贫寒命运的目的。东固革命根据地本土革命者基本上都受过良好的文化教育，拥有较高的文化水平，容易接受新的、先进的革命思想，这就为根据地的创建储备了相当的人才基础。当共产党人和工农武装提出的革命主张和这些思想观念及精神相吻合时，革命的爆发和发展便成为历史的必然。

三、不可调和的阶级社会矛盾

大革命前，在东固地区200余平方千米的土地上分布着大小村庄290余个，3200余户人家，15000多人口，有土地22000余亩。居住在这里的人口绝大部分是贫农、佃农、中农，80%的土地集中在东固、富田的豪绅地主手中，贫苦农民靠世代租种地主和富农的土地为生，忍受着谷物收获量60%以上的重租和高利贷的剥削。广大贫苦农民即使终年劳累，却依然过着衣不蔽体、食不果腹的悲惨生活。据来自东固区西城村的调查，土地革命前全村原有28户人家，耕地1800余亩，其中2户地主占有耕地1100余亩，占总数的61%；15户贫雇农仅占145亩，不到总数的8%；其他阶级成分11户，只占有少量的耕地，其余皆为豪绅地主把持的公田[①]。少地或者无地的贫雇农，为了生计只好到地主豪绅家做长工、打短工谋生。据东固大源坑人、东固暴动的主要组织者之一汪安国回忆："在土地革命前，东固境内约有3200余户人家，除李、刘、汪等姓，比较集居在黄沙、东固、西城、大源等处外，其余是三五家、十多家不等分散而居，绝大部分是贫农、佃农、中农。他们租种富田王家、陂下胡家，以及东固徐、兰两姓和富农的土地耕种（在土地革命初期，东固只有富农之称，不称地主），在经济上受到地主的重利重租的剥削。"[②]富田王家村王初曦是有名的大地主，为富不仁，仗势欺人，在东固占有大量的山林田地，东至敖上、南龙、灵丰，南至六渡、螺坑，西到三彩，北到大源坑，都有他家的耕地和山林。

---

① 中共吉安县委党史工作办公室编：《中国共产党吉安县历史》第一卷（1921—1949），中共党史出版社2013年版，第4页。

② 汪安国：《我所知道的东固革命根据地的几件事》，中共江西省委党史研究室等编：《东固·赣西南革命根据地史料选编》第一册，中央文献出版社2007年版。

这种土地的两极分化，导致财富极大不均，必将引发大量社会矛盾。地主阶级把土地高度集中在自己手中，以地租、高利贷等形式对广大无地或少地的贫苦农民进行残酷剥削。地租剥削的形式有定租、押租、议租，以定租为主。东固多半是主六佃四或主七佃三，承租人总是有亏无利。不仅如此，农民还要给地主从事各种名目繁多的无偿劳役，遇到地主婚丧、建房等还要随叫随到，缴纳各种贡品，“年年送礼”“收割请酒”则是常有的事，农民收获的粮食除去交租外，便所剩无几，若遇到天灾歉收时还要“倒贴”（亏本）。雇工分为长工、月工、零工，以长工为主，全靠出卖劳动力，且难以维持生计。债利剥削成为有钱人主要剥削手段，高利贷利息年息 3 至 7 分，最重的利息是“加一老利”即借一元，每月要利息一角，年初借一元年末连本带利还二元二角。借谷一石，利上加利后要还三石、五石，有一种高利贷叫“九去十归外加三”，即借 9 元还 10 元钱的利息，还要加息 30%，一年连本带利高达 24.7 元。这种剥削极重的高利贷，成为严重的社会危害。此外还有“现扣利”“出门利”“打打利”“滚滚利”“买青苗”等，这些都是当地高利贷剥削的真实写照。同时，地主豪绅又竭力压低农民的工钱。长工每年最高八十吊，有的只有三十吊或二十吊；短工每日工钱为二百至三百文。工作时间一般都是日出而作，日落而息，从事着最艰难繁重的农业劳动[①]。同时地主豪绅各霸一方，划地为王，设立关卡、收取“厘金”，开设赌场、烟馆、当铺、嫖行毒害人民，无所不用其极。在这里，封建地主对农民群众的压迫剥削由来已久，习惯势力根深蒂固，贫富悬殊现象极其严重，社会阶级矛盾日益尖锐。当时流行着一首歌谣：“封建地主恶如狼，寸土不耕谷满仓。佃户汗珠禾上洒，新谷登场两手光。灾年租谷交不清，夺儿掠妻去抵偿，地主吃得胖如猪，佃农饿得打晃晃。”就是那种黑暗社会现象的真实写照。

---

① 唐莲英、叶福林、丁仁祥：《东固革命根据地史论》，华东师范大学出版社 2019 年版，第 59 页。

东固及周边地区农民租、债、税、捐情况

种类	征收方式及数量
田租	按田亩产量的四至六成，高的达三分之二。
高利贷	铜钱加三谷加五。
谷债利息	加七加九到加十，到期不还利加利、利滚利。
税捐	农业税（田头税）、工商税、营业税、房产税、所得税、人头税、灶头税、食盐税、烟酒税、盐捐、盐附捐、盐角附捐、盐业公益捐、食盐救济捐、食盐护运捐、食盐带征、烟酒附加、烟酒捐、新货捐、消防捐、牛捐、猪捐、公路捐、老婆捐……

广大的贫苦农民不仅要忍受横行乡里的土豪劣绅地租借贷的层层盘剥，还要忍受当地国民党反动政府利用苛捐杂税进行的各种巧取豪夺。当时国民党反动政府在地方上推行的苛捐杂税名目繁多，有人头税、田头税、灶头税、食盐税、烟酒税、新货税、消防捐、猪牛捐、公路捐、团练捐，乃至老婆捐，来榨取人民的血汗。田赋税连年加多加重，真是苛政猛如虎、杂税多如牛毛，广大的东固老百姓过着暗无天日的苦难生活，逼得在生死线上挣扎。

哪里有剥削压迫，哪里就有反抗。政治上的压迫，经济上的剥削，迫使东固地区广大的贫苦大众自发集结起来，手执农具、棍棒，进行了多次反抗政府抽收靛捐斗争，贫苦农民发动了撕毁地主借据、焚烧地主账本的运动；反抗地主奸商囤积大米，哄抬粮价，要求平粜。不少生活无着落的青壮年不得不上山落草为寇。在20世纪初期，东固地区及其附近有不少散兵游勇结成的帮会组织和绿林草寇武装，其中势力最强、影响最大的是段月泉为首的“三点会”。段月泉，又名段起凤，住永丰石陂丝茅坪，原在一个外号“牛皮王”（曾姓）的地主家做长工，后跑到福建参加了“三点会”，并当上了头人。结拜十兄弟，掌握十三四支枪，打着“劫富济贫”口号，经常在邻县边缘山区拦截行人，抢劫财物；还有三彩地区的“三点会”，头人曾金山；紫阳（瑶）山的“三点会”，头人孙道发等。他们的

“劫富济贫”只是个幌子，只图钱财，没有明确阶级界限，群众对之又恨又怕。

这些大小不等的抗争虽然不同程度地打击了封建势力的反动统治，但由于农民本身的历史局限性，由于没有强有力的组织领导，终究斗不过腐朽的半殖民地半封建社会制度，不能改变当时社会的现状，也难以取得最后的胜利。只有改变旧有的社会制度，建立平等、自由的新的社会制度，广大百姓才能过上美好幸福的生活。而要实现这个目标，就必须找寻到新的有组织的社会领导力量，能够真正带领人民推翻受尽压迫剥削的黑暗旧社会、建立自由平等的新社会。

就在此时，国际国内形势发生了巨大而深刻的变化。1917 年俄国爆发了十月革命，给中国送来了马克思主义。紧接着 1919 年中国发生了伟大的反帝反封建的五四爱国运动。五四运动促进了马克思列宁主义和中国工人运动的结合，这样从思想上和干部上为中国共产党的成立作了准备。1921 年 7 月，伟大的中国共产党诞生了。中国共产党的成立，是中国历史上开天辟地的大事件，给灾难深重的中国人民带来了光明和希望，也给中国革命指明了前进的方向，从此中国革命的面目为之一新。

四、敢于斗争的进步思想觉悟

1915 年 9 月，陈独秀在上海创办《青年杂志》(后改名为《新青年》)，揭开了新文化运动的序幕。新文化运动高举“民主”和“科学”两面大旗，希望彻底改造国民，造就一代“敢于自觉、勇于奋斗”之新青年。陈独秀以《新青年》为阵地，以振聋发聩的气势和无比锐利的战斗力，向中国传统封建文化发起了猛烈攻击。当时，在省立南昌第一师范读书的吉安县籍学生罗石冰等人，创办了倡导新文化运动的“贯一学会”，同时在吉安设立分会、创办学刊，从此掀起了吉安新文化运动的波澜。他们组织各种社团，创办进步刊物、简报，形成了一支从事文化革命和政治运动的骨干队伍，为中国共产党组织在吉安的创立在思想上、文化上酝酿了必要的条件。

紧接着，1919 年 5 月，北平爆发了轰轰烈烈的五四爱国运动，马克思主义传播成为新文化运动的中心。五四爱国运动的消息迅速传至吉安，引起了广大学校师生群情激愤。6 月，吉安城成立了吉安学生联合会，组织领导吉安各校师生开展反帝爱国运动，省立吉安第七师范、第六中学、吉州中学、商业学校等在校师生 1000 余人举行游行示威，继续声援五四反帝爱国运动。五四运动为马克思主义在吉安的传播打开了大门。1922 年至 1923 年，在湖北宜昌、沙市一带以经商为掩护从事革命活动的张勋载把马列主义书籍秘密带到吉安城并在学校中传播。新思想传到吉安，城内省立第七师范、第六中学、商业学校、阳明中学相继组建了学生联合会。1923 年底成立了江西青年学会吉安分会。这些进步青年团体为传播马列主义，宣传革命道理做了大量工作。

1924 年 2 月，社会主义青年团吉安临时支部在第七师范成立，在第七师范就读的永丰籍学生宋大勋为负责人。5 月，经青年团南昌地方执行委员会批准，吉安团特支正式成立，由宋大勋任书记。同年，在宋大勋等人倡导下，成立了吉安青螺会，创办了《吉州青年》刊物。同时开办平民夜校，通过扫盲、学习文化的形式，传播马克思主义思想，宣传中国共产党的主张。

吉安有志青年、在吉安传播马克思主义思想的先驱罗石冰、刘九峰和曾延生，于 1923 年和 1924 年先后考入上海大学社会学系学习，受到瞿秋白、恽代英等共产党人的教诲和熏陶，思想觉悟和革命意志大为提高，先后加入了中国共产党。在上海期间，他们非常关心家乡，关心指导家乡的革命活动，经常将《向导》《觉悟》《新青年》《新潮》等革命书刊寄给吉安城的省立第七师范等学校学生，在吉安宣传传播马克思主义，第七师范因此成为吉安青年学生革命活动的中心和共产党人诞生成长的摇篮。同时在南昌第一师范读书的万安籍学生曾弘毅也经常向吉安传递《新江西》《鄱阳湖》等进步杂志。这些革命理论和进步刊物深深教育影响了梁一清、梁明哲等一批吉安的进步青年，引导他们纷纷走上了革命道路。

马克思主义在吉安的传播和吉安团组织的建立，促使吉安人民的革命斗争不断兴起，更为吉安地方党组织的建立奠定了坚实的思想和组织基础。

1926年1月，受党中央派遣，罗石冰回到吉安，考察并建立党组织，同时组建共青团吉安地委。1月26日，吉安第一个中共党的组织——中共吉安小组在省立吉安第七师范学校成立。从此，吉安的革命斗争就有了本地党组织的坚强领导。同年3月底，党小组升格成立中共吉安特别支部，由郭化非任书记。特支成立后，致力发展党员，壮大党的队伍，到1926年4月党员达42人，梁一清、梁明哲、陈正人等一批先进团员青年就是在那时转为了中共党员。

梁一清

梁一清（1899—1927），吉安县陂头人（今青原区文陂镇渼陂村人），吉安早期工人运动的领袖人物。4岁丧父，随母亲过着艰苦日子。15岁那年，为生活所迫，进陂头街同亿号杂货店当学徒。其间，一个偶然的机会，得到几本《新青年》《每周评论》。尽管文化低阅读吃力，但仍然如饥似渴看个不停。后被老板发现夺去烧了，梁一清与老板大吵了一场，并愤然离店。他跑回家去跪在母亲的膝下，陈述了自己的痛苦遭遇和求学的渴望。1922年秋，梁一清考入公费的省立吉安第七师范。进入七师以后，他经常与进步同学梁明哲、陈正人等阅读罗石冰、曾延生从上海、南京寄回的《向导》《觉悟》《新青年》等革命刊物，从中探讨革命真理，寻找革命道路，并在校发起了反对校长贪污公款的斗争。1925年7月，任国民党吉安县党部工人部部长。1926年春，加入中国共产党，从此开始了他的革命生涯。5月，组建中共吉安总工会支部，任书记。9月，国民革命军进驻吉安城后，任吉安总工会委员长，领导工人为争取正当的政治权益和经济利益多次举行罢工，并通过开办工人书店、工人图书馆、工人夜校，提高工人阶级觉悟。

罗石冰、曾延生等革命先驱在吉安传播马克思主义，领导学生和工人开展革命运动，培养了一大批具有先进觉悟的知识分子，唤醒了吉安人民的阶级觉悟和民主革命意识，为党组织在吉安乃至东固地区的建立奠定了重要的思想基础、群众基础和干部基础。

从1924年开始的国民大革命的洪流发展十分迅猛，至1926年9月，北伐军攻占了吉安城，让曾在省立吉安第七师范学校求学的东固籍学生赖经邦、曾炳春、高克念和在吉安六中求学的汪安国等人深受震撼。同月，经省立吉安第七师范学校同学、吉安县教育局局长梁明哲的介绍，在永和小学任教的赖经邦秘密加入了中国共产党，并担任县教育局巡学员，负责家乡纯化区（包括东固、富田一带）各学校的视察工作。这使得赖经邦有机会利用巡学机会向各地青年师生宣传革命，考察发展党员。曾炳春于1924年省立第七师范毕业后，受聘在永阳高等小学任教，1926年秋被党团组织调入吉安县城工作，任总工会秘书兼码头工会主席，协助梁一清领导吉安的工人运动，于1927年初入党。高克念于1925年省立第七师范毕业后，在吉安从事秘密工作，1926年下半年加入中国共产党。赖经邦、曾炳春和高克念在吉安总工会委员长梁一清引领下，积极投身大革命的洪流。

北伐军攻占吉安后，高克念受命全身心投入吉安县农民协会筹建工作，出任吉安县农民协会筹备处委员、县农会常委，从事农民运动的领导工作。汪安国担任吉安县农会筹备处执行委员，兼赣西农运办事处筹备总干事，协助高克念开展工作。在他们的领导下，吉安的工农运动蓬勃高涨。1927年2月，东固九区农会用县里拨给的9支长枪组织了农民自卫队，积极领导农民向豪绅地主开展斗争，锋芒直指作恶多端的富田大土豪王初曦。饱受欺凌的贫苦农民到九区农会控诉王初曦鱼肉东固人民的十大罪状，状子告到县农民协会，坚决要求国共合作的县政府将王初曦捉拿并惩办。县农会执行常委（主席）高克念收到九区农会控诉王初曦的状子后，完全同意九区农会要求。高克念将状子递交到时任吉安县县长的周庭藩（共产党员）手中，在驻吉安国民革命军新编第二师代理师长叶剑英的支持下，吉安县政府立即将王初曦逮捕并囚禁了一个多月。这一行动被东固共产党员汪安国写成新闻报道登载在吉安《民国日报》上，使得王初曦臭名远扬，有力地打击了地主豪绅的威风，大长了贫苦农民的志气。

王初曦是富田的大地主，他在富田和东固占有大量的山林田地，残酷剥削东固的贫苦农民。东到敖上、南龙、灵丰，南到六渡、螺坑、西到三彩、大源坑，都有他家的土地和山林，东固人民对他恨之入骨。赖经邦和王初曦曾同在东固涧东书院学习，王初曦在学校时经常欺侮年龄较小的贫苦人家子弟。有一年冬季，在天气特别寒冷的一天，赖经邦到厨房铲火炭取暖，王初曦走过来从赖经邦手中夺走火铲，火炭散落一地，两人争打起来，同学们把王初曦扭告到校长处，由于王初曦平时表现不好，众怒难平，结果受到校长记过处分。王初曦一气之下卷起被服返回富田。从此，他对赖经邦记下私仇。这次九区农会状告他并被关押，他对赖经邦更是怀恨在心。由于王初曦和富田豪绅暗中活动，一批富田当地租种王家土地的佃农被人利用，出具担保书，使王初曦仅被关押一个多月就被保释。

在此期间，东固九区农会还领导农民开展了减租减息、禁止吸食鸦片、禁止赌博、禁止妇女缠足等革命活动，与封建宗法思想、制度和社会恶习进行了坚决斗争，向封建的族权、神权、夫权挑战。提倡妇女和男子一样，享有平等的政治权利和人身自由，取消买卖婚姻、包办婚姻，妇女也获得了解放；提倡和实行妇女剪发、放脚，使广大妇女走上生产岗位，提高了妇女在家庭中的经济地位，促进妇女同男子一样，在政治上、经济上享受平等权利。农会还领导农民开展了禁烟禁赌的斗争。斗争的实践启发教育了农民，认识到了封建地主土豪劣绅的罪恶，萌发了打倒土豪劣绅、摧毁封建剥削制度的强烈要求，为后来的土地革命作了一次很好的思想动员。

吉安的农民运动也得到了江西省农民运动的秘密指导。第一次国共合作期间，方志敏等人在南昌大张旗鼓宣传孙中山倡导的“联俄、联共、扶助农工”三大政策。五卅惨案后，又以“沪案交涉江西后援会”代表身份，深入赣东各县开展反帝爱国运动。1925 年 7 月，国民党江西省党部成立，方志敏担任执行委员兼农民部部长。1927 年 2 月，在江西省农民代表大会上，方志敏坚决挫败了蒋介石“圈定委员”的阴谋，成功捍卫了党对农民运动的领导权，并被选为省农会常务委员兼秘书长。同年 6 月底到 8 月下旬，方志敏秘密来到吉安、吉水、莲花等地指导农民运动，其中在吉安城和吉安县农会活动 12 天。他反复强调只有斗争才能生存，号召群众要自己起来闹革命。他的这一思想对东固地区共产党员高克念、曾炳春、汪安国、赖经邦等人产生了积极影响。当时的江西农民运动尤以吉安地区最为突出，农民协会发展最快。大革命时期东固的贫雇农几乎都参加了农民协会。

东固革命根据地是在具备工农武装革命的区位物质条件、精神文化传统、阶级矛盾尖锐的背景下，经过新文化运动的洗礼和一批具有先进觉悟的知识分子对马克思主义的传播，并组建了党的基层组织和农民协会，经过大革命的广泛影响和农民运动的蓬勃发展等过程中逐渐孕育创建形成的，是马克思主义革命理论在吉安广泛传播和应用而开出的绚丽花朵。

第二节 建立地方党组织

一、东固地区党组织的建立和吉安八六反革命事件

就在国民大革命的洪流蓬勃发展之时，1926 年 9 月，刚入党的赖经邦受中共吉安特支委派，以巡学为名回到东固进行秘密建党工作。他以东固涧东书院为据点，向青年教员和学生宣传革命思想，先后吸收教员刘经化、汪云从和篾片工李会风入党。1927 年 2 月，他们和已在吉安入党的高克念、汪安国等人秘密组建了东固第一个中共小组——中共东固小组，点燃起了东固革命的星星之火。

1926 年 10 月，梁一清、梁明哲等人受中共吉安特支委派，回到家乡值夏、新圩、文陂等地发展党的基层组织，开展革命活动。先后建立了中共值夏支部、中共宝善支部。接着又成立了寨前、任家、芳洲、南湖四个支部。1927 年 5 月，中共吉安县委成立。青原辖区内的值夏、宝善、寨前、任家、芳洲、南湖等党支部和东固党小组受中共吉安县委领导。此后，又增设了中共水东（今滨江街道麻家村一带）支部。

就在吉安和东固的革命星火渐成燎原之时，1927 年在上海发生了四一二反革命政变，全国处在一片白色恐怖之中，同样白色恐怖也笼罩着

吉安城。面对白色恐怖的威胁，吉安县总工会委员长、共产党员梁一清和吉安党组织负责同志在吉安城钟鼓楼召开紧急会议，决定由总工会和梁一清领头，立即组织讨蒋示威游行大会。到会的工人、农民、学生达万余人。就在大会即将开始时，驻吉国民党新编第二师第一营的官兵冲进会场捣乱，致使大会中止。事后，梁一清带领工人自卫队并联络国民党驻吉左派军队包围了第一营，逮捕了该营营长，解除了该营武装。8月6日，国民党军第八师师长朱世贵在吉安以警备司令部召开“治安联席会议”为名，将到会的总工会委员长梁一清、商民协会会长晏然、人民自卫队队长钟祥钦等革命者和进步人士扣留，并大肆逮捕共产党员和革命同志，史称吉安八六反革命事件。8月12日，又将梁一清、晏然、钟祥钦等共产党员杀害在吉安中山场。工人们不顾杀头危险，当晚便将梁一清烈士的尸体抢出刑场，护送回烈士的故乡安葬，并用重金请来摄影师为梁一清摄下了就义后的英容。后来在1930年10月，红军攻克吉安后，毛泽东、朱德亲切接见了梁一清的亲属，并在中山场为梁一清举行了隆重的追悼大会。毛泽东、朱德为梁一清烈士题写挽词：梁一清同志精神不死！为人民牺牲，死的光荣！

吉安八六反革命事件发生后，国民党反动派在全城大肆搜捕杀害共产党员和革命群众。吉安各县农村的反革命气焰也甚嚣尘上。富田大土豪王初曦认为报复共产党和农民协会的机会来了，乘机勾结军阀朱世贵进行阶级报复，纠集其爪牙在东固一带大肆捕杀共产党员和农民协会干部，并组织人员和枪支在吉安城至富田要道上秘密设卡，欲逮捕东固共产党员和九区农民协会赖经邦、曾炳春、高克念等领导人。富田陂下村胡显篪、胡显竹、胡显福等革命知识分子掌握了王初曦的罪恶阴谋，立即行动，分几路寻找赖经邦、曾炳春、高克念等共产党员并协助他们逃出吉安城，昼伏夜行，绕道泰和，经桥头岗越过洞源岭，秘密安全回到东固。吉水反动分子王烈，在篡夺吉水县县长职务后，唆使全县的豪绅地主组织反动靖卫团和“守望队”，疯狂地捕杀共产党员和革命干部，查封农民协会，镇压工人运动。朱世贵在发动吉安反革命事件后，紧接着派两个营的兵力分驻泰和、永丰，夺取当地政权。泰和县长高本初在“铲共”“灭共”的声浪中，下令解散工会、农民协会、妇女会和学生会等革命团体，关闭进步的泰和书店，宣布共产党为非法组织，在县城和郊区到处搜捕共产党员和进步人士。赴永丰“清剿”的国民党反动武装，一面追击永丰人民革命武装，一面在城内搜捕共产党员，解散工会和农民协会。

就这样在反革命的嚣张气焰中，吉安的工农运动遭到严重破坏，大批的共产党员、革命干部及群众遭到逮捕和残杀，各地的工会、农会和农民自卫队被迫解散，大革命运动在吉安转入低潮。但是，面对白色恐怖，广大共产党人并没有被吓倒、被征服，为了保存革命的火种，党组织和革命活动立即由城市转向了反动势力相对薄弱的农村和山区，中共党员和进步群众纷纷潜回乡村，秘密建立中共新的基层组织，继续开展地下革命活动。

二、召开敖上会议和成立东龙党支部

大革命失败后，江西全省党的组织一部分解体，大部分停止活动，江西省委与各级党组织的联系也被迫中断。

在关系党和革命事业前途和命运的关键时刻，1927年8月7日，中共中央政治局在汉口召开紧急会议，史称八七会议。会议总结了大革命失败的经验教训，清算了以陈独秀为代表的右倾机会主义错误，确定了土地革命和武装反抗国民党反动派的总方针，把发动武装暴动作为当前党的主要任务。8月15日，八七会议有关文件传到江西，中共江西省委和共青团江西省委联合召开会议传达学习。9月，中共江西省委为贯彻党的八七会议精神，研究制定了《中共江西省委秋收暴动计划》和《江西全省秋收暴动煽动大纲》，下达全省各地党组织贯彻执行；决定将全省划为赣东、赣西、赣南、赣北四个暴动区，相应建立四个特委，并作为省委以下、县委以上的一级党组织，以加强对全省各地秋暴斗争的领导；同时决定委派汪群、曾延生、宛希俨三人赴赣西地区（以吉安为中心）传达贯彻八七会议精神及《中共江西省委秋收暴动大纲》等文件，指导赣西特委工作，布置各地退到农村、山区的共产党员，恢复发展党组织和农民协会，组建红色武装，择机举行武装暴动。9月9日，中共吉安县委恢复工作，由张一道任县委书记，受中共赣西特委领导，全县成立中共吉安东区、西区、南区、北区四个区委。其中南区区委负责领导吉安县东南部儒林、纯化两个区（含东固地区）的党组织恢复及秋收暴动工作。很快南区区委书记刘鸣铎（吉安县永和流芳村共产党员，与张一道和高克念在省立吉安第七师范同班同学）和东固的赖经邦、高克念等共产党员取得联系，向他们传达了党的八七会议精神和省委、赣西特委、吉安县委关于组织秋收暴动的决定。

赖经邦

在党的八七会议关于土地革命和武装反抗国民党反动派的方针指导下，经过20多天的秘密筹备，9月下旬，在东固敖上村段蔚林家中，赖经邦主持召开了有高克念、刘经化、汪安国、曾炳春、汪云从、段蔚林、胡鸣岗、黄启绶、戴希贤、罗乐天、李会风等12人参加的全体党员大会，史称“敖上会议”。会上，赖经邦强调了党的活动由城市转入农村的重要性，审议了恢复和发展党的组织、建立工农革命武装、发动农民举行秋收暴动等问题。会议经反复讨论作出决定：（1）建立东龙党支部，领导东固地区的革命斗争；（2）以原九区农民协会的九支长枪为基础，争取段月泉的“三点会”绿林武装，建立一支工农武装，准备举行暴动；（3）重新组织农民协会，以赖经邦、曾炳春、刘经化、汪云从、李会风五人为执行委员，组织农民进行“抗租、抗债、抗苛捐杂税”的“三抗”斗争。会议决定成立中共东龙支部，由赖经邦任书记，支部下设五个党小组，分别是敖上小组，组长段蔚林；东固小组，组长刘经化；江口小组，组长戴希贤；南龙小组，组长罗乐天；安乐小组，组长汪安国。会议确定首先将斗争矛头直指东固人民最痛恨的敌人——富田大地主王初曦。会后，立即开始行动，当晚就贴出了“打倒土豪劣绅”“抗租、抗债、抗苛捐杂税”等标语。

敖上会议的召开，大大鼓舞了贫苦农民的革命斗志，打击了统治阶级的反革命嚣张气焰。为东固暴动在军事上、思想上、组织上作了全面的部署和准备，也为东固革命根据地的建立奠定了重要的思想基础和组织基础，成为开创东固革命根据地的历史起点。

赖经邦、曾炳春、高克念等东固进步青年之所以选择以东固地区为中心开展革命斗争，既是形势所迫，也是得益于东固地区开展革命斗争所具有的比较优势：一是东固地区崇山峻岭，地势险要，易守难攻；二是东固距离反动势力的中心吉安城比较远，易于积蓄革命力量，发展革命势力；三是东固处于吉安、兴国、泰和、永丰、吉水等县交界处，便于沟通临近各县革命力量；四是东固有一批斗争经验比较丰富、工作能力过硬的坚贞的革命知识分子作领导骨干，能与劳动人民融为一体；五是东固地区范围内有大小山沟山窝千余个，可以隐蔽革命力量，又可以同反革命武装周旋。

三、赣西特委、赣南特委、赣西南特委的成立

1. 成立中共赣西特委

江西省委在秋收暴动计划中，原定赣西的秋收暴动以永新县为起点和中心，邻近各县响应。而此时，在南昌的省委对于赣西各县党组织的实际情况，除吉安县外“全无了解”，并且从县委向省委的报告中得知，吉安自 1927 年八六反革命事件发生后，县委书记张一道及时成立了东、南、西、北四个区委，联系着 400 余名中共党员。四个区委中，只有以刘鸣铎为书记的南区区委“比较健全”①。当时万安县委派去南昌向省委汇报的同志及时将中共中央八七会议精神和省委秋收暴动计划等文件带回了万安。万安县委立即在罗塘至善小学召开有 70 余人参加的全县党的会议，传达并布置落实中央八七会议精神和省委关于秋收暴动的计划。此后，万安县党组织迅速发展扩大，建立了五个区委，发展党员 500 余人，全县四分之三的

① 江西省委党史资料征集委员会、中共江西省委党史研究室编：《江西党史资料》第十辑，1989 年印，第 24 页。

区、乡恢复建立了农民协会并实际掌握了乡村政权。到当年10月，万安县成为赣西地区党和群众基础最好的县。了解到吉安县、万安县的情况后，中共江西省委果断地将原来计划以永新县为中心的赣西秋收暴动调整为以万安县为中心[①]，同时，为尽快恢复赣西地区党组织，推动并指导赣西地区秋收暴动，1927年9月下旬，中共江西省委派汪群、曾延生到赣西指导工作，并明确汪群是省委代表、曾延生是赣西特委代表的身份。10月初，汪群、曾延生在万安县召开原赣西党组织负责人会议，在会上传达了中央八七会议精神和省委关于在全省发动秋收暴动的决定，吉安县委书记张一道（万安人），万安行委书记曾天宇及一些县的党员代表出席了会议。汪群和曾延生在万安县城正式宣布成立中共赣西特委。赣西特委的成立，拉开了赣西土地革命的序幕。

在赣西特委领导下，吉安县委和南区区委领导东固工农革命军于当年11月12日开始了东固暴动，万安县行动委员会于11月20日发动部分农军第一次攻打万安县城。为了加强对吉安、万安两县暴动工作的指导、并及时将情况反馈到省委，省委常委宛希俨作为特派员来到吉安，并将他了解到的东固暴动和万安暴动第一手材料及时书面向省委作了汇报。省委据此于1927年12月4日发出《中共江西省委致赣西特委信》，在信中对东固暴动队伍打到永和街而不敢过河去打吉安城，万安暴动因计划不周密造成第一次攻城失败，对吉安县和万安县两县县委给予了严厉的批评[②]。此时的中共江西省委和以瞿秋白为首的中共中央一样，面对以蒋介石和汪精卫为首的国民党反动派的叛变和对共产党员及工农运动的屠杀、摧残，在共产国际和苏联代表指导下制定的秋收暴动计划均以攻打城市、夺取政权为目标，充满了不顾实际条件的冒险主义精神，即“左”倾盲动错误，给后来的革命造成了巨大损失。

---

① 中共吉安地委党史办编:《中共吉安党史大事年表》，中央文献出版社1994年版，第27页。

② 江西省委党史资料征集委员会、中共江西省委党史研究室编:《江西党史资料》第十辑，1989年印，第26页。

曾延生在万安成立赣西特委后，为更好地推动赣西各县暴动的开展，来到万安与吉安之间的泰和县境赣江东岸的万合田塅朱家，在其老姑母曾金秀家秘密建立吉、万、泰中心联络站。之所以选定田塅朱家，首先是因为他的老姑父朱福元和老姑母在大革命时期参加了农民运动，一向同情和支持他几兄弟参加革命，有将他（她）们发展为党员的条件；其次是此地与曾延生家乡永和锦源村隔赣江相望，离赣江上重要渡口七姑岭渡口仅三华里路，与赣江边上的万安、泰和、吉安三县县城联系方便；第三是与吉安县南区区委管辖的永和、值夏以上直至东固地区相邻，设在田塅朱家的吉安县南区区委既隐蔽又便于就近联络指导。当时的吉安县委书记张一道与南区区委书记刘鸣铎（吉安县七姑岭渡口旁永和石门村人）、北区区委书记杨松（永丰人）、东龙区委书记高克念四人在省立吉安第七师范是同班同学，东固党组织另两位领导人赖经邦、曾炳春与张一道、刘鸣铎是省立吉安第七师范学校高年级同学[①]。刘鸣铎与曾延生又是永和邻村老乡。这种种有利因素促使曾延生选定万合田塅朱家设立特委吉、万、泰中心联络站。

联络站和吉安县南区区委在田塅朱家设立后，与东龙党支部派来的代表曾炳春制订了东固暴动计划。曾延生在这里还协助吉安县委和北区区委筹划了北区的延福暴动。1928 年初，省委调曾延生以省委特派员身份前往赣东抚州等地巡视工作[②]。

2. 成立中共赣南特委和中共赣西南特委

中共赣西特委在万安建立后，汪群受命前往赣南，于 1927 年 10 月下旬和萧韶、丘倜等在赣州南门外柴火坪正式成立了中共赣南特委，并任特委书记，对上对下联络代号为“林森山”[③]。到 1928 年 1 月，由于各县党

① 中共吉安县委党史资料征集办公室编:《吉安县党史资料》第一辑，1987 年印，第 31、32 页。

② 中共吉安县委党史资料征集办公室编:《吉安县党史资料》第一辑，1987 年印，第 331 页。

③ 廖正本、余伯流编著:《赣南革命三十年》，江西高校出版社 1992 年版，第 32 页。

的力量薄弱，赣南地区的秋收暴动、年关暴动迟迟发动不起来，为此，省委不断去信严厉批评赣南特委。而赣西特委指导下的东固红色武装割据局面已经初步形成，1928 年 1 月 9 日，万安农军第四次攻打县城取得成功，11 日，在县城正式成立了万安县工农兵苏维埃人民委员会，这是江西全省乃至全国第一个暴动后在县城建立的县级苏维埃革命政权。为了用赣西共产党人的斗争成果影响和带动赣南地区的工农暴动，中共江西省委决定撤销赣西、赣南两个特委，于 1928 年 1 月在赣州成立中共赣西南特委，省委常委、省委特派员宛希俨由赣西前往赣州任特委书记。同时在赣州还成立了赣西南工农革命委员会①。时任赣南特委书记的汪群调任省委工作。

3. 赣西南特委、赣南特委、代行赣西特委职权的吉安县委连遭破坏

1928 年 3 月初，在赣州成立不到两个月的赣西南特委遭敌破坏，特委书记宛希俨被捕牺牲。赣西南特委被敌人破坏后一时又难以重建，而此时又正是赣南南康县潭口暴动、赣县大埠暴动、信丰暴动、于都暴动和寻乌暴动相继开展之时，急需加强特委的统一领导。为此，江西省委决定撤销赣西南特委，恢复赣南特委，紧急召回在赣东巡视的曾延生、蒋竞英夫妇前往赣州工作，由曾延生任赣南特委书记，蒋竞英任特委妇女委员会书记。但赣西特委一时无合适人选，没有恢复。省委指定由中共吉安县委代行赣西特委职权，领导吉水、永丰、乐安、安福、新余、峡江等县党组织。批准成立以毛泽东任书记的湘赣边界特委，原属赣西特委管辖的永新、宁冈、莲花、遂川等四县划归边界特委领导。

曾延生具有丰富的革命工作经验，自 1927 年 10 月任省委指定的赣西特委代表，至 1928 年 1 月，短短三个月，在赣西地区依托吉、万、泰秘密联络站，成功地策划了东固暴动、万安暴动、延福暴动和泰和三十都

① 中共吉安地委党史办编：《中共吉安党史大事年表》，中央文献出版社 1994 年版，第 32、33 页。

暴动。3月中旬到赣州后，曾延生发动赣南各县农民暴动此起彼伏，使国民党反动派坐卧不安，他们在抽调兵力前往各县公开镇压农民暴动的同时，在赣州城区增派特务加紧搜捕指挥各县暴动的赣南特委。在这白色恐怖之中，曾延生毫不畏惧，不考虑个人安危，坚持革命活动。3月23日，"曾延生同志在一次同乡好友的宴会中，被敌人的暗探认出并跟踪到住地"①。当日深夜，敌暗探带领大批敌人突然包围中共赣南特委机关所在地赣州古城巷二号，曾延生和夫人蒋竞英同时被捕，在赣州警备司令部的残酷审讯中，夫妇二人严守党组织的秘密，毫不屈服，于4月4日被敌人杀害。

曾延生被捕牺牲后，汪群受省委委派返回赣州重建特委。4月，汪群携妻子贺服丹回到赣州，任中共赣南临时特委书记。他深入各县重组因为暴动失败遭敌破坏的党组织，设法与南康、信丰、于都、兴国、宁都、寻乌等县幸存下来仍在战斗的共产党员取得联系，建立并保持了与省委的秘密交通。在汪群的辛勤奔走和努力宣传下，各县共产党员一扫暴动失败造成的悲观情绪，满怀斗争激情投入更艰苦细致的重组革命组织和暴动队伍，准备开展更大规模暴动的工作之中。

但是在"左"倾盲动错误和共产国际以城市为中心开展革命工作并以夺取城市为目标的错误指导思想尚未肃清的当时，汪群和他的战友宛希俨、曾延生一样，不愿将特委机关搬出城区迁往农村、山区。特委机关在赣州城内存在随时有被发现的危险。很快，以汪群为书记的赣南特委组建不久就出事了。于都暴动领导人丘倜在20世纪80年代回忆说：于都暴动失败后，"无奈，我们只好前往东固。到达东固，见到金万邦（曾绍昌的化名，宁都人）和詹天龙同志。相见之下，十分高兴。几天后，萧韶同志也来了。他又给我带来赣南特委再遭破坏、汪群夫妇均被捕先后牺牲的噩耗。他说：汪群同志被捕后十分坚强，敌人对他施用了最野蛮、惨无人道的酷刑，企图从他口中得到赣南各县党的机关驻地和党员名单，但他坚贞不屈，最后

① 江西省委党史资料征集委员会、中共江西省委党史研究室编：《江西党史资料》第四辑，1987年印，第212页。

慷慨就义。敌人又想从其夫人贺复（服）丹同志嘴里得到秘密，但她和汪群一样坚决，最后高呼口号，走上刑场”①。

1928 年 5 月中旬，在南昌的中共江西省委机关遭破坏，波及吉安县委。5 月下旬，代行赣西特委职权的中共吉安县委和团吉安县委等五处秘密机关遭敌人搜捕破坏，八位同志被捕牺牲，80 多人与组织失去联系，五处机关的文件全部被敌人抄去，损失惨重，吉安县委被迫停止活动②。

四、中共东龙区委的成立

随着武装斗争的不断发展，东固地方党组织建设和政权建设得到进一步加强。1928 年 2 月，东固党组织在东龙党支部的基础上，扩大发展为中共东龙区委，由高克念任书记。区委下辖东固、敖上、江口、南龙、安乐、六渡、三彩七个党支部，党员达到 50 多人。3 月，东龙区委以文化社团名义公开进行活动，对外称“红色曙光社”，对内仍称东龙区委，红色曙光社的书记由胡鸣岗担任，党组织由完全秘密状态转变为半公开半秘密状态。这种转变对进一步扩大党在群众中的影响，具有积极的作用。与此同时，农会组织得到迅速发展，建立了东固、南龙、敖上、江口等 24 个乡村农会，发展了 4000 余名会员。在这里，反动政权已被推翻，地主的田契债约被烧毁，地租、苛捐杂税和高利贷已被废除，“一切权力归农会”，农会行使红色政权机构的职权，管理农村一切行政事务，对田地和茶山实行谁种谁收，豪绅地主威风扫地，革命武装和群众组织可以公开活动。至 1928 年 4 月底，东龙区委管辖范围东到南龙，西到南源、三彩，南到螺坑及兴国的大龙、白石，北至九寸岭、大源坑、北坑、富田，纵横三四十里，超越了东固地区本身，涵盖了永丰、泰和、兴国、吉水等与东固相邻的交界地区，呈现出波浪式向外扩展之势。

---

① 江西省委党史资料征集委员会、中共江西省委党史研究室编:《江西党史资料》第四辑，1987 年印，第 213 页。

② 中共吉安地委党史办编:《中共吉安党史大事年表》，中央文献出版社 1994 年版，第 37、38 页。

第三节　开展武装暴动

一、创建东固工农革命军

1927年10月，东龙党支部根据敖上会议的决定，着手组建一支工农革命武装，挑选了二三十名身强力壮的农会会员，收集原九区农会埋藏的九支长枪，加上赖经邦的两支短枪，成立了东固最早的革命武装——工农革命军，由赖经邦任队长。东固工农革命军成立后，为了壮大革命武装力量，更好地贯彻执行省委秋暴计划，赖经邦加紧了对以段月泉、段月忠兄弟为首的“三点会”绿林武装团结改造的工作。

“三点会”成立于明末清初，原是以“反清复明”为宗旨，类似四川哥老会这样的民间组织，后来演变为打着“劫富济贫”的旗号，干着“打棍子、吊洋鼓”（即打土豪，将土豪关押起来，由其家属拿钱来赎）的活计，经常出没不定，闹得一些富有人家不得安宁。土地革命战争前，东固地区周边一带参加“三点会”的大多数是最苦最穷的山区农民，他们穷得实在没法子，只好参加“三点会”去“打棍子”。后来有些比较富裕的农民为保护自己的家产，害怕“打棍子”打到自己头上，也加入“三点会”。他们为保障自己生命财产的安全，往往交五元钱保护费了事，并不参加活动。“三点会”一般是晚上行动，他们穿着普通的衣服，手拿一根棍棒，头上扎着白毛巾，在额头前打一结，并在右额毛巾上扎一个直径约一寸的有底小竹筒，竹筒口向上，内装饱吸煤油的棉花，需要照明时，点燃棉花，人们通常称为“头灯”。“三点会”有一套行话、暗语，常常出没于深山老林中，窥视要道路口，一见携带有财物的过往行人，叫一声“风来了”，大家就蜂拥而上，抢劫一空，甚至伤人性命。如果对方能对上暗语，说明是自己行内的人，于是唤一声“散”，就一哄而去。“三点会”虽然是穷人的一种暴力组织，但根本没有明确的阶级路线。他们除了抢富有人家的钱物之外，有时还会到一般农民家里行劫，群众对之是又恨又怕。“三点会”成员白天在家当农民，晚上出去“打棍子”，但他们也不愿意过这种生活，亦认为加入“三点会”是一件不体面的事情，所以最忌讳别人讲他们是“三点会”。在东固周边几股洪帮“三点会”中，要数段月泉、段月忠兄弟为首的“三点会”势力最强，影响最大。

段月泉，又名段起凤，永丰县潭头石陂丝茅坪人，从小跟随父亲习武，由于其家庭生活贫困，幼时只读了一二年书就帮人家做工。后来由于受到栽赃陷害，逃到福建参加“三点会”，结拜了十兄弟。几年后，从福建带了一帮“三点会”弟兄和16支独响土铳返回家乡，在当地发展了一批“三点会”会员，经常在兴国东村、莲塘、蜈蚣山一带活动。他们行动彪悍，有一定战斗力，官军曾剿过几次都难以制服。敖上会议在讨论争取段月泉的“三点会”绿林武装时，曾出现了三种不同的意见。第一种意见认为，段月泉是劫富济贫的好汉，如果争取过来对革命有利；第二种意见认为，段月泉一伙是打家劫舍的土匪，请他们来会影响到我党的声誉，不如用武力剿灭他们，把枪支收缴过来；第三种意见则认为，人不犯我，我不犯人，主张对他们采取听之任之、互不侵犯的政策。赖经邦等人认为，虽然有些群众视他们为土匪，但他们中的大多数人都是贫苦出身，打家劫舍是为生活所迫，而且他们打劫的对象多数是富户，“劫富济贫”的成分较多。因此可以争取他们走正路，把他们团结到我党的旗帜下，将会是一支有战斗力的队伍。“三点会”头领段月泉本质是好，其成员手中有武器，在东固周边地区很有影响力，帮规和利益促使他们打家劫舍敢于舍生忘死。对他们引导得好，则于劳动人民和革命事业都有好处，处理不好则难免会妨碍今后的革命活动。若他们被国民党反动派和地主势力引诱拉拢过去，就会危及我们的革命。因此，应该积极争取把他们团结、改造过来，加入革命的队伍。

段月泉

在权衡利弊之后，赖经邦亲自出马，通过亲戚朋友等多方面关系去做争取段月泉的工作。首先，段月泉的胞兄段月亮是赖经邦的亲姐夫。赖经邦就通过段月亮给段月泉捎去书信，对其动之以情，晓以大义，宣传革命道理。其次，赖经邦亲自赶赴兴国蜈蚣山与段月泉面谈，分析当时革命形势，真诚希望段月泉率领部属加入革命武装。最后，赖经邦还让段蔚林利用段家的宗族关系，去说服段月泉及其兄弟参加革命斗争。经过段月亮、段蔚林的前期努力和赖经邦几次申明大义的开导，段月泉在10月底率部20余人、14支枪，从兴国蜈蚣山投奔到东固养军山，正式加入了东固工农革命军的行列，并担任工农革命军游击队的副队长。

在东固革命根据地初创时期，东龙党支部仅仅掌握九区农会的9支长枪，不仅缺少发动武装暴动的基本装备，而且缺乏军事斗争的实践经验。争取段月泉的“三点会”绿林武装加入东固工农革命军后，不仅极大地壮大了东固工农革命武装队伍，成为此后发动东固暴动的关键力量，后来又不断壮大，成为了东固武装斗争的中坚力量，而且成功地塑造了土地革命初期我党对会匪势力进行团结改造，得以壮大共同奋斗力量的一个典范案例，这是我党早期革命领导人对马克思主义统一战线思想灵活运用的一次有益尝试，为我们党在土地革命战争时期领导制定充分调动一切积极因素，团结一切可以团结的力量，建立工农民主统一战线，最大限度地获取最广大人民群众对革命的拥护和支持，提供了鲜活的实践经验和成功范例，在中国革命史上具有十分重大而深远的历史意义。

二、举行东固暴动

按照中共中央八七会议精神和中共江西省委制定的《江西省革命委员会行动纲领》《中共江西省委秋收暴动计划》《江西全省秋暴煽动大纲》三个文件精神，秋暴以赣西南的万安、吉安为中心，要求万安暴动攻入万安城、吉安暴动攻入吉安城，以回应国民党反动派的屠杀政策，进一步扩大政治影响。在东固敖上会议胜利召开后，中共东龙支部深入发动群众，发展党员队伍，开展政治宣传，张贴标语，激发群众革命热情。后又秘密恢复了由赖经邦、曾炳春、刘经化、汪云丛、李会风五人组成的东固农会，东固工农革命军业已组建起来，发动东固暴动的条件已经成熟。

1927年11月初，原吉安县总工会秘书长曾炳春代表东固的党组织和工农革命军来到中共吉安县南区区委驻地，获取了吉安敌情的通报和省委、特委关于利用吉安城防空虚，东固工农革命军可乘机举行暴动，在李锦云、周冕秘密组建的永和党支部及原第三区农会会员的支持下，通过永和攻入吉安城的详细计划。曾炳春带着获取的情报及上级党组织关于暴动的计划迅速回到东固。赖经邦召集东龙党支部和工农革命军负责人听完曾炳春的汇报后，迅速研究制订了动员工农革命军和东固农会会员举行暴动的周密计划，确定暴动的目标是先到富田捕杀大土豪王初曦并搜缴其枪支，然后沿富水河而下，通过南区区委和永和党支部控制的七姑岭渡口和神岗山渡口，渡过赣江与禾河，占领永和后攻入吉安城。

东固暴动（油画）

在经过精心的筹划准备之后，11月12日，赖经邦、段月泉、曾炳春等率领60多名工农革命军和百余名农会会员组成的暴动队，手持长枪、梭镖、大刀、鸟铳，连夜奔赴富田王家，把大恶霸王初曦的住宅团团围住，进屋搜查发现王初曦已经闻风潜逃，仅抓住其弟王良照。暴动队查抄了王初曦的家，搜缴长枪六支、子弹数十发，没收其全部钱财充军需，将衣物、粮食分给当地贫苦农民，同时大力宣传贫苦农民要团结起来，跟共产党闹革命，打倒土豪劣绅。13日凌晨，赖经邦等率领暴动队员沿富水河而下，在云楼攻打了罗达绅等三家土豪。吃过早饭后，队伍经过新圩、陂头、值夏直奔50里开外的七姑岭渡口，利用永和党支部早已经准备好的渡船，100多名暴动队员很快渡过赣江，来到吉安永和锦源村。此时已是深夜，当地动员起来的原吉安县儒林区（第三区）农会会员也在锦源。南区区委书记刘鸣铎召集赖经邦、曾炳春、段月泉等紧急商量怎样通过神岗山渡口打入吉安城，省委特派员宛希俨参加会议，并传达省委关于吉安暴动要打进吉安城的计划。参加会议的吉安县委书记张一道认为自身力量薄弱，坚决反对打入吉安城。赖经邦也认为通过神岗山渡口打入吉安城风险很大，要求暴动队员开进他熟悉的永和街，捕捉豪绅资本家并筹款，解决工农革命军的军需。由于吉安县委的反对和赖经邦的要求，省委、赣西特委代表宛希俨和曾延生只好同意。14日凌晨，赖经邦带领暴动队员悄悄开进永和街，控制了永和街上最大的八家店铺。天一亮，暴动队员迅速出击，捉拿豪绅地主八人，筹得军需和布匹近万元。15日，暴动队伍返回富田，仍未捉到王初曦，群情愤怒之下一把火烧毁了王家的房屋。

收缴邻近富田的吉水水南反动武装的枪支是这次暴动的又一次重大胜利。吉安发生八六反革命事件后，逃亡在外地的吉水水南地区的土豪劣绅回到水南，组织了反动的“文昌自卫队”，收买了原水南区农民自卫队副队长，杀害了农民自卫队队长杨明和，将农民自卫队的35支枪全部收缴，反动的文昌自卫队在当地土豪劣绅支持下，到处摧毁新成立的农民协会，捕杀革命群众并大肆敲诈勒索。他们以水南天主教堂为驻地，白天胡作非为，晚上躲进天主教堂。当地的农民对这支反动武装十分痛恨。以田畯为首隐蔽在水南的共产党员，决心拔掉这个反动自卫队，为当地穷苦人民消除祸害。此时，赖经邦率领暴动队员已从永和街返回到了富田。15日深夜，田畯连夜来到富田并请求赖经邦支援。18日凌晨，赖经邦率领暴动队员携带40多支长枪和3支短枪，翻山越岭到达水南，随即包围天主教堂，通过内应打开了天主教堂大门。暴动队员直冲反动自卫队员住宿地，收缴了全部枪支弹药。赖经邦集中反动自卫队员进行训话，号召出身贫苦的队员在共产党的带领下坚决同土豪劣绅作斗争，以摆脱压迫和剥削。训话结束后，向这些被缴械的自卫队员每人发放3块银圆，各自回家。当日，暴动队员离开水南返回富田，并在富田驻扎了11天。利用在富田驻扎的这段时间，进一步筹集军需物资，缝制了数百套军服，还在富田及周边村进行了广泛的革命宣传，张贴宣传标语，号召广大贫苦农民站出来，跟着共产党打土豪分田地。11月29日，暴动队员们身着整齐划一的服装，雄赳赳、气昂昂地回到了东固山。

这次暴动，前后历经18天，暴动队员没有伤亡一人，攻打到了吉安近郊的永和街，在赣西南地区产生了深刻的影响。发动东固暴动的赖经邦、曾炳春等领导人深知以自己现有的武装力量无力攻打反动力量强大的县城，当前举行暴动首要目标是解决军饷和枪支问题，即以夺取反动势力的枪支为主，同时袭击地主土豪劣绅解决资金来源，充实工农革命军的后勤保障，体现了东固暴动领导人的长远眼光和从实际出发，追求实事求是的革命精神。

东固暴动的胜利，有力地打击了吉安东南一带以王初曦为首的反革命势力，拉开了东固武装斗争的序幕，震动了整个赣西南。“1927年冬和1928年春，在党的八七会议精神和井冈山斗争的推动和鼓舞下，江西地方党组织所领导的武装起义遍及赣江两岸，鄱阳湖畔、武夷山麓……这些武装起义，多数由于敌强我弱或领导策略上有错误，先后遭到了失败。唯有弋横暴动和东固、延福暴动取得胜利，转入坚持游击战争，创建农村革命根据地的斗争，走上了以农村包围城市、武装夺取政权的胜利道路。”①

三、成立江西工农革命军第三师第七、第九纵队

东固暴动胜利后，反动派不甘心失败，他们绞尽脑汁要消灭东固地区

① 陈荣华：《略谈东固革命根据地的创建》，《南昌大学学报》（人文社会科学版）1979年第3期。

的革命势力。东固暴动时王初曦躲过了东固暴动队伍的打击，在东固暴动队员撤离富田回到东固后，王初曦回到富田并于当年 12 月拉拢富田当地匡馥堂、王典贻、文治坤等 17 名豪绅直接向南京国民党中央政府控告赖经邦等工农革命军的“罪行”，要求“迅派队伍向东固尽剿匪巢”。

1927 年 12 月 12 日，王初曦勾结吉安反动驻军会同富田及吉水县白沙、水南等地靖卫团共 300 余人枪，第一次进东固“清剿”。王初曦带兵直奔敖上捕捉赖经邦，此时赖经邦已经入驻养军山，王初曦扑空后，放火焚烧了赖经邦和黄启绶两名共产党员家中的四栋房屋。

面对敌人的疯狂“清剿”，为了更有效地打击敌人、保全自己，各地农军的整合势在必行。1928 年 2 月，中共赣西特委将东固工农革命军与永丰、吉水两县暴动后成立的永吉游击队合编，组建江西工农革命军第三师第七纵队。月底在东固养军山召开成立大会，吉安、吉水、永丰、泰和、兴国等地都派农民代表参加，赣西特委代表及赖经邦、曾炳春等先后发言。大会宣布成立江西工农革命军第三师第七纵队，由赖经邦（后为詹天龙、曾炳春）任党代表，吴江（后为段月泉）任队长，秘书长为曾炳春（后为柏金吾）；参谋课参谋长为赖经邦；军需课军需长为邓浩春（后为钟昌艾）；副官处副官长为钟定明（后为邓继美、罗日新）；军械课负责人为李仕；交通队成员有邱汉七、周裕清、廖明河、罗炳峰、萧万元、萧龙孙；侦探队侦探长为蓝位铭；宣传队成员有张崇德、张忠、萧三杰、廖明清、蔡恭贤、张洁光、李良固、胡圣轩、朱振武、刘松芸、曾招元；输送队输送长为钟其祥；特务组，内设勤务兵、厨房、伙夫、马夫。共设三个区队，第一区队指导员为朱继武，队长为梁人杰；第二区队指导员为郭梅，队长为萧大鹏；第三区队指导员为邓知非，队长为杨金芳。全纵队共有 150 余人、80 多支枪。

第七纵队成立后，在赖经邦、段月泉的率领下，依托东固有利地形，采取波浪式的推进政策，以东固养军山为活动中心，向吉安的富田、陂下和吉水、永丰、兴国、泰和、于都等县边界地区开展游击斗争，先后打垮了沙溪、龙冈的靖卫团，捣毁了敌伪警察崇贤分局，发动群众开展打土豪斗争，严惩各地土豪劣绅，并发动群众毁田界、焚契约，将没收的土豪劣绅的财产分给农民，有力地打击了吉安和东固周围各县反动势力，推动了赣西南武装斗争的发展。

在东固地区革命活动如火如荼进行的同时，位于吉安县北部的河西延福地区革命活动也在蓬勃发展。1927 年 10 月，李锦云收编了原国民党赣军第八师某团排长李育青带领的被裁减的 21 名士兵、19 支枪，连同当地共产党员和革命群众，在油田七里村成立了延福区第一支游击队——油田游击队，由李育青任队长，由共产党员刘公庭到游击队中去做思想政治工作。接着，吉安县北区党组织从流落在吉安塘东一带的北伐军士兵手中买回 14 支枪，以此为基础，又组建了塘东游击队。游击队成立不久，在花桥野鸡山缴获了从路口、油田下来押运鸦片的国民党军 27 支步枪和 4 支手枪，并罚款 1.4 万元。不久，国民党程潜部途经新余，油田游击队用这笔款子向程潜部购买了 100 余支枪，同时吸收了一批青年知识分子和农民参加游击队，队伍得到了较大发展。1928 年 1 月下旬，在吉安县北区区委和延福党组织的领导下，延福暴动取得胜利，开始了延福地区的武装割据。2 月，赣西特委决定以油田游击队、塘东游击队为基础，吸收部分农民赤卫队员加入，成立江西工农革命军第三师第九纵队，由金万邦任党代表，李育青（后为李韶九）任纵队长，黄志道（原名刘泽民）任参谋长。全纵队下设 3 个中队，有 200 余人、160 余支枪，活动于吉安、吉水、峡江、安福、新余、分宜一带。

1928 年 3 月，第九纵队奉赣西特委之命赴东固养军山集训。为确保第九纵队 200 多人枪顺利渡过赣江到东固山与第七纵队会合，赣西特委代表李文林来到延福地区，就第九纵队的行军路线召开会议进行部署。会议决定吉安县委特派员李锦云和延福区农协主席李道韫等留守延福地区坚持斗争。鉴于第九纵队队长李育青旧军队恶习未改，且在 1928 年 3 月初在油田曾发生过一次企图反水未遂事件，为加强对第九纵队的控制并顺利带到东固集训，决定特委代表李文林和延福区党总支书记郭承禄随部队前往东固。3 月中旬，第九纵队来到永丰良村（现属兴国县）与第七纵队胜利会合。

后两纵队全部开往东固进行整训。

中共江西省委为加强对东固地区革命武装斗争的领导，促进红色武装的联合发展壮大，决定成立七、九纵队总指挥部，由叶天雷任总指挥，詹天龙任党代表，赖经邦任参谋长。在东固，总指挥部调整了两个纵队的领导干部，段月泉升任第七纵队纵队长，詹天龙任党代表；由李韶九任第九纵队纵队长，金万邦任党代表。从此，七、九纵队以东固为中心，并肩作战，向四周各县边界游击，扩大了红色区域。

从 1928 年 4 月开始，中共东龙区委和第七纵队派出刘岱等三人先后三次送信去井冈山给毛委员和朱军长，介绍东固革命根据地的情况，沟通了东固与井冈山两块根据地的联系。

四、支援各地农军开展武装斗争

东固暴动胜利后，东固工农革命军威名四震，影响迅速扩大，临近绿林首领纷纷投奔。泰和紫瑶山的孙道发、永丰良村民团首领梁人杰、东固三彩“三点会”头人曾金山都先后带人带枪参加东固工农革命军，使东固工农革命军得到迅速壮大。他们不断在邻县边沿山区开展游击，发动群众组织农民协会，打土豪筹款，发展邻县边界农村武装斗争形势。

1927 年冬，吉水游击队在水南藕下村成立，有 9 支长短枪，由杨金芳任队长。12 月上旬，赖经邦、段月泉率领工农革命军包围永丰县沙溪靖卫团，缴枪 2 支，俘虏团丁 2 名。12 月 20 日，已参加东固工农革命军的梁人杰受命率领从良村带来的绿林武装突袭永丰龙冈靖卫团，缴枪 11 支。12 月下旬，永丰工农革命军游击队在永丰石马层山村成立，由吴江任队长，袁振亚为指导员，主要在永丰南部地区开展革命斗争。此年农历除夕，他们冒险攻打永丰县城，失败后撤退到邻近东固的潭头，和吉水的农军联合作战。永丰、吉水农军面对强敌向东固工农革命军寻求帮助，三地农军联合打退了永丰靖卫团的进攻。

1928 年 1 月 23 日，在永丰县潭头，永丰、吉水两支小游击队合并成立永吉游击队，有 100 多人、40 多支枪，由匡新民任队长，吴江任指导员，东固、永丰、吉水三支游击队均活动在吉安、永丰、吉水三县边界，并经常协同作战。

同年 2 月，永丰潭头芹溪一带扯起了革命红旗，进行公开革命，成立了为穷苦人民说话的“芹溪农民协会”，选举了叶宗骥为常委，叶启雷、欧阳岳、叶宗元为执委。芹溪包括芹菜坑、筲箕窝、丝茅坪、仙人桥、枫树杳、雷公坑、会溪、巷口、毛家塅、迳下、洁水塘、八节坳、磨刀坑、斩木坑、万寿宫等村庄，其中芹菜坑和会溪稍大，这些村庄统共有 100 多户农户，方圆十几里四面环山，与东固仅一岭相隔，芹溪有七个人在东固涧东书院读过书，分别是仙人桥的姚振、姚蕃、叶香早，斩木坑的欧阳岳，会溪的郭海平，万寿宫的姚泉香，筲箕窝的叶奇伦，这些人的家境较好并且都倾向革命，在涧东书院接受了先进思想的教育，先后加入了共青团或共产党，受东固革命的影响，他们从 1927 年冬开始就在芹溪一地带进行秘密的革命活动。芹溪革命爆发后，很快向四周发展蔓延。

1928 年 4 月，东固革命根据地领导人曾炳春受吉安县委委派遣到兴国冰心洞向赣南的同志传达党的八七会议精神。同月，七、九纵队党代表詹天龙率领 100 余人经兴国来到于都桥头。11 日发动桥头暴动，由七、九纵队联合桥头农民武装围攻堡围，由于堡围四面环水，有高墙围住，墙上还有碉楼，围攻几天攻不下来，于是暴动队员改变方针转而进攻没有驻扎反动武装力量的马安石，马安石的土豪劣绅惊慌地逃到宁都、于都县城搬来国民党军队前来镇压。一天后，敌两营兵力赶到并发起攻击，为了避免损失，保存实力，暴动队员在掩护群众转移后主动向兴国山区撤退。七、九纵队也同时经兴国回到东固。

五、东固革命根据地的创建形成

随着武装斗争的胜利发展，东固革命的星火迅速向周边地区蔓延，以东固为中心的赣西南地区的革命斗争出现了蓬勃发展的新局面。东固工农革命军对各地农民武装的求援是有求必应，积极支援，革命斗争如火如荼，红色区域范围不断拓展。往北，工农革命军的武装活动深入吉水四十都、水南、白沙和富田花岩等地，帮助他们建立秘密党小组，参加了白沙、水南暴动，捕杀反动武装红枪会的斗争。往南，扩展到兴国、于都、宁都等地，进行了抗租、抗粮、抗税、抗债、抗息的武装斗争，参加了于都武装暴动。往东，在永丰潭头、芹溪、沙溪一带秘密组织农会，帮助建立党小组，组织芹溪、潭溪和沙溪暴动。往西，在泰和中洞的佰佐、诸贤坑、桥市等地成立了农民协会，开展了“三抗”“五抗”斗争。与此同时，于都桥头、万安等地党组织领导的暴动失败后，当地革命武装的部分人员转移到东固进行休整，学习东固革命武装斗争的经验。

至 1928 年 4 月，经过东固革命根据地军民几个月来的英勇奋战，发展了党的组织，建立了乡村农协，扩大了革命武装，使东固这块赤色区域在四周白色恐怖的包围中屹然挺立，成为了赣西南革命斗争的大本营，革命武装和群众组织在这里可以公开活动。正如 1928 年 4 月 25 日中共江西省委在给中央的报告中所指出的那样：“永丰、兴国、于都三县之交已形成割据。”[①] 以东固为中心的武装割据局面的形成，标志着东固革命根据地的正式创建形成。

① 《江西省委给中央的报告——目前政治形势与朱毛红军发展情况》(1928 年 4 月 25 日)，江西省档案馆、中共江西省委党校党史教研室编：《中央革命根据地史料选编》中册，江西人民出版社 1982 年版，第 38 页。

第二章　东固革命根据地之日渐巩固

几乎在东固革命根据地创建形成的同时，在赣西南地区建立的党的领导机构——中共赣南、赣西南和赣西特委相继在赣州城和吉安城遭到破坏。在这危急的关头，为了组织领导赣西南人民继续革命，巩固新生的东固革命根据地，1928年5月，江西省委决定在东固根据地内成立赣西南行动委员会，统一领导赣西南革命武装斗争。赣西南行委成立后，在东固开办“赣西南党员干部训练班”，培养军政干部；领导七、九纵队大力支援永丰地区革命暴动；沉重打击崇贤、枫边靖卫团反动势力；粉碎敌人对东固根据地的“五县会剿”；回师延福根据地平乱，恢复和巩固红色割据区域范围。

李文林于1928年7月调任赣西特委秘书长至1929年2月的半年多时间里，先后领导组建江西工农红军独立第二团、第四团，壮大革命武装力量；组织成立中共东固区委和东龙游击队，加强根据地党和军队的建设；为粉碎敌人对根据地的经济封锁和解决军需，探索开办东固平民银行和东固消费合作社、筹办淘金坑兵工厂和山坑红军医院等经济文化军事建设的新形式。在这期间，李文林领导根据地军民在深入调研、探索实践的基础上，初步形成具有东固特色的“李文林式”革命根据地建设新模式。所有这些，使东固革命根据地在白色恐怖的包围之中得到进一步巩固和发展。

第一节　赣西南行动委员会领导下的革命武装斗争

一、在东固成立赣西南行动委员会

就在中共赣西、赣南特委在赣州城和吉安城先后遭敌破坏，一时难以找人恢复，而此时位于赣西、赣南交界处的东固革命根据地已经初步建立起来之际，为了加强对赣西南地区革命武装斗争的领导，中共江西省委于 1928 年 5 月决定，在东固革命根据地这一安全区域成立赣西南地方武装暴动领导机构——赣西南行动委员会（简称赣西南行委），由刘士奇任行委书记，丘倜、萧韶、詹天龙、赖经邦等任行委委员，担负起领导赣西南地区武装暴动和指导东固、延福等革命根据地建设的任务。赣西南行委在东固根据地成立后，紧锣密鼓地开展了一系列工作，既推动了赣西、赣南各县的革命武装暴动前赴后继地开展，又指导东固、延福等根据地在巩固中得到不断发展。

二、在东固开办赣西南党员干部训练班

赣西南行委成立后，立即抽调资历和实践经验较丰富的丘倜、李文林两位同志在东固主持开办了赣西南党员干部训练班。丘倜是赣南于都县下垄田村人，1926 年 10 月从毛泽东主办的广州第六届农民运动讲习所结业，回到赣南开展农民运动，在赣州被党组织派回老家于都工作，在于都发展党员、建立中共于都支部并任支部书记，后被方志敏抽调到省农民协会工作。大革命失败后，回赣南组织秋收暴动，领导发动了 1928 年二三月间的于都暴动。于都暴动失败后，撤退来到东固山。李文林是赣西吉水县水田石鼓村人，黄埔军校第三期毕业[①]，1927 年上半年，在国民革命军第三军

① 江西省吉水县史志档案局编:《中国共产党吉水历史》第一卷（1919—1949），中共党史出版社 2011 年版，第 213 页。

朱德主办的南昌军官教育团任教官。于都北乡桥头暴动领导人朱学玖、钟声楼是李文林在军官教育团的学生①。李文林参加了八一南昌起义，起义军撤离南昌后，李文林受省委派遣回赣西开展武装斗争，参与了延福暴动、延福革命根据地和第九纵队的组织、筹建。他接受省军委和七、九纵队总指挥部命令，于1928年3月带领第九纵队来到东固山集训，此时正在东固山。

1928年5月底6月初，赣西南党员干部训练班在东固正式开班，把赣西、赣南各县的乡党支部书记和党内的积极分子调集在一块训练，以加强党的组织，开展农民运动以及地方党组织与民众如何更好地和工农革命军密切配合，共同协作、行动一致②。经过严格训练的数十名党员回到赣西、赣南各县以后，成为当地组织农民开展武装暴动，实行红色武装割据的骨干力量和领导者。

三、第七、九纵队支援永丰地区革命暴动

1928年5月底6月初，赣江以东永丰县藤田地区的农民群众革命情绪十分高涨，农民暴动的各项准备工作基本就绪。与此同时，在东固革命根据地整训的七、九纵队也开赴永丰西南一带活动，随时准备支援这一带即将爆发的农民暴动。由于有七、九纵队做后盾，中共永丰区委作出决定，立即举行藤田暴动，并在藤田暴动后，接着举行石马、沙溪暴动，形成以藤田、石马、沙溪为中心的永丰中南部地区的工农武装暴动高潮③。藤田暴动从6月13日开始，暴动队伍在第七纵队纵队长吴江的率领下，于凌晨突然包围了国民党藤田区政府和藤田靖卫团，区政府工作人员和靖卫团丁惊慌失措、仓促应战，到处是枪声和爆竹声，到处是暴动队员和农民群众的

---

① 江西省委党史资料征集委员会、中共江西省委党史研究室编:《江西党史资料》第四辑，1987年印，第208页。

② 江西省委党史资料征集委员会、中共江西省委党史研究室编:《江西党史资料》第十辑，1989年印，第143页。

③ 中共永丰县委党史工作办公室:《中国共产党江西省永丰县历史》第一卷（1926—1949），中共党史出版社2019年版，第80页。

冲杀声和呼喊声。藤田靖卫团长张作谋赶紧带领团丁，冲出包围圈向古县方向逃窜。暴动队员们砸碎了区政府、靖卫团的牌子，烧毁了他们的文件，没收了他们的财产，并在圩场上召开了群众大会，揭露区政府和靖卫团的罪行，宣传共产党的纲领和土地革命政策，号召广大农民和工人积极参加革命。6月14日清晨，天还未亮，张作谋率领靖卫团从古县杀回来，由于吴江和暴动队伍早有准备，在藤田街口迎头痛击了靖卫团的偷袭，当场击毙四名团丁，张作谋见势不妙，带着剩余团丁向三湾村方向仓皇逃命。暴动队员趁势来到温坊、田心、层山等地捕杀了十六七个罪大恶极的土豪劣绅，没收了他们的粮食、衣物分给贫苦农民。6月下旬，在藤田小学召开了有近3000名农会会员和游击队参加的群众大会，吴江介绍了东固根据地军民在党的领导下，通过组织农会掌握农村大权实行抗粮抗税抗租抗债的好做法，号召大家团结一心，坚持战斗。

藤田暴动发生后，中共沙溪支部、沙溪区工农革命委员会根据中共永丰区委指示，加快了暴动前的各项准备工作。沙溪党支部派共产党员王章和到东固向赣西南行委求援，请求派七、九纵队战士参与并指导沙溪暴动。经赣西南行动委员会同意，七、九纵队总指挥部参谋长赖经邦亲率十名第七纵队战士开赴沙溪。藤田暴动后不久，在沙溪桥背南街万寿宫召开了暴动动员大会，党支部领导李怀远作了动员报告。在热烈掌声中，李怀远请赖经邦参谋长讲话，赖经邦简要介绍了当前革命形势和农民举行武装暴动的意义，并向在场的数百名农会会员和赤卫队员提问："反动派要打吗？土豪要杀吗？"暴动队员们齐声回答："要打！要杀！"动员大会一结束，在赖经邦、李怀远、王辉党、李世昌等人率领下，沙溪暴动开始了，暴动队员兵分五路开往北岸、钟山下、水村、拱江背、艾家、王家等村打土豪，召开农民群众大会，控诉土豪劣绅欺压农民的罪行、没收了十多家土豪的财产，分给贫苦农民[①]。由于有东固七、九纵队的支持，永丰地区的革命暴动此起彼伏，沉重打击了当地反动势力。继在藤田、沙溪暴动之后，当年

① 中共永丰县委党史工作办公室：《中国共产党江西省永丰县历史》第一卷（1926—1949），中共党史出版社2019年版，第82、83页。

6月下旬，永丰县石马暴动爆发了。在共产党员聂作汉、曾绍参、芦新民、张思贤、邹辉山等人的组织领导下，石马暴动队员赶跑了石马靖卫团，占领了石马区政府和县党部驻石马的机关，在石马农村打土豪，没收土豪劣绅财产分给贫苦农民。石马暴动还根据永丰区委指示开赴上溪、中村、北坑，帮助这些地区的中共党员在各村建立农民协会。

四、第七纵队出击兴国，赖经邦壮烈牺牲

为了解除兴国一带反动势力对东固根据地的威胁，1928年6月28日，经与兴国崇贤党组织负责人谢云龙精心筹划，第七纵队秘书长曾炳春率部通过兴国贺堂中美，直奔大龙天星霸村，捕捉了当地恶霸罗爵高、罗镰杨，战士们押着这两个恶霸连夜下山直奔崇贤圩。此时，事先派出的第七纵队战士和打入靖卫团的共产党员杨祝三趁黑夜除掉了住在崇贤小学的崇贤靖卫团团长曾文绚。曾炳春率领第七纵队战士赶赴崇贤圩将靖卫团驻地团团包围起来。团丁们听说团长曾文绚已被打死，乱作一团，只好缴枪投降。解决靖卫团后，曾炳春指挥战士们将崇贤的大劣绅邹瑞淮的土围子包围了起来。受尽邹瑞淮压迫剥削的当地农民在共产党员的鼓动下，纷纷拿起梭镖、锄头参战，支援第七纵队攻打土围子。攻入土围子后，发现邹瑞淮早已闻风而逃，遂将其家中粮食、衣物、茶油和金银、铜钱全部没收集中到崇贤万寿宫，分发给当地的贫苦农民。曾炳春在万寿宫广场向成百上千的农民高声宣讲：我们是共产党的部队，是人民的部队，是打土豪劣绅、地主恶霸，替被压迫的劳苦大众谋求幸福的……[①] 这次出击崇贤，策动兴国崇贤暴动，打垮并铲除了崇贤靖卫团，对东固根据地党、军、群工作是一次极好考验和锻炼，取得了组织群众、宣传群众、锻炼部队、打击敌人、巩固根据地的良好效果，也极大地鼓舞了第七纵队决心铲除根据地东南边兴国县枫边这个反动堡垒的信心。

东固革命根据地初步建立起来后，兴国枫边的反动地主豪绅胡嘉照、

---

① 江西省委党史资料征集委员会、中共江西省委党史研究室编：《江西党史资料》第十辑，1989年印，第134页。

欧阳登赉、欧阳登资等十分仇视，千方百计要对抗东固土地革命运动，他们纠集一群流氓地痞，出钱买了20支枪，组织起由杨彩庭任团长的枫边靖卫团，在枫边与东固南龙交界处的杨斜岭上设卡放哨，连东固群众按照传统习惯到枫边去赶圩也不放行，给根据地内南龙、峰岭一带的人民群众生产生活造成很大不便。为了端掉枫边这个反动堡垒，赖经邦、曾炳春、段月泉等东固革命领导人于崇贤暴动胜利后第二天派出第七纵队侦察员谢礼贯伪装成卖鱼的商贩抄小路到枫边赶圩卖鱼，对敌情进行侦探。不料被敌人识破，当即被枫边靖卫团杀害在圩场上。敌人的残暴激起了赖经邦等人的愤怒。6月30日，赖经邦率领第七纵队100余人枪直奔枫边，欲剿灭该靖卫团。枫边靖卫团在杀害了谢礼贯之后，时刻提防第七纵队的报复，并在东固通往枫边的各条要道上布置暗哨。当赖经邦率第七纵队进入枫边地界，该靖卫团的暗哨便一路鸣枪报警，第七纵队来到枫边街，该靖卫团早已闻讯逃跑了。当天下午，赖经邦率第七纵队回师东固街。当晚赖经邦等商议决定第二天组织更大规模队伍再次突袭枫边，围歼枫边靖卫团。

当晚，枫边靖卫团和豪绅地主们筹集光洋连夜从兴国县城搬来了一个连的国民党正规军，精心设计引诱第七纵队的战术和伏击围歼的圈套。

7月1日，赖经邦率第七纵队及农会会员等200多人进入枫边。枫边靖卫团按计划好的引诱战术，向密石方向逃跑，赖经邦指挥队伍奋力往前追。在石背村拱桥下及蒽坑村山上陷入了国民党正规军设下的埋伏圈中，一阵排枪打倒了几个第七纵队战士和农会自卫队员。东固来的军民手中武器多以梭镖大刀为主，从未见过敌人正规军这么密集的枪弹，我方军民一片惊慌。因敌人占据桥头要道和有利地形，为避免造成更大的伤亡，赖经邦遂掩护指挥军民向北朝东固、南龙方向撤退。不一会，枫边靖卫团从密石方向追了上来，赖经邦看情况不妙赶紧向旁边山上退去，他的警卫员傅三喜在后面开枪掩护。敌人四面包围，傅三喜被捉，在枫边街惨遭杀害。赖经邦侥幸脱险，迅速翻山进了李坑，欲经芳坪翻过大乌山回东固，但很快就迷路，衣服也被雨淋湿了，傍晚时分走进垄上村一户山里人家休息，想烘干衣服后再走。此时，枫边靖卫团见捉到赖经邦的警卫员，断定赖经邦还没有跑出枫边乡范围，遂逐村搜查，欲搜捕赖经邦，重点清查该乡北面与东固交界的村庄。结果，赖经邦衣服还没烘干就被一伙靖卫团丁发现，一拥而上捕捉捆绑。靖卫团丁将赖经邦捆绑在垄上村祠堂前旗杆石上毒打，身材高大的赖经邦威武不屈，大声怒斥："记住，今天你们弄死我一个赖经邦，明天会有十个、一百个起来革命，为我报仇。"[①] 随后，靖卫团团丁又押解赖经邦回枫边。一路上，赖经邦与匪徒们进行了拼死搏斗，眼看赖经邦即将挣脱之时，一个歹徒抡起大刀朝赖经邦猛砍下去，赖经邦躲闪不及，大刀砍在颈肩上，遂倒在血泊中，壮烈牺牲。凶狠的歹徒割下其头颅，挂在枫边万寿宫前"示众"三天。东固到枫边赶圩的人带回来这一不幸消息，全东固山的军民陷入了极大的悲痛之中。

赖经邦是东固革命的播火者，是东固党组织的主要创建者，是东固暴动和东固革命根据地以及第七纵队的主要组织者和领导者，他文武兼备、军政全才，他的英勇牺牲，使东固革命根据地人民失去了一位革命立场坚定、军政素质全面、领导能力优秀、熟悉本地情况的优秀领导人，是东固、赣西革命事业的重大损失，同时也激励着东固革命根据地军民更加勇敢地去战斗。

五、第七纵队在东固取得反"五县会剿"胜利

赖经邦在兴国县枫边被残杀后，东固周边的兴国、泰和、吉水、永丰、吉安等五县反动政府会商，想趁东固军民仍然沉浸在主要领导人赖经邦不幸遇害的巨大悲痛之中，第九纵队又离开东固已回延福之机会，彻底"剿灭"第七纵队，摧毁东固革命根据地。五县反动派公推吉安县县长邹松担任"会剿"总指挥部总指挥。

1928 年 7 月间，五个县的靖卫队和保安团分四路疯狂地向东固革命根据地"进剿"。五县之中，兴国反动武装人数最多，经方石岭直插东固；吉

① 杨家赞：《枫边战斗》，江西党史资料征集委员会、中共江西省委党史研究室编：《江西党史资料》第十辑，1989 年印，第 127、128 页。

水和永丰县反动武装经上、下坊过东固岭、和丰坑进东固圩；泰和反动武装从桥头岗过洞源岭经三彩进入东固；邹松从吉安带来的反动武装和值夏、陂头、新圩、新安、富田等五地地主豪绅拼凑的所谓“五市联防”靖卫队从富田过九寸岭、安乐、大源坑进入东固。面对敌人的四面“进剿”，中共东龙区委和第七纵队领导人曾炳春、段月泉等认真分析敌我形势，决定以敌进我退战术，组织第七纵队和东固革命群众隐蔽在根据地的腹地——养军山上，使敌人找不到目标，然后寻机歼敌。五县敌人进入东固后，在东固街周边村庄骚扰了20多天，却不见第七纵队的踪影。经过一番商量，邹松便玩弄起了“招抚”诡计，放出了“收编”的风声，扬言：凡过去上当受骗者，一律既往不咎，七纵队人员只要下山受编，全部欢迎，当兵的仍然当兵吃粮，当官的照旧当官。邹松安排曾炳春、高克念、刘经化和汪安国等第七纵队和东龙区委领导人的同学进山劝说，还动员东固当地乡绅赴养军山当说客，企图诱骗第七纵队下山接受收编，趁机一举消灭。第七纵队、东龙区委领导人曾炳春、高克念、刘经化等人将计就计打垮反动派。据事后国民党《大公报》报道，为了增加邹松等人的信任感，“匪首曾炳春、刘经化等俱派祖父亲属恳我准予自新，孙匪道发，先送机柄五个表示投诚，黄启绶、汪安国等竟自行哀请围攻之日，先送一个二十余岁之男汉，指为杀人放火罪大恶极之匪共。”① 邹松等反动派信以为真，暗自得意阴谋诡计即将得逞，为进一步欺骗第七纵队，还在孙家坝坪上精心布置了欢迎仪式。

约定下山的这一天到了，第七纵队全体战士决心分三路突然袭击敌人。“段月泉率领一路正面攻击，高举红旗由殷富直下东固圩；孙道发率领一路从三彩将军帽进攻东固圩西面；曾炳春率领一路从九斗湾包抄而上，攻击东固圩的后面。下午1时许，三路部队临近东固圩，敌人还蒙在鼓里，邹松看到远处红旗招展，欢喜若狂，满以为革命武装上钩了，立即命令吹集合号，召集军士列队欢迎。正当敌人在孙家坝坪上整队、吹欢迎号时，第

① 江西省委党史资料征集委员会、中共江西省委党史研究室编：《江西党史资料》第十辑，1989年印，第177页。

七纵队出其不意放了一排枪，敌军应声倒下了五六个，第七纵队随即发起总攻号令，三路战士猛烈冲向敌人的阵地。把敌人重重包围，敌人乱成一团，纷纷夺路逃命，伪县长邹松与吉水靖卫团头子郭子高被劣绅孙修伦、孙修谓兄弟引路侥幸逃出东固。”[①] 第七纵队战士带领农会会员乘胜追歼逃敌，缴获了大量武器弹药，反“五县会剿”取得胜利。反动县长邹松逃回吉安后，被迫辞去县长一职，国民党江西省政府主席朱培德趁机从自己的滇军系统选人接替，当年 10 月云南人冷照升上任吉安县长[②]。抓住这一胜利给敌人造成的恐慌，刚刚接任第七纵队纵队长职务的段月泉，趁枫边靖卫团不备，带领第七纵队再次突袭兴国枫边，俘获了残害赖经邦的几个靖卫团的凶手，并就地处决，使枫边靖卫团遭到了一次毁灭性的打击。反“五县会剿”的胜利和接连打垮根据地南大门周边的崇贤、枫边靖卫团，解除了根据地南面的一个威胁，巩固了东固的红色割据。从此，除国民党正规部队外，地方反动地主武装不敢轻易到东固侵扰。

六、李锦云牺牲和第九纵队回师延福平乱

1928 年 3 月，在延福暴动胜利的基础上组建的江西工农革命军第三师第九纵队奉省委军委和赣西特委命令调往东固养军山集训，致使延福根据地内兵力空虚，吉安国民党驻军师长朱世贵乘机派出师部直属队约一个营的兵力，护送油田地区土豪劣绅在吉安网罗地痞流氓组成的油田靖卫团杀回延福地区。在刚刚建立的延福革命根据地内，凶残的敌人疯狂地烧杀肆虐。在延福油田游击队组建者和延福暴动领导人李锦云家乡油田七里村，将李锦云等共产党员和第九纵队战士家的房子全部烧光。自 4 月至 6 月，在延福区的塘东、油田地区烧毁房屋 100 多栋，杀害了李宣贤、万洪生、张芳星等共产党员和农会干部十多人。李锦云、李道韫、曾椿萱等共产党员带领各乡党支部的党员和农会干部退入河源、盐田、楼下等地山林中坚持斗争。

---

① 青原区政协文史资料编纂委员会编：《红色畲乡东固》，2011 年印，第 140、141 页。

② 江西省吉安县县志编纂委员会编：《吉安县志》，新华出版社 1994 年版，第 852 页。

6月初，李锦云来到七里松山村开会布置坚壁清野、坚持斗争等工作，不料被七里村中几个动摇分子发现，跑到油田靖卫团告密。第二天天未亮，油田靖卫团数十人在彭家瑶、周寿山两个头目的带领下包围了松山村，几经搜捕，终于在一条水槽边发现了隐蔽在那里的李锦云。敌人知道李锦云在广州第六期农民运动讲习所里是毛泽东的学生，延福地区中共党的组织、红色武装和农民运动的主要领导人之一。敌人指望李锦云供出整个延福地区各乡党组织和农会骨干分子名单，从而一举摧毁延福革命根据地。敌人将李锦云从油田靖卫团押到塘东街国民党军驻地，又押送到吉安国民党军朱世贵的师部，李锦云视死如归，经受住了敌人一场又一场严刑逼供和美色利诱，决心用鲜血和生命保护根据地的党员和农会干部。敌人无奈将李锦云用重兵押送到南昌的省军法处监狱，用该监狱新引进的电刑来折磨拷打李锦云，企图撬开他的嘴巴。但敌人失败了，李锦云用钢铁般的意志和25岁的年轻生命践行了在广州农讲所在毛泽东面前宣誓入党的铮铮誓言。

延福人民的最优秀儿子李锦云在南昌牺牲的消息传到东固山，激起了李锦云亲手参与组建的第九纵队全体指战员极大的愤怒。第九纵队领导人和随队来的延福区党总支书记郭承禄一次次向赣西南行委和七、九纵队指挥部请战，要求返回延福去，坚决平定反革命分子对延福根据地人民的暴乱肆虐行为，为李锦云、为所有被杀害的共产党员和人民群众报仇。

进入7月，赣西南行委和七、九纵队总指挥部鉴于第九纵队200多名指战员在东固集训和参加巩固扩大东固革命根据地的战斗已经三个多月，打击延福地区的反动派，恢复延福革命根据地已是当务之急，遂批准由第九纵队纵队长李韶九、党代表金万邦和延福区党总支书记郭承禄带领第九纵队西渡赣江返回延福平乱。

7月初，第九纵队指战员200多人枪循着3月份来东固时的路线快速行军返回，在李文林的家乡吉水同江口汇合赣江处的西沙埠渡口乘船过了赣江，经过东固3个多月整训的第九纵队雄赳赳地回到了延福根据地的中心塘东街。

欠下了屡屡血债的油田靖卫团团长周寿山和行动队长彭家瑶这两个匪首，得悉第九纵队过赣江回到了延福，惊惶失措。他们赶紧向邻近的安福县国民党驻军求援，安福驻军派来一个营的正规部队和枫田靖卫团共300多人枪赶来，在塘东至油田中途的逢塘村后面山上挖战壕部署阻击阵地。这边郭承禄一进入延福根据地，一路通知隐蔽潜伏的共产党员组织号召农民协会会员支援第九纵队对敌作战。

第九纵队指战员克服酷暑天气长途行军的疲劳，听到前来欢迎的农民群众诉说敌人烧杀的罪行，目睹过赣江后一路经过的村庄被敌人烧杀的惨景，心中充满复仇义愤。面对敌人在逢塘村的阻击阵地，第九纵队指战员一次次奋勇冲杀、前仆后继，加上闻讯赶来为第九纵队助战的上千农会赤卫队、少先队员的齐声呐喊，以及各条道路上源源不断的肩扛锄头、铁锹助战的农民，人民战争的阵势把阵地上的枫田靖卫团团丁给镇住了，他们刚进入阵地不久，就往回开溜，保命要紧。第九纵队战士高举红旗，呼喊着“为李锦云报仇”的口号带头冲锋，从安福来的敌正规军和油田靖卫团纷纷动摇，撤退逃跑。匪首彭家瑶声嘶力竭，还想顽抗，被第九纵队战士一枪毙命。一场逢塘大战，第九纵队取得了歼敌50多人、缴枪80多支的重大胜利。

第二天，第九纵队乘胜追击到安福枫田街，包围枫田靖卫团驻地，团丁们吓得扔下枪就跑。这次枫田战斗，第九纵队又缴枪40多支，俘获团丁6名。

几天之后，第九纵队又远途奔袭了固江靖卫团。此前，固江靖卫团在浬田人曾昆和桐坪罗家村罗子南这两个头目带领下，多次进入延福区和儒行区的红色区域“清剿”，捕杀了多名共产党员和农会骨干。第九纵队这次50里连夜奔袭，痛打了固江靖卫团，缴枪30多支，并活捉了靖卫团的1个班长。

回到延福根据地不到一个月，第九纵队三战三捷，根据地及周边几个靖卫团遭到沉痛打击，基本上恢复了四个月前出发去东固时的红色割据区域范围。

第二节　成立红二、四团　保卫红色根据地

一、成立江西工农红军独立第二团

1928年8月，第七纵队在赣西特委负责人李文林、鄢日新带领下从东固出发西渡赣江，第一次来到延福根据地与第九纵队会师，受到中共延福区委书记郭承禄、延福区农民协会主席李道韫及延福根据地人民的热烈欢迎。七、九两纵队在李文林、鄢日新指挥下，游击转战于安福、分宜、新余、峡江、吉水等县边界地区开辟新的赤色区域。转战月余，与敌军旅级以上兵力交战两三次，俱获胜利，增加了许多战斗经验，战斗力大大提高。

9月，根据中共江西省委和省委军委的通知，要求正式组建江西地方红军，在赣东北的红色武装整编为独立一团，在赣西的七、九纵队整编为独立二团。为此，赣西特委在七、九两纵队同时在东固根据地和延福根据地取得一系列战斗胜利的大好形势下，为适应武装斗争需要，便于统一指挥，正式启动了对七、九两纵队的整编工作。党中央和省委代表来到红二团整编地——吉水县阜田镇后，赣西特委在这里召开了有数千军民参加的庆祝大会，李文林以特委委员、秘书长身份主持了红二团整编及庆祝大会，鄢日新代表特委、军委宣告江西工农红军独立第二团正式成立，并宣布了团、营两级干部的任命决定，由李文林任团长兼团党委书记，段月泉任副团长，刘泽民任参谋长，曾炳春任政治部主任。团下面设有一营，营长为宋金标；二营，营长为刘兴禄；政治宣传队由曾炳春兼任队长；特务队由黄埔军官学校毕业的黄坚任队长。据中华人民共和国成立后曾任民政部副部长，当年红二团老战士卓雄同志半个世纪后回忆说："1928年

李文林

9 月，在赣西特委负责人李文林、鄢日新主持下，将江西工农革命军第七纵队、第九纵队合并改编为江西红军独立第二团，党中央、江西省委均派代表参加了在阜田隆重举行的军民庆祝大会。”[①] 在庆祝大会上，中共中央代表和江西省委代表对红二团的光荣诞生致以最热烈的祝贺，称赞它是在江西诞生的第一支地方红军部队，祝愿红二团在保卫东固、延福两个红色革命根据地的战斗中成长壮大，再立新功。延福根据地和阜田当地的人民载歌载舞、杀猪宰羊庆祝红二团的成立。

红二团的成立，标志着赣西南革命武装斗争的一个质的飞跃——赣西南有了第一支主力红军，以东固为中心的红色区域割据进入到一个新的发展阶段。

二、红二团游击赣东

正值红二团成立之际，湘赣两省敌军发动了对井冈山革命根据地朱毛红军的“会剿”，滇军军阀、江西省政府主席朱培德派滇军金汉鼎师进驻赣西“剿共”，红二团处于国民党大军云集的吉安附近，延福和东固成为敌军“进剿”的重地。为此，红二团留下几名战斗骨干和几支枪，与延福根据地几支游击队组编为赣西游击第一大队，在延福地区坚持游击斗争。李文林率领红二团在自己老家石鼓村旁的西沙埠渡口渡过了赣江，在赣江以东地区开展飘忽不定的游击战争，以打击敌人，拱卫东固、延福根据地。

这时，井冈山根据地的军民在红四军前委书记毛泽东和朱德军长领导下于 1928 年 10 月在遂川县击败李文彬第二十一旅。11 月在宁冈县新城和永新县龙源口大败赣军，取得了第二次反“会剿”的胜利。因此，“进剿”赣西的国民党军滇军金汉鼎师也吓得躲在吉安龟缩不前。已经东渡赣江的红二团抓住有利战机，在峡江、永丰、乐安之间游击，不断消灭反动地方武装，扩大了东固根据地周边的赤色游击区域。

---

① 江西省委党史资料征集委员会、中共江西省委党史研究室编：《江西党史资料》第二十三辑，1992 年印，第 96 页。

12月10日，红二团第一次攻克乐安县城，缴枪57支，毙敌6名，俘虏靖卫团团丁17人，镇压了当地土豪游高祥和元传宗。嗣后，准备游击永丰藤田，走潭头、龙冈，回师东固，因永丰敌人阻扰截击，遂改道进攻兴国。12月中旬，在兴国县东村与赣南第十五纵队会合，决定联手进攻兴国县城，于20日第一次打进兴国城，俘敌30多人，缴枪100余支，缴获小型兵工厂一座，打开监狱释放被关押的共产党员和革命群众200多人，镇压了几个血债累累、民愤极大的反动头子。红二团和第十五纵队这次攻克兴国县城，在赣南和赣西影响很大，引起了国民党军驻吉安的刘士毅部的恐慌，派出六连兵力与兴国、永丰的靖卫团一道，联合围攻红二团，也被红二团一举粉碎。

12月底，红二团回到东固，敌刘士毅部又派出两连兵力和一个机枪队，联合吉安“五市联防”靖卫团又进东固来“清剿”，红二团初战失利，丢失全部辎重，全团退驻养军山。第二天清晨，李文林指挥红二团指战员，趁冬天清晨大雾，从养军山悄悄下山组织反攻，大败敌军，歼敌70余人，缴枪30多支，夺回了前一天丢失的部分马匹辎重，敌人仓皇溃退，一路逃回吉安。1929年1月初，红二团乘胜前往新圩、陂头之间的羊角庵，消灭驻在此地的所谓“五市联防”靖卫团，击毙其大队长，缴枪数十支。经此一战，从此国民党反动派，即使是正规军，人数少了也不敢轻易进东固骚扰，东固根据地得到了进一步的巩固。

到1929年1月底，红二团发展到800人、430余支枪，已是具有相当战斗力的正规军队，成为“江西革命武装之基本”①。

三、成立江西工农红军独立第四团

1928年3月13日于都北部桥头暴动发生后，敌人“进剿”桥头，有100多名参加暴动的积极分子不能在当地安身，暴动领导人、共产党员朱学玖和钟声楼便组织他们转移到兴国县东村、莲塘一带。在转移途中他们

① 《红军第六军的报告》(1930年1月12日)，中共江西省委党史研究室等编:《东固·赣西南革命根据地史料选编》第二册，中央文献出版社2007年版，第22页。

遇到了一些兴国的地下党员，这些地下党员也跟着暴动队员来到莲塘。此前，从年初 2 月 16 日南康潭口暴动发生后，相继又发生了赣县大埠暴动、信丰暴动、于都暴动和寻乌暴动，兴国县由于陈奇涵等共产党员认为客观条件还不成熟，敌人力量太强，不同意贸然举行暴动，以至于兴国县反动的靖卫团得意扬扬，十分猖狂。在这种情况下兴国城区和县内各地的许多共产党员也都纷纷转移到东村、莲塘山区。而萧韶、丘倜等赣南暴动领导人在暴动失败后都把队伍转移到了东固。对此，在莲塘地区的党员黄家煌、朱学玖认为，躲藏、潜伏、转移到东固不是长久的办法，要像东固成立第七纵队、延福成立第九纵队那样，成立本地的革命武装队伍，来对付反革命武装的“清剿”。于是就成立了于都桥头游击队，在于都与兴国交界的地区开展游击活动，打击豪绅和不法地主。活动了三个多月，游击队集合了各地参加暴动的年轻农民 100 余人，经在东固的赣西南行委批准，于 1928 年 7 月上旬在兴国东村雷公寨正式成立了赣南工农革命军第十五纵队，这是赣南地区的第一支正规工农革命武装。

第十五纵队成立时没有一支枪，只好向东村一个姓刘的“三点会”首领租了 12 支枪，加上一位当地农民送来他捡到的一支破枪共 13 支枪。纵队领导人朱学玖、钟声楼向东固党组织学习他们动员段月泉带绿林武装下山参加革命的经验，多次进山动员在莲塘山区活动的由管开炳带领的“三点会”绿林武装参加第十五纵队。管开炳被共产党员的耐心开导所感动，带着他手下 10 多人、9 支枪全部加入第十五纵队，经于北区委请示上级，决定由管开炳任赣南工农革命军第十五纵队的纵队长，朱学玖任纵队政委，钟声楼任纵队参谋长[①]。不久，于都桥头地下党员送来情报，说 8 月 12 日反动税官钟朝珍带着 4 个团丁 4 支枪来桥头地区勒收屠宰捐税，住在当地土豪家中。此时第十五纵队正发生经济困难，遂决定返回桥头，围捕收税的税官和打土豪。由于情报准确，加之敌人以为暴动镇压下去了，天下太平、丧失警惕，所以当 8 月 26 日第十五纵队突然出现在桥头时，税官团丁

① 江西省委党史资料征集委员会、中共江西省委党史研究室编：《江西党史资料》第二十三辑，1992 年印，第 87 页。

们一个也没有走脱，全部被捕捉。包括打土豪所得，这一仗就缴获600多块银洋、8支枪。之后，第十五纵队又在兴国和于都县北部打了几个小胜仗。到当年12月20日，跟随李文林率领的红二团攻打兴国之前，红十五纵队已发展到200多人、70多支枪。打下兴国后，收缴到反动商团110余支枪，李文林将其中的28支枪交给中共桥头特区委负责人张文焕后，带领红二团返回东固根据地，第十五纵队也跟着红二团来到东固和永丰县南部活动。

红二团和第十五纵队离开兴国回东固后，为保护参加暴动农民的安全和利益，张文焕和桥头特区委其他同志商量，请可靠的铁匠修好红二团送给的28支枪，召集了兴国和桥头地区参加过暴动的年轻农民三四十人，经特委同意，在兴国边境的寨庙成立了赣南工农革命军第十六纵队，由钟先桐任纵队长，张文焕任政委，李晓峰任参谋长兼军需[①]。第十六纵队成立后，开到兴国东村的园迳一带，突袭于都边境马安石上堡打土豪，缴获1200块银洋后，回到兴国庙坪。经反复教育，收编了曾老四领导的绿林武装，曾老四赠送了200块银洋给第十六纵队，并带来十多个人和几支枪。曾老四被任命为第十六纵队第一中队中队长。

而后，应兴国江背农民的要求，第十六纵队又开到江背，突然包围了经常祸害当地普通老百姓的“三点会”小头目李老七，收缴了他的7支枪。1929年1月29日，这一天是农历戊辰年十二月十九日，是江背圩的逢圩日。第十六纵队趁各村农民都来赶圩之机，召集大家开会，成立了由杨柳青任主席的江背区农民协会。此时，第十六纵队已经发展140多人、120多支枪。

1929年农历正月初二，第十六纵队接到于北特区委书记李骏（雷振东）通知，开赴兴国莲塘，与李文林率领的红二团和朱学玖、钟声楼率领的第十五纵队会师。会师后，由李骏和李文林共同主持召开了三支部队领导人和于北特区委联席会议。由于第十五、十六纵队都是在于都北部红色

---

① 江西省委党史资料征集委员会、中共江西省委党史研究室编：《江西党史资料》第十辑，1989年印，第162页。

割据区域诞生的红色武装，所以李骏书记主张将两个纵队合编为“于北游击大队”，就地活动，保卫桥头红色根据地。富有军事经验的李文林主张将第十五、十六纵队加上红二团派出一部分战斗骨干合编为江西红军独立第四团，尽快形成一支有战斗力的红军部队，在兴国、于都、宁都等县更大的范围打击敌人、保卫根据地。由于第十五纵队负责人朱学玖、钟声楼二人在1927年上半年参加了朱德领导的军官教育团学习，李文林当时在军官教育团任教官，是朱学玖、钟声楼二人的老师。他们两人听了李文林发言后，首先表态，认为李文林团长站得高、看得远，坚决支持将第十五、十六纵队改编为红四团的决定。最后联席会议一致决定采纳李文林的意见，成立红四团。

1929年2月15日，根据赣西、赣南特委指示，李文林、李骏在兴国莲塘西坪上主持召开了红二团和第十五、十六纵队党团活动分子会议，决定正式整编成立江西工农红军独立第四团，红二团副团长段月泉调任红四团团长，曾任第九纵队党代表的金万邦任红四团政治部主任，李文林兼任红四团政委，调红二团参谋长刘泽民任红四团参谋长，李晓峰任团军需处长。从红二团抽调100多名连、排、班干部充实红四团，以尽快形成战斗力。原第十五纵队编为红四团第一连；兴国城岗第四大队近百人50多支枪，编为第二连；从桥头、东村、坝子上一带的农民赤卫队抽出50多支枪和上百人编为第三连；第十六纵队编为第四连①。全团共有400余人、300多支枪。这样，在李文林的统一领导下，赣西南地区又一支主力红军——红四团诞生了。红四团的成立，极大地壮大了赣西南地区革命武装的声威。

此后，红二、四团联手作战，互为犄角，有力地巩固和扩展了东固革命根据地，“从桥头到东固约200里左右尽系赤色区域”，东固革命根据地成为赣西南“群众斗争最红的地方”②。

---

① 江西省委党史资料征集委员会、中共江西省委党史研究室编:《江西党史资料》第十辑，1989年印，第162页。

② 陈毅:《关于赣南、闽西、粤东江情况的报告》(1929年9月1日)，中共江西省委党史研究室等编:《东固·赣西南革命根据地史料选编》第一册，中央文献出版社2007年版，第28页。

第三节　成立东固区委　探索推进根据地各项建设

一、革命形势的蓬勃发展和东固区委的成立

随着武装斗争的胜利发展，东固革命根据地已经巩固并扩大到周边县、区，对党组织的发展和建设也提出了更高的要求。东固地区的党组织不仅仅管辖东固、南龙地区的党支部和农民协会，还要负责管辖和领导泰和中洞、桥市地区、吉安县富田地区、吉水水南、白沙地区、永丰潭头、沙溪地区及赣南兴国县崇贤、枫边地区的党支部和农民协会。

中共东龙区委于1928年2月在东龙党支部的基础上得以成立。东龙区委成立时，东固地区共产党员只有十多人，经五个多月的发展已达50余名，党支部也由一个东龙党支部发展到东固、敖上、江口、南龙、安乐、六渡、三彩七个党支部。3月，在延福地区的第九纵队奉调来到东固根据地支援并参加集训，七、九两个纵队会师，力量得到增强、游击区域不断扩大，党组织的活动和影响也呈现出向东、西、南、北四个方向不断拓展的良好态势，以东固为轴心，东到南龙、峰岭，西到南源、三彩，南至螺坑及兴国县的大龙、白石，北至本县大坑、富田，纵横四五十里，红色割据区域日渐得到巩固和扩大。

东固革命根据地的创建成了周边县区人民打土豪、分田地、闹革命的依靠和希望，在根据地创建形成的半年多时间里，东固周边县区不断地发生农民暴动，与土豪劣绅展开斗争。为了增加暴动斗争的胜算，暴动组织者纷纷派人前来东固，向东龙区委和七、九纵队求援。暴动不顺利或失败后，不少人撤入东固学习取经和避难，东龙区委组织根据地人民给予了真诚的回应和救助。这一切大大加强了东固地区党组织与周边各县的联系，推动了附近各县土地革命斗争的发展。

在东固的北面，1928 年初，东固安乐支部从富田花岩向吉水四十都、罗源坑、水南、白沙一带开展活动，帮助地方秘密建立党小组。1928 年 5 月，此时吉安县委代行赣西特委职权，派刘启勋和第七纵队党代表詹天龙到白沙召开吉安、吉水、永丰三县边界地区党的负责人会议，提出了东固根据地向白沙、水南一带扩展的斗争任务和斗争策略。不久白沙农民举行暴动、捕杀大土豪罗广森、周仁等人。接着曾伯雄、龚荣领导水南农民举行暴动、捕杀恶霸曾运、曾道志等人，过后不久他们又组织群众配合七、九纵队，在水南、白沙地区围歼反动的红枪会，捕杀了红枪会头目与税霸，组织恢复了农民协会，进行抗租、抗税、抗债斗争。

在东固的南面，1928 年初，南龙党支部派人向兴国枫边、西林等地开展工作，六渡党支部派人向兴国崇贤大龙开展工作。4 月，曾炳春受吉安县委委派到兴国冰心洞召开中共兴国区委扩大会议，进一步传达八七会议精神，强调要加强党对武装斗争的领导，要勇敢地领导农民开展“抗租、抗粮、抗税、抗债、抗息”的“五抗”斗争，将武装暴动列入兴国各区党支部和党员的重要工作。这次扩大会议后，兴国的武装斗争进入了一个新的发展阶段。

在东固的东面，在东龙区委成立前，东龙党支部就在永丰潭头、芹溪地区发展党员，成立了石陂、卧龙、芹溪三个党小组。东龙区委成立后，区委派第七纵队柏金吾、郭梅等人到芹溪组织农民协会，发动群众举行暴动，成立了芹溪游击队。接着潭头也公开成立农会，举行暴动。1928 年 3 月，赖经邦亲自带领第七纵队 12 位战士到沙溪区桥背南岸、钟山下一带，帮助组织了沙溪暴动。5 月，指导成立了中共沙溪支部。

在东固的西面，1928 年四五月间，东龙区委派高克念、罗宗清至泰和县中洞的伯佐、诸贤坑等地帮助成立农民协会，制定“三抗”“五抗”策略，酝酿暴动，派林国家、陈老克等人去桥市、潭溪等地宣传革命道理，帮助建立农民协会、赤卫队等革命组织，发动青年农民参加第七纵队，配合七、九纵队的游击活动。1915 年出生于泰和老营盘的原民政部副部长、老红军卓雄就是这时跟随表叔参加了第七纵队。东龙区委和

七、九纵队的游击活动，不久影响波及泰和县赣江以东的整个仁善、仙槎地区。

1928 年 9 月，七、九纵队在延福根据地整编为红二团，10 月东渡赣江回到东固及周边地区转战，取得了一系列胜利，进一步推动了东固红色割据区域的巩固和建设，在赣西特委兼吉安县委领导下，东固及周边地区党组织得到扩大。为此，当年 10 月，特委决定将东龙区委更名为东固区委，由刘经化任区委书记，领导管辖吉安县东固、富田，泰和县中洞、桥市，吉水县水南、白沙，永丰县潭头、沙溪，兴国县枫边、大龙等地共 24 个党支部及 24 个乡农民协会的工作。

二、在殷富成立东龙游击队

在东固区委成立的同时，筹备了一段时间的东龙游击队在东固街南 3 千米的殷富村万寿宫正式宣告成立，有 100 多人、30 多支枪，由刘任贤任队长。由于游击队的筹备、酝酿阶段是在东龙区委领导下，给游击队的任务也是在东龙区委领导下，在以东固、南龙为中心的根据地内及边缘地区活动，重点是护卫设在离殷富村不远的三彩地区的红军兵工厂和红军医院，所以游击队仍然被命名为“东龙游击队”。

殷富村全村姓刘，自宋嘉定年间，基祖刘宗尧由新圩黄塘边迁入东固，定居在兴国贺堂、本地六渡流经下来的东固河西岸，历代人财两旺，殷实富裕，所以明朝以来取村名为“殷富”，是东固地区非客属的一个规模较大的村庄之一[①]。游击队在该村成立，除了邻近三彩红军兵工厂、红军医院，便于就近护卫外，该村粮食等物产丰富，附近六渡、螺坑村庄稠密，比较容易解决游击队上百人的后勤供应也是一个重要原因。但主要的原因，还是出生于殷富村的游击队队长刘任贤是一个能文能武、有胆有识的教书先生和革命者，在当地很有号召力。

刘任贤，1900 年出生于殷富村，1924 年前后在吉安“吉州公立阳明甲

---

① 江西省吉安县地名办公室编:《江西省吉安县地名志》，1987 年印，第 86 页。

种商业学校”毕业后，被聘请在东固涧东书院教书。1927 年初，在共产党员赖经邦、高克念的指导推动下，刘任贤与同在涧东书院教书的刘经化、戴希贤、汪安国、刘振邦成立了吉安县第九区（东固区）农民协会，刘任贤在区农会中分管财政和处理乡、村农会要求解决的日常事务，他的廉洁理财和精明能干为全区农民所公认。他革命理想坚定，富有斗争精神。在他的带动下，其叔叔刘世清，弟弟刘承球、刘承桓、刘承相，堂侄刘先棋、刘先华、刘先堂、刘先遗先后参加游击队和红军，一大家人全部投身革命，其中刘先遗后来在中央苏区少共国际师中央教导团一营任政治委员，所以区委挑选刘任贤任东龙游击队队长是看重他在东固广大人民群众中的号召力、战斗力[①]。刘任贤后来果然不负东固区委希望，将东龙游击队建设成东固地区继第七纵队、红二团之后又一支有战斗力的红色武装队伍。东龙游击队在它存在的一年多时间里，由于红二团经常远离根据地进行飘忽不定的游击战争，所以东龙游击队在一段时间内成为东固根据地的主要护卫力量，兴国贺堂、泰和桥头岗和永丰龙岗等地留下了刘任贤率领游击队战斗的足迹。

后来在 1929 年 2 月红四军和红二、四团东固会师时，毛泽东发现了刘任贤这个有文化、会理财、能打仗的人才，与东固区委商量，将刘任贤调离东龙游击队，调入红四军。起初任命他为红军疗养院院长。1931 年 11 月中华苏维埃共和国临时中央政府成立后，刘任贤被任命为中央红色医院院长兼总指挥，充分发挥了他的聪明才智和敢于负责、勇于斗争的特长[②]。1929 年底，奉赣西特委指示，东龙游击队与吉水白沙游击队、兴国万安边界的兴万游击队合编为赣西第十纵队，后来并入江西工农红军独立第四团、第五团[③]。

---

① 青原区政协文史资料编纂委员会编：《红色畲乡东固》，2011 年印，第 224 页。

② 青原区政协文史资料编纂委员会编：《红色畲乡东固》，2011 年印，第 224 页。

③ 唐莲英、叶福林、丁仁祥：《东固革命根据地史论》，华东师范大学出版社 2019 年版，第 84 页。

三、开办东固平民银行

1928年10月东固区委一成立，就在红二团支持下正式挂牌开办东固平民银行。东固平民银行是在区农民协会开办的“东固平民借贷所”基础上开始筹建的①。

东固革命根据地的红色割据区域初步稳定下来后，敌人对根据地不仅进行频繁的军事“进剿”，而且进行严密的经济封锁，堵截白区的商人和生活必需品进入东固，同时也阻止东固地区山货物产运往白区销售。敌人的经济封锁使那些长期在东固街开店经营的外地商人和从事山里山外商品运销的商人，生意无法继续维持，只好中止生意，关闭店门，连人带资金逃离东固山。他们这一走，使东固地区相当一部分贫苦农民家庭生活陷入困境，因为他们基本生活必需的盐、布、洋火（火柴）等物品就靠自己能够采集制作的冬笋、火笋、山苍子去交换，现在在东固街的收购商和运销商跑了，正常的家庭生活难以为继。

为了打破敌人的经济封锁，东龙区委和区农民协会采取了许多有力的经济措施，建立了许多立足于东固当地资源的小型工厂和消费合作社以及收购销售药材的药材部。但东龙区委和区农会不可能对全区农民实行供给制，所有的经济措施还必须遵循市场上的商品等价交换规律，农民的山货特产暂时运销受阻换不回货币，但正常的生产生活必须继续。而要维持广大群众的正常生产生活，东固地区的共产党员们特别是在省立吉安第七师范、吉安阳明中学读过书，接触了马克思主义政治经济学基本原理的那一群知识分子党员，决心运用所学知识来为东固人民排难解忧。他们以东固区农民协会的名义开办“东固平民借贷所”，由黄启绶担任借贷所所长，借贷所本金很少，都是向共产党员和农会干部筹借而来。借贷所成立时用雕刻木模印发了一种面值很小的纸币，纸币面值一吊分（相当于现在人民币3元），贫苦农民到借贷所贷款，拿到这种简陋的纸币，可以到消费合

① 黄惠运、石劲松、刘军:《东固革命根据地简史》，四川出版集团巴蜀书社2011年版，第54页。

作社和圩场上购物。下午散圩时，收到这种纸币的可以到借贷所换回铜板和银圆，由于黄启绶的借贷所可以确保随时兑换，所以借贷所印制发行的一吊分纸币，逐步建立起了信用。

借贷所依靠向党员和干部们筹借的几百元银洋经营着非常有限的借贷业务，发出的纸币，圩场散圩后当日就回到借贷所，对于贷款数额较大、时间较长的业务无法受理。几个月的经营实践，大家迫切需要成立一家根据地人民自己的银行。

问题反映到刚成立的红二团团长兼党委书记李文林那里，李文林立即表态支持东固区委正式成立"平民银行"，红二团大手笔一下资助 4000 银圆。李文林就此事对红二团的干部战士们说："同志们，我们宁可节衣缩食，也要把自己的银行办起来，我决定把打土豪筹集的 4000 银元，立刻送给平民银行做开办基金。"①

当年参与筹建"东固平民银行"的汪安国在 1949 年解放后回忆说："东固平民银行，意为东固的老百姓自己办起来的银行，这是我们党当时采取的一种经济斗争策略，目的则是联合东固各阶层的经济力量，取得各阶层的援助，开展反对经济封锁的斗争……为使银行工作尽快开展起来，我们成立了一个平民银行工作委员会，委员会由黄启绶、刘经化、汪安国、王金亨、邱有文、李文连和两个外地人组成，黄启绶任行长。为了便于了解市场的情况，有利于开展各种业务活动，银行聘请了两个人（其中一个外地人）协助工作。"②

除了红二团捐助的 4000 银圆外，东固平民银行以借款、捐款、储蓄、节省经费等渠道自筹了 3000 银圆充作银行基金，银行于 1928 年 10 月在东固街上正式开业，由共产党员黄启绶任行长。开业时发行了中国工农红色政权最早的纸币，纸币分一元、五角、二百文、一百文四种，流通于东固

---

① 黄惠运、石劲松、刘军：《东固革命根据地简史》，四川出版集团巴蜀书社 2011 年版，第 54 页。

② 江西省委党史资料征集委员会、中共江西省委党史研究室编：《江西党史资料》第十辑，1989 年印，第 153、154 页。

革命根据地以及邻近地区。纸币由油印机印制，纸币的左右两旁分别加盖了“平民银行公章”和“黄启绶公章”的红色印泥章。当时发行纸币1万元，到1929年春，又扩大基金8000元，发行纸币2万元。

由于东固平民银行坚守信用，连外地在东固经商做买卖的也乐意使用，东固平民银行发行的纸币，每逢外地商人进东固经商返回家乡，都喜欢用收到的银圆来平民银行兑换纸币，以便于携带。“以致后来出现了东固纸票一用，吉安、南昌的纸票没人要。……通行各县，一直到吉安城外半里的水东也可通用。这一方面固然因为东固银行的基金充足，同时也是群众的热烈拥护、拒用反动阶级的票币，争着拿现金来换东固的纸币所致。”①

东固平民银行从1928年10月创建开办到1930年12月因发生富田事变，黄启绶被冤杀，因而被迫改组停办②。在两年多时间里，平民银行活跃了东固市场，沟通了根据地与白区的经济联系，解决了根据地军民的正常生产生活和部队的给养困难，打破了敌人的经济封锁，发展了根据地的经济，为根据地的进一步巩固和发展打下了一定的物质基础。

四、协助红二团筹建山坑红军医院

东固红色武装队伍建立后，随着游击战争的开展，就产生了需要及时救助伤病员的问题。1928年3月后，随着第九纵队来到东固，伤病员越来越多，七、九纵队总指挥部和东龙区委就在当时的后方基地养军山创办了一所医院，即东固养军山医院。

1928年9月，红二团在延福根据地成立后，转战赣江以东，将伤病员送回东固根据地，希望东固区委协助红二团卫生处选择一处运输相对方便，有敌情能及时得到掩护和转移的地方开办红军医院。东固区委考虑到三彩地方离东固仅十里地，道路相对平缓，不像养军山山高路险，兵工厂也坐

① 中共江西省委党史研究室等编:《东固根据地与中国革命道路的开辟——纪念东固·革命根据地创建80周年学术讨论会汇集》，中共党史出版社2008年版，第572页。

② 中共江西省委党史研究室等编:《东固·赣西南革命根据地史料选编》第一册，中央文献出版社2007年版，第332页。

落在三彩淘金坑，加上刚成立不久的东龙游击队的后方基地殷富村，同在东固河西的不远处，发生敌情能及时赶来掩护和转移伤病员，因此确定将红军医院建在三彩山坑村。山坑红军医院当年 10 月开办时不到 10 张病床，有医务人员 10 余名，使用中药、西药和草药相结合治疗，中药、西药相对缺乏，所以红军医院医生只好因陋就简，更多的使用草药和民间方子为伤病员治疗。1929 年 2 月，红二、四团与朱德、毛泽东率领的红四军会师后，由于一下子增加了红四军 300 多名伤病员，山坑小医院接纳不了，医院迁到东固街旁边的瑶下村，扩大了规模，增加了病床和医务人员，医院也改名为“赣西南第一后方医院”。

五、开展和扩大军工生产

东龙区委和第七纵队 1928 年春在三彩淘金坑秘密建起了枪械修理所。当年 12 月 20 日，李文林率领红二团在赣南第十五纵队的配合下，第一次打进兴国县城，缴获了一个小型兵工厂，将这个兵工厂的设备和工人师傅都带到了东固淘金坑，建立淘金坑兵工厂，由当地赤卫队长徐发林兼厂长，从兴国县崇贤大龙调当地党组织负责人谢云龙任兵工厂经理。据考证，“东固淘金坑兵工厂，起初叫铁工厂，正式投入军火生产后才叫兵工厂。兵工厂内设有铁工厂、熬硝制火药厂、木炭烧制场。兵工厂的职工由从各地抽调来的思想素质较好，打铁技术较强的人员组成，共 40 余人，由谢云龙总负责。兵工厂组建后，即投入武器和火药的生产。当时，军火生产的重点是制造土枪，兼制梭镖、大刀以及修理枪支。土枪是按照‘来复枪’的构造进行仿制。它由木托、枪身、枪机三部分组成，战士们称为‘猪兜枪’。土枪的有效射程为 50 至 100 米。土炮由炮身和炮弹两部分构成，‘炮弹’内装火药、铁砂或碎铁片，战士们称它为‘猪兜炮’。土炮全重 30 至 35 千克，需要两人抬着或者置于固定位置进行发射，射程为 1000 米左右，发射面较宽，杀伤力较强。”[①] 淘金坑兵工厂生产的土枪、土

① 温振春:《东固革命根据地的兵工厂》,《军事历史》1992 年第 3 期。

炮和梭镖、大刀等简单武器，虽说不如敌人兵工厂生产的优良高档，但用来装备红军和游击队，却也是雪中送炭、用来打击敌人也发挥了很好的作用。

在军工生产上，除了淘金坑兵工厂，还在东固街上办了一个贫民工艺厂，有 28 个工人，起初专门为七、九纵队和后来的红二团生产军用被服、绑腿、袜子等，后来也为根据地的人民生产一些生活必需品。

六、筹办东固消费合作社

1928 年 10 月东固区委成立后，为了进一步打破国民党反动派的经济封锁，缓解日常生活用品供应紧张的困难，维持根据地人民的基本生活，同年 12 月在东固街平民银行旁边筹办了东固消费合作社，促进了根据地的日益巩固。

根据郑传辉和吴大经两位当年消费合作社亲历者的回忆，我们可以重温当年筹办东固消费合作社的艰辛历程和当时东固根据地共产党人以人民至上、全心全意为人民服务的宗旨意识和为民情怀。

东固消费合作社从 1928 年 12 月创办到 1934 年 10 月主力红军长征后停办，在六年办社过程中经历了一个从小到大，经营商品从少到多的发展过程。

1928 年底，东固区委决定，抽调三人创办东固消费合作社，开初经营的商品有布匹、茶油、食盐、红糖、白糖、黄烟、火柴、棉带、雨鞋、草鞋、斗笠、蓑衣等南北杂货，满足人民群众生产生活的必需。后来根据群众的呼声和区委的要求，加工生产农用器具，收购山货，帮助农民发展生产。业务扩大了，相应的消费合作社的人员由三人逐步增加到八人，后来郑传辉任社长兼管账目，肖学富为采购员，叶道兴、李亮愈、吴大经为营业员，刘贵发为刨烟员，王方薇为挑运员，钟耀龙为炊事员，人员之间既分工又合作，做到早晚都开门营业。

合作社所销售的茶油是向东固区委所管辖的油槽收购而来，以低价零售给人民群众食用，最高价时不超过每斤铜元 640 文，由于物美价廉，合作社茶油每天销售量都有数十斤。

食盐是人们生活必不可少的物品，由于吉安方向敌人关卡多，封锁严密，所以运销食盐的主要是来自兴国方向的商人。东固消费合作社用优惠的价格收购兴国商人挑来的食盐，收购价不低于他们沿途零售价。所以这些兴国商人乐意把食盐全部卖给合作社。合作社以保本微利的平价将食盐转售给群众，使根据地广大群众不再为缺盐而恐慌，也不再为买一点食盐而四处奔波，这是区委和供销合作社所作的一件十分得民心的好事。

东固区消费合作社流通券（1929年）

在“围剿”和“反围剿”不断发生的战争年代里，消费合作社的工作条件十分艰苦。在中国共产党的坚强领导和全心全意为人民服务的思想指导下，合作社工作人员发扬“一双草鞋一副担，艰苦朴素为人民”的革命精神，风里来雨里去，坚持公开买卖，童叟无欺。逢圩日，在合作社门口因陋就简摆摊子营业。非圩日，他们挑起货担，穿山越林、走村入寨，送货上门。他们每人每月只有3元钱的伙食费，但合作社员工们不闹待遇，不计较报酬，不利用特权多买一两盐、多扯一尺布，保持苏维埃政府工作人员廉洁的形象。东固消费合作社工作人员这种全心全意为人民服务，春夏秋冬一年四季挑着货郎担下乡的“红扁担”精神，一直在东固苏区人民心中流传。

第四节　东固革命根据地的建设

一、李文林带领第九纵队由延福来到东固

1927年上半年，李文林在朱德领导的驻南昌国民革命军第三军军官教育团任教官，后跟随朱德参加八一南昌起义。鉴于第一次大革命失败后，赣西各县的党组织大部分塌台，工人、农民的自卫队武装大多数被地主、豪绅缴去的严峻状况，李文林没有随朱德的起义军南下，而是接受党组织委派，回赣西开展革命武装斗争。当年10月，李文林协助李锦云，将流窜在吉安县油田路口山里，靠抢劫为生，由排长李育青率领的20多名国民党裁撤散兵改造成接受我党领导的油田游击队。1928年1月底，李文林协助中共延福区党总支指挥油田和塘东游击队举行了延福暴动。暴动胜利后，当年2月，在油田七里村李锦云家乡，李文林按照省委军委和赣西特委指示，将油田游击队和塘东游击队，并接受了一批青年农民参加，整编为江西工农革命军第三师第九纵队。从此，“九纵队在李文林指挥下，开始了以延福革命根据地为中心的武装割据。”[①]3月，省委和赣西特委决定延福根据地的第九纵队前往东固与第七纵队一起参加集训。延福区和东固区虽然同属吉安县域，但一个在县域北端，与分宜、新余交界；一个在县域东南端，与赣南兴国县交界，两地相距三四百里，中间隔着赣江、乌江、泷江三条大河和一座座高山。最主要的是此时第九纵队纵队长李育青，这个原国民党军的排长虽然参加革命队伍已经四五个月了，但他玩弄女人和吸食鸦片这些旧军队的恶习难改，受不了革命队伍纪律的约束。而李育青带来参加改编的20多名原国民党军士兵，此时还是刚整编不久的第九纵队的班、排长和战斗骨干，就在第九纵队奉命前往东固出发前的3月初，在油田姜元

① 江西省委党史资料征集委员会、中共江西省委党史研究室编：《江西党史资料》第一辑，1987年印，第325页。

村，李育青就企图拉人反水叛逃未遂。再加上第九纵队中来自油田、塘东地区的大批农民战士，第一次离开延福家乡出远门，也需要一个家乡的领导来安定军心。为了加强对这支200多人枪的红色队伍的控制并将他们顺利带到东固，交给省委刚成立的七、九纵队总指挥部组织集训，除第九纵队纵队长李育青，党代表金万邦、参谋长刘泽民外，赣西特委指定特委代表李文林和中共延福区党总支书记郭承禄全程跟随九纵队去东固。

由于李文林、李锦云、郭承禄三人是本地人，行前，他们协助第九纵队指挥员精心谋划了从延福到东固的行军路线和沿途的军需筹集。3月中旬，除李锦云带领区农协主席李道韫等留守根据地外，李文林、郭承禄率领第九纵队踏上了前往东固山的征程。第九纵队从延福革命根据地的七里、路西、河源、楼下等地出发，他们一路向东，走峡江县金江庙下、城上，直奔峡江县城巴邱镇。由于队伍中有不少原国民党军投诚过来的士兵，来到峡江城下，李文林指挥士兵化装成从山里“剿匪”回来路过的国军，骗开了城门。全纵队200多人冲进城内，一举歼灭了刚成立不久的峡江县靖卫团，缴枪28支，还缴获了许多布匹和食盐，除带足前往东固一路的军需，其余的都分给了当地穷苦百姓。在峡江城，纵队长李育青不仅去妓院嫖娼，还公然娶了一个妓女为妻，带入部队随队行军，严重违反部队纪律和行军规定。离开峡江县城，李文林指挥第九纵队沿赣江西岸上溯，带入自己的家乡——水田石鼓村隔赣江对面的吉水县黄桥乡西沙埠渡口，利用自己在当地的社会关系和地下党组织的帮助，使第九纵队近300人顺利渡过赣江，来到赣江东岸的水田、双村、醪桥地区。队伍稍事休息即越过大东山隘口进入与永丰县交界的吉水县乌江、丁江地区。

在吉水丁江、白沙地区，李文林和第九纵队遇到了何金山率领的打着工农革命军第八纵队旗号，仍然干着打家劫舍勾当的一支绿林武装。这支绿林武装是1926年在吉水、永丰地区被国共合作的北伐革命军打败的北洋军阀部队的残部，有100多人枪。东固第七纵队成立后，几次来水南、白沙地区游击，加上在田骏任书记的中共吉水（水南）支部领导下，这一带的革命力量日益壮大。何金山和白沙大豪绅郭春和、周有仁策划假装向共产党投诚参加革命，经第七纵队二区队指导员郭梅（原中共吉水水南支部宣传委员）向第七纵队和赣西南特委报告，于 1928 年 3 月初将何金山的部队就地改编为江西工农革命军第三师第八纵队，由何金山任纵队长[①]。在丁江遇到第八纵队后，第九纵队纵队长李育青带着他在峡江娶的妓女老婆不辞而别，逃入何金山的第八纵队。在后来的 4 月，七、九纵队总指挥部布置攻打永丰县城恩江镇，在行军战斗中，第八纵队不服从命令，擅自撤回白沙，造成攻打永丰的战斗失利。七、九纵队奉总指挥命令，突然奔袭白沙第八纵队驻地，击毙何金山，取消了第八纵队番号。李育青侥幸从第八纵队逃出后，向驻吉安滇军杨如轩师投诚，并被委任为铲共队长。当年 7 月曾参与“五县会剿”，进攻东固，后不知所终[②]。

第九纵队到达丁江、白沙地区已是 3 月中旬，为了尽快到达东固开展整训，李文林派第九纵队共产党员罗高远打前站去寻找第七纵队。此时，第七纵队党代表赖经邦也派出一个胡姓侦察员来到白沙寻找第九纵队接头。在胡姓侦察员的带领下，第九纵队来到永丰县良村与第七纵队胜利会师。会师后，两个纵队在李文林、赖经邦带领下一起开往东固，这是李文林第一次来到东固山。

二、李文林在东固的调研和斗争实践

李文林、郭承禄带领第九纵队来到春天里的东固山，放眼望去，处处青翠欲滴，映山红开满各个山头。东固革命根据地的人民热情欢迎来自延福革命根据地的红色健儿。李文林、郭承禄和金万邦到七、九纵队总指挥部报到后，部队就交由总指挥叶天雷统一指挥、整顿和训练。很快，总指挥部就调整了两个纵队的领导干部，段月泉升任第七纵队纵队长、总指挥部党代表詹天龙兼第七纵队党代表；第九纵队纵队长由李韶九担任，党代

① 江西省吉水县史志档案局编:《中国共产党吉水历史》第一卷（1919—1949），中共党史出版社 2011 年版，第 44 页。

② 江西省委党史资料征集委员会、中共江西省委党史研究室编:《江西党史资料》第十辑，1989 年印，第 177 页。

表仍由金万邦担任。李韶九是湖南嘉禾县人，1904 年生，1926 年 4 月进入设在广东韶关的湘军讲武堂学习，当年底随其兄李昌汉参加国民革命军第六军北伐进入江西，打下九江后进入第六军政治训练班参训学习，经六军党代表林伯渠介绍加入中国共产党。大革命失败后，先在长沙、萍乡等地从事地下工作，因赣西南特委组织农民暴动急需军事人才，遂被江西省委派来赣西工作。

第九纵队交给李韶九、金万邦带领后，使李文林、郭承禄这两个第一次来到东固山的延福革命根据地领导人有机会、也有时间详细考察东固革命根据地党、政、军、财各个方面的建设和组织机构运行情况。他们利用参加会议和单独交谈等形式，向第七纵队赖经邦、曾炳春，向东龙区委书记高克念、汪安国，向东固区农民协会刘经化、黄启绶等东固根据地党、政、军各方面负责人虚心学习工作方法和斗争经验。当然，李文林和郭承禄也毫无保留地向东固的同志们介绍了大革命失败后，他们在延福地区组建第九纵队、建立延福革命根据地的工作情况和体会。

李文林、郭承禄两位延福根据地领导人还跟随七、九纵队到周边各县区参与支援当地举行的农民武装暴动。他们目睹了在“左”倾盲动错误思想指导下，不顾敌我双方力量悬殊对比，上级强令发动暴动，用简陋的武器去攻打县城，造成了一次又一次的失败，以及失败后党组织及革命队伍遭受的摧残。这对李文林、郭承禄二人后来在东固和延福两个红色区域实行“秘密割据”，是一个很好的启示和教训。

1928 年 5 月，赣西南行委在东固成立后，李文林受命与赣南来的丘倜共同主办“赣西南党员干部训练班”，他在训练班上既介绍自己参加八一南昌起义的经历，畅谈自己学习党的八七会议决议中关于开展土地革命和武装反抗国民党屠杀政策的体会，向学员们报告自己受省委派遣回赣西，在家乡吉水和吉安县北部延福地区开展武装斗争的经验和教训。他更是利用一切机会向参加训练班的来自各县的党员同志详细了解他们当地的革命形势及武装暴动前后的情况，有了许多与来东固之前不一样的体会。到当年 7 月初，李文林和郭承禄两人在东固进行三个多月的调研和思考，也参加了赣西南行委布置开展的许多斗争实践。可以说，对东固革命根据地，对整个赣西南地区的革命形势了然于胸；对各地共产党员组织的暴动和武装割据的经验教训他们看得比别人更清楚。1928 年前后江西全省近百起农民暴动中，只有三起比较成功的暴动，他们亲身经历和详加考察了其中的两起暴动，即延福暴动和东固暴动[①]。

1928 年 7 月初，赣西特委决定调李文林任特委秘书长，调郭承禄随第九纵队回延福根据地平息反革命暴乱并重新成立中共延福区委。两位赣西年轻的革命领导者同时离开东固，开始了新的征程。三个月后的当年 10 月，李文林以团长兼党委书记的身份率领由七、九纵队合编的红二团重返东固，在“枪杆子里面出政权”的革命年代，李文林以实际上的一把手地位，在东固革命根据地开始了“李文林式”有特色的革命实践。而郭承禄在 1928 年 7 月离开东固后，全身心投入到延福革命根据地的巩固和发展之中，直至 1930 年 10 月调任赣南行委书记。在两年多的时间里，在血与火的斗争中，郭承禄在赣西南北路先后担任延福区委书记、北区区委书记、边界区委书记、赣西南特委北路行委书记，他实事求是、敢想敢干、善于总结、勇于创新，使北路地区的土地革命斗争风生水起。中央巡视员刘作抚在北路地区巡视三个月后，在 1930 年 7 月向上海的党中央报告说：“北路行委书记郭承禄政治上进步，在几个行委书记中要算是第一个。”向党中央和省委建议“西南可以调出来参加其他特委或者学一期的训练班可以参加省委的干部人才”，第一个就是“北路行委书记郭承禄”[②]。1930 年 10 月 4 日红军攻占吉安城，10 月 7 日宣布成立江西省苏维埃政府，李文林和郭承禄两人与朱德、毛泽东、方志敏等一道成为江西省苏维埃政府执行委员，李文林同时任中共江西省行委书记，郭承禄任赣南行委书记，两人同时担当大任。可以说他们共同在东固根据地三个多月的调查、思索、

---

① 陈荣华：《略论东固革命根据地的创建》，江西党史现代史学会选编：《江西党史论文集》，1983 年印，第 203 页。

② 中共江西省委党史研究室等编：《东固・赣西南革命根据地史料选编》第二册，中央文献出版社 2007 年版，第 522 页。

斗争实践，是他们后来分别在赣江东、西两岸红色根据地开创新局面的开端。

也正因为两人思想相通、行动一致，使延福革命根据地深受赣西特委秘书长李文林的影响，李文林在东固革命根据地实行的公开的武装斗争和党组织通过农民协会秘密行使政权的做法在延福地区同样实行。“延福革命根据地是与东固革命根据地同时建立的江西较早的革命根据地之一，被毛泽东誉为李文林式根据地的重要组成部分。”①

三、李文林出任赣西特委秘书长

1928 年 5 月，由于江西省委机关遭破坏，吉安县委也遭敌人搜捕破坏，代行赣西特委职权的吉安县委被迫停止活动。虽然江西省委于此时在东固根据地内成立了赣西南行委，但设在吉安城区的赣西特委和吉安县委一时无法恢复，工作停顿了一个多月。当年 7 月，省委调贺俊、黄义、饶敬庄三人来吉安组建赣西特委并兼吉安县委，除领导赣西各县外，还直接指导吉安县各区的党组织。特委由贺俊任书记，黄义任特委委员、组织部长，饶敬庄任特委委员、宣传部长兼秘书长。由于他们三人都是外地人来吉安工作，不熟悉吉安的风土人情，非吉安当地口音，开展工作有一定难度。尤其是兼任秘书长工作的饶敬庄，不仅要接待各地来联系汇报工作的同志，还要不断地应付军、警、宪、特的盘查，随时都可能有暴露的危险。特委急需物色一位吉安当地的同志来机关工作，接替饶敬庄的特委秘书长岗位。

赣西特委经与在东固的赣西南行委商榷，首先想到的是 1927 年秋被省委派回赣西开展武装斗争的李文林。从南昌回来后，李文林在延福地区工作半年。1928 年 3 月，带领第九纵队去东固集训，转眼间在东固根据地工作又快四个月。此时的赣西地区，由于代行赣西特委职权的吉安县委已遭破坏，无法正常开展工作；曾被毛泽东率领的秋收起义部队和万安暴动队

① 中共新余市委党史资料征集委员会编：《新余人民革命史》，新华出版社 2001 年版，第 44 页。

伍打下的遂川、万安、泰和三县的县城早已被敌人夺了回去，赣西地区仍在坚持斗争的共产党人和工农红色武装主要集中在东固和延福两块根据地，而李文林是最熟悉这两块根据地和第七、九纵队情况的革命领导人，由李文林担任特委秘书长职位是最恰当的人选。

7月，李文林由东固来到吉安正式接任特委秘书长。到任工作后，他大大加强了特委与各县及与东固、延福两块根据地的联系，联系顺畅了，工作局面大为改观。

8月，赣西特委接到省委和省军委的通知，要赣东北和赣西南将当地的工农革命军部队改编为统一的江西工农红军独立团，并下发了部队改编后的番号：在赣东北由方志敏、邵式平领导的江西工农革命军第二师十四团一连和其他红色武装整编为“江西工农红军独立第一团”，在赣西南由李文林、李韶九、段月泉等领导的江西工农革命军第三师第七、九纵队整编为江西工农红军独立第二团。

由于特委秘书长李文林最熟悉情况，而此时第九纵队返回延福根据地后通过三战三捷，不仅平息了油田靖卫团等敌人发动的反革命暴乱，而且恢复并扩大了根据地的红色区域范围。紧邻延福区的吉水阜田，是一个大圩镇，人口稠密，物产丰富，而且由延福区党组织派去的刘生元、郭世俊、罗万等共产党员在阜田地区建立了多个党支部，恢复了农民协会，农会实际上掌握了那一带农村的政权，而且李文林的家乡就在这里，在这里集合部队进行整编最好。为此，秘书长李文林向特委提出了红二团整编方案，即由他和特委军事部鄢日新到东固去，将刚刚取得粉碎敌人“五县会剿”胜利的第七纵队带到延福根据地，特委向省委并通过省委邀请党中央派代表来延福出席红二团成立大会。在等待省委和中央代表到来期间，第七纵队和第九纵队一边在阜田地区整训，传达、学习上级的整编命令，明确整编要达到提高部队军政素质的要求，一边在延福根据地周边各县开展游击战争，打击土豪劣绅和地方靖卫团，补充军需物质，为整编做好准备。

特委同意了李文林秘书长提出的红二团整编方案。在讨论红二团领导班子人选时，特委委员们认为李文林自一年前由省委派回赣西开展武装斗争后，一直战斗在延福和东固两块根据地，作为特委代表参与了第九纵队的组建和两个纵队在东固的整训，是即将成立的红二团最恰当的领导人选。李文林从南昌公立政法专科学校毕业，黄埔军校第三期毕业生，在南昌军官教育团任过教官，其文化水平和军事素质都是当时最佳人选。为此，特委正式上报省委，由特委委员、特委秘书长李文林出任江西红军独立第二团团长兼团党委书记，军、政两个职务一肩挑。

1928 年 9 月，在延福根据地阜田成立红二团后，李文林的主要工作任务转到领导红二团这支劲旅转战赣江两岸，一直到 1929 年初，省委调刘士奇来到赣西，任特委组织部长兼秘书长，李文林才正式卸下了特委秘书长的工作担子。

四、东固革命根据地建设新模式

1930 年 1 月 5 日，毛泽东在福建省闽西上杭县古田写给林彪的信中说："单纯的流动游击政策，不能完成促进全国革命高潮的任务，而朱德毛泽东式、方志敏式之有根据地的，有计划的建设政权的，红军游击队与广大农民群众紧密地配合着组织着从斗争中训练着的，深入土地革命的，扩大武装组织从乡暴动队、区赤卫大队、县赤卫总队、地方红军直至正规红军这样一套办法的，政权发展是波浪式地向前扩大的，等等的政策，无疑义地是正确的。必须这样，才能树立全国革命群众的信仰，如苏联之于全世界然。必须这样，才能给反动统治阶级以甚大的困难，动摇其基础而促进其内部的分解。也必须这样，才能真正地创造红军，成为将来大革命的主要工具。总而言之，必须这样，才能促进革命的高潮。"① 毛泽东信中的这段话高度总结了不同根据地模式在扩大人民武装，深入土地革命，建立红色政权等方面的共同特点，认为"必须这样，才能促进革命的高潮"。这表明毛泽东把马克思列宁主义的基本原理与中国国情相结合，探索农村包围城市，武装夺取政权的中国革命道路有了心中的样板模式。

① 江西省委党史资料征集委员会、中共江西省委党史研究室编：《江西党史资料》第十辑，1989 年印，目录前附页。

有共性，就会有各个样板模式的个性和特性。那么，东固革命根据地的建设模式有什么不同的特点呢？毛泽东在1929年2月东固会师后不久的4月13日写给湘赣边界特委的指示信中对东固的革命斗争经验进行了比较详细的介绍和推荐。

李文林从1928年3月率领第九纵队到东固会师后，7月出任特委秘书长，9月出任红二团团长兼团党委书记，1929年2月组建红四团，6月出任赣西南红二、四团行委书记，这一年多时间是东固革命根据地的探索和形成时期。

1. 实行“秘密割据”的政权形态。根据地实行的是一种公开的武装斗争和秘密割据相结合的，以革命武装为支撑，由农民协会出面“主持”为特征的秘密赤色区域政权，而不是公开挂牌的工农兵苏维埃政府①。根据地实行秘密割据，使敌人的“进剿”找不到目标。在这方面，东固区和延福区都是有深刻教训的。东固区在第一次大革命组建吉安县第三区农会时，赖经邦、高克念、刘经化、黄启绶等共产党员的身份和在农会的职务是公开的，涧东书院成了党的小组、支部、东龙区委及农民协会公开的会议地点和活动场所。东固暴动后，富田土豪王初曦立即带兵带枪来东固捉人烧屋，没有捉到人，就将赖经邦、刘经化、黄启绶家中房屋烧掉以示惩戒。延福区这方面的教训就更深刻。1926年下半年至1927年上半年，延福区建立了70多个乡、村农民协会，130多所农民夜校，农民协会公开挂牌开会办公。吉安发生八六反革命事件后，以塘东东水村国民党右派、大土豪郭彩庆为首，在吉安派来的反动军队支持下，纠集流氓地痞和受蒙蔽胁迫而来的农民，组成所谓“五田三江”挨户团，逐村捕捉农会骨干，捣毁农民协会办公场所。延福暴动成立第九纵队，恢复农民协会后，一部分党员和农会骨干以为，现在有第九纵队保护无所畏惧，因而丧失警惕，公开走村串户，抛头露面。而当第九纵队奉调东固集训离开延福后，土豪劣绅在反动军队护送下公开回到塘东、油田，成立油田靖卫团行动队，每

① 余伯流、何友良主编：《中国苏区史》（上册），江西人民出版社2011年版，第190页。

天进村“清剿”，指名捕捉共产党员，短时间内，十多名共产党员遭到杀害。

这些血的教训，使李文林、赖经邦、郭承禄、曾炳春等赣西红色割据区域的领导人明白了既要革命又要保护自己和同志们安全的重要性，在总结各区、乡经验教训的基础上走出了一条公开的武装斗争和秘密割据相结合的成功路子。这条路子就是第七、九纵队的存在和游击斗争是公开的，其余的都是秘密的。党组织有秘密代号，以文化社团名义对外联络通信，1928 年 2 月成立的东龙区委对外名称是“红色曙光社”，通信地址是东固宗义祠堂。1928 年 12 月，在延福区油田排下村秘密成立的以郭承禄为书记的赣西特委边界区委，对外以“红旗社”名义通信联络，通信地址是阜田街某商号，在当时谁也不知道有个边界区委存在。在延福区，1928 年 8 月郭承禄秘密重建中共延福区委后，党、团员的身份是秘密不公开的，新发展的党员必须另取一个化名，以化名出现在党员名册中，以化名参加党内会议和活动。党支部也有化名代号，例如油田河源党支部就以“高月明”的化名对外联系。东固区的共产党员和基层组织也是如此，秘密不公开。

所谓秘密割据，就是通过打土豪、“捉财神”，迫使此前那些掌握乡村管理实权的反动分子逃往外地，由农民协会实际行使乡村管理权力，而农民协会是由党组织恢复建立的，党员在其中起骨干核心作用。区、乡农民协会不公开挂牌，没有固定的办公和开会场所。农民协会行使权力的管理活动，是各级农会负责人靠自己的双脚活动在农民中间，靠自己的忠诚无私赢得农民的高度信任。敌人来了，广大农会会员和农民群众，事前报信；面对敌人，千方百计掩护，甚至用生命保护共产党员和农会干部。来东固、延福“进剿”的敌人两眼一抹黑，根本不知道谁是共产党员，农民协会在哪里。

这种秘密割据形式在 1929 年 2 月东固会师时得到毛泽东的肯定，并写信向湘赣边界特委推荐。当年 6 月 6 日，湘赣边界特委在向省委的第二号报告中说，毛泽东代表前委 4 月 13 日从于都来信说：“在全国或一省总暴动以前，政权的形式和武装的组织大须讨论。依两年来的经验，在全国至少有一省用总暴动方法推翻统治阶级以前，小区域苏维埃政权公开的割据，是有害而无利的。如湘南，如醴陵，如平江，如永新、莲花、遂川，不仅失掉群众，连党亦几乎失掉完了，不仅不能解脱群众若干的经济痛苦，农村城市的经济基础一齐毁坏完了——即此问题是使群众失掉而有余。这番我们到东固，则是另一种形式，反动势力是驱逐了，权力完全是我们的，但公开的政权机关和固定的赤卫队都没有。邮路是照常的，商业贸易是照常的，边界所受的痛苦此间完全没有，敌军到来寻不到目标，党的组织和群众的组织（农民协会）完全秘密着。在接近总暴动之前，这种形式是最好的，因为这种形式取得群众不致失掉群众，武装的形式不是守土的赤卫队，而是游击队。”①

2. 实行“飘忽不定”的游击战术。在东固根据地，实行“飘忽不定”的游击战术与建立“秘密割据”的政权形态是相适应的，红二、四团在党的领导下广泛开展游击战争，与敌人打圈子，打得赢就打，打不赢就走，既打击了敌人，又保住了自己；既筹集了给养，又掩护了红色割据区域。1928 年二三月间，李文林指挥新成立的第九纵队连续跨行政区作战，打下了延福区周边的分宜、安福、峡江三个县城，筹集了大批军需物资，缓解了延福根据地人民的负担。1928 年 9 月，红二团成立后，任团长兼政委的李文林指挥红二团在赣江东西两岸实行大范围的飘忽不定的游击战术，一打兴国，两打乐安，直至打到宁都、广昌、南丰等赣东地区。1929 年 1 月，又突袭吉安县陂头、新圩间羊角庵所谓的“五市联防”靖卫团驻地，击毙其大队长，缴枪数十支。从此，敌人不敢轻易进东固来骚扰，使根据地得到进一步巩固。红二团也在这几个月的游击战中得到进一步壮大，发展到 800 多人、430 多支枪。毛泽东在 4 月 13 日给湘赣边界特委的信中，高度赞扬了李文林领导红二团实行的打圈子游击战术，他说东固革命

① 《中共红四军前委给湘赣边界特委的信》（1929 年 4 月 13 日），中共中央文献研究室、中央档案局编:《建党以来重要文献选编》（一九二一——一九四九）第六册，中央文献出版社 2011 年版，第 154、155 页。

根据地的武装形式“不是守土的赤卫队，而是游击部队。由二十五支枪起手的七、九两纵队，现改为江西红军独立二团，差不多可以抵得上四军的三十一团了。他的战术是飘忽不定的游击，游击的区域是很宽的……他们消灭了许多靖卫团，打败了三十六旅的七十二团。他们经常的是一角五分一天的士兵伙食，从不发生经济问题。他们与省委特委的关系极密切，交通极方便，敌人是完全奈何他们不得。用这种方法游击的区域可以很广，即是说发动群众的地点可以很多，可以在很多的地点建立党和群众的秘密组织。因为我们和东固两种不同的经验，觉得……各县赤卫队有组织红军采用游击战术的必要……守势的根据地的观念，以后应该抛弃……强敌来了，就用盘旋式的打圈子政策对付他。”①

3. 开展独创性的经济文化建设。东固根据地探索新型的经济文化建设形式，既充分利用了当地资源，活跃了区域经济，又安定了根据地军民生活，使红色割据区域能够持续健康维持并发展扩大。面对敌人组织的反动武装不断地来根据地“清剿”和骚扰，根据地人民的生活怎样维持下去，以李文林为首的赣西共产党人进行了大胆探索和实践，在战火纷飞的硝烟中，他们建立了各种经济组织，以解决军民生活必需品和军事用品；兴办了平民小学和中药、西药、草药相结合的医院，初步满足了人民群众在教育和医疗卫生方面的需求。

在工业生产方面，利用本地资源和人力、技术条件因陋就简建有兵工厂、工艺厂、锅炉厂、农具修理厂、油墨蜡纸厂等。1928 年春，东龙区委在三彩淘金坑秘密筹建了一所简易兵工厂，由赤卫队长徐发林兼厂长，兴国崇贤党组织负责人谢云龙任经理，下设熬硝、火药厂、木炭场、采购组、交通组、外地联络站等机构，生产梭镖、大刀、来复枪、火药及修理枪支，后来能制造土枪土炮，充实了七、九纵队的军事装备。在东固街上办了一个贫民工艺厂，有员工 28 人，专门为七、九纵队和后来的红二团生产军用

① 《中共红四军前委给湘赣边界特委的信》（1929 年 4 月 13 日），中共中央文献研究室、中央档案局编：《建党以来重要文献选编》（一九二一——一九四九）第六册，中央文献出版社 2011 年版，第 155、156 页。

被服、绑腿、袜子等制成品，供应军队需要。1928年间还举办了锅炉厂、家具修理厂、铸造犁头犁壁、铁锅铁罐等生产生活用品，制造并修理各种农具。还兴办了熬硝厂，生产硝盐，解决因敌人封锁造成根据地人民无盐食用的困难。油墨蜡纸厂的开办，土法上马，缓解了根据地内区、乡党政机关和部队办公、宣传对油墨蜡纸的急需。

在农业生产方面，通过农会组织抗租、抗债、抗税、抗粮，富田的各姓地主、土豪不再上东固收租、收债，本地地主和土豪劣绅逃跑了，不用交租的农民生产积极性空前提高。1928年和1929年，东固根据地的粮食单产由过去每亩一两百斤提高到了近三百斤。

在商业金融方面，为了克服根据地的财政困难，1928年10月，在红二团资助4000银圆基础上，东固区委动员党团员带头集资，在东固街上办起了“东固平民银行”。1929年又扩大基金8000银圆，共发放纸币2万元。由于东固平民银行准备金充足，有信誉，所以它发行的纸币受到根据地内外群众的接受和喜爱。

东固区委还于1928年12月办起了消费合作社，经营人民生产生活所需的各种南北杂货。由于业务不断扩大，不久增办了南龙、六渡两个分社。因为经销的各种商品价格合理，保障了根据地人民的利益，所以这个消费合作社深受东固根据地群众欢迎。

在文教卫生方面，1928年9月初，东龙区委在东固街南孙家办了一所平民小学，招收学生约100人，宋振育任校长，第二年改校名为列宁小学，学生人数不断增加，使用区委组织人员自编的教材。各乡也先后开办起列宁小学，各村还兴办夜校识字班，区委组织自编识字课本发到各村，组织成年人既学文化又学政治。

1928年10月，红二团在东固三彩村筹建了一所山坑红军医院，有近十张病床。在艰苦的条件下，采用中西医结合，中药、西药、草药兼用的方法，尽力治疗伤病员。为扩大药材来源，医院还在东固街开办药材部，既为红军医院服务，也为群众买卖药材提供方便。

在邮政通信方面，1929年春，东固区委成立了东固赤色邮政分局，任命钟声佾为分局局长，保证邮路畅通，及时投递根据地军民函件，沟通了向四周不断扩大的赤色区域的信息。

4. 探索游击队与团结改造绿林武装相结合的建军方式。东固革命根据地的红二、四团是在游击队等工农革命武装的基础上，争取、团结、教育、改造“三点会”等绿林武装后发展壮大起来的。自 1927 年 10 月，东固工农革命军和油田游击队成立起至 1929 年 2 月在兴国莲塘成立红四团，在一年多时间里，李文林和第七、九纵队及红二、四团在转战中遇到了一支又一支绿林武装。有的由北洋军阀部队的溃兵组成，有的是由国民军裁减下来的游兵散勇组成，有的由清代以来一直在民间流传的“三点会”会员组成，面对工农革命军和江西工农红军，大多数绿林武装愿意接受劝导教育参加革命，但有的品质顽劣、恶行不改，如原第九纵队纵队长李育青、第八纵队纵队长何金山和在延福整编的第三纵队纵队长杨云清，在他们撕下伪装，走向反面，企图重回反动阵营、危害革命的时候，都受到了李文林及他所率领的革命队伍的严惩。对那些真心参加革命的绿林武装头领，例如段月泉、曾金山、孙道发、梁人杰、管开炳等，以李文林为首的共产党人耐心做好争取、团结、教育、改造工作，肯定他们的进步，委任相当的职务，在斗争中考察考验他们，有的被发展入党，授以更高的职务，注意发挥他们在游击战争中的特长，给予充分信任，为创建红色武装、巩固和发展革命根据地服务。比如，成立第七纵队时，段月泉任纵队副队长，东龙区委成立后，区委信任他，提升他任队长。1928 年 9 月，红二团成立，李文林任团长，提名段月泉任副团长。1928 年底，段月泉光荣入党。1929 年 2 月，李文林在兴国莲塘组建红四团，向特委提名段月泉任红四团团长。段月泉由一名绿林武装首领成长为江西地方红军团长，这是一个争取、团结、教育、改造绿林武装比较成功的范例。除段月泉外，梁人杰任七纵队一中队队长，管开炳在第十五纵队成立时任纵队长，也是团结改造绿林武装成功的例子。

5. 实施“绝对的党领导”建军原则。东固革命根据地从组建七、九纵队开始，以李文林为代表的赣西共产党人十分重视建立和加强党的领导，开始了中国共产党对红色革命队伍绝对领导的探索，并受到毛泽东的称赞。毛泽东在1929年6月14日给林彪的信中很有感慨地写道：“至于二、四团，四军的同志见了他们直是惭愧万分，他们是指导员支配军官的，前五册上军官的名字列在指导员的后面，一个子弹不问过党不能支配，他们是绝对的党领导……小团体主义不消灭，不能如二、四团一样的完全由集体的党领导，则红军只是一个好听的名称罢了！”[①]毛泽东这些发自内心、有感而发的话，是对李文林领导的红二、四团坚持党对军队绝对领导原则的高度赞扬和肯定。

东固革命根据地巍然屹立在赣西南大地上，既是井冈山革命根据地的东北屏障，也是创建中央苏区的“根基”之一[②]。毛泽东在1936年同美国记者埃德加·斯诺谈话时说，吉安一带根据地“成为中央苏维埃政府的根据地”[③]。“从井冈山走来的红军，在闽西地区发展了红军游击战争和苏维埃运动；出自于‘东井冈’的红军，则坚持和发展了赣西南的红军游击战争和苏维埃运动。他们的斗争，共同为后来中央苏区的形成奠定了坚实的基础。”[④]

---

① 毛泽东：《给林彪的信》（1929年6月14日），《毛泽东文集》第1卷，人民出版社1993年版，第67、69页。

② 余伯流、何友良主编：《中国苏区史》（上册），江西人民出版社2011年版，第195页。

③ 《毛泽东一九三六年同斯诺的谈话》，《毛泽东自述》，人民出版社1993年版，第57页。

④ 陈伙成、陈力：《“此是东井冈，会师天下壮”——略谈东固斗争的历史意义》，中共江西省委党史研究室等编：《东固根据地与中国革命道路的开辟——纪念东固革命根据地创建80周年学术讨论会汇集》，中共党史出版社2008年版，第238页。

第三章　东固革命根据地之全盛发展

1929年2月中旬，正当李文林在兴国莲塘将第十五纵队、第十六纵队及红二团抽调部分指战员整编为红四团之时，从井冈山撤出，转战赣南的红四军来到东固山，与红二、四团举行了著名的东固会师。毛泽东在会师期间主持召开了云汉堂会议，向赣西、赣南党组织和东固根据地党组织传达中共六大会议精神，对东固等红色割据区域加快红色政权建设和土地革命给予明确指示，加快了根据地的建设和发展，5月，中共赣西地区第一次代表大会在东固召开，讨论通过了《加强政权建设和加快土地革命大纲》。赣西特委成立了以李文林为书记的“红二、四团行动委员会”，调红二、四团回东固整训。7月，成立了东固区革命委员会。10月，成立了东固区苏维埃政府，区、乡两级红色政权完全公开。东固会师后红四军留下了毛泽覃、陈东日等一批党、政、军干部，他们开办了军训班、教导队，后来发展成红军学校，促进了红二、四团正规化建设。根据地和周边县区红色游击队日趋活跃，红色割据区域不断扩大。11月15日，罗炳辉率吉安靖卫大队在值夏起义，有力地瓦解了敌人的力量，壮大了保卫苏区的红色武装力量。这一时期，东固苏区工农业生产得到发展，金融商贸开始繁荣，教育、文化、卫生、交通等各项事业全面进步，东固革命根据地呈现出向四周不断发展壮大的繁荣景象，进入了全盛发展时期。

第一节 东固会师

一、红四军撤出井冈山“围魏救赵”

1928年12月11日，彭德怀、滕代远率领平江起义后组成的中国工农红军第五军十个大队中的五个大队700多人，经过艰苦转战到达宁冈新城，与红四军会师。这两支红军的会师，进一步增强了井冈山地区的工农武装力量，成为全国各红色区域中人数最多、战斗力最强的红军部队。这样，在经历1928年的八月失败后，井冈山革命根据地又迅速得到了恢复和发展。

井冈山斗争的恢复和发展，不仅震惊了湘赣两省国民党当局，也使国民党中央政府逐渐感到它已成为心腹大患。同年底，蒋介石调集湘赣两省6个旅18个团约3万兵力，兵分五路对井冈山革命根据地进行第三次两省“会剿”。

1929年1月1日，湘赣两省反动政府在江西萍乡成立联合“会剿”井冈山红军的总部，湖南军阀何键任“会剿”总指挥，驻江西的滇军师长金汉鼎任副总指挥，策划当月下旬总攻井冈山的五大哨口工事。

此时，会聚在井冈山的红四、五两军有近6000人，但小小的井冈山，人口不满两千、产粮不过万担，经过一年的消耗，虽动员下山挑粮，粮食也所剩不多。这一年冬天特别寒冷，许多士兵还是脚穿草鞋、两件单衣，连每人每天5分钱大洋的油盐柴菜钱，还是难以为继。当时井冈山根据地的经济困难无出路的情况，正如陈毅1929年9月在上海向党中央所写的《关于朱毛军的历史及其状况的报告》中所说：“四月中红军经过空前的艰难，在浓冬之际边界丛山中积雪不消，红军衣履饮食非常困难，又因敌人封锁，红军未能到远地游击以致经济没有出路，在此时期中红军官兵单衣御寒，日食红米南瓜，二月没有一文零用钱”①。毛泽东于同年3月20日代

① 陈毅：《关于朱毛军的历史及其状况的报告》，中国人民解放军政治学院党史教研室编：《中共党史参考资料》第五册，人民出版社1979年版，第497页。

表红四军前委致福建省并中央的报告中说得更直白："我们自一月十四日离开井冈山，主因是经济无出路。"①

1929 年 1 月 4 日，在宁冈县柏露横店村，召开了由井冈山前委、湘赣边界特委、红四军军委、红五军军委、边界各县县委等方面的代表参加的联席会议，商讨打破湘赣两省敌军第三次"会剿"的办法。会上出现了三种意见，第一种意见是，积极准备边界八县群众的力量，凭借井冈山天险，吸引敌人到山下来攻，待其疲惫，然后由红军及群众夹击消灭敌人；第二种意见是，红军死守井冈山五大哨口天险，等待蒋桂战争爆发，两个月可得最后胜算；第三种意见是，即抛弃边界，红军下山打圈子，到另处发展，引敌人退走，保全边界党及群众组织。毛泽东在会上发了言，他冷静地分析了当时的形势，认为这三种意见分别是死守主义、硬拼主义和红军自了主义，都是不对的。他认为井冈山根据地要保要救，敌人必须引走，办法就是"围魏救赵"。会议同意毛泽东的意见，最后决定：彭德怀带来的红五军和王佐的红四军三十二团共 1000 余人留下来守卫井冈山；毛泽东、朱德、陈毅率领红四军主力 3600 余人出击赣南，到外线打击敌人，实行"围魏救赵"的策略计划和内线作战与外线作战相结合的策略方针，以解井冈山之危，并解决红军的给养问题②。

二、红四军危难之际来到东固山

1929 年 1 月 14 日，红四军主力离开井冈山转战赣南。17 日，到达赣南上犹县营前圩。19 日，占领崇义县城。23 日，打下大余县城，并向当地工商界筹款 1 万大洋。当晚，红四军遭到赣敌军李文彬旅三个团的偷袭，在混乱中匆促撤离大余。24 日，又与尾追的李文彬旅作战失利，不得不向广东南雄县境转移，筹得的 1 万大洋全部丢失。转移途中，独立营营

① 《中共红四军前委给中央的信》（1929 年 3 月 20 日），中共中央文献研究室、中央档案局编：《建党以来重要文献选编》（一九二一——一九四九）第六册，中央文献出版社 2011 年版，第 89 页。

② 余伯流、陈钢：《井冈山革命根据地史》，江西人民出版社 2014 年版，第 369、370 页。

长张威英勇牺牲，因伤骑马的第二十八团党代表何挺颖不慎从马背上摔下来也壮烈牺牲。部队后从南雄经过龙南、定南于当月底进入寻乌境内。一星期之中，红四军每天被李文彬、刘士毅等敌军轮番衔尾紧追，每天被迫以八九十里的急行军在五岭山区疾走。2 月 2 日凌晨，在寻乌县吉潭乡圳下村，红四军军部遭到赣敌刘士毅部两个团和靖卫团近 2000 人的袭击，军部和毛泽东、朱德、陈毅等领导均被敌人围住。红军将士奋不顾身杀开一条血路，救出毛泽东等领导人脱离危险，但率领警卫战士断后的朱德妻子伍若兰却因战斗中受伤被敌人俘去（后因坚贞不屈，不久在赣州被敌人杀害）。当日下午，红四军来到闽、粤、赣三省交界的寻乌县罗福嶂山区，此时部队已经疲惫不堪，士气低落，全军从井冈山出发时的 3600 人已减少到 3000 人，而且伤员众多，处于红四军建军以来最为艰难的时候，亟须寻求一个有党有群众的地方休整部队，补充给养，安置伤员。毛泽东在当年 3 月 20 日《红军第四军前委给中央的信》中汇报说，从井冈山出来到罗福嶂会议前，“沿途都是无党无群众的地方，追兵五团紧蹑其后，反动民团助长声威，是为我军最困苦的时候。”①

面对此种局面，红四军内部对部队行动方针和组织编制提出了种种意见，还引起了争论。为了总结从井冈山出来半个多月的行军及战斗经验，研究好下一步行动计划，前委书记毛泽东决定在罗福嶂山区休整两天，并于 2 月 3 日召开了前委扩大会议，就大家发生争论的这些紧迫问题作出决策。

会议上经过讨论分析，认为目前不要说用“围魏救赵”战术引开敌人救援井冈山，自己这 3000 人每天被几个团的敌军跟着追杀，伤员无法安置，自身生存都有困难，所以“为安置伤兵计、为我有党有群众的休息地计、为救援井冈山计，决定前往东固（宁都兴国吉安之交、地属吉安）”②。

---

① 《中共红四军前委给中央的信》（1929 年 3 月 20 日），中共中央文献研究室、中央档案局编：《建党以来重要文献选编》（一九二一——一九四九）第六册，中央文献出版社 2011 年版，第 90 页。

② 江西省委党史资料征集委员会、中共江西省委党史研究室编：《江西党史资料》第十辑，1989 年印，第 46 页。

那么，前委书记毛泽东为什么能够断定东固有党有群众，能够安置伤兵，也便于去救援井冈山呢？这是因为“早在一九二八年春夏之交，毛泽东同志带领红军在吉安邻县永新开展群众工作的时候，东固党组织就派了十多个同志与红四军接头，详细地向毛泽东同志汇报了东固革命斗争的情况，并要求毛泽东同志亲临东固指导革命。”① 加上从 1928 年初春到当年 11 月，东固根据地领导人三次派刘岱等人上井冈山送信，所以说，毛泽东、朱德等人在罗福嶂会议前，对李文林等人领导的东固革命根据地和红二团的大致情况是了解的。在罗福嶂会议期间，寻乌县委书记古柏闻讯前来，并向毛泽东报告，敌人正向罗福嶂包围过来。毛泽东、朱德果断下令，全军北上，按会上定下的计划向东固开进。

罗福嶂决策向东固进军是一个重要转折，也给红四军带来了转机。红四军从罗福嶂出发，沿着江西、福建两省交界崎岖的山路向东固进发，加上天寒地冻，虽然行军十分艰难，但却暂时没有了敌人的围追堵截。到了瑞金武阳一带，瑞金县城敌军闻风而逃。但是很快赣敌刘士毅旅两个团又追了上来，毛泽东、朱德、陈毅动员部队利用瑞金县北与宁都交界处的大柏地的有利地形，为了生存与敌人决一死战。2 月 10 日，战斗打响，全军将士包括毛泽东、朱德、陈毅等领导人全部上火线奋勇冲杀。经过激烈战斗，到 11 日，打垮了刘士毅的两个团，俘获包括两名团长在内的敌人 800 余人，缴获大量枪支弹药。大柏地战斗的光辉胜利，极大地提振了红四军广大将士在极其艰难的条件下坚持战斗的信心。但是在这次战斗中，红四军自身也增加了不少伤员。

2 月 13 日，红四军乘胜进占宁都县城，通过宁都县党组织负责人彭澎、王俊了解了红二团和东固革命根据地的最近情况，最终定下了部队前往东固休整、安置伤病员的安排。毛泽东和朱德亲自写信给李文林，要他“调队会师东固”，并要求宁都县党组织设法尽快将信送到红二团，交给团长李文林（此时他们还不知道李文林正在筹备编组红四团）。

---

① 陈荣华:《略谈东固革命根据地的创建》，江西党史现代史学会选编:《江西党史论文集》，1983 年印，第 212 页。

通过地下交通线，宁都黄陂庙子前地下交通站交通员张元标于 2 月 16 日将毛泽东、朱德写的信送到了在兴国莲塘的李文林手中。而在前一天的 2 月 15 日，李文林刚刚在莲塘西坪上村将第十五、第十六纵队整编为江西工农红军独立第四团。

收到毛泽东、朱德的信后，李文林大喜过望，他在黄埔军校学习时，就了解毛泽东是中国共产党的建党元老、中共中央委员，而朱德是李文林在南昌第三军军官教育团任教官时的老上司，红四军是八一南昌起义和湘赣边界秋收起义余部整编的最有战斗力的部队，能与朱、毛两位红四军重要领导人和红四军这样的“铁军”会师，得到他们的指导和帮助，这是一件令李文林十分喜悦的大事好事。李文林当即布置鄢日新、曾炳春、段月泉、李韶九等人带领红二、四团主力星夜从兴国开往东固，准备与朱毛红军会师。由于时间紧迫，李文林也星夜带领红二团一个连，按照毛泽东、朱德来信中标明的红四军前往东固的行军路线由兴国莲塘直奔永丰龙冈圩，迎接红四军。经过近 80 华里的急行军，李文林和率领的那个连于 16 日晚赶到永丰龙冈，见到了分别一年半的老首长朱德，通过朱德介绍，第一次和毛泽东见面握手。李文林代表东固根据地人民、代表江西工农红军独立二、四团，对他们率领红四军的到来表示热烈欢迎和兴奋之情，东固会师就从龙冈拉开了序幕。

三、盛大的东固会师

2 月 17 日上午，由李文林带来的红二团一个连的战士在前面引路，红四军各团依次由龙冈开拔向东固山南龙街进发，李文林陪同毛泽东随红四军三十一团走在队伍前面。李文林边行军边向毛泽东汇报东固根据地和红二、四团的基本情况，并回答毛委员的询问。当天下午红四军进抵东固的南龙村宿营，毛泽东被安排住在连招仔家。

18 日下午，红四军在李文林和南龙乡党支部协助下，在南龙水西河坝上召开了军民大会。面对会场上的红四军官兵，毛泽东重新宣布了“三大纪律、六项注意”。他说，到了东固，这是我们的新家，东固也是我们的根据地，军民是一家，兄弟骨肉要相亲相爱。我们是老百姓的军队，更要爱护老百姓，做到公平买卖，坚决执行红军纪律，让老百姓真正认识我们[①]。据当年参加大会的共产党员、1970年任东固公社光荣敬老院院长的陈立汉回忆，当时参加大会的群众听主持会议的同志介绍请毛委员作报告，掌声如雷，心情激动，都表示欢迎红军来领导我们闹革命。毛委员在会上作了重要指示，讲了我们是从井冈山来的部队、是自己的军队，来建立革命根据地、扩大地方武装，进行打土豪分田地。每到一个新地方，都特别强调红军纪律，这是毛泽东在土地革命初期带兵的一个突出特点。1927年他带领工农革命军进军井冈山是这样做的，1928年他率红四军三十一团到湖南桂东沙田也是这样做的，到了东固以致后来到了福建长汀他都是这样做的。尊重百姓、爱护百姓、重申“三大纪律、六项注意”，毛泽东和红四军的这个好传统给东固根据地人民和李文林带领的红二、四团官兵以很好的教育和启示。南龙军民大会后，毛泽东、朱德率领红四军于当日傍晚来到东固街，受到东固根据地人民的热烈欢迎。与此同时，红二团也已抵达六渡、螺坑地区，红四团抵达东固街。

此时，高克念、刘经化等领导的东固区委和区农会也紧急动员起来。毛泽东18日晚在东固街上万善堂住下后，高克念、刘经化当晚就来红四军军部拜访毛泽东、朱德，共同商议螺坑会师大会有关事项。当时会聚在东固山的红军、游击队、赤卫队有五六千人，其中还有红四军300多名伤病员，军需后勤供应任务繁重。此时，正值春节期间，东固区委、区农会动员全东固人民拿出自己的粮食和食物款待各路红军战士，同时派出数十个农会会员向全区各乡、向周边县与东固有联系的乡、村送出信件，要求他们选派农会会员代表于22日前来东固螺坑参加会师大会。据泰和县革命史记载，当时连新建立不久的泰和仁善、仙槎地区的党组织和农会的党员和农会会员都接到了去东固参加大会的通知[②]。

2月20日早上8点钟左右，红四军官兵在东固农会会员刘洪顺带领下，从东固街经六渡来到了西南方向的螺坑村石古坵河坝上集会。螺坑村

---

① 青原区政协文史资料编纂委员会编:《红色畲乡东固》，2011年印，第146页。

② 吴俊林主编:《泰和红色记忆》一卷，江西人民出版社2016年版，第64页。

的农民兴高采烈、燃放鞭炮欢迎来自井冈山的红军，战士们说："不要打爆竹，我们都是干革命的。"当晚毛泽东住在螺坑村"杨四德堂"右边杨书陆家里，并一直住到2月25日离开。

毛泽东接见东固人民（油画）

到达螺坑当天，毛泽东、朱德在驻地召开了红四军和红二、四团两支部队团以上干部及东龙区委负责人参加的联席会议，两支部队领导人进行了亲切的交流，并对两天后的22日的会师庆祝大会进行了具体的安排和布置。

22日，在螺坑石古垅河坝上召开了红四军和红二、四团两军胜利会师庆祝大会。参加大会的有红四军两个团另三个营约3000人，红二团三个营近1000人，红四团四个连加上特务连约500人，加上东龙游击队和各地乡、村农会会员代表，总共有五六千人，这真是东固人民盛大的节日和前所未有的盛会。红四军战士身穿统一的红军服，头戴红星八角帽，脚扎绑腿，尽管从井冈山下来已连续征战一个多月，脸黄肌瘦，脸色疲惫，但军容齐整。红二、四团战士服装不统一，大裤腿不扎绑带，帽子也五花八门，但人人脸上洋溢着与老大哥部队会师的喜庆、兴奋之情。

会师庆祝大会由李文林主持。他首先向红二、四团战士和根据地军民介绍了红四军党代表、中共中央委员毛泽东和红四军军长朱德，红二、四团战士全部起立，向红四军全体将士鸣号举枪致敬。礼毕，李文林依次请毛委员、朱军长讲话。毛泽东在讲话中高度赞扬了东固根据地各方面建设的成就以及东固人民和红二、四团的革命斗争精神和战斗业绩，称赞东固山很好，是第二个井冈山；称赞红四军是“铁军”，“红二、四团”是“钢军”，阐述了“星星之火，可以燎原”，中国共产党领导的工农革命一定会胜利的道理。他坚信，东固山和井冈山最终一定会联结起来，最后一定可以解放全中国。朱德军长在讲话中介绍了中国革命的历史背景，强调了没有共产党领导的武装斗争，就没有革命人民的地位。他很风趣地说，国民党反动派天天喊打倒“朱毛”，“朱毛”却越打越多。他面向红二、四团战士说：“现在你们也成‘朱毛’了。”朱德军长还高度评价了这次两军会师的重要意义。毛委员和朱军长的讲话赢得了会场上数千军民雷鸣般的掌声。

东固会师（油画）

主持会议的红二团团长兼党委书记李文林要红二、四团虚心向红四军老大哥学习，当好主人，搞好两军关系。

在这次会师庆祝大会上及会前、会后，东固山人民唱了一首又一首的山歌；红四军和红二、四团的官兵也唱了一首又一首的战斗歌曲；红四军政治部主任陈毅在大会上即席吟诵了“东固山势高，峰峦如屏障，此是东井冈，会师天下壮”这首充满了战斗豪情的壮丽诗篇。从这次会师大会起，“上有井冈山，下有东固山”，“东固山就是东井冈”成为赣西南人民的共识。也是从这次会师大会起，领导红四军的朱德、毛泽东，领导红二团的李文林，领导红四团的段起凤等四位领导人的名字被编进东固的一首红色歌谣：“石榴开花满山红，中国出了朱德、毛泽东，抗租抗债李文林，起根发苗段起凤”，在革命老区东固山传唱了几十年[①]。

在这次会师大会上，红二、四团每团送了2000元银圆共4000元给红四军，还送了几十个独轮车子弹补充红四军。红四军则赠送了两挺机关枪和一门小钢炮给红二、四团，最重要的是留下了毛泽覃、谢唯俊、李天柱、陈东日等一大批军政经验丰富的干部，一边养伤一边指导东固根据地各方面的工作。

红四军这次来到东固根据地，在江西工农红军独立二、四团和东固山人民的掩护下，很安全地休整了一个星期，改善了战士们的生活，消除了远途行军的疲劳，体力得到较好恢复，特别是妥善安置了300多名伤病员，减轻了对部队的拖累，增强了红四军的机动性，加上又补充了大量的经费和弹药，这一切无疑使红四军恢复了战斗力，焕发了新的生命力。毛泽东对在东固这一星期的短期休整作过高度评价，他说：“如果当年没有东固的一个星期休整，红四军将被拖垮，更不可能开创赣南革命根据地。”[②]可见，这次在东固的休整补充，改变了红四军离开井冈山后一直被动挨打的局面，

---

① 江西省委党史资料征集委员会、中共江西省委党史研究室编：《江西党史资料》第十辑，1989年印，第191页。

② 《毛泽东回忆和论述东固革命根据地》，中共江西省委党史研究室等编：《东固·赣西南革命根据地史料选编》第一册，中央文献出版社2007年版，第8页。

“成为红四军由被动到主动，由疲于奔命到焕发生命力的转折点。”[①]

按原定计划，红四军在东固休整补充后就准备打回井冈山去。在东固期间，经过会议、座谈、了解，毛泽东看到了一种与井冈山根据地公开武装割据完全不一样的秘密的红色武装割据形式。而此时，毛泽东和朱德从赣西特委送来的情报中得知井冈山已失守，彭德怀、滕代远已率守山的红四军第三十团从井冈山突围，前来赣南游击。同时，驻吉安的国民党军第十二师第三十五旅和从于都县追来的李文彬第二十一旅，已向东固逼近。前委会议集体讨论认为，东固地形民情虽好，但红四军战斗力尚未完全恢复，红二、四团也未与大股敌军交过火，不宜与敌人大战。据此，毛泽东感到柏露会议制定的“围魏救赵”战略战术必须改变，为了引走敌人，打破敌人对东固根据地的“围剿”，果断决定放弃回师井冈山，“抛弃固定区域之公开割据政策，而采取变动不居的游击政策（打圈子政策），以对付敌人之跟踪穷追政策”[②]，像红二、四团那样，放弃井冈山固定区域的武装割据，采取在赣南、闽西更大范围变动不居的打圈子游击政策。这一战略转折，标志着毛泽东在井冈山上开始形成的“工农武装割据思想”有了一个新的发展。参加东固会师的萧克对东固战略转折有很高的评价，他回忆说：“这个决定有重要意义，原先我们都有一种在固定地区作长期斗争的思想，认为只有‘固定区域的公开割据’才是正确的，现在这个决定，实际突破了红军初创时期在认识上的片面性和局限性，为以后在闽赣两省大范围的游击行动，以致最后创立中央苏区，打开了一条道路。”[③]

毛泽东、朱德率领红四军于2月25日离开东固，向赣南、闽西敌人力量薄弱地区游击。根据红四军前委意见，李文林率领红二、四团也同时离

① 唐莲英、叶福林、丁仁祥：《东固革命根据地史论》，华东师范大学出版社2019年版，第204页。

② 《红四军前委关于攻克汀州及四、五军江西红二、四团行动方针等问题向福建省委和中央的报告》（1929年3月20日），江西省档案馆、中共江西省委党校党史教研室编：《中央革命根据地史料选编》中册，江西人民出版社1982年版，第68页。

③ 《肖克回忆录》节选，中共江西省委党史研究室等编：《东固·赣西南革命根据地史料选编》第一册，中央文献出版社2007年版，第91页。

开东固开往兴国茶岭，就近打破敌人对东固根据地的“围剿”。两支红军部队都离开了，持续了八天的激动人心的东固会师结束了，但那一个个热烈的场面却永远留在了广大红军将士和东固革命根据地人民的心中。

四、毛委员在东固的调研和指导

红四军撤离井冈山根据地前夕，通过赣西特委兼吉安县委建立的秘密交通线，红四军前委和湘赣边界特委收到了在上海的党中央转来的中共六大文件。在苏联莫斯科召开的中共六大，制定了有关土地革命和红色割据区域党、政、军建设的一系列路线、方针、政策，包括对待绿林武装的政策。收到六大文件后，毛泽东通过反复学习，回顾秋收起义后创建井冈山根据地一年多来，湖南省委、湘南特委对井冈山斗争那些冒险主义的错误指导，真是感慨万分。撤离井冈山之前的 1928 年 11 月 25 日，毛泽东同志代表边界特委写了一封长信给党中央，报告了在井冈山根据地一年多来的斗争过程，信中对当时省委、特委的冒险主义政策进行了详细汇报，他说：“三月湖南特委的代表到宁冈，批评我们太右，烧杀太少，没有执行所谓‘使小资产变成无产，然后强迫他们革命’的政策，于是改变原来前委的领导人，政策一变。四月全军到边界后，烧杀虽仍不多，但对城市中等商人的没收和乡村小地主富农的派款，是做得十分厉害的。湖南特委提出的‘一切工厂归工人’的口号，也宣传得很普遍。这种打击小资产阶级过左的政策，把小资产阶级大部驱到豪绅一边，使他们挂起白带子反对我们。”① 这次来到东固，从永丰龙冈前往东固南龙路上与李文林一边行军一面交谈开始，毛泽东就十分注意对东固红色割据区域党政军各方面建设的调查了解。从 2 月 18 日晚在东固街住下后“一天半时间里，毛泽东找来了（东固区委书记刘经化、前任书记高克念等）区委、区农会几位负责同志，向他们详细了解了东固革命根据地和红二、四团的有关情况，在几位负责人陪同下，察看了东固区委、平民银行、消费合作社、平民学校、蜡纸油墨厂等几处

① 毛泽东：《井冈山的斗争》（1928 年 11 月 25 日），《毛泽东选集》第 1 卷，人民出版社 1991 年版，第 78 页。

地方。”[①] 从2月20日起，毛泽东在螺坑杨书陆家居住的五天时间里，除去几个会议，毛泽东都用来与李文林、曾炳春、李韶九、段月泉等红二、四团领导，与萧韶、丘倜等赣南特委领导，与吉安、兴国、泰和等县党组织负责人进行座谈，调查了解各地武装暴动后红色武装队伍建设、根据地建设的详细情况。他深切感觉到，由于赣南、赣西特委长期驻扎在城市，不断遭受敌人破坏，对红二、四团和根据地建设的政策指导十分薄弱。党的六大开过半年多了，赣西南地区的各级党组织对六大精神一点也不了解。党、军队和东固、延福等红色割据区域仍然在执行原江西省委、赣西和赣西南特委传达的“左”倾盲动错误政策。东固、延福两个地区红色割据一年多了，只打土豪不分田地；满足于农会秘密行使乡村政权，对于建立正式的苏维埃政权没有计划或不知道怎么搞；在对待小资产阶级政策上，各地游击队热衷于“捉财神”罚款，使东固、延福根据地内的地主、富农跟随土豪劣绅逃跑一空；红二、四团虽然整编为江西地方红军，但军队的训练和内务管理还很不正规。“东固会师前，东固斗争是在吉安县委、赣西特委领导下进行，是在土生土长的东固革命知识分子、共产党员直接领导下进行，但毕竟由于赣西特委本来不健全，工作无头绪，吉安县委又遭破坏，东固领导人也缺乏斗争经验，不能及时得到上级、中央的指示精神，所以土地革命不及时，建政工作也未引起重视，军队建设也缺乏一定经验，所以根据地建设还缺乏规模。”[②]

对东固革命根据地的情况作过深入调查了解之后，毛泽东充分归纳、总结了东固革命根据地和红二、四团的特点、优点，同时也主动担负起了向聚集在东固的赣南、赣西特委和有关县委负责人传达中共六大精神，解读六大制定的路线、方针、政策的责任；也以高度负责任的态度对以东固、延福根据地为代表的赣西南红色割据地区下一步的土地革命和政权建设给予了明确的指导。

---

① 青原区政协文史资料编纂委员会编：《红色畲乡东固》，2011年印，第147页。

② 江西省委党史资料征集委员会、中共江西省委党史研究室编：《江西党史资料》第十辑，1989年印，第220页。

为此，在22日两军会师庆祝大会后，毛泽东向赣西和赣南特委在东固山的负责人李文林、曾炳春、萧韶、丘倜提议召开一个小范围会议来解决上述这些问题，得到了他们的积极回应。

五、召开云汉堂会议

1929年2月23日，在李文林的主持下，在螺坑新石古坵村乐氏宗祠——云汉堂召开了红二、四团和赣西、赣南地方干部会议，赣西、赣南特委代表，吉安、兴国、泰和、宁都等县党组织负责人及东固区委负责人共20余人参加了会议，史称云汉堂会议。在会上，毛委员传达了党的六大精神，解读了六大制定的土地革命和红色政权建设的路线、方针、政策，介绍了当前国内外形势，阐明了现阶段赣西、赣南党和东固、延福等红色区域应该实行的目标、任务和斗争策略。李文林、丘倜等也在会上介绍了东固、延福、于都暴动以后实行武装割据、创建小块根据地的情况。毛泽东依据他不久前写的《井冈山的斗争》，向与会的同志介绍了井冈山根据地建设的经验和教训，介绍了《井冈山土地法》和依据这个土地法在宁冈和永新分田的实践。毛泽东听了大家的介绍，肯定和赞扬了李文林等赣西南同志在根据地各项事业建设上的探索精神和形成的公开武装斗争与秘密割据相结合的特点。毛泽东对东固等红色割据区域特点的归纳、总结，充分体现在当年4月13日他在于都写给湘赣边界特委的信和同年6月14日写给红四军第一纵队纵队长林彪的信中。

毛泽东在4月13日以红四军前委名义致湘赣边特委的信中，介绍并高度赞扬了东固游击斗争和秘密割据经验，他指出："这番我们到东固，则另是一种形式，反动势力是驱逐了，权力完全是我们的，但公开的政权机关和固定的赤卫队却没有。邮路是照常的，商业贸易是照常的，边界所受到的痛苦此间完全没有。敌军到来寻不到目标，党的组织和群众的组织（农民协会）完全秘密着。在接近总暴动之前，这种形式是最好的，因为这种形式取得了群众而不致失掉群众。武装的形式不是守土的赤卫队，而是游击部队。由二十五支枪起手的七、九纵队现改为江西红军独立第二团，差不多可以抵得上四军的三十一团了。他的战术是飘忽不定的游击，游击的区域是很宽的……”[①] 建议湘赣边特委应根据东固经验迅速调整斗争部署，改变行动方针。

毛泽东在6月14日写给林彪的信中，这样写道：“这时期内遇到两支新鲜的友军，即五军与二、四团。五军不能给四军以多大的影响，但在打破小团体主义一点上确还给予四军相当的刺激……至于二、四团，四军的同志见了他们真是惭愧万分，他们是指导员支配军官的，前五册上军官的名字列在指导员的后面，一个子弹不问过党不能支配，他们是绝对的党领导。”对红二、四团坚持党对军队绝对领导这一根本原则给予了高度赞扬和肯定。

云汉堂会议的召开，毛泽东对赣西南土地革命的指导，“促进了红独二、四团的建设，在赣西南革命史上占有重要地位。东固会师彼此交流了井冈山、东固这两块根据地的发展和建设的经验，中共赣西特委和东固区委按照毛泽东关于建党、建军和建设根据地的理论及方针、政策来建设红独二、四团和东固根据地，使赣西南的工农武装割据出现了新局面。”[②]

第二节　建立苏维埃政权　开展土地革命

一、中共赣西第一次代表大会在东固召开

自1928年7月江西省委派贺俊、黄义、饶敬庄三人来吉安，重建赣西特委并兼吉安县委后，特委对各县和各红色割据区域工作的指导开始恢复。不久将在东固主办赣西南党员干部训练班的李文林调任特委委员兼秘书长，

① 《中共红四军前委给湘赣边界特委的信》（1929年4月13日），中共中央文献研究室、中央档案局编：《建党以来重要文献选编》（一九二一——一九四九）第六册，中央文献出版社2011年版，第155页。

② 中共吉安市委党史工作办公室编著：《红色吉安丛书·事件篇》，中共党史出版社2014年版，第61页。

使赣西特委的领导作用得到加强。当年9月，李文林以特委委员、秘书长身份兼任新成立的红二团团长、党委书记，主要精力放在带领部队开展游击战争，保卫东固、延福等红色根据地。1929年初，赣北特委书记刘士奇调任吉安，先任赣西特委委员兼秘书长，后任特委常委兼组织部长。

1929年春，中共早期革命家、江西早期党团组织重要领导人之一，曾任中共江西省委常委兼宣传部长的冯任调任赣西特委书记。此时，赣西地区以东固、延福两块根据地为中心的红色割据区域在全省最大，红二、四团在江西地方红军中实力最强，所以省委将冯任、刘士奇两位强将调来赣西特委工作。2月，又将已任吉水县委书记七个多月、使吉水的工作风生水起的曾如柏调入特委。这三人的到来，使赣西特委的领导力量得到大大加强。

冯任到吉安后，很快了解到，特委实际领导吉水、万安两个县委，安福、泰和两个区委和新余特别党支部，加上特委兼任的吉安县委，以上述六县为主，赣西地区（不包括湘赣边界特委领导的莲花、永新、宁冈、遂川四县）统计共有党员2000余人[①]。为了全面贯彻中共六大制定的有关土地革命和建立红色政权的路线、方针、政策，为会议安全着想，冯任决定在东固革命根据地召开赣西地区第一次党员代表大会。选择不在吉安，而跑到东固去开赣西党的一大，也含有让出席会议的全体代表对照党的六大精神，全面实地了解学习东固根据地各方面建设经验的意图。

这是曾如柏第一次来到东固。具有丰富对敌斗争经验的特委书记冯任，鉴于曾如柏在赣西地区名气越来越大，为了他今后在特委工作的安全，建议他将原名“曾如柏”改名“曾山”。通过三个月来的接触，曾如柏非常敬佩冯任书记，欣然接受了冯书记的改名建议，从此“曾山”这个名字伴随他度过了毕生革命之路[②]。

---

① 中共江西省委党史研究室等编:《东固·赣西南革命根据地史料选编》第二册，中央文献出版社2007年版，第333页。

② 江西省委党史资料征集委员会、中共江西省委党史研究室编:《江西党史资料》第十辑，1989年印，第107页。

中国共产党赣西第一次代表大会会旧址

1929 年 5 月 15 日，赣西特委在东固组织召开了赣西地区第一次党员代表大会，吉安、吉水、万安三个县委，安福区委、泰和区委和新余特支推选的数十位代表出席了大会。大会为全面贯彻党的六大精神，讨论通过了《加强政权建设和加速土地革命大纲》等政治决议案[①]。会议认为目前赣西地区“应尽量发动群众斗争，组织广大的群众团体、扩大和深入苏维埃政权的宣传，在军事割据区域，至多成立革命委员会，为临时政权机关。并利用这个力量自上而下同自下而上的发动广大群众，准备过渡到建设苏维埃政权……要党及群众有相当的基础，估量政权有暂时的稳定可能时，从地方游击战争中去建立地方苏维埃政府。”[②]

这次赣西党的一大还讨论了加强红二、四团领导，将部队调回东固整训，严肃军纪军风问题，决定“派得力巡视员去二团巡视。增强（延福根据地）一大队的军事、政治、党务工作人员”，决定“于全省军事会议

① 中共江西省委党史研究室：《曾山传》（修订本），江西人民出版社 2019 年版，第 39、40 页。

② 中共江西省委党史研究室等编：《东固·赣西南革命根据地资料选编》第二册，中央文献出版社 2007 年版，第 330 页。

后，召集赣西军事会议。”[①] 在这次赣西党的一大上，选举产生了特委新的领导成员。共选出委员九人，其中工人出身三名、农民出身两名、知识分子四名，由冯任任书记，刘士奇、曾山为特委委员。改选后的赣西特委更具有活力和创造性。在冯任、刘士奇、曾山等领导同志的努力工作下，各地党组织先后由秘密活动转入了公开活动，并开始积极组建红色政权。据中共中央机关报《红旗》报道，“至 1929 年 7 月，在东固、延福两区始成立工农革命委员会，赤色区域之幅员亦得发展，如吉水北之阜田区、同水区、仁寿区，泰和之仙槎区、仁善区，吉水县南之中鹄区、水南区、白沙区，吉安之外延区、儒行区、纯化区，兴国之城冈、崇贤、方太、高兴各区均先后成立革命委员会，峡江、新余、分宜、宁都、永丰、乐安均有较小之赤色区域。”[②] 这说明，此次在东固召开的赣西党的一大，对巩固和扩大以东固、延福根据地为中心的赣西红色区域，推动土地革命的开展起到了很大的作用。

二、成立东固区革命委员会，政权由秘密走向公开

在东固区革命委员会成立之前，东固革命根据地内将近两年时间是由区、乡两级农民协会实际上掌握了各级政权。1930 年 2 月 19 日，中共江西省委巡视员在赣西各县巡视后，化名克珍，写出了《赣西苏维埃区域的现状》一文，登载在党内刊物上，文中详细记叙了东固和延福根据地从以农会代行政权到召开工农兵代表大会正式成立苏维埃政权的过程，他说：“广州暴动之爆发引起极英勇的万安暴动。吉安革命空气，乃为之一壮。赣军第八师之某排长复率队参加，附近之会匪亦纷请收编，遂成立工农革命军七、八、九三个纵队，开始游击战争……在东固、延福二处，虽无正式土地革命之工作，而抗粮抗捐抗税，在客观上已经实现，部分之群众、已

① 中共江西省委党史研究室等编：《东固·赣西南革命根据地资料选编》第二册，中央文献出版社 2007 年版，第 331 页。

② 中共江西省委党史研究室：《曾山传》（修订本），江西人民出版社 2019 年版，第 39、40 页。

相当认识土地革命之意义。至一九二八年九月，七、九纵队改编为红军独立第二团。行动亦已走上正轨，政治影响因之扩大，群众对红军之认识亦随之而扩大而深刻，群众本身之组织，亦随之而扩大健全，抗租抗债之工作，于是时乃见实行，赤色割据之形势，是时乃益彰明……在此期中，赤色区域之政权，全由农民协会主持，至一九二九年七月，在东固、延福二区始成立工农革命委员会……”①文中记叙了东固、延福两地农民协会行使红色割据区域的乡村政权，是从成立游击队开展游击战争起始的，在延福地区是从李锦云、李文林将原赣军第八师排长李育青率领的20多名裁下来的散兵改编为油田游击队开始；在东固地区是从赖经邦、曾炳春、高克念动员段月泉带领他那20多人、14支枪的“三点会”绿林武装下山参加东固工农革命军开始。有枪杆子才有农民掌权的政权，东固、延福两块红色割据区域的实践从一开始就证明了毛泽东在八七会议上说的“枪杆子里面出政权”是一条颠扑不破的真理。

恢复和建立农民协会，行使乡、村割据区域的政权，这是贯彻落实1927年中共八七紧急会议精神的一项具体行动。八七会议通过的《最近农民斗争决议案》明确指出：“在最近的期间，农民暴动的口号应当是：一切农村政权属于农民协会……”②

为贯彻中共八七紧急会议精神，中共江西省委在当年9月制定的《江西全省秋暴煽动大纲》和《江西省革命委员会行动纲领》分别提出：“以农民协会为行使乡村政权的唯一机关”，“乡村政权属于农民协会”③。1927年9月下旬，赖经邦、曾炳春等在敖上召集12名党员开会，作出的三项决策中第二项就是恢复农民协会，以团结广大农民群众把地主豪绅们千百年来掌控的乡村政权夺过来。

---

① 江西省委党史资料征集委员会、中共江西省委党史研究室编：《江西党史资料》第十辑，1989年印，第77页。

② 中央档案馆编：《中共中央文件选集》第三册（一九二七年），中共中央党校出版社1983年版，第186页。

③ 中共江西省委党史研究室等编：《东固·赣西南革命根据地史料选编》第二册，中央文献出版社2007年版，第257、264页。

东固暴动后，东固地区的豪绅地主们逃跑了，东固地区各乡、各村的政权就由区、乡两级农民协会来行使了。农民协会恢复建立后，主要做了这样几件事：首先是动员广大农民打消顾虑，积极报名加入农民协会。除年老体弱者和一部分富裕农民外，将大多数农民吸收进农民协会。同时，农会还把 40 岁以下、21 岁以上的男性会员组织参加不脱产的赤卫队；21 岁以下、15 岁以上的青年农民组织参加少年先锋队。赤卫队、少先队协助工农革命军对付前来“围剿”的靖卫团和国民党正规军，维护红色割据区域的社会治安。其次是宣传和组织广大农民进行抗租抗债抗税“三抗”斗争。进入 1928 年，农民协会在“三抗”斗争基础上，组织广大农民在根据地开展了废除地租、苛捐杂税、高利贷，烧毁地主的田契债据等更激烈的斗争。所以省委巡视员克珍报告说：虽无正式土地革命之工作，而抗粮抗捐抗租、在客观上已经实现。第三项主要工作就是帮助周边县区农村组织农民协会，支援他们开展的革命工作。当年的亲历者萧培洪，于 20 世纪 80 年代在《东固接头闹革命》一文中回忆说：“那时，东固成立了区农民协会，并建立了革命武装，威名远震吉安、泰和、兴国等县的边境……我们几个人到东固，受到东固区农民协会的负责人赖经邦、段月泉等的热情接待，在听取了我们的汇报和提出的要求以后，这些领导人便拿出了他们以东固区农会名义所写的‘抗租、抗债、抗税’的布告给我们，叫我们先带回去张贴，并要求我们注意布告贴出后，穷人与富人的反应……几天后，我们又回到东固，向段月泉汇报……段月泉等领导人就说：好吧，你们先回去，过几天我们会派人到你们那边来，帮助你们开展工作。第三天，东固农会果真派了罗宗清、高克念两同志来了……此后，在东固同志的支持下，中洞、伯佐、桥市相继建立了农会组织，搞了‘三抗’和开仓济贫的公开暴动。”①

不仅泰和中洞地区，周边永丰潭头、罗坊、沙溪地区、吉水水南、白沙、白水地区，兴国崇贤、枫边地区的农民协会的重新组织和建立都得到

① 中共江西省委党史研究室等编：《东固·赣西南革命根据地史料选编》第一册，中央文献出版社 2007 年版，第 278、279 页。

了东固区与他们相邻的有关乡党支部和乡农会的支援。

东固革命根据地以农民协会代行政权的形式实现“秘密割据”，虽然在东固会师时受到红四军前委书记毛泽东的称赞，并且写信向湘赣边界特委推荐，但农民协会毕竟不是一个正式的政权机关，只是一个农民的群众性组织，其组织内部机构不健全，红色割据区域内诸如分田分山、工农业生产、大众教育、社会治安、武装保卫、登记婚姻、打击犯罪等等一级政权应该做的工作不是一个农民群众组织的农民协会能够完成的。

冯任接任赣西特委书记后，当年5月在东固召开的赣西地区第一次党代会上，根据党的六大精神，及时制定了《加强政权建设和加速土地革命大纲》，指导各红色区域第一步先成立革命委员会为临时政权机关，并利用这个力量广泛发动群众，准备过渡到建设苏维埃政权。

中共东固区委及时贯彻落实赣西第一次党代会精神，加强政权建设。经过一个多月的筹备，于1929年7月成立了东固区革命委员会，由傅月照任主席。从此，在东固根据地内，革命政权由秘密走向了公开。

东固区革命委员会内部办事机构由“四部二委”组成，即财政部、军事部、教育部、社会保险部、土地委员会和人民审判委员会。相较于农民协会代行乡村政权时期，革命委员会的成立和内设机构的设置和履职，“体制上更加规范，内容上更加广泛”①，加上活动完全公开，挂牌办公，在根据地人民看来，更像一个领导人民革命的政权机关。

东固区革命委员会成立后，立即部署各乡革命委员会贯彻落实赣西特委通过赣西党的一大制定的《加强政权建设和加速土地革命大纲》，将分田分山当作革命委员会成立后的一项主要工作。在革命委员会领导下，东固革命根据地进行了土地分配。而且成立革命委员会仅一个月，延福、东固两区就解决了土地问题，也可见两区革命委员会工作效率之高。“农民自动提出没收一切土地平均分配的办法……现在延福东固二区中，已在上述

① 唐莲英、叶福林、丁仁祥：《东固革命根据地史论》，华东师范大学出版社2019年版，第124页。

办法之下，于一九二九年八月前后解决土地问题了……”[①] 土地革命使东固人民实现了耕者有其田的夙愿，进一步激发了农民的革命热情，解放了生产力，也推进了东固红色政权的建设。

三、成立东固区苏维埃政府

革命委员会虽然相对于农民协会代行政权，体制上更加规范，内容上更加广泛，但从性质上没什么不同，都是东固革命根据地政权建设过程中重要的发展阶段，同时又都是临时性和过渡性的政权机关。革命委员会从其成立时起，就被赣西特委定性为临时政权机关，其主要任务就是广泛发动群众，准备过渡到建设苏维埃政权阶段。

为了有助于东固、延福等红色区域顺利地从革命委员会过渡到召开工农兵代表大会，正式成立苏维埃政府，根据中共六大制定的《苏维埃政权的组织问题决议案》和 1927 年 11 月中共江西省委颁布的《苏维埃临时组织法》，结合赣西地区红色区域特点，1929 年 6 月，赣西特委制定并公布了《苏维埃选举法和组织法》。这部赣西苏区的法律规定："在苏维埃区域内的人民，除地主豪绅富农外，十六岁以上均有选举权和被选举权。以乡为基础，每农民五十人得选代表一人，工人十人得选代表一人，自由职业者并合于农民内，少数工厂（如修械处及平民工厂）直接派代表参加，组织乡苏维埃，推举七人为委员，以三人组织常委会，并不分工。区每农民百人选代表一人，工人二十人选代表一人，工厂仍直接派代表。组织区苏维埃推举十三人为委员，七人为常委，下分军务、财政、社会保险、教育四部。另组人民审判委员会、土地委员会，与前四部平列；推举主席一人，常委每人均兼一部或委员会的经常工作。"[②] 赣西特委在公布这部法律时，要求东固、延福两块红色根据地先行一步，通过成立革命委员会，组织广大

---

① 克珍：《赣西苏维埃区域的现状》（1930 年 2 月 19 日），江西省委党史资料征集委员会、中共江西省委党史研究室编：《江西党史资料》第十辑，1989 年印，第 78 页。

② 江西省档案馆、中共江西省委党校党史教研室编：《中央革命根据地史料选编》上册，江西人民出版社 1982 年版，第 174 页。

农民、工人参加选举，选出工农兵各方面代表，召开代表大会，选举出区、乡两级苏维埃人民政府。

1929年8月，东固区各乡在革命委员会领导下，完成了土地分配，根据地人民真真切切地享受到了土地革命的成果，革命热情空前高涨。特别是破天荒地第一次拥有了选举权，体会到了政治上大翻身的喜悦，拥护共产党、拥护苏维埃成了苏区人民共同的心声。10月，东固区革命委员会在东固街旁刘家祠堂召开了东固区第一次苏维埃代表大会，正式宣告东固区苏维埃政府成立。这是东固根据地革命政权建设史上的第三个阶段，也就是正式进入了建立根据地革命政权的时期。

东固区苏维埃政府内设机构与此前的革命委员会一样，是“四部二委”，即财政部、军事部、教育部、社会保险部、土地委员会和人民审判委员会，符合赣西特委公布的《苏维埃选举法和组织法》。与只有区、乡两级成立革命委员会相比，区苏维埃成立时，增加了村一级的苏维埃政府，形成了区、乡、村三级苏维埃政权组织。东固区苏维埃政府下辖三彩、小水尾、六渡、南龙、南源、古竹、安乐、江口、大源坑、敖上、黄沙、东固、铜灶、殷富、丰岭、花岩、大龙、杨斜岭、冷坑、同知、桥市、上坊、下坊23个乡苏维埃政府和上百个村苏维埃政府。东固区苏维埃政府首任主席是罗宗清。区苏维埃政府设委员13人，其中常委7人。乡一级苏维埃设主席1人、委员7人，其中常委3人，内设机构与区苏维埃政府相同。村级苏维埃政府一般设2至3个人，1个主席、1个秘书。小村苏维埃只设1个村苏维埃代表①。由于东固区、延福区苏维埃政府是赣西地区第一批按赣西特委公布的《苏维埃选举法和组织法》成立的区级苏维埃政府，当时还没有成立省、县苏维埃政府，区级苏维埃直属中共赣西特委领导。直到一个月后的1929年11月，赣西临时苏维埃政府成立，由曾山任主席，东固、延福两区苏维埃政府才直属赣西临时苏维埃政府领导。

东固区“各级苏维埃政府工作人员限在最低限度内。要求每个工作人

① 江西省吉安县县志编纂委员会编:《吉安县志》，新华出版社1994年版，第514页。

员密切联系群众，与群众同甘共苦，只接受最低限度的生活费。因此，受到广大群众的称赞和拥护。”① 他们保持了从农民协会、革命委员会时期就一直传承的苏区干部优良作风，“自带干粮去办公，夜打火把访贫农”，涌现了一批像受到方志敏称赞的胡海烈士一样的优秀的苏维埃政府工作人员。

四、开展土地革命，实行耕者有其田

为贯彻八七紧急会议的决定，1927 年 9 月，中共江西省委制定的《江西全省秋暴煽动大纲》开篇第一句就说：“土地革命在中国目前已经到了必须实现的时期”，在论述秋收暴动五个方面意义时，将实行土地革命列为第二个意义进行了详细的论述：“秋暴的第二个意义，就是要没收大地主、地（土）豪、乡绅、贪官污吏和一切反革命派的土地，实行土地革命。中国的革命，必须有广大的农民群众起来参加，这是大家知道的，但是中国农民生活，比任何阶级都苦；中国农民所受的压迫，比任何阶级都深，这些痛苦和压迫的来源，土地问题，便是一个很重大的关键。因为农民自己没有土地，便不能不蜷伏在地主豪绅的威力压迫剥削之下，仰承他们的鼻息，以求一饱。而乡村的一切政治制度，社会习俗，当然也就都是建筑在这种背景之上，成为封锁农民群众的桎梏，使一般贫苦农民群众永远得不着解放。所以我们现在如果真要农民起来革命，真要推翻封建势力在乡村的基础，便必须要实现孙中山先生耕者有其田的主张。要农民自己起来，用自己的力量，解决切身的土地问题，在农民协会之政权之下，实行以强力没收大地主和一切反革命派的土地，采取适当的方法，以分配于一般贫苦的农民。这样才能解除农民生活的痛苦，充实农民在斗争中的力量，以参加国民革命。”② 这个宣传煽动大纲指出了封建地主土地所有制，是贫苦

---

① 陈荣华：《略谈东固革命根据地的创建》，尹世洪、祝黄河主编：《中共党史卷》，江西人民出版社 2010 年版，第 17 页。

② 中共江西省委党史研究室等编：《东固・赣西南革命根据地史料选编》第二册，中央文献出版社 2007 年版，第 257、258 页。

农民政治上受压迫、经济上受剥削、生活上痛苦的根源。打土豪、分田地是一场翻天覆地的大革命，必将伴随激烈的阶级斗争，共产党要宣传农民、组织农民，团结起来，以强力来实现自己的目标。这个煽动大纲指引着东固地区的共产党人，团结广大农民投身土地革命。

在东固地区，“土地革命前，东固占少数人口的豪绅地主，拥有 80% 以上的土地，其中富田、枫边的豪绅地主又占多数；而广大的贫苦农民仅占有 20% 以下的土地。”①

由于东固山区处在富田、枫边两地较为强大的反动势力南北夹击之中，东固革命根据地的建设环境初期非常险恶，不得不实行公开的武装斗争与秘密割据相结合。在这种情况下公开的分田分山是不可能的，农民不敢要分田，分了也保不住。

东固暴动打击了东固占有大量土地和山林的富田土豪王初曦，第七纵队成立后与枫边靖卫团进行了多次搏杀，终于打垮了它。从此，富田、枫边的地主、豪绅再也不敢来东固向贫苦农民收租逼债。东固区委、区农民协会根据当时的实际情况，没有组织分田分山，而是谁耕种谁收。大半收成归租佃土地的农民，一部分拿出来归农会办公用。对于非佃农的自耕农的土地，采取土地所有权不变更的政策，自耕自收获，剩余农产品按稻谷一石征一桶、二石征二桶、三石征四桶这样很低的累进税率征收农业税。在 1929 年 8 月以前，东固根据地和延福根据地实行这种土地政策，有利于争取群众、团结包括自耕农在内的大多数人民，孤立极少数豪绅地主。前来东固“围剿”的反动派，看到土地仍然由暴动前的佃农和自耕农在耕种、在收获，很难看出谁是共产党员谁是农会干部。但实际上农民不用交租、交粮、交捐、交税。所以克珍 1930 年 2 月 19 日在《赣西南苏维埃区域的现状》一文中说：“在东固、延福二处，虽无正式土地革命之工作，而抗粮、抗捐、抗税，在客观上已经实现，部分群众已相当认识土地革命

① 江西省委党史资料征集委员会、中共江西省委党史研究室编：《江西党史资料》第十辑，1989 年印，第 2 页。

之意义。”①

事实上，由于东固、延福革命根据地建立得比较早，在当时只有土地革命纲领，没有土地法律可供遵循。直到1929年2月东固会师，红四军前委带来了井冈山革命根据地制定的《井冈山土地法》。会师期间，在云汉堂会议上，赣西特委和东固区委接受了毛委员关于“红色割据一年多了，只打土豪不分田地，土地革命未及时开展”的批评，也认真听取了毛委员关于《井冈山土地法》和永新、宁冈两县依据《井冈山土地法》开展分田运动的介绍，开始积极布置分田分山工作。不久传来毛泽东同志在兴国制定了比《井冈山土地法》更进步、更完善的《兴国土地法》，赣西特委和东固区委立即派人下山向兴国县委了解。

兴国《土地法》是毛泽东1929年4月率领红四军到达兴国后，经过深入调查，根据党的六大关于土地革命的路线、方针、政策，结合在东固、赣南三个月游击转战期间了解到的实际情况，在1928年12月湘赣边界工农兵政府颁布的井冈山《土地法》②的基础上修改制定的。内容共分八条，对于土地没收范围、分配土地的数量标准和区域标准、山林分配法、土地税的征收、乡村手工业工人及红军和政府工作人员分配土地问题，都作了明确而具体的规定。兴国《土地法》与井冈山《土地法》相比，有一条重要的变更，就是把井冈山《土地法》中的“没收一切土地”改为“没收一切公共土地及地主阶级的土地”。这一原则的更正，明确了土地革命打击的主要对象是地主阶级，是消灭封建土地所有制，承认了农民原有小块土地的所有权，纠正了土地斗争中打击中间阶级的错误，也纠正了对于自耕农的土地不加区别地一律予以没收的错误。

收到兴国《土地法》后，赣西特委和东固区委经过与两个月前东固会师时红四军带来的井冈山《土地法》对照学习，认为东固与兴国接壤、政

① 江西省委党史资料征集委员会、中共江西省委党史研究室编：《江西党史资料》第十辑，1989年印，第77页。

② 本书编纂委员会编：《中国共产党井冈山地方史》第一卷，中共党史出版社2011年版，第134页。

治、经济和客家文化习俗相通，认为毛泽东主持制定的兴国《土地法》在东固地区有很强的适应性。5月，在东固召开的中共赣西地区第一次党代会通过了《加强政权建设和加速土地革命大纲》后，东固区委和区革命委员会加快了土地革命的进程。

经过认真的土地山林普查，东固区从1929年7月开始按兴国《土地法》没收一切地主阶级和公共的土地，分给无地或少地的农民。“分配土地的原则是：以乡为单位，按土地肥瘦，分甲乙丙三等拉平。本区、乡内的人民，不分性别，自3岁以上，均为一个人口，按人口平分，口号是‘搭匀来’，土地所有权属于苏维埃政府。”“分田的结果，最少的乡每人分田3亩以上。竹木山林归苏维埃管理，农民每年作一次无代价修山，收获之茶油，廉价卖给根据地区域内人民。孤儿寡妇，由所在乡负责其全部生活费用。”[①] 从农民协会执政时期的减租减息，到抗租抗捐废债，再到革命委员会领导分田分地，土地革命的不断完善、深入，使东固人民终于实现了耕者有其田的夙愿。这进一步激发了广大农民的革命热情，也解放了生产力，鼓舞了农民努力生产多打粮食支援红军的生产积极性，为东固革命根据地的巩固和发展注入了不竭的动力。

第三节　赣西革命斗争深入开展

一、红二、四团东固整训和转战游击

红二、四团与红四军在东固会师后，红四军为引开敌人，打破国民党赣军对东固革命根据地的包围，于1929年2月25日离开东固，“经永丰县罗坊、藤田，前往乐安的招携，向闽西方向进军。”[②] 为了牵制赣敌对红四军

① 江西省委党史资料征集委员会、中共江西省委党史研究室编：《江西党史资料》第十辑，1989年印，第19页。

② 中共永丰县委党史工作办公室：《中国共产党江西省永丰县历史》第一卷（1926—1949），中共党史出版社2019年版，第86页。

的追赶，也为了红二、四团自身跳出敌军包围圈，李文林、段月泉率领红二、四团继红四军之后也离开了东固，开往兴国茶岭、东村一带游击。

3月，蒋介石的中央军与李宗仁、白崇禧的桂系军阀爆发战争，“进剿”赣西东固的敌军主力部队被蒋介石调往湖南参加对桂系作战。李文林指挥红二团乘隙第二次攻占兴国，镇压了自称县长的钟老槐，分派政工干部帮助兴国白沙、均竹、大塘尾等地发展党组织，建立了五个党支部。

3月下旬，“江西红军独立二、四团在赣西一带积极开展游击战争，收复莲花县城。莲花县总工会、共青团、妇女会等群众组织开展恢复重建。”①

5月，在东固召开的赣西党的第一次代表上选举产生的新一届以冯任为书记的赣西特委，为了加强对红二、四团的建设，提高其政治和军事素质，严肃军纪军风，将红二、四团调回东固整训。在整训中，部队的第一个变化就是“发奋学习红四军军队建设思想、优良作风和严格的纪律，部队也打‘裹腿’和戴红五星八角帽。”②

整训期间，赣西特委调整了红二、四团的领导，成立了红二、四团行动委员会，由李文林任书记，鄢日新任总指挥；由李韶九任红二团团长，段月泉仍任红四团团长，李文林兼任二、四两个团的团政委；原红二团教导队改为红二、四团教导队，由李介思任队长，萧龙章任教导队党支部书记，红四军留下来的陈东日任教导队政治部主任。同时在二、四团行动委员会领导下成立了红二、四团政治委员会和军事委员会。

从5月下旬至6月上旬，“红二、四团在赣西特委领导下，在东固集中进行政治、军事训练，发展了一批共产党员，提高了军队素质，增强了战斗力。至此，红二团拥有官兵900余人，其中有党员223人，团有党委、连有支部、排有小组。”③

这一些整训措施和组织的调整、健全，进一步巩固了党组织对红二、

---

① 中共吉安地委党史办编:《中共吉安党史大事年表》，中央文献出版社1994年版，第49页。

② 卓雄:《回顾东固革命根据地斗争历史》，江西省委党史资料征集委员会、中共江西省委党史研究室编:《江西党史资料》第十辑，1989年印，第118页。

③ 卓雄:《回顾东固革命根据地斗争历史》，江西省委党史资料征集委员会、中共江西省委党史研究室编:《江西党史资料》第十辑，1989年印，第258页。

四团的绝对领导，确保了红二、四团成为执行党的政治任务的一支坚强有力的红色武装队伍。

6月中旬，经过东固整训后的红二团，向乐安、宜黄等赣东方向游击，一度打到南丰县和广昌县，在宜黄东陂设伏打击了尾追而来的国民党军十八师五十二旅一部，打死敌人40余名，缴获敌机枪2挺、步枪30余支，迫使敌人全部退出东陂地区。红二团帮助宜黄县党组织恢复农民协会，建立革命政权，组建游击队，开辟了东陂红色割据区域。与此同时，红四团在段月泉率领下，留守东固大本营，不断地向兴国、吉水、永丰出击，打击企图窜犯东固根据地的各县靖卫团等反动势力。

8月17日，红二团会同南丰县洽村、广昌县古竹一带赤卫队，包围了广昌县吴文荪率领的反动靖卫团，将其歼灭，并趁势攻克广昌县城，打开该县监狱，救出了被关押的党员、农民协会骨干和无辜群众。

红二团在闽赣边界的广昌县，接到赣西特委制订的8月工作计划，东返赣西乐安、永丰。8月23日，第二次攻克乐安县城，随后在该县万崇、池头一带游击，捉拿万文香、邱高云等土豪十人，当地青年农民纷纷加入红二团，部队在万崇等地休整了一个星期，组织对新兵的训练，29日，红二团开赴乐安县南，占领招携街。

9月7日，李文林率领红二团在南丰游击队配合下，突袭南丰县城，攻进城后，捕杀在当地民愤很大的英国神甫一人。然后撤到该县西南洽村、瞿村地区，配合当地党组织组建游击队，重建农民协会组织，开展打土豪、抗租废债斗争。当月底，打入乐安县靖卫团内部的中共地下党员张英率领该团110多人、80多支枪起义，投奔红二团，使红二团的整体军事实力得到大力加强。

在半年多的游击转战中，李文林、鄢日新领导红二、四团继续实行大范围的飘忽不定的游击战术，既扩大了队伍，解决了给养，减轻了东固根据地人民的军需负担，又在赣中、赣东多县打击了反动势力，宣传了土地革命，支援当地党组织建成许多小块红色割据区域，扩大了东固革命根据地的影响。

二、开办红二、四团教导队和红军学校

为了培养提高所辖24个党支部领导人的政治、军事素质，1928年10月，中共东固区委在改名后立即在东固街东面的东坑祠堂开办了活动分子学习班，也即干部训练班。1929年2月东固会师后，红四军撤离东固时留下了第三十一团营党代表毛泽覃和原红四军三十二团党代表陈东日等一批伤病员在东固继续治病养伤并协助东固区委和红二、四团工作。

毛泽覃在伤势略有好转后，接任东固区委书记一职，与陈东日等筹划，按照红四军在井冈山下宁冈县龙江书院举办红军教导队的模式，以东固区委干训班为基础，于1929年4月在螺坑办起了红二团教导队，又称东固教导队，由陈东日任队长，从军队和地方选拔有一定文化水平的党团员或积极分子入队学习，每期两个月，学政治、学军事、学文化，每天三操两讲，有学员100多人。

同年6月，在红二、四团调回东固整训期间，根据赣西特委指示，将红二团教导队扩大为红二、四团教导队，由李介思任队长，萧龙章任党支部书记，陈东日改任政治部主任。

同年9月白沙暴动时，应吉水县白沙区委的请求，红二、四团教导队数十人枪出征支援白沙，参与包围和攻打躲在白沙新万寿宫里顽抗的白沙“挨户团”，歼灭了这支专事镇压农民的地主武装，白沙暴动获得了完全胜利。

9月，红二、四团教导队由东固螺坑迁到富田陂下村办校，名称改为“赣西红军学校”，由陈东日任校长兼教育长，金万邦任学校政治部主任。这是当时全国红军中第一所比较正规的军校。1930年二七会议后发展为红军学校第三分校，由朱德任校长，毛泽东任政委。

三、东固根据地与周边县、区游击队的联系

在东固及周边县、区的红色区域，除了依靠红二、四团保护外，还活跃着一支支红色游击队。这些游击队都是在当地农民暴动前后，由勇敢、年青的暴动队员组成，其中大多数游击队在组建过程中得到了东固根据地

的第七纵队和后来的红二团的帮助。这些游击队成立后，在当地县委、区委领导下，依靠农民群众的支持，勇敢地不停地战斗，保卫当地红色政权农民协会和革命委员会，起到了拱卫东固革命根据地的重要作用。

1928 年 10 月，在东固区委领导下，东龙游击队在殷富村万寿宫成立，有 30 多人枪，由殷富村共产党员刘任贤任队长，同村的共产党员刘振邦任游击队秘书。成立后由于不停地向边界地区出击，打击反动靖卫团和其他地主武装，在一次次战斗中获胜，不久就发展到 100 多人枪。

在泰和，“1928 年 11 月间，东固游击队常来我县仁善地区游击，当时洞口郭绍香等与他们取得了联系……1929 年 3 月 12 日，天符庙的靖卫团来到洞口，捉去了几个革命同志，解往天符庙囚禁，并派人侦缉郭绍香，郭绍香立即向东固革命委员会（注：应为东固区委）请求援救。3 月 31 日夜晚，东固游击队一百五六十人来到洞口，由郭绍香率领去营救被捕同志。4 月 1 日拂晓，游击队的九个冲锋队员摸掉了敌人的第一个步哨，把天符庙团团围住，响了几枪，敌人从梦中惊醒，摸不清头脑，便四散奔逃，未战先溃，我军大胜，缴获步枪三支，救出了被监禁的同志，并捉到了两个俘虏，匪首朱国璋率领残敌逃往灌溪去了。”①

东龙游击队打败了泰和天符庙的靖卫团后，郭绍香、陈金龙等在东固区委和红二团教导队的帮助下，在（中洞）一都洞的冬坑成立了一支泰和游击队，有长短枪十余支，直属东固区委领导，由原第七纵队第四区队队长曾金山兼任游击队长。4 月 19 日，游击队第一次出发，到大湖一都洞捉拿大土豪罗清连，由于罗清连两年来一直捣乱破坏中洞地区的农民协会，所以民愤很大，游击队将他就地枪决，没收了他的全部财产。从此，“在党的领导下，一都洞（中洞）的革命活动由秘密走向公开。”②

在永丰，1928 年 2 月，永丰县潭头芹溪农民在共产党员姚振、叶继宗率领下举行芹溪暴动，暴动后“在第七纵队的帮助和指导下，以芹溪赤卫队为基础，组建了潭头游击队，革命的范围也从芹溪一带扩展到潭头、南

① 吴俊林主编:《泰和红色记忆》一卷，江西人民出版社 2016 年版，第 61 页。
② 吴俊林主编:《泰和红色记忆》一卷，江西人民出版社 2016 年版，第 61 页。

溪、卧龙一带，这支游击队不仅打退了冠山、沙溪、藤田、石马等靖卫团的数次进攻，而且在6月间，协助龙冈的革命群众，对国民党龙冈区党部和区警察所进行了打击。”①

1929年3月，中共永丰区委将龙冈各村赤卫队改为龙冈赤卫军总队，由彭日辉任总队长，下设三个大队，队员发展到1000余人，武器以土枪、梭镖、大刀为主。同年11月，在不脱产的龙冈赤卫军基础上，成立了“龙冈游击队”，全队50余人、40余支枪，由李贻谋任队长。

1929年4月，永丰君埠成立暴动队。10月，与兴国暴动队合组“兴永游击队”，有200人枪。②

在吉水，1927年11月18日，在赖经邦、段月泉率领的东固工农革命军支援下，中共吉水水南支部领导的水南第一次暴动胜利。缴获了反动的文昌自卫队47支枪，东固工农革命军离开水南时，“留下8支长枪1支短枪，成立吉水（水南）游击队，由杨金芳任队长，下设2个班，班长为曾忠祥、曾咸贵。游击队隐蔽在水南黄竹坪一带，开展革命斗争活动。”③后来杨金芳领导的游击队1928年2月编入第七纵队，杨金芳任第七纵队第四区队队长。当年农历五月，水南地区农民在中共吉水（水南）支部书记曾伯雄和原文昌区支部书记龚荣领导下举行第二次暴动，史称水南五月暴动。7月，叛变后的原第八纵队队长何金山带领他的土匪队伍和萧焜树为首的反动“红鹤会”，突然进攻水南、白沙地区，杀害了许多共产党党员和他们的家属。杨金芳由第七纵队从东固派回水南，重建水南游击队。1929年3月底，“杨金芳等又在水南区里坑村成立了水南游击队，队长邱华楠，政治委员曾文德，有10多人和9支长枪。”④1929年农历十月，为彻底歼灭水南

① 中共永丰县委党史工作办公室：《中国共产党江西省永丰县历史》第一卷（1926—1949），中共党史出版社2019年版，第80、87页。

② 中共永丰县委党史工作办公室：《中国共产党江西省永丰县历史》第一卷（1926—1949），中共党史出版社2019年版，第80、87页。

③ 江西省吉水县史志档案局编：《中国共产党吉水历史》第一卷（1919—1949），中共党史出版社2011年版，第41页。

④ 江西省吉水县史志档案局编：《中国共产党吉水历史》第一卷（1919—1949），中共党史出版社2011年版，第50页。

靖卫团，在中共水南区委和水南革命委员会组织领导下，举行了第三次水南暴动，曾宪永、许义领导的水南游击队和杨金芳率领的西团等村赤卫队、少先队，以及 2000 多名群众涌向水南街，彻底歼灭了水南靖卫团、“红鹤会”和抽税队，“从此水南地区的革命由半公开走向公开。”①

1929 年 2 月，原东固根据地第七纵队第二区队指导员“郭梅从东固兵工厂领了 24 支土造枪和 5 支鸟枪，在白沙区城上村成立了白沙游击队，队长郭国昭（后为胡志棠），政治委员张孝宣。”②

至 1929 年 2 月，在中共赣西特委领导下，通过红二、四团和各地游击队的奋勇冲杀，东固革命根据地得到进一步巩固和扩大，从永丰到泰和，东西长约 40 千米；从兴国到吉水，南北长约 60 千米，均为东固革命根据地的范围。同时还开辟了广泛的游击区，包括临近东固的兴国、于都、宁都、永丰、乐安、吉水、吉安等县的相关地区。此时，东固革命根据地进入了全盛发展时期。

四、建立元山红军疗养院和瑶下红军医院

1929 年 1 月，红四军离开井冈山后，经过一个多月的频繁作战，伤病人员达 300 多人，由于一直无安全、固定的场所，又由于每日被敌军追击，无法停下来对伤病员进行救治。2 月 17 日到东固后，在红二、四团的掩护和东固山人民的支持下，红四军好不容易得到七八天时间进行休整。红二、四团的战斗力、东固人民的好客和无私支援，使毛泽东和朱德决定将这批伤病员安置在这块革命根据地救治疗养。由于红四军部队在东固会师后将到赣南、闽西转战，为了让这批伤病员安心留下来医治疗养，恢复健康，毛委员和朱军长将红四军战将、营长周子昆留在东固任疗养院院长。为了能够及时解决众多伤病员的吃、住、治疗等一大堆难题，李文林和东固区

① 江西省吉水县史志档案局编：《中国共产党吉水历史》第一卷（1919—1949），中共党史出版社 2011 年版，第 59 页。

② 江西省吉水县史志档案局编：《中国共产党吉水历史》第一卷（1919—1949），中共党史出版社 2011 年版，第 50 页。

委决定将时任东龙游击队队长的刘任贤调给红四军任疗养院副官，利用他是本地人，在涧东书院当过老师，教过的学生遍及东固，任东龙游击队队长四个月来带领游击队征战各边界地区，保卫根据地名气很大的优势，由他来全力协助周子昆院长办疗养院，是一个恰当人选。

红四军吸取井冈山根据地小井医院100多名重伤病员被国民党“围剿”军全部杀害的教训，东固红军疗养院办在山坑红军医院往西与泰和县交界的偏僻的白云山下的元山村（即现在东固畲族乡白云山行政村山坑村民小组）。重伤员和连级以上的红军干部伤病员安置在元山疗养院，其余相对较轻的伤病员安置在红军医院，可山坑红军医院仅有10余张病床，伤病员安置不下，便又在东固街北边3华里的瑶下村紧急筹办了一所红军医院，伤病员都安排住在当地民房中。红四军撤出东固前，军党代表毛泽东和军长朱德亲临瑶下村看望伤病员，勉励他们安心治疗，早日痊愈返回归队。

刘任贤上任元山红军疗养院副官后，十分履职尽责。元山疗养院所在地的三彩、白云山地区位置偏僻，村庄小而分散，山高水冷耕地少，一下子增加了数百名伤病员和医护工作人员，粮食征集、供应十分困难。刘任贤首先做好自己老家殷富村的工作，将村中刘家祠堂仓库中用于助学和灾荒救济的上万斤存粮全部捐献给元山疗养院。由于当时殷富村是东固地区一个大村，地处东固河冲积出来的小盆地中，人多地肥耕地多，殷实富裕，一下子将上万斤“祠堂谷”全部捐了出来，为其他村起了榜样作用，所以缓解了元山疗养院的粮食困难。

有了稻谷，还必须把它变成米才能煮饭食用。当时加工大米的方法原始落后，用推竹砻脱壳、用石碓舂打，一个人从早到晚只能加工100多斤稻谷。为了保证这几百名伤病员和医护人员的大米供应，刘任贤走村进户安排各村妇女每户每天要负责加工一百至二百斤稻米。从东固河边各村到元山疗养院近20里路，道路崎岖，刘任贤将自己任游击队队长时的战马用来专门驮米，由本村的堂兄弟刘承佑牵着他的马到各村收集加工好的米驮到元山疗养院。

为了解决疗养院缺医少药的困难，刘任贤还动员当地民间医生和农民安排他们上山采药，加工成中草药，治疗伤病员。

红四军这批 300 多人的伤病员，经过一段时间的医治和疗养后，绝大多数随疗养院院长周子昆归队返回红四军。一小部份重伤员 1929 年 4 月痊愈后在东固组成赣西游击二大队，有枪 40 多支。周子昆离开东固后，不久任红三军参谋长。1931 年 9 月，黄公略在东固牺牲后，周子昆升任红三军军长，中央红军从江西出发长征时，周子昆已任红八军团军团长，这是后话。

周子昆走后，刘任贤由副官升任元山疗养院院长，后来刘任贤带领疗养院医护人员随红四军迁往赣南。1931 年 11 月，在瑞金叶坪召开了中华工农兵苏维埃全国第一次代表大会，成立了苏维埃临时中央政府，毛泽东当选临时中央政府主席，他十分欣赏刘任贤为红四军办疗养院时的吃苦耐劳、精明能干、担当负责精神，任命他为瑞金中央红色医院院长兼总指挥。遗憾的是富田事变发生后，刘任贤被人诬陷为“AB 团”，遭到冤杀，一直到 1976 年，吉安县民政部门调查后，终于被认定为革命烈士。

1929 年 5 月，赣西地区中共第一次代表大会在东固召开后，红二、四团也调回东固整训，瑶下红军医院正式命名为赣西第一后方医院。

五、罗炳辉率靖卫大队起义

罗炳辉

罗炳辉，原名罗德富，1897 年生，云南彝良县人，他家是一个贫苦的彝族家庭。从小饱受苦难的罗炳辉，于 1915 年 18 岁时投入滇军当兵，曾跟随滇军参加了“讨袁护国”和国共合作推动的北伐革命战争。由于作战勇敢，一步步由士兵升至营长。由于出身穷苦，他同情下层士兵，是一位富有正义感的军官，他极力反对克扣士兵薪饷，受到士兵的爱戴和拥护，却遭到那些无良军官的妒忌和痛恨。1927 年，以蒋介石、汪精卫为首的国民党新军阀叛变革命后，在军队中“清共”，有人诬告罗炳辉是共产党，还捏造了他十大罪状，上司借国民政府 1928 年裁军之机将罗炳辉裁减出军队。

1929 年春，驻吉安滇军十二师师长金汉鼎整顿地方靖卫团队。当时，国民党吉安县政府为进攻东固革命根据地，成立了所谓值夏、陂头、新圩、新安、富田“五市联防”大队，不久改名为吉安县靖卫大队。罗炳辉经其同乡、国民党吉安县县长冷照升推荐，于当年 6 月由金汉鼎任命为吉安县靖卫大队长，驻在吉安城内萧家祠。端午节那天，吉安城内有 12 个染布坊的年轻学徒和工人，出城在城边山上议论，说红军到了离吉安城不远的地方，商量如何去投奔。不料被一个由乡下逃到吉安的土豪跟踪偷听，立即报告了在外值勤的靖卫队，多名靖卫队员持枪包围逮捕了这 12 个年轻人，五花大绑押到萧家祠靖卫大队队部。罗炳辉对这 12 个年轻徒工一一审问后，将他们全都释放了，并说：“快回去过节吧！”

端午节过后，吉安县政府要罗炳辉率领靖卫大队开往值夏，“驻剿”东固“赤匪”。有一次地方土豪劣绅捉到几个农民押到水北罗家靖卫大队队部，说是“共匪祸首”，要求“格杀勿论”。罗炳辉想弄明白“共匪”是些什么人，于是亲自一个个询问详情，得知这些穿得破破烂烂的农民都是生活十分贫苦的穷人，由此也引发了罗炳辉对幼年时缺吃少穿的痛苦回忆。最后他不仅放走了这些所谓的“共匪”，还每人发给 1 块银圆路费。

罗炳辉来吉安就任靖卫大队长不久，在城里释放企图参加红军的学徒工人，在值夏又放走土豪们捉来的“共匪”。他的这些举动在豪绅地主中议论纷纷，向县政府控告罗炳辉“私通共匪”，罗炳辉以没有证据证明他们是“共匪”为由，顶住了上级的追查。

冯任、刘士奇、曾山等赣西特委领导根据罗炳辉的历史和现实表现，决定团结、教育他，做他的策反工作。报经省委同意后，省委派罗炳辉的同乡好友、共产党员赵醒吾专程来吉安做罗炳辉的工作。赵醒吾曾任滇军第九师杨池生部副官长，是罗炳辉在滇军中的同事，为人正直，曾经帮罗炳辉主持过几次公道，因此很受罗炳辉敬重。接到江西省委的任务后，赵醒吾首先给罗炳辉写了一封信，信中劝说他办民团当靖卫大队长要为民族为人民做好事，不要做蒋介石、汪精卫的走狗，不要做民族的罪人。罗炳辉本人追随孙中山参加革命，拥护包含“联俄、联共、扶助工农”三大政策的新三民主义，收到赵醒吾的信后，罗炳辉的思想触动很大。

7 月，赵醒吾以中共江西省委特派员的身份专程来到吉安，会见罗炳辉，两人是互相信得过的老友，畅谈了三天三夜，通过对北伐革命的回忆，使罗炳辉认识到蒋介石是新军阀，已经叛变了国民革命，只有共产党才能领导人民翻身得解放。赵醒吾向罗炳辉公开了自己的共产党员身份，罗炳辉深受教育和鼓舞，表示希望参加共产党。赵醒吾向赣西特委和在吉安的省军委巡视员蔡申熙汇报后，第二天，中共赣西特委常委、组织部长刘士奇和江西省委军委巡视员蔡申熙又亲自找罗炳辉谈话，使罗炳辉更相信了中国共产党的政策。鉴于罗炳辉出身贫寒和一贯的进步表现，刘士奇、蔡申熙代表特委，当即宣布批准罗炳辉加入中国共产党，党内改名为“罗南煌”，并要求罗炳辉在县靖卫大队长任上，利用自己的影响，设法把邻县靖卫团策反过来，抓到手中，等待时机，听党指挥，准备起义。

由于此时东固、延福革命根据地和湘赣边界苏区正呈不断发展壮大之势，南昌的国民党特务机关特别注意检查从吉安寄来的信件和邮件。1929 年 11 月初，特务们发现了赣西特委写给省委的密信，逮捕了省委交通站收信的李兴国，李兴国经不起严刑拷打，自首叛变，把他所知道的江西省委几个通信处和联络点全部供出，并将他掌握的省委文件全部交给敌人。敌人在缴获的省委文件中发现“罗杨两部，要加强工作”的字样，其中“杨部”指峡江县靖卫大队长杨必恭，杨必恭是罗炳辉的好友和同乡，罗炳辉正在做峡江靖卫大队的策反工作。正在这时，11 月 7 日，共青团赣西特委为了纪念苏联十月革命 12 周年，在吉安街头搞“飞行集会”和散发传单，发传单的几个阳明中学女生被特务跟踪到学校，顺藤摸瓜，将团赣西特委书记曾道懿抓获。曾道懿是一个软骨头，不等刑讯逼供，就将特委全部机关和准备攻打吉安及罗炳辉准备率靖卫大队做内应等计划和组织系统全部供出，导致省委特派员赵醒吾、特委常委黄义、申中 3 位领导和 40 多名党员、70 多名团员被捕，惨遭杀害。

新上任的吉安县县长彭学游通过叛徒曾道懿掌握了罗炳辉准备起义配合红军攻城的确凿证据，早有怀疑的彭学游定下一计，以发欠饷为名，要罗炳辉率部回城，以便勾结城内国民党驻军将罗炳辉逮捕，将靖卫大队全部缴械。“在这千钧一发之际，已转移到乡村的特委领导人曾山及时给罗炳辉去信，指出：（一）目前敌人已实行更残酷的进攻，并破坏了几十个重要机关，被捕去的人都知炳辉同志，一旦个别人招供，会造成危险和损失。（二）反动势力正走向崩溃的边缘，革命在向前发展，党的任务非常艰巨。赣西南党的任务是发展和巩固革命根据地。（三）希望炳辉同志高举义旗，准备起义，党正号召广大群众热烈欢迎。”①

曾山通过罗炳辉熟悉的地下交通员赵秋生将信送给他②。罗炳辉得到赣西特委要他相机起义的秘密指示后，立即加紧起义的准备工作。一方面开始集中部队，选派可靠骨干到各中队加强领导，进行深入的政治动员，为起义作好思想上和物资上的准备，并秘密把存在吉安城内的武器、弹药和钱款运出来；另一方面密切注意敌情动态，对来往信件严加检查。11 月 11 日，罗炳辉截获逃在吉安的豪绅地主煽动第三中队中队长带领全中队哗变，离开值夏，脱离罗炳辉控制的密信。11 月 14 日晚，二中队一士兵报告，副中队长邓世斌已带二人于深夜一点钟出逃。情况突变，刻不容缓，罗炳辉于 15 日凌晨，果断决定在靖卫大队驻地值夏水北罗家大祠堂集中部队，宣布起义。为避开敌人围击，起义部队当即通过水北桥向东固苏区的新圩街开进，省委和特委领导人蔡申熙、张怀万、刘士奇等人在街口迎接。16 日，罗炳辉率 180 余名起义官兵、150 多支枪向东固苏区腹地富田开进，受到东固革命根据地军民的热烈欢迎③。

起义部队在富田经过短期培训，改编为江西工农红军独立第五团，

---

① 张友南、肖居孝、匡小明：《吉安革命史》，国家行政学院出版社 2008 年版，第 156、157 页。

② 中共吉安市委党史工作办公室编著：《红色吉安丛书 · 故事篇》，中共党史出版社 2014 年版，第 207 页。

③ 中共吉安县党史工作办公室编著：《中国共产党吉安县历史》第一卷（1921—1949），中共党史出版社 2013 年版，第 84 页。

由罗炳辉任团长，匡一心任政委、金万邦任政治部主任。不久独立第五团和红四团合并为江西工农红军独立第四团，仍由罗炳辉任团长，全团600余人、250多支枪，受中共赣西特委领导。1930年1月，红六军成立，红四团与新组建的红五团整编成红六军第二纵队，罗炳辉升任纵队司令员。

罗炳辉率吉安靖卫大队起义加入红军，进入东固苏区，狠狠打击了吉安国民党反动派的反共嚣张气焰，瓦解和动摇了赣西地区“围剿”东固、延福苏区敌人的军心，极大地鼓舞了赣西地区人民的革命斗志，极大地增强了保卫苏区的红色武装力量。

六、赣西特委迁驻渼陂

中共赣西特委于1927年10月在万安县成立，是中共江西省委领导下的全省东、西、南、北四个下属特委之一。成立之初，管辖吉安、吉水、泰和、万安、遂川、永新、宁冈、安福、莲花、永丰、峡江、新干、新余、萍乡、袁州、分宜等地。1928年2月，井冈山革命根据地形成后，赣西特委不再管辖永新、宁冈、莲花、遂川四县，改由湘赣边界特委管辖。

1929年11月，在湘系军阀、国民党第一四八旅旅长成光耀白色恐怖统治下，中共赣西特委在吉安城遭到大破坏，革命力量损失惨重。在这生死存亡的紧急关头，脱险的中共赣西特委领导和中共江西省委巡视员果断决定，将特委机关迁至陂头。11月10日前后，幸存的特委工作人员到达陂头。此时的特委书记改由刘士奇代理，同时撤至陂头的特委领导人员有曾山、曾炳春等人，中共江西省军委书记蔡申熙、省委巡视员江汉波等也同时撤退至陂头。特委委员，红二、四团党委书记李文林率领部队在赣东一带游击。此时的中共赣西特委领导吉安、吉水、永丰、万安、泰和、峡江、新干、分宜等县委及安福（一部分）、袁州、萍乡、新余等地党组织，直属管理东固、富田、纯化、水东、儒林、中鹄、水南、白沙等区委。11月以后，随着各级党组织和红色政权的建立及土地革命的深入，工农革命武装也得到极大发展。

七、成立赣西苏维埃政府

1929年10月，赣西东固、延福等小块红色区域扩大到赣西吉安、吉水、泰和、兴国、峡江、新余、分宜、宁都、永丰、乐安十个县区，基本实现赣西各地梅花状零星小块赤色区域逐步联片。为了统一对各县、区、乡红色政权的领导，同月在赣西各县、区普遍建立革命委员会的基础上，成立赣西革命委员会，由曾山任主席。11月，为统一领导东固、延福及各县区苏维埃政权，在中共赣西特委领导下，撤销革命委员会，选举产生赣西临时苏维埃政府，由曾山任主席。

1930年2月中旬，赣西特委召开赣西工农兵代表大会，正式成立赣西苏维埃政府，仍然选举曾山任主席。赣西苏维埃政府的成立，标志着统一的赣西苏维埃区域的正式形成，从此作为独立存在的东固革命根据地已完成其使命，而成为赣西南苏维埃区域的重要组成部分（后被划入中央革命根据地），赣西苏维埃运动已进入一个新的历史发展时期，拉开了赣西南土地革命的序幕。

第四节　根据地各项建设事业的发展和繁荣

一、发展工农业生产

东固区委和区农民协会深知，在根据地四周受到敌人四面包围和经济上全面封锁的严酷环境下，革命根据地要长期坚持下去并不断发展，必须十分重视与军民密切相关的经济建设，必须充分调动根据地内广大军民的生产积极性，充分利用根据地矿产等各种资源发展工业生产。

在土地政策和农业生产方面，东固暴动后，首先在政策上没有实行没收和平分一切土地，剥夺中农和中小商人财富，使小资产阶级变成无产阶级，然后强迫他们革命的“左”的政策。在敌人经常进山“围剿”，根据地没有巩固之前，东龙区委和1928年10月改称的东固区委，从实际出发，实行暂缓没收、分配土地与满足广大佃农对土地要求相结合的政策，佃农继续耕种原佃自地主豪绅的土地，不交租、不还债；对自耕农土地也采取保护政策。佃农、自耕农收获的粮食除满足自己家庭一年食用外，多余部分只向农民协会交纳很低的累进税，从而保证了整个根据地粮食生产的正常进行，使根据地军民生活有了基本的来源。

1929 年 7 月，以傅月照任主席的东固区革命委员会成立，随之各乡革命委员会也公开成立，在秘密状态下存在了一年零八个月的红色政权在根据地内全部公开了。此时，红四军前委书记、中共第六届中央委员毛泽东根据中共六大关于土地革命的政策于 1929 年 4 月制定的兴国《土地法》已传入东固，毛委员 2 月在螺坑云汉堂会议上关于加快土地革命的指示言犹在耳，同年 5 月在东固召开的赣西党的一大制定的《加强政权建设和加速土地革命大纲》已在区、乡两级全面组织学习和宣传。在东固地区进行土地革命的条件已经具备。所以区革命委员会成立后第一件大事，就是分配土地。在区、乡两级土地委员会具体组织下，按土地的远近、肥瘦搭匀分配，以乡为单位进行，男女老少按人口平均分配。也有人回忆说当时分配土地时，有耕作能力的多分了一倍土地，向苏区政府交的累进税也多。对缺劳动力的户以自然村为单位，由乡苏维埃政府出面组织生产互助小组，互耕互助。对军、烈属也由乡苏维埃政府出面组织代耕代种代收，确保土地改革分给各家各户的土地不会撂荒。每到农忙季节，区、乡苏维埃政府工作人员脚穿草鞋走山垅，自带干粮去办公，协调解决缺耕牛、缺劳动力、缺种子等困难，组织动员各村互耕互助小组开展生产竞赛。

土地革命不仅使东固根据地广大人民实现了“耕者有其田”的千年夙愿，由于区、乡党政工作人员全心全意为广大农民服务，激发了广大农民“多打粮食、支援红军打胜仗”的生产热情，解放了生产力，粮食单产由原来每亩一二百斤增加到三百斤以上，增产达 50%，根据地的农业生产呈现欣欣向荣的喜人景象。

在工业生产方面，在东固区委和区苏维埃政府的领导和支持下，于

1928年12月成立的东固消费合作社先后办起了东固锅炉厂和六渡铁厂以及油墨蜡纸厂。东固锅炉厂办在东固街南哨棚山西面山脚下，雇请有一技之长的模具浇铸工人生产铁锅、犁头、犁壁、小灯盏等生产、生活必须的物品。生铁原料来自本地六渡铁厂，熟铁原料由锅炉厂派人逢圩收购或者下乡进村收购，产品由工厂自行销售。六渡铁厂专门生产生铁，铁矿石原料从邻近的永丰县良村（1949年解放后划入兴国县）购买并组织人员运到东固六渡来，产品以铁厂自己出售为主，有时也由区供销合作社帮助代销。

由于油墨、蜡纸、复写纸可以用来印发苏维埃政府布告、通令等革命文件，因此也被各县反动政府列为严禁运入东固苏区的物品清单之中。为了满足苏区党、政、军各机关、各单位对油墨、蜡纸、复写纸的需要，1929年冬，东固区苏维埃政府决定在东固村刘汉屏家开办油墨蜡纸厂。据亲历者之一的吴大经在1994年回忆：当时油墨是东固乡的刘洪顺师傅经多次试验而制成的。他的制作方法是利用两片瓦，一张一盖，朝上的那张瓦中间放生铁制成的灯盏一只，盏内盛满桐油，用五六根灯芯点着，再用另一片瓦盖上，两瓦相合后两头的空口用白纸包住，使烟不跑出，经过二三十分钟后，将盖瓦取开，这时盖瓦中央结成了球状烟灰，将此烟灰用刷子取下，放入牙钵内擂烂，再加入适量的从灯盏内舀出来的热桐油和事先熬好的猪油，然后拌匀，使稀硬适度就制成了可供印刷用的油墨了。瓦由当地窑厂所烧制，桐油是山区特产，灯盏由本地锅炉厂生产，所以生产油墨的工具和原料均是东固所产，能够自给自足，不受白区封锁影响。蜡纸由东固区和丰乡乡民胡先亮师傅利用本地所出产的松香、白蜡、谷皮纸三种原料试制成功。

到1930年春，二七会议前后，东固区开办了油墨蜡纸厂，生产的油墨蜡纸好用这一信息在苏区内传开了，永丰、吉水、兴国等县和县内的富田、纯化、儒林、水东等区苏维埃政府纷纷派人前来东固购买。一时间东固区的油墨、蜡纸厂产品供不应求，厂内增招工人和学徒日夜奋战，大量生产。“油墨产量由日产几斤增加到几十斤；蜡纸产量由原来日产数十张增加到数百张”[①]，呈现产销两旺的喜人局面。该厂在1931年冬中华苏维埃共和国临时中央政府成立后迁往瑞金。

二、繁荣根据地金融商贸

1928年10月东固平民银行成立后发行的纸币，受条件所限，纸质粗糙，印刷也不精美，但由于准备金充足，可以随时兑换银圆，很快就在根据地内外确立了信用，人们放心接受和使用它。由于纸币携带方便又安全，平民银行首批印发的6000元纸币已不能满足商人们在沟通根据地内外商贸活动的需要，1929年春扩大基金8000银圆，发行纸币2万元。

1929年7月，东固区革命委员会成立。10月，又召开东固区工农兵代表大会，正式成立了东固区苏维埃政府，区、乡红色政权公开挂牌办公。与此同时，周边县、区的红色割据区域一天天扩大，普遍建立了革命委员会。到1929年11月，以曾山为主席的赣西临时苏维埃政府成立，以东固为中心的赣西南红色区域横跨赣江两岸，代表平民百姓的东固平民银行发行的纸币使用流通范围越来越广，以至于出现“东固钞票一出来，各赤色区域都争先恐后地来兑（每预先拿现洋来押纸票）”[②]。外地商人来东固经商返回离开东固时，出于对平民银行的信任，将手中的银洋兑换平民银行的纸币，造成“东固纸票一用，吉安南昌的纸票没人要”[③]。一直到1949年中华人民共和国成立后，人们还在回忆，当时平民银行发行的纸币“通行各县、一直到吉安城外半里的水东也可通用。”[④]为满足根据地内外人民对平民银行纸币不断增加的需求，不断增发纸币，到1930年10月红军打下吉安时“流行在赣西南苏区的东固平民银行纸票有二十多万元，深为群众所

---

① 吴大经:《苏区东固油墨蜡纸厂的成立》，中共江西省委党史研究室等编:《东固·赣西南革命根据地史料选编》第一册，中央文献出版社2007年版，第306页。

② 江西省档案馆、中共江西省委党校党史教研室编:《中央革命根据地史料选编》下册，江西人民出版社1982年版，第561页。

③ 江西省档案馆、中共江西省委党校党史教研室编:《中央革命根据地史料选编》下册，江西人民出版社1982年版，第561页。

④ 孔永松、林天乙、戴金生编著:《中央革命根据地史要》，江西人民出版社1985年版，第125页。

信赖”[①]。

东固消费合作社办起后本着为根据地人民服务的宗旨，缓解了日用品供应紧张的局面，方便了山区人民生活。同时开辟了流通渠道，活跃了根据地经济，协助区委和红二团打破了敌人对根据地的经济封锁。后来经营业务不断扩大，经营品种不断增多。东固区革命委员会、区苏维埃政府相继成立后，为方便南龙片山区人民的购销活动，1929 年 10 月，区苏维埃政府增拨流动资金 7000 大洋，加上消费合作社集资扩股，区委、区苏维埃政府决定建立东固消费合作总社，下设东固、南龙两个分社，工作人员由三人发展到八人。据亲历者吴大经回忆，为适应形势发展，扩大经营范围，更好地为根据地工农业生产服务，东固消费合作总社决定，并经东固区委批准，以原东固平民银行旧址为起点扩建店房，向东延伸共建三个店面，要求店店相通，以便于开展业务活动和利于管理。

建房经费由消费合作总社统一支付。在东固区委统一领导下，各乡大力支援。当时区委发文通知有关乡苏维埃政府调派民工运输建筑材料，来工地义务劳动，协助泥工、木工施工。

扩建消费合作总社建房用砖，是用被反动派烧毁后的洞东书院的旧砖，石灰从富田木湖购入，屋面盖瓦从本地铜灶瓦窑购买，木料向同治乡（现樟州行政村）唐思进等人购买。在区委的统一领导下，经过全区人民一年多的共同努力，一座崭新的消费合作总社在东固街中间拔地而起，由螺坑村教书先生杨仿仙在临街面墙上写上“全体动员起来，扩大民族革命战争，粉碎敌人的大举进攻！”共 23 个字的大幅革命标语，笔力雄健，充分体现了东固革命根据地人民在中国共产党领导下，打破敌人“围剿”，将革命进行到底的豪迈气概。如今包括“东固平民银行”在内的三间店房以及墙上的革命标语，成为东固老革命根据地的实物见证，受到各级政府和东固人民的保护，至今 90 多年了仍完好地矗立在东固老街。

---

① 唐莲英、叶福林、丁仁祥:《东固革命根据地史论》，华东师范大学出版社 2019 年版，第 142 页。

三、发展根据地教育文化卫生事业

1929年2月毛委员、朱军长领导的红四军与李文林率领的红二、四团东固会师后不久，东固根据地将1928年9月开始创办的平民小学改名为列宁小学，办学规模不断扩大。7月成立的东固区革命委员会内设机构有教育部。10月成立的东固区苏维埃政府内设机构“四部二委”中就有教育部，足见红色政权对教育事业的高度重视。

在区苏维埃政府教育部的支持下，各乡都先后办起了列宁小学，各村还兴办了半日学校、夜校识字班等，组织成年人学文化、学政治。区教育部还组织人员编写了《农民讲话》《工人讲话》《妇女讲话》《战士讲话》等课本供农民夜校、识字班学习用。区苏维埃政府的重视，提高了根据地广大工农群众的学习热情，各村把宗族祠堂和庵堂庙宇当作半日学校、夜校、识字班的教室，利用农闲季节和晚上组织农民认字、练字、算数学打算盘。东固革命根据地各乡各村普遍开展的文化教育活动给多次来到东固的红军总司令朱德留下了很深的印象，1938年，任八路军总指挥的朱德对采访他的美国记者史沫特莱说：这是“中国历史上最大的学习运动”[①]。

除了学校教育外，东固区委、区苏维埃政府和红二团为了丰富人民群众和红军战士的文化生活，还成立了相应的宣传队、慰劳队，在召开群众大会布置某项重要工作和重大节庆纪念活动时，组织开展生动活泼的文艺节目演出，在欢声笑语中潜移默化地启发群众思想觉悟。一些乡村还动员传统的“三角班”等民间演出团体，广大群众通过自编自导自演，采用老百姓自己喜闻乐见的形式，唱红色山歌，演革命戏曲，宣传党的方针、政策，启发阶级觉悟，发动人民群众打土豪、分田地，破除迷信反封建，参加红军反“围剿”斗争。

当年在东固革命根据地和周边地区，一首首红色歌谣曾在民间广泛传唱，“石榴花开满山红，中国出了朱德、毛泽东；抗租抗债李文林，起根发

① ［美］艾格尼丝·史沫特莱，梅念译：《伟大的道路——朱德的生平和时代》，东方出版社2005年版，第320页。

苗段起凤”[1]，以纪念朱毛红军和李文林、段起凤领导的红二、四团在东固的盛大会师。还有《东固革命成了功》《送郎当红军》《十骂反动派》《打开吉安捉反动》等一首又一首的红色歌谣，在苏区男女老少中传唱，歌声唱进东固的山岭山坑，唱出了根据地人民对革命领导人的敬爱，对以蒋介石为首的反动派的蔑视、嘲笑，也唱出苏区人民翻身做主人的喜悦之情。

在苏区，除了唱红色歌谣外，还通过灯谜猜字进行识字教育和革命宣传。比如，据土地革命时期革命烈士韦润生的儿子韦麟昌的回忆，当时有个“燕”字的谜面就设计得非常巧妙和有意思，谜面四句话是：“蒋介石手下无将，何应钦人丁分散，北伐军两边排开，熊式辉将士无能”。在嘲笑怒骂蒋介石、何应钦、熊式辉三个反动头子中，让不识字的农民通过上下左右中各个偏旁认识了燕子的“燕”字。

在东固区苏维埃政府成立前后，区委、区苏维埃政府组织有文化的人在村庄墙壁和村头、路口刷写革命标语，张贴红军和革命委员会及苏区政府的布告、通告等，红军各部队也组织宣传队，走到哪里就在哪里宿营，就把标语口号写到哪里，不仅写给苏区人民看，也给前来根据地“围剿”的白军将士看。可以说在当时的根据地，在所有的红色区域，到处都是红色标语的海洋，这是鼓动宣传群众，跟着共产党开展土地革命，最直观直接的一种有效宣传方法。

东固区委和区苏维埃政府克服各种困难，充分利用民间有医疗专长的人士和山区药材资源，大力发展医疗卫生事业，在人民群众中广泛宣传科学、反对迷信、开展清洁卫生运动。除了大力支援办好山坑红军医院、瑶下红军医院和元山红军疗养院外，还在东固街开设了“苏区总药材部”，大量收购和炮制中药、草药，销售给各红军医院和苏区人民群众，以中草药为主治疗战伤和疾病。总药材部由中医外科医师詹悠春负责，卖药兼看病，在药材店旁边赵光远家开设了门诊部，治疗枪伤、刀伤、毒疮等外科疾患，由于医德好、疗效高，很受根据地军民欢迎。总药材部还组织医务

---

① 中共江西省委党史研究室等编：《东固·赣西南革命根据地史料选编》第一册，中央文献出版社 2007 年版，第 293 页。

人员、药剂师下乡出诊兼采买药材，当年在东固老苏区人民群众中留下了极好的口碑。

四、发展交通事业，沟通根据地内外联系

在东固革命根据地，无论是秘密割据时期，还是1929年7月成立革命委员会红色政权公开以后，都十分重视发展交通事业，确保根据地内部和与外部的通邮通商不停顿。

在通邮方面，除苏区内部在区、乡、村之间及时投递传送区委、区革命委员会、区苏维埃政府和代行政权时期的区农会的通知、布告外，还要确保东固根据地与赣西特委和同在赣西地区的井冈山革命根据地、延福革命根据地的联系。与设在吉安城的赣西特委兼吉安县委的联系，与设在泰和万合田塅朱家的吉安县中共南区区委的联系，是通过东固安乐—富田—值夏桐坑这条秘密交通线[①]。东固根据地与以永新为中心的湘赣苏区的联系是使用共产党员萧志铎1928年3月建立的秘密交通线，即吉安—田心—欧家圩—石塘—大石村—王山—磨头—郭村—梅花—永新，共十站，每站都有专人负责[②]。1928年春夏之交，毛泽东同志带领红军在永新开展群众工作时，东龙区前后派了十多个同志到永新向毛泽东同志汇报请求指示[③]，走的就是这条秘密交通线。东固革命根据地与延福革命根据地的交通路线，从李文林1928年3月率领第九纵队来到东固集训，1928年8月带领第七纵队由东固去延福，1928年10月率领红二团离开延福回东固这几次基本相同的行军路线看，两个根据地的交通是以李文林的家乡吉水县水田乡石鼓村及其村边赣江西沙埠渡口为中心，往东越过大东山隘口，走乌江、丁江、白沙或水南进东固；从西沙埠往西经枫江、阜田进入塘东、油田等延福根据地中心区域。这一路都有吉水共产党员负责的秘密交通站，所以李文林

① 丁仁祥：《曾山在东固赣西南革命根据地的实践》，中共江西省委党史研究室等编：《东固根据地与中国革命道路的开辟——纪念东固革命根据地创建80周年学术讨论会汇集》，中共党史出版社2008年版，第213页。

② 江西省吉安县县志编纂委员会编：《吉安县志》，新华出版社1994年版，第521页。

③ 江西党史现代史学会编：《江西党史论文集》，1983年印，第212页。

率领部队每次都能顺利渡过赣江。

以上是秘密交通线。公开的邮路也是从来没有断过，连毛泽东于1929年4月13日在于都写给湘赣边界特委的信中都称赞秘密割据的东固根据地“邮路是照常的”。1929年3月，在东固区委领导下，东固赤色邮政分局成立，分局长为钟声佾，1930年初，由颜子光接任。从此，东固苏区建立了以赤色邮政为主、交通站为辅的邮政通信网。邮路全为步班，即邮件传递全靠背包或肩挑，以东固街上的邮政分局为中心分东西两路沟通根据地内外，东路是东固—南龙—永丰龙冈，西路是东固—三彩山坑—富田—陂头。在这两条公开的邮路上，每天邮递员都要肩挑背驮，不停地运送和投递邮件。

第四章　东固革命根据地之融入赣西南革命根据地，成为赣西南苏区革命斗争的中心

赣西南即江西的西部和南部，直至湘赣、粤赣、闽赣边界。随着东固武装斗争的不断向前发展，到1929年，东固革命根据地呈现出向四周波浪式推进和融合湘赣边、赣西、赣南等周边革命根据地发展之势，特别是1929年5月中共赣西特委在东固召开第一次党代表大会后至1929年10月，以东固为中心的赣西南革命形势发展十分迅猛。1930年二七陂头会议和中共赣西南第一次代表大会的召开，成立了中共赣西南特委和赣西南苏维埃政府，标志着赣西南革命根据地已经形成。由于中共赣西南特委、赣西南苏维埃政府首脑机关常驻地在东固革命根据地的核心区富田、陂头。由此，东固革命根据地完全融入赣西南革命根据地，成为赣西南苏维埃区域革命斗争的中心。

这一时期，红军军队建设得到进一步加强，先后组建了红六军、红二十军、红二十二军、红三十五军等红军武装力量，先后发起了九次攻打吉安的战斗，开展了轰轰烈烈的土地革命运动和独特的经济文化建设。由此，赣西南苏区进入了全盛发展时期。

以东固为中心的赣西南革命根据地，全盛时期的管辖范围横亘江西半壁，涵盖吉安、吉水、兴国等30多个县，拥有14座县城，纵横700多里，人口400多万人，是当时全国区域面积最大的革命根据地之一。赣西南革命根据地时期是中国土地革命发展最快的时期，根据地在党的建设、政权建设、军队建设和军事斗争、经济文化建设等方面都取得了举世瞩目的成就，为之后中央革命根据地的最后建立奠定了重要的基础。

第一节　赣西南苏区时期的党组织和苏维埃政权建设

一、恢复和发展中共赣南特委

为了用东固暴动、万安暴动等赣西地区的斗争成果影响和带动赣南地区的工农暴动，于 1928 年 1 月在撤销赣西、赣南特委基础上成立的中共赣西南特委，在赣州成立不到两个月就遭敌破坏。此后重新成立的中共赣南特委和中共赣南临时特委又先后被国民党军破坏，与中共江西省委和赣南各县党组织的联系也一度中断。为了重整赣南党的组织，同年 12 月，赣南各县党组织领导人在于都步前冈召开赣南党员代表会议，自动恢复中共赣南特委，选举杨柳春为特委书记。1929 年 4 月 11 日，赣南特委代表萧韶在于都县城参加了毛泽东主持召开的前委、特委联席会议，听取了红四军前委关于赣南革命斗争的指示。此时，赣南已有兴国、于都、信丰、寻乌、安远等五个县委，赣县、宁都两个临时县委，崇义、瑞金、南康等三个区委，还有兴万赣边区委和于北区委；会昌、石城两县亦即将成立区委。此时全赣南有共产党员约 3000 人。

为贯彻省第二次党代会和红四军前委指示精神，特委于 1929 年 5 月间在步前冈召开了赣南第二次党代表大会。会上，讨论通过了《政治决议案》，选举产生了由 11 人组成的特委执行委员会，选举杨柳春、萧韶、廖贵潭、丛允中、郭贞、罗寿男 6 人为常委，由萧韶任特委书记，杨柳春为组织部主任，廖贵潭为宣传部主任，丛允中为秘书长。在这期间，红四军和红五军先后游击赣南，赣南河东各县的革命斗争出现了新局面。同年 6 月，由于江西省委一再要求特委的工作重点必须以赣粤大道为中心区域开展工作，特委的工作由河东转向河西，即转向赣州、南康和大余西华山钨矿，特委机关也从于都步前冈迁至赣县江口小均坑、寮里坑、石芜潭等地，后又迁至南康唐江镇和龙回圩，并于同年10月，再次迁回赣州城内。10月10日，国民党赣州当局以清查户口为名，在赣州实行大搜捕，继萧韶之后担任特委书记的廖贵潭被捕牺牲，特委机关第三次遭破坏，但随即恢复，由丛允中继任书记。至1930年2月，根据二七会议的决定，赣南特委与赣西、湘赣边特委合并为中共赣西南特委。

二、重建中共湘赣边界特委

1929年2月，井冈山失守以后，敌人对井冈山根据地实行了惨无人道的“三光”政策，残酷杀害共产党员和革命群众，湘赣边界党的组织遭到极大破坏，根据地党员数量大减。在这样严峻的形势下，留守在根据地坚持斗争的边界共产党人，开始了恢复党组织的艰苦工作。同年2月，湘赣边界特委常委兼特委巡视员宛希先来到九陇山，召开永新、宁冈、茶陵三县党的负责人联席会议。会上成立了中共湘赣边界临时特委，由朱昌偕任书记。临时特委机关设在永新的小江区。3月11日，原特委副书记陈正人从遂川来到永新，于12日召开了原特委常委会议，决定在永新召开特委扩大会议。14日，特委扩大会议召开，讨论研究了边界的工作，选举产生了新的临时特委，仍由朱昌偕任书记，朱昌偕、何长工、宛希先、刘真、陈正人为常委，刘崇义、王怀、龙超清、谭思聪为候补常委。会议确定由临时特委领导湘赣边界的斗争，并召集边界第三次党代表大会。4月，原特委书记邓乾元主持临时特委扩大会议，决定恢复原特委工作，领导湘赣边界工农群众继续与敌人展开游击斗争。此时，边界各地党组织也基本得到恢复，边界党员发展到5000人左右。

为了配合红五军共同担负恢复整个边界政权的重大任务，讨论和研究前委委托红五军带来的毛泽东4月13日向边界特委介绍东固经验的来信，边界特委决定召开特委二届第四次执委会，重新布置今后的任务与工作。

同年5月10日，特委书记邓乾元在宁冈古城文昌宫主持召开湘赣边界特委第四次执委会。参加会议的有特委委员、各县党组织负责人朱昌偕、宛希先、刘真、龙超清、陈正人、王怀、谭思聪等，红五军领导人彭德怀、滕代远也参加了会议。

这是井冈山革命根据地后期斗争中的一次极为重要的会议。会议全面分析了湘赣边界的政治、军事、土地问题及特委本身的工作。根据前委来信中介绍的东固根据地的工作经验，针对边界前段工作方式的教训，提出了“边界党的指导机关，实由山上转移至山下平原、广地（广大群众的城市或农村），由公开的形式转变到秘密状态两种必要”的主张。会议选举产生了邓乾元、刘天干、陈正人、刘真、谭思聪、滕代远、彭德怀、朱昌偕、宛希先、朱亦岳、龙超清、王佐农、周里、苏瑞兰等15人组成的新的执委会。并改组了执委会常委，重新推举了邓乾元、刘天干、陈正人、刘真、谭思聪5位同志组成特委常委，由邓乾元任书记，刘天干任副书记，陈正人为秘书长。会议作出了“集兵政策”的重要决定，制定了游击政纲，划分了游击区域，决定了新的游击策略。边界特委第四次执委会的召开，对指导边界军民学习东固的经验，坚持井冈山的斗争具有重大的意义和作用。

三、召开于田会议

1929年5月，湘赣边界特委组织虽然得到恢复，学习借鉴了东固斗争的经验，实现了斗争方式的转变，但由于敌人的“会剿”，边界党组织和群众遭到很大的损失，因交通受阻，边界党组织与中央、省委失去联系。与此同时，11月，赣西特委在吉安城遭到严重破坏，导致工作完全瘫痪。正在这时，中央巡视员彭清泉从湘赣边界特委来到赣西特委，红五军也从湘东游击到遂、万、泰边界，彭清泉建议由赣西特委牵头，在遂川于田召开赣西特委、湘赣边特委和红五军军委联席会议。

1930年1月初，赣西特委向红五军军委和湘赣边特委发出了召开联席会议的通知。1月中旬，与会代表到达于田正式开会，会期四天。出席会议的有中央巡视员彭清泉、红五军军委代表滕代远以及赣西特委、湘赣边特委九个代表等。会议研究了赣西党的政治任务和红军行动等问题。会议在对待时局的估量、建立苏维埃政权的时机、攻打吉安的策略和分配土地等重大问题上，以中共江西省委巡视员江汉波、赣西特委委员李文林为代表的一方，和以赣西特委书记刘士奇、特委委员曾山为代表的另一方，出现了严重的意见分歧，没有达成一致的意见。会议决定将湘赣边特委和赣西特委合并为赣西特委，把赣西的红军和游击队合编为第六军，准备积极攻取吉安。会议还讨论了对袁文才、王佐的处理问题。

于田会议是在赣西、湘赣边界特委遭到敌人严重破坏、党和群众受到严重打击的情况下召开的，对于增强党的领导，集中统一赣西、湘赣边界党的组织，统一指挥地方红军，并为实现攻取吉安城，统一分配土地，建设苏维埃政权有着重要的意义。

四、召开二七会议

1929 年 12 月 28 日至 29 日，红军第四军第九次党代表大会在福建上杭县古田村召开，史称古田会议。会上通过了中国共产党建设和红军建设的纲领性文献——古田会议决议。决议总结了红四军成立以来在部队建设上的基本经验教训，确立了人民军队建设的根本原则和制度。大会选举产生了新的中共红四军前敌委员会，毛泽东当选为前委书记。古田会议结束后，江西、福建、广东三省的敌人发动了对闽西苏区的联合“会剿”，围攻红四军。为了将敌人引出闽西，打破“会剿”，发展闽西苏区，扩大赣西南根据地，红四军离开闽西向赣南和武夷山中部进军。1930 年 1 月 7 日，朱德率领红四军第一、第三、第四纵队从闽西古田向赣南进军，毛泽东则率领红四军第二纵队挺进赣东。1 月 24 日，红四军四个纵队在宁都东韶会合。在此之前，彭德怀率领红五军由湘鄂赣边也来到了赣西。

两支主力红军不约而同先后进入赣西南，给赣西南党的组织和革命群众以极大鼓舞。在赣西南的红军分兵到各县发动群众，开展游击战争，促进了赣西南革命根据地的巩固和发展。然而就在斗争激烈和繁重的任务面前，赣西特委内部在于田会议上出现的对待时局的估量、建立苏维埃政权的时机、攻打吉安的策略和分配土地等重大问题上的意见分歧依然存在，许多实际问题亟待解决，造成分配土地、建立政权等中心工作都因此停顿在半生半死的状态中。

这样，在党内政治纷争不能解决的严重关头，恰逢毛泽东等率领红四军已到达永丰的藤田。2月初，当赣西特委书记刘士奇和新成立的红六军军长黄公略得知这一消息后，马上派人到藤田，向红四军前委汇报赣西情况。毛泽东听取汇报后，得知由于赣西特委领导成员间的严重思想分歧，使各项主要工作停顿的情况，即根据中共中央第六十号通告关于反对军阀战争和要求红军进攻主要城市的精神，红四军前委同中共赣西特委和赣南特委商定，为统一赣西党内的思想认识，部署争取江西首先胜利的计划，以红四军前委名义致函赣西、赣南两特委和红五军、红六军军委，决定于2月10日在东固召开红四军、红五军、红六军，赣西、赣南特委联席会议讨论这一问题。后因斗争、行动问题的急需，在认真进行社会调查和会议筹备的基础上，会议提前于2月6日至9日在中共赣西特委驻地吉安陂头一栋前后两进的房子里举行。期间正值二七大罢工7周年纪念日，通常称为二七会议或二七联席会议或二七陂头会议。

出席此次联席会议的代表共有50余人，他们是：红四军前委书记毛泽东及熊寿祺、宋裕和，赣西特委书记刘士奇及曾山、刘和谦、许伯年、胡品，红六军军委书记、军长黄公略及王如痴、姚起华，苏维埃党团代表李文林；江西省委巡视员江汉波，红六军各纵队负责人，还有东固、纯化、延福、阜田、同水、金滩、富田、儒行、儒林、中鹄、水南、水东各区委代表和泰和、吉水中心县委代表以及陂头附近区域的活动分子等。红五军军委书记彭德怀及滕代远因赣江涨水阻隔不能到会，来信委托黄公略、刘士奇兼作红五军的代表；赣南特委代表没来得及赶到陂头，未能出席会议。朱德因留守藤田主持军事工作没有出席，陈毅也因故未能参加。会议推举毛泽东、刘士奇、曾山为联席会议主席团成员，主持并领导了这次会议。会议的中心议题是讨论政权问题、土地问题、武装问题、组织问题等，从而确定赣西南党组织的主要任务及其如何实施。

会上，毛泽东作了目前政治形势及党的任务的详细报告，传达了中共中央第六十号通告精神和古田会议精神。与会代表联系当地斗争实际，紧紧围绕会议的中心议题进行了畅所欲言的讨论，特别是对“攻打吉安”和“分配土地”两个问题的讨论非常激烈。经过深入讨论，与会代表在对当前形势、敌我态势、红军任务、土地分配等方面取得了一致意见，解决了赣西南党、红军和革命根据地建设的一系列重大问题。

会议根据对目前形势的分析与估计，提出了赣西南党的主要任务是：“一、扩大苏维埃区域，特别提出争取江西全省的口号；二、深入土地革命；三、扩大工农武装”。会议指出“由于这三大任务之实现，将使南方各省反动势力次第消灭于红旗之下，广大群众团聚在红旗的周围，成为推动全国革命的一大动力”。会议强调：“实现这三个任务不是完全不费气力的，它是要从激烈的艰苦的斗争中方能取得，以前所没有的大的艰苦斗争将随革命势力的前进而到来。因为和我们作对的不但是中国的统治者——资产阶级与地主阶级，而且是世界的统治者——帝国主义”①。

会议批评了江西省委巡视员江汉波的迟迟不分配土地、不废除债务等做法。强调在土地问题上，应坚持“一要分，二要快”的原则。在土地分配上，会议代表反映出两种不同意见：一方主张按劳动力分配土地，认为这样可以发展生产；另一方则主张按人口平均分配土地，认为这样可以争取群众。与会代表听取了双方的意见，借鉴各地土地斗争的经验，经过认真讨论认识到，“土地革命的当前目的，是动摇封建基础和争取广大群众。”按男女老幼平分土地“是为了争取广大贫农群众，所不可忽略的紧要策略。‘发展生产’不是目前策略的第一标准，‘争取群众’才是目前策略的第一标准。”② 要争取群众，就必须首先满足贫苦农民对土地的要求，因此，大家

---

① 《前委通告第一号——联席会议的结论并宣告前委成立》（1930 年 2 月 16 日），中共江西省委党史研究室等编：《东固・赣西南革命根据地史料选编》第二册，中央文献出版社 2007 年版，第 130—132 页。

② 《前委通告第一号——联席会议的结论并宣告前委成立》（1930 年 2 月 16 日），中共江西省委党史研究室等编：《东固・赣西南革命根据地史料选编》第二册，中央文献出版社 2007 年版，第 130—132 页。

赞同按人口平均分配土地的办法。

会议经过详细讨论，并根据闽西土地斗争的经验及各地调查研究所得到的材料，制定了《赣西南土地法》(又称《二七土地法》)。《二七土地法》内容全面，结构完善，在革命根据地土地法令文件中，第一次使用“章”和“条”的条款。它共有4章33条，较井冈山《土地法》、兴国《土地法》分别增加了24条和25条。《二七土地法》对土地没收对象、没收内容、分配对象、分田数量标准，以及废除债务、缴纳土地税等作了更为明确的或新的规定。

会议肯定了扩大红军组建第六军是正确的，指出“扩大红军与建立地方武装是目前争政权、分土地，反帝反军阀的唯一任务。目前红军要集中，群众武装要加强”[①]。会议在讨论攻打吉安问题时，省委巡视员江汉波等人反对攻打吉安的主张，认为这是“左”倾盲动。刘士奇、曾山则主张攻打吉安，认为这是执行广大群众的要求。经过激烈的争论，与会代表在攻取吉安问题上基本达成共识，肯定“打吉安”政策是正确的。会议决定为夺取江西全省政权，在军事上首先要攻取吉安。会议同时确定了攻打吉安的战略战术部署，是打开攻击架势，围而不攻，首先解决吉安周围之敌，然后再一举攻取吉安。

会议确定了“攻取吉安是目前行动总目标”。提出攻打吉安的六个口号是“打到吉安去消灭一切反动势力”，“打到吉安去建立赣西苏维埃政府”，“打到吉安去彻底分配土地”，“打到吉安去扩大工农武装”，“打到吉安去消灭军阀”，“打到吉安去武装拥护苏维埃”。会议要求各部队、各政府、各群众组织应把这些口号立即向工农士兵及被压迫群众进行宣传，张贴在每个城乡的墙壁，为攻打吉安和夺取江西全省大造声势，使国民党军心恐慌。会议对主力红军的调动和农民武装作了具体部署，同时要求大力发展壮大地方革命武装。

---

① 《前委通告第一号——联席会议的结论并宣告前委成立》(1930年2月16日)，中共江西省委党史研究室等编:《东固·赣西南革命根据地史料选编》第二册，中央文献出版社2007年版，第130—132页。

会议专题分析讨论了赣西、赣南党的组织建设，指出："赣西、赣南党内有一严重的危机，即地主富农充塞党的各级地方指导机关"。"会议号召党内革命同志起来，打倒机会主义的政治领导，开除地主富农出党，使党迅速的布尔什维克化。"根据形势发展的需要，会议决定从组织上加强和统一党的领导。提出"为指导广大的武装斗争，指导在这斗争局面下的土地革命的深入，政权的建立和武装组织的扩大，有组织最高的领导机关的迫切需要"。决定将"以前中央任命的指导四军及随四军所到之处的地方工作的前委"[①]扩大成为统一领导红四军、红五军、红六军和赣西、赣南、闽西、东江、湘赣边等地区的中共共同前敌委员会，统一指挥湘鄂赣闽粤的工作。红四军、红五军、红六军则分别成立军委，受共同前委指挥。共同前委人选由各军负责同志和闽西、东江、湘鄂赣边、赣西南等特委负责同志组成。会上选举产生了由毛泽东、郭贞、曾山、王怀、方志敏、朱德、潘心源、黄公略、刘士奇、彭德怀、谭震林、陈毅、邓子恢、张鼎丞、袁国平、李文林、滕代远 17 人组成的中共共同前委委员会，指定毛泽东、曾山、刘士奇、朱德、潘心源 5 人为常委，黄公略、彭德怀为候补常委，由毛泽东任书记[②]。共同前委得到党中央的承认，仍随红四军行动。共同前委的成立，有利于加强党对红军和农村革命根据地的集中统一领导，为随后开展的第一、二、三次反"围剿"取得胜利提供了坚强的组织保证。

会议还决定将中共赣西特委和赣南特委合并，成立中共赣西南特委，并指定刘士奇、曾山等为临时负责人，择日召开赣西南党的第一次代表大会，正式选举中共赣西南特委组织。

会议期间，毛泽东回忆了上月红四军从福建古田回师江西，行军在广昌路上的情景，欣然写下了《减字木兰花·广昌路上》这首词：

---

① 《前委通告第一号——联席会议的结论并宣告前委成立》（1930 年 2 月 16 日），中共江西省委党史研究室等编：《东固·赣西南革命根据地史料选编》第二册，中央文献出版社 2007 年版，第 130—132 页。

② 苏多寿、刘勉玉主编：《曾山传》，江西人民出版社 1999 年版，第 44 页。

漫天皆白，
雪里行军情更迫。
头上高山，
风卷红旗过大关。

此行何去？
赣江风雪弥漫处。
命令昨颁，
十万工农下吉安。

词中展现了红军队伍翻山越岭的动人画面，表现了红军战士具有战胜一切艰难险阻的力量和一往无前的精神，高度赞赏了赣西南数十万群众配合红军攻打吉安的雷霆万钧的气势和必胜的信念。

二七会议的成功召开，解决党内争执，确定了党的几个中心任务与策略，挽救了赣西南党内的危机，使各级党组织及党员、红军统一了认识，明确了任务，给赣西南党一个有力的推动者，对赣西南革命形势的快速发展起到了重要的促进作用①。

赣西南苏区掀起了前所未有的土地革命高潮。在兴国、吉安、吉水、泰和、永丰等县区轰轰烈烈地展开了分田运动。当时，整个赣西南苏区出现了“收拾金瓯一片，分田分地真忙”的动人景象。广大贫苦农民分到了梦寐以求的田地，他们打心眼里拥护共产党和工农红军，极大地调动了他们参加革命、建设根据地的热情和积极性。经过土地制度的改革，赣西南和闽西革命根据地内社会结构和阶级关系发生了根本变化，真正揭开了革命根据地土地革命运动的新篇章。

加强了赣西南及湘鄂闽粤地区党的统一领导。会后，“赣西南党已开始布尔什维克化”，“党内的政治水平有相当的提高”，大多数党员和党的主要干部，能在党的正确路线指导下，振奋精神，团结一致。“开除了一些机

① 《中共赣西南特委向省委的报告》（1930 年 3 月），中共江西省委党史研究室等编：《东固·赣西南革命根据地史料选编》第二册，中央文献出版社 2007 年版，第 390 页。

会主义的党员，驱逐了许多地主富农”使党内富农路线得到了一定的纠正。同时严格注意从雇农、贫农、乡村手工业工人和城市工人中发展党员，加强党的基层组织。“群众对党的信仰非常好，因为党在斗争中能够起政治的领导。”此后，各地党组织纷纷建立。

壮大了红军及地方军事武装力量。二七会议后，红军和地方武装有了进一步发展，成立了赣西南赤卫军总指挥部，武装了工农，扩大了红军，赣西南已经形成整体的武装斗争局面。6月，赣西南、闽西地区的红四军、红六军、红十二军合编为红军第一军团。同年秋，红二十军、红二十二军也编入红一军团。8月，红一军团与彭德怀率领的红三军团在湖南浏阳永和会合，组成中国工农红军第一方面军，全军发展到3万余人。至此，朱毛红军完成了开辟赣西南、闽西的战略计划，为尔后形成中央苏区奠定了军事基础。

总之，二七会议是红四军转战赣南闽西、开辟新的革命根据地途中由军队和地方党委联席召开的一次重要会议。会议针对当时根据地发展中存在的突出问题，特别是在党的建设和土地革命问题上存在的分歧和争论，展开了认真的讨论，并依据对时局的分析，提出了对赣西南党和革命根据地建设具有重大意义的一系列方针政策，从而在理论和政策上解决了党和根据地如何发展和怎样发展的大问题，为革命根据地的发展指明了方向。毛泽东10多年后在延安谈到二七会议时曾给予了高度的评价。他回忆说，1930年2月7日，在赣南召开了一个重要的地方党代表大会，讨论苏维埃的未来纲领。出席会议的有地方党、政、军的代表。会上，代表们对土地政策进行了深入的讨论，那些反对重新分配土地的人领导的反对“机会主义”斗争被击败。大会决定实行土地重新分配，加速苏维埃的建设。在那之前，红军只是建立了地方和乡苏维埃。这次会上决定成立江西省苏维埃政府。农民们对这个新纲领的热情支持，对这后来几个月中打败国民党军队的“围剿”起了积极作用。

虽然会议也存在一些不足，如对全国政治形势的估计过分乐观，对土地没收标准过严，对赣西特委中某些持不同见解的同志的批评和处理也犯有错误。但是总的来说，二七会议对迅速打开赣西南党的工作局面，推动赣西南革命根据地的发展，以至对整个中央革命根据地的建设都具有重要的意义。

由于赣南的代表未到会，2 月 15 日，又在兴国专门召开了赣南工作会议。中共赣南特委及赣南各县、区党的负责同志 30 余人，前委毛泽东、熊寿祺、宋裕和、黄公略，江西省委巡视员张怀万和中共赣西特委书记刘士奇等，共约 40 余人参加了会议。主要内容是贯彻二七会议精神，毛泽东代表前委作了政治报告。会上“除同意联席会全部决议，关于赣南不同的情形亦有讨论”。这次会议决定在于都成立中共南路行委，其任务主要是将革命斗争推向会昌、瑞金，其次是向赣州、大余方向推进，将赣南梅花式的红色区城连成一片，打通与闽西和广东东江苏区的联系。

五、中共赣西南第一次代表大会在富田召开

根据二七会议的决定，1930 年 3 月 22 日至 29 日，中共赣西南第一次代表大会在富田陂下村召开。出席会议的有 30 余个县区党组织近 80 位代表，代表党员 3 万余人。大会明确规定赣西南党当前与今后的四大任务是：（1）夺取江西全省政权为总的行动目标，而当前赣西南党的任务是攻取吉安和赣州；（2）彻底分配土地；（3）扩大苏维埃区域；（4）武装工农，扩大红军。

大会决定正式成立中共赣西南特委，选举萧道德、萧芳全、邱达三、李文林、刘士奇、胡炳田、胡品、王怀、胡益寿、龙超清、陈婉如、丛允中、曾山、谭思聪、刘天干、郭承禄、郭贞 17 人为特委委员，曾炳春、金万邦、钟蛟球、贺怡、赵世嘉、谢汉昌、古柏、段起凤、李白芳、周冕、彭桂峰 11 人为候补委员，刘士奇、王怀、萧道德、李文林、丛允中 5 人为常委，由刘士奇任书记。特委内设组织部，部长为王怀；宣传部，部长为刘士奇（兼）；秘书处，秘书长为李白芳；工运委员会，书记为萧道德；农运委员会、妇女委员会，书记为陈婉如；军运委员会，书记为曾炳春。下设东、南、西、北四路行委和直属党部，管辖原赣西、赣南、湘赣边三个特委所辖区域。中共赣西南特委机关驻地为渼陂村，领导永新、宁

冈、茶陵、莲花、酃县、安福、袁州、吉水、永丰、泰和、兴国、宁都、于都、赣县14个县委和万安工作委员会，以及延福、峡江、儒行、西区、东固、纯化、富田、儒林、水中、中鹄、水南、白沙12个区委，共有党员3万余人。到1930年10月，党组织有了大发展，领导的范围扩大为吉安、泰和、吉水、安福、万安、永新、莲花、袁州、分宜、峡江、永丰、乐安、南丰、宁都、兴国、赣县、新余、于都、大余、崇义、瑞金、遂川、会昌、寻乌、安远、信丰、南康27个县委。中共赣西南特委的成立，有利于赣西南地区革命斗争的统一领导，强化了党对赣西南苏区党的建设、政权建设、经济建设和军事斗争的领导，特别是为武装攻打吉安提供了坚强的组织保证。

大会决议将原赣西苏维埃政府改组为赣西南苏维埃政府。3月26日，在赣西苏维埃政府的基础上，成立了赣西南苏维埃政府，由曾山任主席。赣西南苏维埃政府下设北路、西路、东路、东河、西河五路办事处。1930年7月，由于攻打吉安的需要，赣西南苏维埃政府之下改设西、北、南、中四路办事处。西路办事处管辖永新、莲花、茶陵、酃县四个县苏维埃政府和吉安县的西区苏维埃政府。北路办事处管辖吉安县儒行、坊廓、延福三个区苏维埃政府和吉水、峡江、新余、分宜、袁州、安福六个县苏政府。南路办事处管辖兴国、于都、会昌、瑞金、安远、寻乌、赣县、上犹、崇义、南康、大余、南雄等13个县的政权组织。东路办事处管辖吉安县的纯化、水东、儒林、东固、富田和吉水县的中鹄六个区苏维埃政府以及泰和、万安、永丰、宁都四个县苏维埃政府和乐安县革命委员会。赣西南地区凡成立县、区、乡革命委员会的地方，都经过代表会议民主选举，正式成立各级苏维埃政府。赣西南苏维埃政府成立后，先后组织领导数十万地方武装和革命群众，配合主力红军进行了第二至第九次攻打吉安的战斗。迅速将初具规模的赣西南革命根据地波浪式地推进。红军占领吉安后，赣西南革命根据地扩展至兴国、赣县、于都、安远、寻乌、会昌、信丰、南康、全南、龙南、定南、瑞金、吉安、泰和、万安、永丰、宁都、乐安、永新、莲花、安福、宜春、分宜、新余、峡江、吉水26个县的广大地区，人口达400余万人。

中共赣西南第一次代表大会的召开，对赣西南革命斗争的深入开展产生了有力的推动作用。中共赣西南特委和赣西南苏维埃政府的成立，标志着赣西南革命根据地正式形成，东固革命根据地从此完全融入赣西南革命根据地，成为赣西南苏维埃区域革命斗争的中心，也为江西省苏维埃政府的成立奠定了基础。从此，赣西南革命斗争出现了蓬勃发展的新局面，各地小块红色割据区域迅速扩大，并逐步连成一片。

但是，此次大会也有不足之处，表现在：（1）大会认为赣西南党存在大量的“地方富农机会主义”，要求“开除党内的地主富农”。这种夸大事实的说法无形中在赣西南党内造成一种危机感，不利于党的团结。（2）大会盲目拥护前委开除江汉波的党籍。（3）大会错误批准西路行委枪决袁文才、王佐。

六、赣西南苏区时期的群团组织建设

工会组织

1930年9月，赣西南总工会在吉安富田成立，10月改为江西省赤色总工会，迁址吉安城，由萧道德任委员长。至1931年2月，东固革命根据地内仅吉安县就先后成立了东固、富田、纯化、儒林、水东、延福、儒行、坊廓、西区9个区工会，各乡工会和村工会小组也普遍建立。1931年3月全总苏区执行局在吉安富田成立。同月，赣西南赤色总工会在东固成立。各级工会都依照红一军团总政治部印发的《工会章程》组织工会，主要任务是团结、教育工人，组织、领导工人管理工厂生产、福利，调配劳动力，参加革命斗争和生产建设，维护工人群众利益，为军队和地方政权输送干部，巩固和加强工人阶级在革命斗争中的领导地位，以及积极开展支前、优抚、扩军等工作。

妇女组织

1930年3月成立的中共赣西南特委，下设了妇女运动委员会。3月下旬，赣西南苏维埃政府执委会下设了妇女工作委员会，各县苏维埃政府也相应成立县妇女工作委员会。同年 10 月，红军攻克吉安城后，赣西南苏区妇女组织发展到 26 个县。各区均设有妇女会，村有妇女代表。另外，在区以上农协会、工会、共青团等群众团体中也设有妇女会、女工部、青妇部等办事机构。

共青团组织

1929 年，共青团赣西特委成立，机关驻吉安城，辖吉安、吉水、永丰、泰和、万安、峡江等县团组织。同年 11 月，团特委遭破坏，机关迁至吉安县陂头。

1930 年 2 月，团湘赣边界特委、团赣西特委与团赣南特委合并，在吉安富田成立共青团赣西南特委，下辖的东、西、南、北、中五路共青团工作委员会，共青团队伍迅速发展壮大。10 月 14 日，红一方面军总前委与赣西南特委在吉安召开联席会议，将赣西南党、团、工会合并，成立中共江西省行动委员会。28 日，各县、区共青团领导机构也与党领导机构合并。

1931 年 1 月，在吉安富田成立共青团赣西南特区委（又称“少共”，以下同），机关先后驻吉安富田和兴国县城，隶属于少共苏区中央局。随后，赣西南各县共青团组织也重新成立各级领导机构。少共赣西南特委下设东、西、南、北四路分委，领导赣西南苏区各县团组织。各区、乡、村，都成立团的组织。

各级团组织主要任务是团结青年、扩大团的组织，组织与领导少先队、儿童团开展各种活动，带头并发动青年拥军、参军，参加苏区建设，搞好慰劳队，对青少年进行军事、文化、政治教育，组织团员进行礼拜六义务劳动等活动。

少年共产主义先锋队组织（简称少先队）

1930 年 2 月，在陂头成立少年先锋总队，下辖各县、区、乡、村队部委员会。在少先队中又分普通少先队和模范少先队。模范少先队由政治觉悟高、斗争坚决、身体强健的少先队员组成。平时站岗放哨，监视敌人的行动；战时作为预备队，配合红军、游击队作战。

在扩红运动中，共青团员和少先队员都是积极的参加者，不少基层组织全体团员参加红军，起到了表率作用。

儿童团组织

赣西南苏区内，普遍建立共产主义儿童团组织，一般县设儿童局，区为大队，乡为中队，村为小队，8—16 岁工农子都可以参加，是土地革命战争时期广大工农儿童的群众性组织。是半军事化组织，为工农军的后备军。口号是“时刻准备着，为共产主义而奋斗”。

互济会组织

革命互济会是苏区时期群众互助救济的群众团体。在赣西南各级苏维埃政府建立的同时，各县、区都普遍建立互济会组织。省级、县级总会设执委会，乡分会设委员会。在红军内部以军为单位，成立军总会，军总会之下设团总会，连分会，分会下设募捐队、救护队等组织。

革命互济会的宗旨是发扬劳苦群众的互助精神，救济被难的革命战士及其家属，掌握了解群众的困难，救济灾民，发放补助金和做好优抚工作，在革命斗争中互相鼓励和救济。

第二节　赣西南苏区时期的军队建设和武装斗争

一、组建红六军

根据遂川于田会议精神，1930 年 1 月，中国工农红军第六军在万安成立，红五军派来黄公略副军长和李聚奎、王如痴、陈振亚等 43 名骨干分子担任红六军各级领导职务，另派干部训练大队人枪各百余充实红六军军事力量，由黄公略任军长（此时未到任），刘士奇任党代表（后为陈毅），曾昭汉任参谋长，毛泽覃任政治部主任。军以下设 2 个旅 1 个纵队，柯武东、罗炳辉分任旅长，徐彦刚任纵队长，李文林、曾炳春、刘作述分任政委。不久，旅改称为纵队，军部下设 3 个纵队：以原二、三团及改编骑兵一连为第一纵队，由柯武东任司令员，李韶九任政委，有 1500 余人、800 余支枪；原四、五团为第二纵队，由罗炳辉任司令员，王如痴任政委，有 600 余人、500 余支枪；永（新）宁（冈）莲（花）等县赤卫队及西区游击队为第三纵队，由刘作述任司令员，有 1000 余人、500 余支枪。

二七会议后，红六军进一步完善建制，黄公略正式到任军长，陈毅任政委。根据中央的意见，1930 年 6 月 13 日，在汀州召开前委扩大会议，决定红六军与红四军、红十二军合编，成立中国工农红军第一路军（不久改为红一军团），红六军军长仍由黄公略担任，政委为陈毅（8 月后由蔡会文接任），参谋长为周子昆，政治部主任为李涛。同时还成立了直属中共中央领导的中国革命军事委员会，黄公略、陈毅为委员。

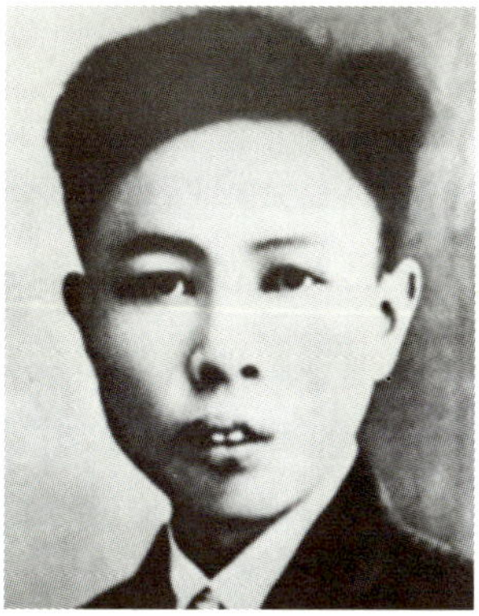
黄公略

红六军成立后开展分兵游击，遵照前委第三号通告精神，每到一地大力地组织和武装农民，并努力使之巩固和发展。1930 年 3 月下旬，在黄公略率领下，红六军第三纵队游击于永新、泰和、万安，一纵队游击于安福、新余、峡江。所到各地在帮助地方开展土地革命运动的同时还大力宣传、组织、武装群众，扩大地方武装。5 月 16 日，红六军一举攻下安源，400 名安源工人兴高采烈参加红军，补充百余枪支。随后打浏阳，缴获靖卫团枪支二三百。活动到萍乡、宜春等地时，吸收了大批士兵加入红军队伍，先后帮助建立醴陵、萍乡、宜春等地游击队。

红军在分兵发动群众，帮助扩大地方武装的同时，还派出有经验的干部训练地方武装，使分散的、地方主义色彩浓厚的、各自保守一隅的游击队提高政治、军事素质，逐步成为训练有素、勇敢迎战的坚强队伍，从而为主力红军的迅速壮大提供了保障，使主力红军有了取之不尽、用之不竭的兵源。

7 月，红六军根据前委的决定，在万载和宜春的慈化一带正式改为中国工农红军第三军。同时将原来的纵队建制改为师的建制，一纵队改为第七师，二纵队改为第八师，三纵队改为第九师，各师领导人不变。

1930 年 8 月，红三军随红一军团与彭德怀领导的红三军团在浏阳会师，部队组成红一方面军。从此，红三军成为中国工农红军第一方面军的重要组成部分，是三大主力红军中的一支劲旅。

二、组建红二十军

二七会议以后，在赣西南这块土地上，随着土地革命的深入开展，广大农民不但在政治上翻了身，而且在经济上得到了解放，革命热情空前高涨，出现了踊跃参加红军的热潮，群众武装斗争也迅猛发展，赤卫队、游击队、红军纵队等地方武装不断涌现。据 1930 年 4 月 5 日《张怀万巡视赣西南报告》记述："各地尚有许多游击队……吉峡队有枪五十余支，安分边队五十余支，延福赤卫队二十余支，儒行十六支，吉水二十支，泰和队五十支，万安五十支，纯化二十支，富田十六支，儒林十余支，东固一百四五十支，永丰、乐安四五十支，中鹄、水南、白沙约三四十支，莲花，永新约有四五百支，吉西约有五十支（赣南各地不在此内），约有枪千余支。此外，红军学校有二百支。统计四、五、六各军，七、八、九各团，红军学校，各游赤等队及新缴获者，赣西南现有枪一万余支。"这些地方武装，在赣西、赣南赤卫军总指挥部的领导下，开展了轰轰烈烈的革命斗争。

为了加强对地方革命武装的领导和指挥，并为集中地方武装攻取吉安，有必要将地方武装组成新的地方正规红军。恰在此时，中央在上海召开了全国苏维埃区域代表大会，有将地方武装整编为正规红军的决议，同时中央于 6 月间派涂振农到闽西汀州传达了中央的有关决议和命令。为此，赣西南特委召开军事会议，决定将赣西南地方武装扩充统编为红二十军。于是，1930 年 6 月底，红二十军在吉安陂头村正式宣布成立，由曾炳春任军长（后为刘铁超），刘士奇任政委兼军委书记（后为曾炳春），刘泽民任参谋长，谢汉昌任政治部主任。组建时实际上为两个团，即一七二团和一七三团。一七二团是由吉安、兴国、赣县、宁都、于都的游击队及部分万泰、遂川游击队组成；一七三团是由永丰、吉水、安福、峡江等地游击队组成。1930 年 10 月，第九次攻打吉安前，又以宁冈、莲花、永新等县游击队及安福、茶陵、攸县部分游击队组建了一七四团。1930 年 12 月后，又在河西湘赣苏区扩建了一七五团。全军共有 2500 余人枪。

红二十军的成立，有力地集中了赣西南的地方武装，成为红军第七次、第八次攻打吉安的主力军和“九打吉安”的生力军。由于扎根在赣西南地区，在反抗国民党反动武装，保卫赣西南苏区，推动土地革命，巩固红色政权等方面，作出了重要贡献。

三、组建红二十二军

1928 年 3 月 25 日，寻乌县党组织领导了全县农民大暴动。7 月，组织了一支短枪游击小组。9 月，在黄沙西云庵正式成立了赣南工农革命军第二十一纵队，后改为赣南红军第二十一纵队，由钟锡球任纵队长，古柏任政委，全纵队有 37 支枪。同年 4 月，由刘义顺和钟元璋带领盘古山一批矿工和乱石村的青年农民共 300 余人，到会昌投奔红军，组织编成赣南红军第二十二纵队，由谢海波任纵队长，刘义顺任政委，全纵队 300 余人、136 支枪。1929 年 3 月，红五军攻克安远县城，在红五军帮助下成立了县赤卫大队，后改为县游击大队。接着，大霸头游击队、七苏岭游击队和上寨游击队先后建立。同年七八月，在此基础上成立了第二十三纵队，由谢若山任纵队长（后为张文焕），杜隆奎任党代表。1930 年 4 月，瑞金县党组织先后领导了安治、武阳、九堡、黄柏等地农民暴动。4 月 30 日，将各地暴动队合编为第二十四纵队，由杨子光任纵队长，鄢日新任政委，杨斗文任参谋长。1930 年 3 月下旬，中共西河行委将信丰、南康、崇义、南雄等革命武装组编为第二十六纵队，由陈紫锋任纵队长，黄达任政委，有枪

100 余支。1929 年冬，于都县的党组织将于北区第九、十游击大队合编成第二十七纵队，由甘霖任纵队长（后为谢芳湖），朱学玖任政委（后为雷振东），有 100 多人枪。1930 年 3 月间，赣南特委决定将兴（国）万（安）赣（县）游击队改编为第二十八纵队，由谢柴枢任纵队长，罗贵波任政委。全纵队 100 余人、30 余支枪。

为了统一领导和指挥赣南地方红军，更有力地攻打赣州城，1930 年七八月间，红四军前委和赣西南特委将红二十一、二十二、二十三、二十四、二十六、二十七、二十八纵队，先后集中在于都和信丰县，与国民党三十四旅六十八团二营在大余新城起义的部队，共同编为中国工农红军第二十二军，由陈毅任军长，邱达三任政委，刘义顺任政治部主任（后改为罗寿南），全军辖 5 个纵队，第一纵队队长为陈紫锋，政委为黄达；第二纵队队长为唐天际，政委姓名不详；第三纵队队长为杨斗文，政委为谢芳湖；第四纵队队长为张文焕，政委为钟声楼；第五纵队队长为徐士勋，政委为彭加伦。全军共 2000 余人枪。8、9、10 月，红二十二军参加了攻打赣州和第一次反“围剿”战斗。同年底，红二十二军整编为红六十四师，直接受红一方面军总部指挥。

赣西南地方主力红军的建立和发展，有力地配合了正规红军的作战，对后来正规红军粉碎国民党大规模的军事“围剿”，促进中央革命根据地的形成和发展，有着重要的意义和作用。

四、组建红三十五军

1930 年夏，赣南行动委员会发出第三号通告，决定成立红三十五军。

同年下半年，赣西南苏区各县的地方革命武装发展很快，寻乌除了县赤卫总队、区赤卫大队、乡赤卫队外，还有一支闽粤赣赤卫军。

同年 10 月间，罗贵波来到寻乌县苏维埃政府所在地司城，传达了上级要求成立红三十五军的指示，计划把寻乌赤卫总队和闽粤赣赤卫军以及于都、赣县、安远、会昌、南康、信丰等县的赤卫队编为中国工农红军第三十五军，由罗贵波任军长，邱达三任政治委员，曾毅生任副军长，谢嘉禧任政治部主任。

11月19日，赣南行委又发出第八号通告，确定将信丰、南康、安远、寻乌等县的地方武装、游击队合编为红三十五军，并重新任命了领导人，由邓毅刚任军长，原军长罗贵波改任政治委员，原政治委员邱达三调任赣南暴动总指挥，曾毅生仍任副军长，鄢一心任参谋长，谢嘉禧仍任政治部主任。

红三十五军成立后，在赣南地区开展游击战。1931年2月，红三十五军北上，到达宁都县后，归红一方面军指挥。10月，改编为红一方面军独立第三师。

第三节　赣西南苏区时期"九打吉安"的武装斗争

随着赣西、赣南和湘赣边根据地的不断融合发展，至1929年10月，以东固为中心的赣西南革命形势发展十分迅猛，农村与城市的斗争不断深入和扩大，以农村包围城市、武装夺取城市的形势更加明朗。此时各地地方武装普遍发展，红军独立第二、三、四团也已组建起来，吉安城已处于东固、延福等革命根据地的包围之中，武装夺取吉安城已是箭在弦上。

吉安城地处江西西南部、赣江中游，北通南昌，南达赣州，西临井冈山，东近东固山，是江西的一座重镇，也是赣西南重要的政治、经济和文化中心，是连接江西南北的交通枢纽，历来是兵家必争之地。土地革命战争时期，吉安城作为国民党吉安专员公署所在地，1930年，已有二三万人口，是国民党军事要冲，自然成了赣西南地区赤白斗争的焦点。从1929年10月至1930年10月，赣西南革命根据地军民配合红军先后发起了九次攻打吉安的战斗，最终攻下了吉安城。

一、"攻取吉安"口号的提出

1929年10月，中共江西省委为实现《中央四十九号通告》所提出的"武装拥护苏联和反对军阀混战"两大战斗任务，分析了全省的革命形势，决定“加强东北和西南两地区的主要工作，特别是立即发动和扩大吉安与湖口两处的地方暴动”。为此，中共赣西特委于10月25日举行会议，传达贯彻中央四十九号文件。根据中央通告的要求和省委的决定及本地敌我形势，会议“坚决提出‘攻取吉安’的口号，竖立党内外群众斗争的目标，以此来挽救党内冷落的危机，消灭党内外群众的失败情绪”，从而广泛地发动人民群众，推动赣西南地区武装割据的深入开展。

中共赣西特委为把攻吉口号变为实际行动，在大力宣传攻吉意义和决心的同时，积极作好攻吉的组织准备。在政治上，则注重拥苏、反帝、反军阀、扩大土地斗争和攻吉意义的宣传。在军事上，制订里应外合的攻城计划。首先发动群众起来暴动。配合红军、游击队先肃清吉安外围之敌，并联络红五军给予配合和援助。要求11月下旬完成这一部署。以红二、三、四团为主力，由北门和西门两路攻城；以码头、染布、米业、烟叶工人为主要力量在城内响应。秘密联系吉安、吉水、永新三个靖卫队作武装响应。

1929年11月初，吉安、吉水、安（福）分（宜）边和泰和等地群众在攻吉口号的鼓舞下奋起暴动，5万多农民参加攻吉战斗组织，以区为单位组成九路农民赤卫军纵队。11月7月，赣西特委在纪念十月社会主义革命十二周年大会上，进行了攻打吉安的动员和武装检阅。这时，红二、四团已在藤田会合，准备打永丰之敌。红三团和游击二大队已与红五军四纵队取得联络，准备打安福枫田之敌。但由于赣西特委忙于“攻取吉安”的准备，忽视了机关的秘密工作。11月8日，赣西特委遭敌破坏，团特委书记曾道懿被捕叛变，将所有计划、组织全部泄露，致使省委特派员赵醒吾及特委委员黄义和申中牺牲，200余名同志和革命群众被捕，三个有联系的靖卫团被解散两个。为鼓舞人心，扭转被动局面，赣西特委于1929年11月下旬再次作出“攻取吉安”的决定。

二、第一次攻打吉安，肃清吉安外围之敌

1929年11月，国民党吉安守军成光耀部获悉攻打吉安计划后，急电南昌的鲁涤平求援，同时集中全部兵力固守待援。与此同时，赣西特委在

城内遭破坏，省委巡视员江汉波指定赣西特委常委刘士奇代理书记，立即恢复工作，采取紧急应变措施。急调红二、四团回师富田，保卫后方，并令吉安、吉水、永新靖卫团提前起义。但敌人已先下手，吉水、永新靖卫团被缴械，仅吉安县靖卫大队在值夏起义成功，大队长罗炳辉率部开进富田，改编为红五团（后并入红四团），进而加强了红军的力量，提高了广大群众夺取吉安的信心。赣西特委决定：先肃清吉安外围之敌，然后相机夺取吉安城。为此，成立以省委军事巡视员蔡申熙为总司令的赣西暴动总司令部和南、北两路行动委员会，调动一切力量向吉安进攻。

11 月 17 日，红二、四团返抵富田后，特委又决定乘成光耀孤军待援之机，以红二、四团为主力，以红三团和游击一、二大队，农民赤卫军三、四、五纵队作配合，准备于 22 日强攻吉安城。11 月 19 日，探听城里金汉鼎部某营押送 17 艘满载弹药军需品的船只去赣州，特委旋即改变计划，决定红二、四团奔赴万安，先追缴这批物资，然后再打吉安。红二、四团奉命远袭万安城，由于行动迟缓，截船未成，遂回师泰和固陂。此时，鲁涤平援吉部队陆续到达。吉安敌军增加了朱耀华旅的一〇七团和江西保安第三团。于是敌人乘红二、四团远去万安，分兵出城进犯北路和南路。在吉安塘东圩和泰和洞口、灌田一带大肆烧杀，围攻红三团和游击队、赤卫军。在这种情况下，特委于 12 月初重新研究了攻打吉安的策略，动员吉安周围 50 里内的群众力量配合地方红军包围吉安，发动各红色区域的群众围攻各县城，调红二团开赴北路会同红三团攻取峡江，截断敌军后援，调红四团攻取吉水，隔河威逼吉安，打破敌人的侧面营垒。12 月中旬，红二、三团在北路作战七八次，缴枪 180 多支。红四团在水东、张家渡两战，缴枪 200 多支。12 月下旬，红五军到达莲花、安福等地，开展游击战争。赣西特委与红五军取得联络，红五军便派第四纵队参加攻吉的行动。不久，红五军第四纵队在吉安城西十余里处歼敌一个营。

自赣西特委决定再次攻吉以后，赣西南广大工农群众在“要消灭豪绅地主就要打到吉安去”，“要有盐吃，就要打到吉安去”，“要安居乐业就要打到吉安去”等口号的鼓动下，踊跃参加攻吉斗争。开始，仅东固、延福各有 1 万余人参加战斗，后来泰和、中鹄、纯化、吉水、儒林、儒行、西区等处各增加几千、1 万、10 万人，参加攻吉人数由原定的 30 万人发展到 80 万人，每人都自带五六天的干粮，只要喊一声“打吉安”，农民就把手里的农具放下，拿起武器就跟着队伍参加战斗。

红军写宣传标语（油画）

这次攻吉，与敌相持达两个月之久。在吉水同水区切断敌人赣江交通达一个月之久，攻克了兴国、万安两个县城，部分解决了三曲滩、阜田、张家渡、水东、横江渡、安分边、峡江等地的反动武装，肃清了吉安外围之敌，形成了对吉安城的包围之势。

三、第二次攻打吉安，歼灭敌唐云山旅

赣西数十万群众和地方武装第一次攻打吉安的“总暴动”，受到正在闽西的红四军前委书记毛泽东的密切关注，认为赣西的形势有利于实现他在半年前给中央建议的“在国民党军阀长期战争期间，我们要和蒋桂两派争取江

西”的计划。同时，闽、粤、赣三省敌军已发动对闽西的“会剿”，红四军在闽西的目标太大，不利于闽西根据地的巩固发展，因此，红四军前委根据毛泽东的意见决定挥师入赣。1930年1月5日，红四军从福建古田回师江西。2月，毛泽东二七会议期间欣然写下了《减字木兰花·广昌路上》这首词，高度赞赏了赣西南数十万群众配合红军攻打吉安的伟大壮举。

2月14日，二七会议主席团发布《关于占领吉安，建立江西省苏维埃政府》的第一号通告，部署第二次攻打吉安的计划。通告认为两广战争和正在酝酿之中的南北大战，使蒋系不可能在短期内增兵江西；故张辉瓒、金汉鼎、谭道源等部因受闽西工农牵制，一时也不容易到赣西；赣西本地的国民党驻军成光耀的两个团兵力又分散在吉安、分宜、袁州等地。而此时赣西南赤色群众有150万人，加之四、五、六军全部会合在赣西，威震四方，形势对攻打吉安十分有利。

毛泽东、朱德等对红军攻打吉安的军事行动，也采取先围后攻的审慎态度。联席会议主席团的第一号通告明确指出：“我们第一步不是打吉安城，而是实行围吉安城，目的在使吉安城内生活更加困难，人心更加恐慌，白色统治更形孤立。”为此，通告对红军和地方武装如何协同作战，以及摆开围吉阵势，首先歼灭吉安外围之敌等作了具体部署：红四军和红六军二纵队在赣江东面展开，会同中鹄群众攻打吉水，消灭水东之敌，并以一部会同永丰赤卫队和宁南游击队在永丰、广昌一线牵制金汉鼎部；红五军及西区群众武装以永阳为中心，向吉安附近逼近，并控制泰和之敌；红六军一纵队会同北路群众进扰三曲滩、峡江之敌，截断赣江交通。

在红军和赣西南工农群众强大的攻势面前，吉安守敌成光耀惊恐万状，连坐镇南昌的鲁涤平也十分震惊；“请兵的电报如雪片似的飞扬于南昌、南京、吉安、赣州之间。”为此，蒋介石从前线抽调唐云山独立第十五旅和邓英第十六旅紧急援赣。鲁涤平得到援兵后，即调整兵力部署，策划“进剿”赣西南的计划：唐云山独立第十五旅和邓英独立第十六旅进驻永丰、乐安、吉水一带；朱耀华旅一个团驻峡江，一个团驻崇仁，为“进剿”预备队；以戴岳旅一个团移驻抚州、广昌，在东线策应，金汉鼎部从福建开来两个旅，进驻赣南，在南线策应：成光耀旅重点防守吉安、泰和，并疏通赣江交通，隔断红军东西联络。敌军七个旅兵力，以唐、邓两部为“进剿”主力，唐部为“进剿”先锋，先恢复永丰、乐安，然后进攻东固。

正当红军积极布置攻打吉水、威迫吉安之际，唐云山、金汉鼎、朱耀华等军阀渐渐向我逼来，因此全军不打吉水而折回富田休养。红四、六军折回富田，红五军退出永阳，移驻永新，诱敌部分深入赤色区域，以全力击破。与此同时，中共赣西南特委组织和武装群众，开展了一场大规模的扰敌、袭敌斗争，严格实行赤色戒严，捕拿敌人侦探和交通，使敌联络不灵，行动不便，寝食不安，疲于奔命。

1930 年 2 月 20 日，唐云山的独立第十五旅从湖北、南昌、樟树到达吉水县城与吉水乌江一线。此时，红四军从永丰县城出发，经吉水县白沙、水南、古富、施家边、龙田、葛山、到达大洲上（今青原区天玉镇临江村、邱家村一带）。红四军前委根据唐旅的进占情况，决定放弃原定进攻吉水的计划，率部转青原山、值夏、陂头、新圩至富田，准备“诱敌深入到赤色区域”，尔后歼灭之。号称“铁军”的唐云山独立第十五旅，发现红军撤退后，迅速进入苏区，欲找红军主力决战。

唐云山旅分左、中、右三路向红军进逼。2 月 23 日，左路军一个团占领吉水水南圩镇，右路军一个团进至吉安值夏，驻扎在赤冈山，中路军旅指挥所及一个团进至富滩，指挥所设在大湾村。当晚，水南区委领导人龚荣、杨金芳等赶往富田，将唐云山部的部署和水南地区发动群众备战情况，向红四军前委汇报。前委决定乘该旅兵力分散、态势孤立之机，集中兵力各个歼灭。

2 月 24 日，红四军第一、三两个纵队从新安经陂头迂回到国民党军侧后，牵制其右路、中路部队；毛泽东、朱德率领红四军第二、四纵队和红六军第二纵队从富田出发，正面攻击进至水南圩之敌军。

25 日凌晨，红军抵水南圩背后，分三路向水南进攻。水南地区游击队、赤卫队和赣西南红军学校学员从东西两路进攻，朱德、毛泽东指挥中路红军部队分兵左右迂回，从侧面攻上水南圩制高点宝华山，敌军向水南圩镇败退，红军乘胜追击。红军追至水南圩旁的汪村塅时，遭敌三挺机枪拦阻，红军即组织火力反击并占领水南圩。国民党军大败而逃，争着从水南、义富涉水过泷江，淹死数百人，红军又一路追至燕山。左路国民党军大部被歼，少数残敌向值夏、富滩逃窜。

红军分西、北两路向值夏、富滩进军。向西进军的红军，从水南，经富源桥、江南、龙王庙、螺滩后，向驻富滩大湾村之中路和旅指挥部的国民党军发起攻击。向北进军的红军，从水南燕山出发，经带源、镜头、古富，到达施家边。在施家边分作两支：一支偏西南抢占源头、蜀源、石溪口一带山冈，切断唐云山旅北逃之路，待机自丹村往南向大湾村包抄，配合西路红军围歼驻富滩大湾的国民党军；一支自施家边往南，进击据守兆省村南虎形山之敌。次日上午，激战虎形山，切断敌军逃往大湾与旅指挥部会合之路；东面红军从高陂村往西南阻止敌军自作埠过泷江；正面红军奋力南进，从王东坑强攻大虎形山主敌。激战半天，唐云山部大败，纷纷投降，少量南逃至作埠村欲过江向大湾旅部靠拢。红军乘胜自作埠村过泷江，经渡头、小岭、皂村至下梁村三星桥，于下午 2 时许攻打赤冈山之敌。

25 日下午 3 时许，西路追歼逃敌的红军经螺滩、作埠村到达罗家埠村，过泷江后从东面猛攻唐云山旅部设在莲花形山的防线；在源头、蜀源村方向待命的红军从丹村、石溪口村沿白鹤山从南面向唐旅包抄；从赤冈山追歼逃敌的红军分头从山头村经甑盖山（泷江边）西麓和古塘村往天梁山迅速北进，从北向唐旅部发起攻击；红六军第二纵队则从赤冈山到垄下村，经值夏街向天梁山西面包围。唐云山残部身陷方圆不足 2000 米的包围圈里拼死抵抗，两军在东至莲花形山、西南至天梁山一线、北至罗家埠村的狭小区域内，反复冲杀。下午 5 时，唐旅被歼灭，俘敌官兵 1700 余人，缴获枪 2000 余支，其中机枪 8 挺、迫击炮 10 余门、子弹 150 多担，旅长唐云山逃往张家渡经赣江逃至吉安。

唐云山旅被歼灭，诸敌皆溃败，打破了敌人进攻赣西南的计划。这次主力红军会合赣西第二次攻打吉安，虽未达到预期目的，但粉碎了敌军七个旅的“进剿”。这是红军在赣西取得的第一次重大胜利，极大鼓舞了红军和群众急需攻打吉安的信心和决心。

四、第三、四次攻打吉安，恢复水东、儒林区

主力红军离开赣西后，吉安敌军立即进行反扑，组织守望团、自新团、难民团约六团之众，以重兵进攻北路延福苏区，同时骚扰南路，企图打通吉安到萍乡的通道，大片红色区域遭到摧残，尤其北路损失严重。为巩固吉安周边苏区，保护农民的春耕生产，中共赣西南特委提出“红色五月斗争纲领”，组织领导广大群众，配合由各县地方武装组建起来的赤卫军第一、二、三、四纵队，连续攻打吉安，恢复和扩大红色区域，夺取吉安、赣州，完成建立赣江中段政权的任务。

1930 年“五一”节前夕，赣西南特委组织广大群众第三次攻打吉安。采取化整为零、集零为整、扰强扑弱、坚壁清野、避实击虚、打圈子、麻雀阵、钻山头、跳出打圈等斗争策略，积极围攻吉安。4 月 25 日，由龙子达、邝元洪率领各县游击队、泰和独立营、红军学校及农民群众共 2 万余人围攻吉安。这次攻打吉安打败了吉水的封建迷信反动武装“红黄学会”和守望团，恢复了水东、儒林的工作，使离城五六里的地方都分了田，巩固和发展了赤色区域，保护了农民的春耕生产。但由于力量单薄，没有强攻，只围了三四天，便主动撤回，准备下次攻吉。

5 月 3 日，赣西南特委常委第六次会议认为吉安城内空虚，决定实行“5·9”总行动，第四次攻打吉安。会议成立以彭清泉为书记的攻吉前委，统一领导一切攻吉力量，以赣江为界，分东、西两路夹攻吉安，夺取吉安城。5 日，攻吉前委率领红六军军部及红军学校、赤卫队第一支队由泰和罗家圩渡河往西区，组织西北两路群众及赤卫队，调集红六军一、三纵队会攻吉安。6 日，特委率赣江以东的南路、中路群众及赤卫队四五万人在水东、张家渡一带，沿赣江东岸昼夜向吉安城射击，准备在西北路行动后，立即渡河攻吉。8 日，攻吉前委进至西区后发现吉安城里仍有重兵驻

守（敌成光耀旅），北路苏区遭敌第十八师进攻损失很大。这时红六军一、三纵队早离北路远出湘东，赣西南特委立即召开常委会进行讨论，决定攻吉前委率红六军军部和红军学校去西路永新，待机攻吉。同时，委派省委巡视员易尔士（陈江）过河通知赣西南特委暂缓攻吉。由于当时交通不便，白色警戒又严，易尔士至5月10日晚才找到赣西南特委。特委以为攻吉前委如期向吉安发起总攻，因此按计划于9日率领部队沿赣江东岸渡到江中散开20余里，分三路向神岗山、大码头、白鹭洲射击。敌人则用轮船渡到江中架起机枪反击，被我毙伤甚多，狼狈逃回。在接到攻吉前委通知后，南路群众及赤卫队又继续围攻两天，直到12日赣西南特委宣布撤出，并号召群众立即回乡莳田。

这次攻吉，调集了十余万群众武装包围吉安七天，使吉安敌军惊慌失措，豪绅地主和大资本家纷纷逃往南昌。但由于担负主攻的红六军一、三纵队未回，“攻吉前委”决心动摇，只是特委直接指挥的中路、南路地方武装隔河攻击，西、北两路群众没有配合进攻。因此，攻吉未能成功。

五、第五、六、七次攻打吉安，牵制大量国民党军

第四次攻吉后，敌人进攻北路的形势仍然严峻。为牵制敌人以配合河西北路群众的“总暴动”，使赣江两岸的赤色区域推进到吉安城北郊五六里的地方。1930年5月10日，赣西南特委在张家渡召开常委会议，决定解散攻吉前委，彭清泉回到特委帮助工作。还决定调中路的地方武装和群众渡河到西区去，与西路群众一道再次攻吉。为此，特委将机关迁至西区永阳。11日，中路武装正在渡河之际，由赣州下吉安接替金汉鼎的约两团兵力，到达泰和罗家圩一带，武装群众即用土炮向敌射击，但敌早有准备，用沙包防御于木排的两边，并架起机关枪向沿河两岸扫射，使刚渡过河的200余赤色武装也被敌打散。中路地方武装单独发动的第五次攻打吉安牵制了北路之敌。“五月中虽然未将特委所决定的任务完成，但赣西十万群众的第三、四、五三次进攻吉安……开展了一个大的斗争局面。”不但打退了敌人的反扑，恢复了北路的工作，而且把水东、儒林的白区全部赤化，离

城五六里的地方也分了田，建立了苏维埃，武装力量迅速发展，各县游击队扩大为赤卫军第一、二、三、四纵队，成立了以曾炳春为总指挥的赣西南赤卫军总指挥部，为红二十军的建立打下了基础。

1930年6月，蒋、冯、阎军阀中原大战爆发，赣敌再次换防。6月12日，敌第五十师成光耀旅和第十八师朱耀华旅奉蒋介石之命离开吉安。国民党新编第十三师邓英旅到吉安接防。赣西南特委认为吉安守敌大部调离，邓英部还未到防，城内确实空虚，遂决定第六次攻吉。特委总结了前几次攻打吉安的经验教训，把攻吉的重点转到河西，并分别召开西、北两路工作会议，推动西、北两路更广泛地把群众动员和武装起来。16日，探报成光耀部已从吉安撤走，接防的新编第十三师邓英部尚远在樟树，城内只有金汉鼎开来的两营兵力，夺取吉安有胜利的把握。特委立即召开西路行委和西区苏维埃政府参加的常委扩大会议，研究部署了第六次攻打吉安，由曾山任总指挥，陈奇涵任参谋长，总指挥部设在固江。以赣西红军第十一、二十四等纵队（即不久前编成的赤卫军纵队）和红军学校学员为主力，并组织10余万群众，分左、中、右三路。左右两路从南北两面会攻，中路在河东配合。右路指挥部设在神岗山，左路指挥部设在桐树坪，令各路武装均于6月20日前到达指定的地方集中待命。当时，特委决心“破釜沉舟誓死拿下吉安”，并巧妙地运用迷魂阵战术，从吉安对面的水东起，沿东一直到水南、白沙都插满了红旗。在红旗林立的地方，经常派人走动，还不时地吹归队号，以此造成敌人的恐慌。20日，罗炳辉、曾炳春等人率领红军和群众向吉安城发起进攻。为了更好地指挥部队拿下吉安，特委将总指挥部迁到真君山。28日上午，各部队发起总攻，先后占领真君山、天华山、螺子山。中路赤卫军强渡赣江推进到神岗山麓。攻占天华山的队伍突破敌人的阵地，打进城西郊，毙敌百余人，但因援兵不及，被敌人压出城外。

这次战斗动摇了敌人的军心，争取了城市贫民群众（有附近农民和城市贫民给红军送茶水，表示热烈的欢迎），加速了统治阶级的动摇崩溃。

正当第六次攻吉不克，曾山和陈奇涵率领攻吉部队后撤，进行整顿，准备反攻之时，遇到黄公略、柯武东率领红六军一、三纵队由湘东返回赣西，遂决定第七次攻吉。以原来部队和红六军为主力，加上群众武装（比第六次攻吉少），于7月1日拂晓向吉安城发起总攻击。此时敌邓英部已于6月22日到达吉安接防。邓英来吉安后，在吉安城周围的天华山、神岗山、真君山、螺子山设置七道通电的铁丝网，挖了一条两丈多宽、一丈多深的壕沟，筑了七八个碉堡，并从樟树调来两团兵力增援。黄公略率部1万余人，携枪3000余支、迫击炮4门和机枪4挺，于7月1日清晨4时围攻吉安。这次战斗，持续了两个小时，红军数次发起冲锋，未克，伤亡400人左右。5日，部队撤出战斗，进行转移休整。这时，红六军正式改称红三军，划归红一军团建制；赣西地方武装第四、十一、二十、三十纵队正式改编为红军第二十军，由曾炳春任军长，刘士奇任军委书记兼政治委员；赣南地方武装第二十二、二十三、二十四、二十六、二十七、二十八纵队合编为红二十二军，由邱达三任军长，陈毅任政委。红二十、二十二军的组建，大大地增强了赣西南攻吉的武装力量。

六、第八次攻打吉安，吉安成为一座孤城

1930年8月，赣西南特委和苏维埃政府拟定本月工作纲领，准备再次攻打吉安、赣州等重要城镇，赤化赣江流域。5日，特委在横江召开“二全”会议，改选特委常委。10日，赣西南特委常委会研究部署了第八次攻打吉安和第五次攻打赣州。为了加强统一领导和指挥，由党、团共组前敌委员会，由王怀任书记；成立赣西南军事委员会和总指挥部，由曾山任总指挥，统辖东、西、南、北四路总指挥部。同时，赣西南特委发出紧急通令，动员广大群众以坚决打下吉安的实际行动来庆祝红三军团攻克长沙、红一军团浏阳大捷的胜利。

这次攻打吉安的主力有红二十军、红军学校和青年干部学校的学员，并调集10万“精勇工农”配合作战，兵分三路会攻吉安。具体部署是：北路调地方武装和工农群众两万余人，配合红二十军一部攻打真君山；西路

调地方武装和工农群众两万余人，攻击天华山之敌；南路调集儒林赤卫队、少先队，配合红军学校和青年干部学校的学生攻神岗山；调富田、水东赤卫队配合兴国独立团由水东向吉安进击，并准备堵截吉安之溃敌。此外，前委还命令泰和地方武装和工农群众坚守泰和交通要道，堵截赣州之敌援吉。

8月24日，特委偕同红二十军由横江出发，25日在吉安附近之高沙歼敌一个营。随即，敌人派两个团往高沙援救，红二十军立即转赴真君山。26日，包围神岗山。此时，敌人企图从背后袭击红军，红军折回高沙与敌一个团激战，缴获步枪300余支、机枪1挺。高沙两战役后，敌人精锐损失大半，城区铁丝网外无敌兵。

9月5日，红军发起总攻，各路队伍从四面八方向敌军阵地猛冲。经过几个小时激战，西路群众迅速占领了天华山阵地，在北路武装群众的配合下，红二十军也跨过真君山阵地，冲到铁丝网脚下。这一仗打得十分艰苦。红军以土坦克（用湿棉絮裹装的独轮车）掩护冲锋，冲到铁丝网下，与敌人展开肉搏战，很快冲破了敌人的第一道防线。可是，由于铁丝网太多，壕沟太深太宽，敌人的火力又强，虽已冲破敌人的第一道铁丝网，但无法突破敌人的重重障碍。红二十军和赣西南赤色武装伤亡二三百人，攻吉总指挥李学深牺牲，损失干部甚多。特委决定红二十军撤出，开往峡江休整待命，留下独立团、冲锋队、破坏队等群众武装，继续包围吉安。

第八次攻打吉安之后，吉安四周之敌已完全肃清，吉安城已经变成一座孤城，吉安周围呈梅花形的红色区域已扩展到30余县，其中已占领了14个县城，基本上完成赣江中上游的割据任务。

七、第九次攻打吉安，红一方面军占领吉安城

1930年6月以后，正当赣西人民第六七次攻打吉安的时候，以李立三为代表的“左”倾冒险错误在党中央占据了统治地位，要求集中全国红军攻打大城市，“会师武汉，饮马长江”，“实现一省或数省的首先胜利”。为

此，红四、五军在六七月间扩大为红军第一、三军团。8月，第一、三军团组成红一方面军，奉命攻打长沙，久攻不克。9月12日，红一方面军总前委作出撤围长沙，进占萍乡、株洲待机的决定。9月13日，毛泽东在株洲主持召开总前委会议，总结了围攻长沙的经验和教训，确立了“由株萍路回师袭击赣敌，夺取吉安”的战略决策。当日，红一军团总部于株洲发布《进攻吉安的命令》，要求“第一军团攻取吉安，第三军团攻取峡江、新干、吉水”。部队“决于十四日由株洲出发，沿途分散工作，任务是先发动群众，筹款和缝制衣服，行军工作的日期一共十七天，限于本月三十日全军团到达吉安之延福乡集中。”株洲会议关于回师攻吉安的决定，是以毛泽东为首的红一方面军总前委从实际出发，因势利导，团结多数干部，从实践中认识和抵制立三“左”倾错误的重大决策，重新回到毛泽东坚持的“争取江西”的战略计划。

9月17日，总前委在醴陵给中共赣西南特委写信，通报红一方面军的行动计划，要求赣西南地方武装和群众配合红军攻取吉安。23日，红一方面军总部在萍乡发布《由萍乡出发向吉安前进的命令》。26日，赣西南特委召开常委会，讨论贯彻总前委9月17日来信。有的特委负责人受“左”的思潮影响，认为总前委攻取吉安的决定，不符合中央8月来信指示，主张“一、三军团入赣第一步作战计划应当先夺取南昌、九江……吉安的敌人留给二十军消灭”。但特委多数负责人拥护总前委先打吉安的决定。同日，赣西南苏维埃政府在陂头发布紧急通令，命令各级组织立即行动起来，带领广大群众“迅速准备”，组织各种支前和战斗队伍，配合红一方面军夺取吉安。经几天的紧张工作，攻吉的战斗队、冲锋队、向导队、通讯队、担架队、伤兵站、粮食处均已组成，并陆续集中到吉安附近。28日，红一军团总部到达袁州。29日下午，总部下达30日向吉安前进的命令。

此时中共中央长江局负责人周以栗到达总部，带来中共中央在8月29日写给长江局并转湘省委、湘鄂赣前委及行委的信《关于占领长沙的战略与政策的指示》，信中指示仍要再战长沙。为此，部分干部思想发生反复，对于是回头打长沙，还是从实际出发去攻取吉安的问题，发生了激烈的争论。为统一认识，红一方面军总前委在袁州召开会议，对行动方向开展讨论。会议决定继续执行株洲会议攻打吉安的决定。会后，红一军团左路军（缺红三军一纵队）与红二十军于9月30日从袁州出发，经分宜、安福于10月2日到达吉水阜田一线。是日午后，毛泽东、朱德下达进攻吉安的命令，并指挥部队分五路向吉安城进发。3日下午，总部在吉安城北山前村发布《总攻吉安的命令》，指令："红四军任左翼，向螺子山、真君山之敌阵地攻击；红二十军任正面，向真君山、天华山一线之敌佯攻；红三军与红十二军任右翼，向天华山、神岗山一线之敌攻击；并决定4日拂晓总攻吉安城。"与此同时，赣西南特委和苏维埃政府组织大批地方武装和10余万群众参战，还征集大批粮食和支前物资。

吉安城敌邓英部约有三个团的兵力，另外还有江西保安第三团和吉安警察大队。面对红军的强大攻势，邓英在河西原有的工事上又修筑八座炮台，挖七道壕沟，在壕沟底下布满竹钉，并将壕沟边上的七道铁丝网全部通了电，形成了一个半圆形的外围纵深防线；另一半圆防线就是赣江天堑，敌军扣留了江上所有的船只，封锁码头，禁止水上交通。此时，邓军一面吹嘘"吉安是金城汤池""可保无虑"，扬言"誓与吉城共存亡"；一面又安排了一个"金蝉脱壳"之计打算抵挡一阵之后，以保安团、警察队作掩护，率部逃走。

10月3日晚，红四军提前向城西北和城北发起攻击，红三军也在城南和城西南向神岗山敌人发起进攻。由于此时红三军尚未完全赶到指定地点，红十二军还差一天的路程，兵力没有完全集中，加上红军对地形不熟悉，后续部队没跟上，致使攻进城去的少数部队被敌人从城西反击出来。4日，红十二军赶到，加强了城西的攻击力量。紧接着，红一军团在真君山前沿阵地召开军事干部会议，决定"夜战，解决敌人，打进城去"。

4日拂晓，总部亲临真君山前沿指挥，红军发起新的进攻。红四军首先在螺子山开始攻击，接着红二十军、红三军分别在真君山、天华山、神岗山一线打响，赣江东岸的群众武装也同时响应。这时候，遍地红旗招展，军号劲吹，杀声震天，剧烈的枪炮声“比过年放鞭炮还要热闹”。红二十军攻占了真君山，敌军组织反扑，敌我双方展开了激烈的争夺战。这时，鲁涤平派来助战的飞机在真君山总部附近丢了几颗炸弹，就掉头飞走了。担任左翼攻击的红四军选择敌阵薄弱点，攻占城北的雷公桥，有一个连还打进了北城门。在此同时，邓英下令保安团、警察队开往东门、北门接防，无令不准退入电网以内，并令全市一律闭户，撤回岗警，偷偷地把所有船只集中在白鹭洲待命。当晚 9 时左右，红军发起夜战，向敌军阵地猛冲。群众武装的冲锋队员每人带着一把禾草或柴刀、楼梯、木板，禾草填壕沟，柴刀砍铁丝网，楼梯、木板搭沟桥，有的还使用“火牛阵”。红军首先从城西突破了敌军阵地，直插城中心的中山路大街。这时，邓英即率所部在白鹭洲乘船，顺流北窜。红军发现敌军逃跑，即沿岸追击，截获敌小船 4 只，俘敌 220 多人。此时，红三军团远在清江，敌军得以在新干登岸逃脱。至此，红军完全占领了吉安城，取得了第九次攻吉的胜利。

红军攻克吉安之后，乘胜追歼残敌，吉安周围各县城相继解放，使赣西南广大红色区域连成一片，从南丰到永新，由寻乌到峡江，纵横 700 余里，人口达 400 余万人。使赣西南苏区由原来零星的红色割据区域，发展成为有统一领导的、连成一片的大块根据地。“整个江西区域有六十余县的赤色版图，有千万以上的有组织的革命群众。”

武装攻打吉安的胜利，是我党历史上第一次武装占领一个中心城市，是毛泽东坚持党的实事求是思想路线、抵制“左”倾冒险错误，提出“农村包围城市，武装夺取政权”革命道路的一次有益尝试。“九打吉安”不是一场孤立的战斗，是坚持党的人民战争路线，发动群众、依靠群众、敢于胜利的成功典范。这场长达一年之久的“攻打吉安”的大规模武装斗争，离不开人民群众的积极配合和参与。实践证明，“九打吉安”的战斗，是井冈山、东固、延福革命斗争的延续，是赣西南革命根据地军民的伟大壮举，是建立中央革命根据地的重要奠基石，在中国革命史上具有重要的历史地位。

第四节　赣西南苏区时期的土地革命运动

一、制定《二七土地法》

1930年2月召开的二七会议，经过详细讨论，并根据井冈山、兴国、闽西土地斗争的经验及各地调查研究所得到的材料，制定了《赣西南土地法》，又称《二七土地法》，共有4章23条。这是继《井冈山土地法》《兴国土地法》之后的又一部土地法令，是对前两部土地法的进一步发展。《二七土地法》对土地没收对象、没收内容、分配对象、分田数量标准，以及废除债务、缴纳土地税等作了更为明确的或新的规定。

关于没收对象问题

《二七土地法》明确规定：暴动推翻豪绅地主阶级政权后，须立即没收一切豪绅地主阶级及祠堂庙宇的田地、山林、池塘、房屋，归苏维埃所有，由苏维埃分配与贫苦农民及其他需要土地等项的农民。只有农民协会，尚未成立苏维埃时，农民协会亦得执行没收及分配。还规定：所有豪绅地主及祠堂公田的契据，限期缴交乡苏维埃，或乡区农民协会，当众焚毁。这个规定指明了除没收一切豪绅地主阶级的土地和一切主要由他们掌管的公共土地外，属于他们的山林、池塘、房屋也都在没收分配之列。这就全面地体现对豪绅地主阶级土地财产的没收分配政策，有利于满足广大贫苦农民的要求。田契借据要“限期缴交”，并“当众焚毁”。这样，农民免了后顾之忧，更坚定了对土地革命的胜利信心。

《二七土地法》还规定：自耕农的田地、山林、池塘、房屋，除自食自用外，尚有多余，经当地多数农民要求没收的，苏维埃应批准农民的要求，没收其多余的部分并分配之。这一规定，不仅过重的打击富农，而且还侵犯中农的利益。这对于土地革命极为不利。

关于分配对象问题

《二七土地法》从有利于发展农业生产、有利于安定社会秩序、有利于土地革命斗争的全局出发，规定：豪绅地主及反动派的家属，经苏维埃审查，准其在乡居住，又无它种方法维持生活的，得酌量分与田地。现役红军官兵夫及从事革命工作的人，照例分田，并由苏维埃派人帮助其家属耕种。乡村中工商学各业能够生活的不分田。生活不够的，得酌量分与田地，以补足其生活为限。雇农及无业游民，愿意分田的，应该分与田地。但游民分田的，须戒绝鸦片赌博等恶嗜好，否则苏维埃收回它的田地。

《二七土地法》规定实行两种分田区域标准：（1）以乡为单位，由某乡农民将他们在本乡及邻乡所耕田地总合起来，共同分配。（2）以数乡为单位，如有三四乡互相毗连的，内中几乡田多几乡田少，若以一乡为单位分配，那田少之乡不能维持生活，又无它种生产可以维持生活的，则以三四乡合为一个单位去分配。以上两种办法，第一种是普遍适用的。如有特别情形经乡苏维埃要求，得区苏维埃批准的，可用第二种办法。

关于分田数量标准问题

《二七土地法》规定：（1）为满足多数人的要求，并使农人迅速得到田地起见，应依乡村人口数目，男女老幼平均分配。（2）有特别情形的地方，经乡苏维埃请求、得区苏维埃批准的，得以劳动的标准分配。能劳动的比不能劳动的多分一倍（十四岁以上至六十岁能耕种的为一劳动单位）。

关于山林分配方法问题

《二七土地法》除了原则上规定将没收得来的一切豪绅地主阶级及祠堂庙宇社会上的山林以及自耕农多余的山林分配与贫苦农民及其他人民外，特别对大规模山林及名贵林木的管理、使用、出售作了具体的规定。第一，大规模山林不便分配的，归苏维埃管理。第二，大规模山林的出产，除了供给人民需要外，其余归苏维埃出卖，所得之价，作苏维埃用费。各级苏维埃应得之成数，由高级苏维埃规定。第三，樟木山杉山竹之不便个别分配的，得由人民数家合为一组，向苏维埃领取栽耕，以其生产分配组员使用。

关于废除债务问题

《二七土地法》规定：工农穷人欠豪绅地主之债，一律不还，债券借约限期缴交苏维埃或农会焚毁。而豪绅地主及商人欠公家或工农贫民或小资产阶级之债，不论新旧，都要清还。对于以豪绅地主为一方，以工农穷人为另一方的债务问题，土地法以极其鲜明的阶级立场加以果断的处理。工农穷人典当物件及房屋与豪绅地主及典业奸商的，无条件收回抵押品。工农穷人典当物件及房屋与小资产阶级的，其抵押品，应收回若干或不收回，由乡区苏维埃照双方经济情形决定之。典当因其对象不同，或豪绅地主，或小资产阶级，而采取内外有别的两种完全不同的解决方法。钱会、谷会，豪绅地主奸商接取工农穷人在先的，接会人应将钱谷交还于纳会人，会取消。工农穷人接取豪绅地主奸商在先的，接会人无须交还钱谷于纳会人，会也取消。无论在何种情况下，都保证工农穷人得到经济上的利益，而决不让豪绅地主奸商占得丝毫的便宜。苏维埃政权之下，禁止高利贷。由县苏维埃按照当地金融情形规定适当利率。但不得超过普通资本在当地一般经济情况中所得利率之数。

关于征收土地税问题

《二七土地法》用1章5条详细说明了土地税征收问题。首先，简要说明征收土地税的目的，那就是为打倒反革命的需要（如维持并扩大红军及赤卫队，维持政权机关等），及增加群众利益的需要（如设立学校、看病所、救济残废老幼、修理道路河坝等），苏维埃得向农民征收土地税。

其次，指明土地税征收的期限，土地税须在苏维埃建立之后，而且群众已经得到实际利益，并经高级苏维埃批准时亦可征收。

第三，规定土地税的税率，《二七土地法》以收入作基数，收入高的土地税也高，收入低的土地税也低，使土地税的征收建立在科学、可靠的基础之上。

第四，指明土地税收入的支配。它规定收取土地税后，按照（以）下比例分配于各级苏维埃：百分之五十归乡苏维埃，百分之二十归区苏维埃，百分之二十归县苏维埃，百分之十归省苏维埃。

第五，已经注意到山林税的征收。指出：山林生产，只供人民自己食用，没有多余的，不收税。自己食用之外尚有多余的，其多余部分，由苏维埃按照出卖价值，用适当比例收税。这些规定尽管在数量上还比较含糊，但说明苏维埃已经在这方面进行探索。

关于工资问题

《二七土地法》规定：农村手工业工人及雇农，以前工资过低的要适当提高，以后工资数目，由苏维埃依照生活物价涨跌及农民收入丰歉两个标准决定之。乡区苏维埃规定工资，须得县或省苏维埃批准。

总之，《二七土地法》是我党在大革命失败之后领导广大农民进行土地革命斗争以来，较为完整和全面体现我党土地革命路线、政策的一部土地法，是党在三年来领导农民开展土地革命斗争的经验总结。在当时正确地指导了赣西南土地革命斗争的开展，而且为以后的《土地法》的制定提供了重要的理论依据。《二七土地法》在理论上和实践上的成功，表明了我党领导下的土地革命的深入发展。

《二七土地法》还是存在着一些原则错误：（一）过分打击富农的利益，甚至伤害中农的利益，不利于集中力量打击豪绅地主阶级；（二）仍然主张土地归苏维埃所有，农民对土地只有使用权，这就不仅在政治上犯了“左”的错误，而且在实践中也不便于农民对土地的经营；（三）虽然没有明确规定禁止土地买卖，但由于苏维埃有权对乡中死亡、改业和外出的，将他所分得的田地收归苏维埃再行分配，就已经实际上杜绝土地买卖的可能。尽管如此，《二七土地法》仍不失为中国土地革命斗争理论宝库中的极其辉煌的篇章，成为中国土地革命斗争光辉历史的极其宝贵的一页。

二、土地分配运动全面展开

赣南工作会议后，3 月 22 日在富田陂下村召开的赣西南第一次党代表大会，把彻底分配土地列为了赣西南党的四大任务之一。这两次会议的召开，结束了赣西南党组织在分配土地问题上的种种分歧，在二七会议的原则基础上统一了认识，使正在进行的土地革命斗争有了统一的政策依据。

在主力红军分兵发动群众的基础上，在《二七土地法》精神普遍宣传、深入人心的前提下，赣西南地区全面开展了轰轰烈烈的分田运动。

第一次分田

时间是 1930 年二三月间。根据毛泽东在二七会议上提出“一要分，二要快”的要求，赣西南各县区乡普遍地开展了分田运动。赣西南各县、区、乡都建立了土地委员会领导土地分配运动。办法是：先划定阶级，确定土地分配原则，即贫雇农分好田，中农田不动，富农分差田，豪绅地主不分田（后纠正为分坏田），红军家属分好田。步骤是：废租废债，焚契约，没收地主、富农的全部土地；以区、乡为单位对土地数量、人口进行调查并造册登记；重新丈量土地，按照土质好坏、土壤肥力分为上、中、下三等；按照土地分配原则进行分配。由土地委员会带领群众认田、过田、插界和办理土地证书。

5 月底开始分山。由乡、区宣传员宣讲分山办法，推举土地干事，由他们会同土地委员一起主持分山事宜；池塘也要分，一般是以村为单位，按照池塘大小，分组放鱼。

分田进行得很顺利，不仅实现了毛泽东提出的“一要分，二要快”的指示精神，而且“凡是建立了赤色政权的地方……不论反动派的家属、豪绅的家属，只要在赤色政权下能遵守赤色的纪律而且不应杀的，一律平均分配土地，孤儿寡母老弱病残大小男女一律平均分配土地”。

东固革命根据地分田（油画）

农民群众对均分田地劲头很大，热情很高。到 1930 年 5 月，赣西二十一县，县县都开展了分田工作，少数县分了一半，多数县全分了。这中间，吉水县的分田工作开展得最好，尤其是水南、白沙两区，平分土地进行得最彻底。他们的做法是，首先划分地主、富农、中农、贫农和雇农五个阶级，然后没收地主、公堂会社和富农的土地，以及地主的全部财产和富农的多余的财产。

这次分田虽然取得很大成绩，但由于时间比较仓促，加上经验不足，仍然存在一些不足。一是分配的田地肥瘦不匀。因为当时强调“抽多补少”，抽出来的大多数是瘦田，使贫雇农分进的田多是差田、远田，而富农留下的田多是好田、近田。个别地方，有些政府工作人员多分田，分好田。二是各乡（村）都留了不少公田，没有彻底分配下去。三是分了田，没有分清，进田的人要补偿本钱给原耕。有的富农乘机敲诈，每石谷田要补小洋两元。四是不准土地出租和买卖，因而劳力不足的农户只能荒田。五是有的地方分了田，却没有焚毁地契，使有些农民存在怕靠不住的顾虑。

第二次分田

为了解决第一次分田存在的问题，1930 年 8 月以后，赣西南地区又进行了第二次分田，使土地革命得到深入发展。

首先划分阶级。根据每户土地、山林的占有，剥削和被剥削的情况，划分出雇农、贫农、中农、富农和地主五种阶级成分。很多群众在苏维埃政府的领导组织下，大胆揭发土豪劣绅横行乡里、为害百姓的罪行，大胆检举地主富农剥削和压迫贫苦农民的罪行，进行面对面的斗争；其次，实行“抽肥补瘦，好坏搭匀”原则。富农田多，不能只把瘦田抽出来，还要抽出一定数量的肥田，做到好坏搭匀。这样，富农再也不能把持肥田。贫苦农民分进了肥田，在经济上得到了实惠，心里更满意了。

此次分田改变第一次以村为单位分配，确定以乡、区为单位，分配标准也有改变，在家的每人一份，工人每人半份，外出的每人一份的五分之二。由乡土地委员会根据土地的土质和水利等条件分成三等，以生产量为标准折成稻谷石数，在原分土地基础上进行调整。土地好坏基本搭匀。同时作出“无偿得田，分田分青”“允许出租收租”等规定。此外，还要求彻底分完土地（含公田），全部焚毁田契，还要分配耕牛、房屋、农具。这些新规定纠正了原来分田中的偏差，使苏区的土地分配更加深入，富有成效。在彻底分配土地的同时，东固等地均分了油茶山，而竹木山没有分，由乡苏维埃政府管理，农民每年无偿修山一次，需要竹木的，经苏维埃政府许可才能采伐。茅草山随便采伐。孤儿寡母由所在乡苏维埃政府负责全部生活费用。

东固、纯化区土地分配情况

东固区只分了一次土地。1929 年 7 月，根据《兴国土地法》进行土地分配。其方法是：以乡为单位，按土地肥瘠，分甲乙丙三等拉平，按人口平均分。口号是“搭匀来”。土地所有权属于苏维埃政府。由土地委员会调查登记土地数量，划分肥瘠等级及调查人口数目。然后，不分性别，自 3 岁以上计算 1 个人口，平均分配，最少的乡每人分得 3 亩以上，从事手工业的工人分半份，码头、矿山工人不分田。

纯化区分了三次田。第一次是在 1929 年 12 月，好歹搭匀分。第二次是在 1930 年 3 月，以原耕为基础，抽多补少。第三次是在 1930 年 11 月，统计全区人口与土地数，算出人均得田细数，然后以乡为单位，抽肥补瘦，分配土地。

土地分配运动后，广大农民的生产积极性和革命热情显著提高，纷纷要求组织起来，保卫革命政权和土地革命果实，他们不仅努力耕种好自己所分的那些土地，而且大力垦荒，将一切可以开垦的土地都开垦出来，向生产的深度和广度进军。革命根据地的经济面貌发生了很大的变化。地方武装和不脱离生产的群众性军事组织——农民赤卫军、少年先锋队，在原有的基础上飞跃发展。他们农忙时进行生产劳动，农闲时进行军事训练。由于根据地内比较稳定，他们多活动在边沿地区，进行打击敌人、发动群众的斗争。

第五节　赣西南苏区时期的经济文化建设

随着武装斗争的不断胜利和土地革命的深入开展，使赣西南根据地不断得到壮大和巩固，但是敌人并不甘心失败，在对根据地不断进行军事“进剿”的同时，也进行严密的经济封锁，使苏区军民的生产生活面临极大的困难。为了打破敌人的经济封锁，赣西南各级党组织和苏维埃政府在工业、农业、商业、金融、教育、医药、交通、邮电等方面采取了许多积极有力的经济措施，着力解决军民生产生活及战争需要的物资供应，粉碎国民党的经济封锁。在分配土地基础上，动员苏区人民恢复和发展工农业生产，建立健全各种经济服务机构，创办和完善文化、医药等服务设施，以适应和满足苏区军民的战斗和生活需要，支援革命战争，巩固苏维埃政权。

一、经济建设

在农业生产方面，各级苏维埃政府也大力奖励发展农业生产，帮助各自然村组织生产小组，进行互助互耕，开展生产大竞赛活动，推动生产的发展。粮食亩产由一二百斤增至三百斤以上。

在工业生产方面。利用当地的自然资源，开发小铁矿和瓷土矿，同时办起了兵工厂、工艺厂、锅炉厂、农具修理厂、熬硝厂、油墨蜡纸厂等，提供军需民用。1929 年 10 月，由东固消费合作社总社兴办了锅炉厂、农具加工修理厂，铸造犁头、犁壁、铁锅、铁罐等生产、生活用品，修理各种农具，还生产硝盐，缓解食盐紧缺困难。1929 年年底在东固创办油墨、蜡纸厂，生产誊写蜡纸和油墨，主要供应区、乡政府和红军的办公用品。1930 年秋，在东固三彩山坑村创办山坑印刷厂，又名列宁书报社，由于条件简陋，印刷品没有铅印，全系油印。攻克吉安城后，充实了印刷机械设备，印刷品主要是文化课本和列宁主义书刊。同年 10 月，在吉安城成立了工农银行印刷所。11 月，该所迁至东固瑶下。1931 年春与列宁书报社合并为“江西印刷所”，兼印江西工农银行的钞票，采用石印印刷。第二次反“围剿”时迁往兴国水头庄，改名兴国印刷厂。

在金融商贸方面，1928 年 10 月成立的东固平民银行发行了中国工农政权的第一张纸币，该银行成立初期是用油印印刷纸币，1930 年 11 月红军退出吉安时给平民银行带来了两台石印机印刷纸币。起初发行的纸币面值为 1 元、5 角、200 文、100 文 4 种。1929 年又扩大基金 8000 银圆，增发面值 10 枚、20 枚、50 枚、100 枚 4 种铜圆券 2 万元，不久又增发 2 元面值票。由于东固平民银行资金充足，坚守信用，随到随兑（白区群众可持该行发行的纸币兑换银圆、铜圆），手续简便，服务周到，人们乐意使用东固平民银行的纸币，其流通范围扩展到永丰、吉水、泰和、兴国等县边缘山区。1930 年 3 月，东固平民银行改称东固银行，隶属赣西南苏维埃政府财政部。同年 11 月，在东固银行的基础上成立江西工农银行。1929 年 10 月，采取政府拨款和群众集股、投股的办法，成立了东固消费合作社，下设东固、南龙两个分社。1930 年 6 月，纯化区消费合作社在陂头成立，全部由群众入股组建。各消费合作社主要经营布匹、油盐、食糖、黄烟、火柴、雨鞋、草鞋、斗笠等南北杂货。东固消费合作总社还经营生产资料、生产工具及收购山货等。各合作社均派出采购人员，利用交通站的关系，通过地下渠道，到吉安城、值夏、兴国等地采购布匹、食盐等紧缺物资，并高价收购小贩运进山的食盐，平价出售给苏区军民。

二、交通通信

赣西南革命斗争时期，苏区军民创建了递步哨、传山哨和交通站，作为传送公文、密件的通信机构，后成立赤色邮政局。1929 年 3 月东固赤色邮政分局成立，由钟声佾任分局长，次年初由颜子光接任。自此，苏区建立了以赤色邮政为主、交通站为辅的邮政通信网。邮路均为步班，以分局为中心，分东西两路。东路为东固—南龙—龙冈；西路为东固—山坑—富田—陂头。邮递员肩挑背驮运送和投递邮件。1930 年 3 月，赣西南赤色邮政总局在富田成立，10 月迁入吉安城“林志记”商行，管理吉安和邻县的赤色邮政。邮路以富田为中心，东路可达东韶和南丰、宁都县城，西路可达永新、莲花、萍乡等县城，逐步沟通了闽浙赣、湘赣革命根据地的邮政通信网，经营信件、包裹、汇兑等多种业务。同年 5 月，颁布了苏区第一个“邮政简章及工作大纲”，发行了苏区第一套赤色邮票。同年 10 月 7 日，在赣西南赤色邮政总局的基础上成立了江西省赤色邮政管理局，并制定了《赤色邮政暂行章程》。同年 10 月，赣西南苏区各地设立了秘密军事交通站，每十里一站，设站长一人、交通员四人。同月，江西省苏维埃政府及军事部组建了以吉安为中心的九条交通线，即：吉（安）萍（乡）线、吉新（余）线、吉闽（西）线、吉永（新）线、吉赣（县）线、吉分（宜）线、吉乐（安）线、吉南（康）线、吉（安）福线。吉安设总站，分站 34 个，纵横沟通 17 个县。

三、文化教育

赣西南革命根据地开办的学校有四类：第一类是列宁小学，或称“平民小学”“劳动小学”，以学龄儿童为对象，如“东固平民小学”“东固中心列宁小学”。一般区设中心列宁小学，乡设高级列宁小学，村设初级列宁小学，实施免费的强制性义务教育，7—14 岁儿童必须入学；第二类是各类夜校、识字班，以成年人为对象，如 1930 年后赣西南苏区各乡村普及识字班、识字牌。参加识字班（组）学习的以妇女和中老年人居多。以就近就便为原则，五六家划为一组，3—10人成立一个识字班（组），每班（组）选一个稍识字者为组长，负责教群众识字，组长不认识的字问夜校教师。从生活需要和工具名称教起，先易后难。毛泽东称赞“此法较大”，朱德称这种学习是“中国历史上最大的学习运动”[①]。各村的识字运动委员会或消灭文盲协会组织夜校老师及识字组（班）长，在通衢要道、村头路口等检查路条的地方竖起识字牌一块，由日学或夜校的教师负责，按教学计划拟定的顺序，每天或隔天在牌上写2—3个字，绘上图。由站岗守路的考问过路的人，以收到复习巩固的效果。1930年起，赣西南苏区以扫除文盲为中心的工农业余教育蓬勃兴起。夜校、半日学校和业余补习学校逐渐普及。这些学校大都设在人口较集中，交通较便利的地方，一般每村一所，有些附设在本村列宁小学内，以方便工农群众入学；第三类是专门学校，有列宁师范学校、职业学校、政治学校等，如1931年1月在东固敖上创办的“红一方面军无线电训练班”，培养造就了中国工农红军第一批无线电

东固敖上红一方面军无线电训练班旧址

① ［美］艾格尼丝·史沫特莱，梅念译:《伟大的道路——朱德的生平和时代》，东方出版社2005年版，第320页。

通讯兵；第四类是大学，其任务是培养高级专门人才，如1929年3月在东固螺坑办起的“红二团教导队”，在富田陂下村成立的“中国工农红军学校”。据当时资料记载，红军学校的学员和地方红军部队一起，分别参加了第三、第四、第六、第八次攻打吉安的战斗，表现英勇。1930年6月，中国工农红军学校从富田陂下迁到陂头永慕堂办学，改称为赣西南红军军官学校第三分校（简称“红三分校”），前期由朱德任校长，毛泽东任政委，陈奇涵任教育长，陈东日任学生总队长，学员增加到600多人。红三分校后迁至吉安青原山阳明书院旧址。同年10月，红军攻下吉安城后，又迁至吉安城内第五中学。同年11月，红军撤离吉安时，红三分校又迁至吉安县永阳办学。赣西南各种教育机构的建立，为苏区群众提供了受教育的机会。根据刘士奇的报告，通过这些文化教育活动，“很多不识字的女孩子，参加了革命以后能写很短的信及标语之类的东西”[①]。

赣西南根据地文化娱乐活动也开展得十分活跃。几乎村村都有俱乐部，这里是村民们的主要文化娱乐场所，村民们不仅经常在这里聚会，听取苏维埃领导的政治报告，经受政治思想教育，而且经常在这里举行文化娱乐活动。尽管俱乐部设备简陋，甚至连凳子也没有，需要村民们到时随身携带；乐器也很不全，主要是锣鼓、二胡等，但村民们都喜欢到这里来，男女老幼，无一例外。他们在笑语欢歌中消除着一天的疲劳，在彼此的窃窃私语中交流着心中的秘密。每逢节日，俱乐部都有文艺演出，演革命新戏，唱革命小调，大家喜气洋洋，使节日的气氛更加浓郁。文艺演出之前，赤卫队、少先队、童子团、妇女会都要相互拉歌，情绪非常饱满。当时在赣西南根据地，几乎人人会唱革命歌曲，诸如《国际歌》《少先队队歌》《红军歌》《十骂反革命》《十骂国民党》《十骂蒋介石》等可说是无人不晓。文化娱乐活动的活跃，展现了根据地人民的革命风貌，反映了翻身后的工农群众对文化艺术的追求和对革命新文艺的创新。

---

① 江西省档案馆、中共江西省委党校党史教研室编:《中央革命根据地史料选编》上册，江西人民出版社1982年版，第355页。

四、医疗卫生

赣西南根据地的人民称医院为“看病所”。赣西南苏维埃政府和各县、区苏维埃政府都开办了看病所。医生多半是聘请来的，医药大多是中草药。1928 年 10 月，红二团在东固三彩山坑村筹建了一所小医院，只有几张病床，有医务人员十余名，中、西药相结合治疗伤病员，但大多用草药。1929 年 2 月，东固会师后，该院迁至东固瑶下村，改为赣西南第一后方医院，扩大规模，有病床 180 张，接待了红四军 300 多名伤员，住不下的便安排到村民家中去。毛泽东、朱德曾到医院看望、慰问伤病员。1930 年至 1931 年间先后并入兴国第一后方医院和兴国红军总医院。1930 年在东固设立了赣西南苏区总药材部，由中医科医师詹悠春负责。总药材部以中草药为主，兼设门诊部，治疗枪伤、刀伤、毒疮等外科疾病。詹悠春医师通晓中医外科，医德好，深受百姓欢迎。其他医务人员工作人员一般能看内外科、伤科等。因此，苏区总药材部在老百姓中口碑极好，也为苏区红色卫生事业的发展写下了浓重的一笔[①]。1930 年 2 月，为配合红军攻打吉安，在富田山中村建立了赣西南第三后方医院，院长为胡崇瑞，有医务人员近 40 人，人员不够时，还从当地抽调群众帮助做看护、勤杂工作。医院设备较好，中、西药较充分，并采用麻醉术，外科能做截肢手术。同年 10 月 4 日，红军攻克吉安城，吉安惠黎医院戴济民医师在青原山创办红军医院，设内科、外科、轻伤、重伤四个所，医师七人，护理员数十人，伤病员 600—700 人。11 月，该院随红军撤离吉安而转移。

---

① 江西省吉安县县志编纂委员会编:《吉安县志》，新华出版社 1994 年版，第 523 页。

第六节　赣西南苏区时期“左”倾错误对革命的影响

一、召开赣西南“二全”会议

赣西南苏区自二七会议和赣西南第一次党代会后，革命斗争蓬勃发展，广泛深入的土地革命把千百万群众充分发动起来了，打破了封建桎梏的束缚，动摇了国民党反动派的统治基础。随后由于李立三“左”倾错误的贯彻执行和内部肃反工作扩大化的错误，不但破坏了赣西南苏区发展良好态势，丧失了有利革命时机，而且使土地革命遭受挫折。

1930 年 5 月，李文林、曾山作为赣西南苏区代表，分别从赣西永阳和广东南雄赴上海参加全国苏维埃区域第一次代表大会。会后，曾山作为前委常委随红一军团前委行动。六七月间，全国苏维埃区域代表大会和党中央政治局会议精神开始在赣西南革命根据地传达贯彻，使二七会议以来赣西南党组织所实行的各项正确方针政策受到干扰。6 月 12 日，赣西南特委发出《赣西南特委通告（列字第十三号）》，对国内外及江西的政治形势均作了“左”的过高估计，认为“中央布置的以武汉为中心的湘鄂赣，以广州为中心的闽粤桂的一省或数省政权前途的实现已不是很远的事实”。认为“眼前的形势千真万确是马上可以完成赣河（江）流域中段，同时巩固南段，开展北段的形势，他的前途是汇合赣东北的抚河波[鄱]阳湖、赣西北的袁河修水河、南浔路，很快的夺取江西全省政权，并努力争取湘、鄂、赣、闽、粤数省政权前途的实现。”通告由此提出赣西南党组织目前的 11 项中心任务，其中包括“集中武装扩大红军扩大武装斗争”，“马上拿下吉安、赣州，完成赣西南的赤色政权”，“党必须无情地反对机会主义的领导”等。

8 月 5 日，中共赣西南特委在吉安县横江渡召开第二次全体会议，史称“二全会议”。参加会议的有特委委员十人，各路行委都派人参加。李文林主持了会议。

会议传达了李立三主持的党中央批评“赣西南政治路线的错误”和所谓“农民意识特别浓厚，保守观念，武装不集中等错误”。把毛泽东为代表的依照客观条件建设根据地中心区域的坚实基础并波浪式发展根据地的政策，批评为“农民意识”“保守观念”“取消城市工作”。

不但如此，这次会议还将受毛泽东支持的刘士奇作为重点打击对象，指责刘士奇有“农民意识”“保守割据观念”。为了避免矛盾激化，刘士奇中途退出会场，但李文林、段良弼等人认为他是有意对抗，竟撤销了他的赣西南特委书记职务，并且开除其党籍，交由中共中央批准。会议改选了特委常委，选举曾山、王怀、郭承禄、萧道德、李文林等五人为常委，郭贞、陈婉如为候补常委，由曾山任书记。

二、“左”倾错误的影响

赣西南特委“二全”会议的召开，把赣西南革命根据地的各项工作从原来正确的轨道上滑入了“左”倾错误的轨道。自“二全”会议后，喊出一切工作向北猛进的口号，“把保守观念的迷梦惊醒了，转变过去集中力量向中心城市（吉安、樟树、赣州等）进攻”，“立三路线传达到了赣西南党，党的路线犯着盲动冒险主义，放弃对苏区的巩固工作”，“为着要响应一、三军团进攻九江、南昌，会师武汉，争取全国革命胜利，为着要完成赣西南地方暴动，开展大的局面，为着要根本消灭赣西南反动余孽，因此坚决的举行第八次攻吉（安）、第五次攻赣（州）”，从 1930 年 8 月下旬至 9 月上旬，组织攻吉前委第八次攻打吉安，由于红军部队和农民武装无法突破敌人强固的工事，在受到严重伤亡的情况下，被迫实行退却。“自总攻击后，红二十军损失不少，死伤在二三百人”[①]。

赣西南特委没有及时地总结红二十军和赣西南地方武装第八次攻打吉

① 中共吉安地委党史办、吉安师专政史系、中共吉安县委党史办编：《赣西南革命根据地史》，1993 年印，第 139 页。

安失利的经验教训，又组织“攻赣指挥部”，于 9 月底第五次攻打赣南重镇赣州。结果，除了导致红军兵力的损失和农民武装的伤亡外，仍未攻下赣州。

由于赣西南特委采取“绝对集中武装，一支枪也要集中去”攻打大城市的方针，因而“在赣西南集中地方武装以后，对苏区的巩固发展，发生了最不好的影响，一方面集中武装，中心城市攻不下，原有的苏区又不能抵抗地主武装的侵扰，结果苏区被破坏，红色城市（指县城）失掉，群众受着地主武装的摧残，增加群众失败情绪”。在绝对集中武装的方针下，把地方工农的武装几乎一人不剩的完全编入正式红军，结果地主武装活跃起来，肆意蹂躏许多赤色区域。

过左的土地政策也干扰赣西南革命根据地的土地革命斗争。在“借到立三旗帜的赣西南特委‘二全会议’开过后”，认为“赣西南的经济完全停留农业经济上面，自耕农比较多，生产不集中，我们现在要组织集体农场，第一步就从雇农方面着手，把豪绅地主的田集中起来，使雇农共同耕种，创造一个规模出来，慢慢地使农民群众对于共同生产的观念在脑筋里留个痕迹，再逐步推广转私有生产为共同生产，走上社会主义经济的前途”，“鼓动贫农中农起来斗争，造成反富农的浓厚空气”。并具体规定：“征收土地税累进税是供给斗争的财富，需要在这种累进税征收之下，应以保护贫农联络中农打击富农为原则，贫农中农的税要轻，富农须要抽收百分之十五的土地税，在发动斗争需要时可无代价的散发富农剩余粮食及筹款等”①。这就大大超越了革命发展阶段，严重地脱离实际，脱离群众。虽然在赣西南革命根据地内，“这一时期‘立三路线’的集体农场制度等，没有接受”，但是，过左的土地政策和经济政策上的反富农斗争，影响了赣西南革命根据地土地斗争的深入开展，给干部群众的思想造成了混乱。

赣西南“二全”会议的影响直到 1930 年 10 月的新余罗坊会议，才最

① 中共吉安地委党史办、吉安师专政史系、中共吉安县委党史办编:《赣西南革命根据地史》，1993 年印，第 137 页。

后使赣西南党向正确转变，使赣西南党在政治上思想上统一于总前委，接受总前委的正确领导，贯彻“诱敌深入”的战略方针，也就完全停止了执行“二全会议”的决议，最后放弃攻打南昌、九江的错误主张，全力以赴投入第一次反“围剿”的准备工作。

三、赣西南苏区肃反

赣西南苏区在1929年冬开始肃反，原先的目标是肃清混入红军和地方党组织、苏维埃政权内的地富豪绅分子及其他反革命分子，后扩大到抓“AB团”分子的斗争。1930年初，吉安城被认为是“赣西南AB团大本营”。“赣西各县都有他们的组织活动，尤其以吉安、吉水、安福、万安等县为最活跃”。矛头逐渐对准地主富农出身的党员和干部。同年6月，赣西南党团特委、西路行委联合印发了根据前委一号通告精神写的《反改组派AB团宣传大纲》，提出“AB团是江西豪绅地主的封建组织，是江西豪绅地主的集合场”，“工农群众必须认清这些阶级敌人，我们的刺刀和枪炮应该对准改组派AB团勇猛地杀去”。

1930年12月，总前委根据一些人在逼供下的假口供，派人到红二十军中抓捕“AB团”分子。红二十军少数领导人眼看自己也将被错定为反革命并遭受逮捕，抱有极大的怀疑和不满，于是于12月12日带领部队直奔富田，天黑时部队赶到富田，包围了省苏维埃政府驻地，缴了省苏维埃政府警卫排的枪械，抓了几个人，释放了被错捕的同志。正在开会的省行委负责人发现情况，在混乱中借夜幕逃脱。

事变发生后，红二十军渡赣江开往永阳，在赣江以西地区开展游击活动，并提出分裂红一方面军领导的口号。这时，以项英为代理书记的苏区中央局，一方面指出发动富田事变是严重错误；另一方面采取解决党内矛盾的方法，动员红二十军回到赣江以东。但是，1931年4月，中共中央代表团到达中央根据地后，根据同年3月中央政治局《关于富田事变的决议》，认定富田事变是“AB团”所进行的“反革命行动”，混淆了党内矛盾与敌我矛盾的界限，使许多干部因党内意见分歧被打成“AB团”分子，遭到错误的处理甚至被错杀。

这就是在赣西南苏区发生的震惊一时的富田事变。肃清“AB团”的斗争，是严重臆测和逼供信的产物，混淆了敌我，造成许多冤案、假案、错案，教训是非常深刻的。

第五章 东固革命根据地之融入中央革命根据地，成为中央苏区的重要组成部分

1930年10月，红军攻下吉安城后成立了江西省苏维埃政府。这个省级苏维埃政府的成立，为中央革命根据地的最终创建形成创造了条件，也引起了以蒋介石为首的国民党反动派的恐慌，先后对中央苏区发起了五次反革命“围剿”，东固革命根据地成为了中央苏区第一、二、三次反“围剿”的主战场。随着第一、二、三次反“围剿”战争的全面胜利，1931年11月，中华苏维埃第一次全国代表大会在瑞金召开，正式选举产生了中华苏维埃共和国临时中央政府，标志着以瑞金为中心的中央革命根据地的正式创建形成，中央苏区进入了全盛发展时期。

中华苏维埃共和国临时中央政府成立后，在东固革命根据地核心区域成立了中央苏区公略县，成为中央革命根据地西北的重要前哨阵地，由此，东固革命根据地完全融入了中央革命根据地的范围，是中央苏区的重要组成部分。公略县委、公略中心县委及永丰中心县委领导广大人民群众加强党组织和苏维埃政权建设，积极开展波澜壮阔的扩红支前运动，支援和参加第四、五次反“围剿”战争，开展轰轰烈烈的土地革命运动和经济文化建设，为中央苏区的巩固和发展作出了巨大的贡献。

第一节　江西省苏维埃政府的成立和中央革命根据地的初步开创

一、江西省苏维埃政府在吉安成立

1930年10月4日，红一军团占领吉安。5日，红一方面军总部暨红一军团总部、中共赣西南特委和赣西南苏维埃政府等领导机关在全城人民的热烈欢迎下，全部进驻吉安城。6日，红一方面军总前委和赣西南特委召开扩大会议，讨论在原江西省苏维埃筹备处的基础上成立江西省苏维埃政

江西省苏维埃政府成立大会（油画）

府，并拟定江西省苏维埃政府委员名单。7日，在吉安城中山场举行十万人“庆祝吉安暴动胜利大会”，宣告江西省苏维埃政府成立。在《宣布本政府成立及政纲》中指明“本政府为应付斗争需要，担负完成全省总暴动的一切任务，系临时组织性质，应于最短期间，召集全省工农兵代表大会，正式成立”。阐明了省苏维埃政府的宗旨是驱逐帝国主义势力，打倒军阀，消灭一切反动派；提出了武装工农群众，扩大红军100万，“完成全省暴动，争取武汉附近各省首先胜利”的奋斗目标，明确规定深入土地革命，完成全省土地没收和分配，帮助贫苦农民组织生产、贩卖、借贷合作社，改良农田水利，促进农村生产的任务；并制定一系列方针政策，改善工人生活，提高妇女地位，保障革命群众的民主权利，废除苛捐杂税，保护城镇工商业，普及城乡教育，提高工农文化水平。政纲最后宣告对外“联络苏联及全世界无产阶级”[①]。

江西省苏维埃政府的最高机构为执行委员会，曾山、方志敏、萧韶、郭真、刘其凡、陈正人、张国焘、毛泽东、刘仁、王桂生、欧阳五佳、李文林、邵式平、罗寿南、刘文甫、王伯平、陈婉如、刘九峰、彭德怀、袁德生、袁德熬、曾炳春、王怀、刘铁超、丛允中、龙超清、周鉴清、杜隆奎、罗炳辉、滕代远、萧道德、宋坤如、周高潮、朱昌偕、陈毅、李茂生、刘天干、许细毛、胡竹笙、黄公略、杨岳彬、左蓝、龚桃蓝、段起凤、邱达三、古柏、刘光万、金万邦、郭承禄、朱德、涂振农、王申选、刘门金共53人为委员，由曾山任主席。

执行委员会之下设秘书处和军事、财政、土地、教育、内务、外交、劳动、建设、司法各委员会（亦称部）。因当时斗争形势需要，先成立财政、军事两个部，由周冕任财政部部长，金万邦任军事部部长。

为便于督促检查全省苏区各县、区苏维埃政府的工作，设立赣西、赣南、赣东、赣东北、赣西北五个办事处。江西省苏维埃政府所辖范围为吉安、吉水、泰和、万安、永新、遂川、宁冈、安福、宜春、分宜、新余、

① 中共吉安地委党史办、吉安师专政史系、中共吉安县委党史办编:《赣西南革命根据地史》，1993年印，第128页。

峡江、清江、永丰、乐安、南丰、广昌、宁都、瑞金、石城、兴国、赣县、于都、安远、寻乌、会昌、信丰、南雄、南康、上犹、崇义 31 个县。这是我党在土地革命时期成立的第一个有实际意义的省级苏维埃政府。

江西省苏维埃政府成立后，立即领导和组织扩红、筹款、支前、肃反等工作。到第一次反“围剿”前夕，为红军补增新兵 8000 人，筹款 60 余万元。创办印刷厂，印刷布告、传单、歌曲、工农识字课本等，还办了三所被服厂，为红军做棉衣、夹裤、袖章、挎包、绑腿、军帽、米袋、子弹带等，使红军在吉安全部换上过冬服装。与此同时，“大捉土豪劣绅牧师神父与反动资本家”。

10 月 13 日，为夺取南昌、九江，实现江西全省首先胜利的战略计划，红军主力奉命开到清江集中，向袁水流域推进，准备与赣东北红军取得联络。为此，江西省苏维埃政府组织 200 多人，随总前委北上工作，并设立赣西办事处指挥赣西工作，肃清反动残余武装，继续征调新兵等。

同年 12 月，富田事变发生后，江西省苏维埃政府被迫停顿工作。省苏维埃政府主席曾山躲避在富田附近沙村一个多月才来到宁都总前委处。省苏维埃政府军事部部长金万邦和财政部部长周冕被当作“AB 团”首领而拘捕。

1931 年 1 月，中共中央派项英来赣成立中共苏区中央局并处理富田事变，在解散江西省行委时，决定准备召开赣西南群众代表大会，成立特区苏维埃政府。在特区苏维埃政府成立之前，省苏维埃政府正常办公。于是，省苏维埃政府逐步恢复活动。4 月，省苏维埃政府主席团召开会议，要求“把那些 AB 团分子开除惩办”，补选执行委员 24 人。并决定取消各路办事处机构，由省苏维埃政府直接指挥各县。5 月，江西省苏维埃第一次代表大会在兴国县城召开，正式产生江西省苏维埃政府，由曾山任主席，陈正人、陈家俊任副主席。

江西省苏维埃政府的正式成立，使江西红色区域的革命斗争有了统一的领导机关，为中央革命根据地的形成创造了条件，奠定了坚实基础，成为土地革命战争时期政权建设的一个里程碑。

二、成立江西省行动委员会

在红色风暴席卷赣西地区的大好形势下，1930 年 4 月底到 9 月初，赣西南特委在红军主力远离赣西的情况下，抓住时机组织地方武装和数十万群众，连续发动六次武装攻打吉安城的行动，但因武器装备太差、进攻能力不强等原因没能成功，却极大地增强了红色区域广大革命群众的胜利信心。特别是第八次攻打吉安以后，吉安周边均已被赤化，赣西地区红色区域急速扩大到 30 余县，使吉安成为了革命力量包围之下的一座孤城。1930 年 10 月初，红军和 10 余万赤卫队及革命群众，向吉安发动第九次进攻。10 月 4 日，毛泽东、朱德率领红一军团攻克吉安城。14 日，红一方面军总前委与赣西南特委在吉安城召开联席会议，决定撤销中共赣西南特委，将赣西南党、团、工会合并，成立中共江西省行动委员会。委员会由 13 人组成，由李文林任书记，李文林、曾山、陈正人、段良弼、丛允中为常委。内设组织部，部长为丛允中；宣传部，部长为陈正人；秘书处，李白芳为代理秘书长。机关驻吉安城西。

中共江西省行动委员会下设赣西、赣南、赣东、北路、赣东北、赣西北六路行委。赣东行委辖永丰、乐安、南丰、宁都、兴国等县，书记为龙超清；赣南行委辖赣县、于都、大余、崇义、瑞金、会昌、寻乌、安远、信丰、南康、崇仁、石城、南雄等县，书记为郭承禄；赣西行委辖永新、宁冈、安福和泰和、吉安、万安、吉水部分地区，书记为王怀；北路行委辖吉安县延福、坊廓、儒行，宜春，分宜，新余，安福、峡江及吉水部分地区，书记为刘其凡；赣东北、赣西北行委含九江、景德镇、上饶、鹰潭、南昌、宜春、抚州等市的全部或部分县市[①]。

1930 年 11 月 12 日至 15 日，江西省行委在吉安城召开扩大会议，毛泽东代表总前委出席，会议传达了罗坊会议精神，布置暂时放弃吉安城，作战略转移，并讨论深入土地革命中一些具体政策。12 月 12 日，在

① 中共吉安县委党史工作办公室编著：《中国共产党吉安县历史》第一卷（1921—1949），中共党史出版社 2013 年版，第 119、120 页。

赣西南中心地吉安富田发生富田事变。红二十军离开富田渡过赣江，前往吉安县永阳，在赣江以西湘赣苏区一带活动，脱离总前委领导。1931年1月17日，苏区中央局派人到永阳，向富田事变的领导人宣布解散省行委。

三、中共中央决定以赣西南根据地为依托创建中央苏区

1930年10月4日，红军打下吉安城以后，鉴于赣西南苏区已成为全国最大最为巩固的一块革命根据地，湘鄂赣苏区与赣西南苏区毗邻，也较为巩固，1930年10月24日，中共中央政治局讨论通过的《关于苏维埃区域目前工作计划》便明确决定："我们现在确定湘鄂赣联接到赣西南为一大区域，要巩固和发展它成为苏区的中央根据地。"中共中央决定建立的"苏区的中央革命根据地"，亦称"中央苏维埃区域"，或称"中央苏区""中央区"。中共中央政治局在此之前的10月17日还作出决定，在"苏区的中央革命根据地"立即成立中共苏区中央局（以周恩来为书记），并决定即将成立的中华苏维埃临时中央政府、中央革命军事委员会都设在中央革命根据地内。以赣西南革命根据地为依托，以江西省苏维埃政府在吉安成立为重要标志，"苏区的中央革命根据地""中央苏区""中央区"等名称的出现，标志着中央革命根据地初步开创。[①]

第二节　东固革命根据地内三次反"围剿"战争

一、反"围剿"战争"诱敌深入"作战方针的制定

1. 峡江会议的召开

1930年10月4日，红军占领吉安城，使赣西南红色区域连成一片，

① 中共江西省委党史研究室：《中国共产党江西简史》，江西人民出版社2011年版，第34—35页。

革命根据地迅猛发展。国民党反动派察觉到红军的力量不可小觑，于是不得不暂时缓和自身矛盾，妄图联合起来扑灭革命。从10月开始，蒋介石先后调集罗霖、毛炳文、公秉藩、张辉瓒、谭道源等11个师、3个旅及3个航空大队共10万兵力分布于樟树、抚州、南昌、高安、上高及闽赣边地区，对红一方面军渐成“围剿”之势。

红一方面军攻克吉安后，总兵力发展到4万人，在袁水与瑞州河之间的地区分兵发动群众，扩大苏维埃区域。党的六届三中全会召开后，会议精神尚未传达到赣西南苏区，红一方面军中很大一部分干部战士还没有认识到李立三“左”倾冒险错误的危害。攻打南昌、九江，占领交通要道，争取以武汉为中心的数省首先胜利的影响还严重存在。红军行动应该指向哪里？围绕打不打南昌这个行动方向问题，军队内部的争论仍没有平息。总前委在吉安城北郊黄泥塘召开会议进行讨论，决定继续按计划向南昌、九江前进，夺取江西政权。10月13日，红一军团总部在吉安发出《移师北上向清江集中的命令》。与此同时，毛泽东作出策略性布置，以“有计划、有配合、有步骤地夺取南昌、九江”为理由，将部队的行动作灵活而谨慎的布置，先向袁水流域推进①。17日，总部到达峡江。此时，得知国民党军阀中原混战已经结束。毛泽东敏锐地看到国内形势的变化，判断蒋、冯、阎之间的军阀战争停止后，蒋介石即将调兵遣将集中兵力进攻红军。18日，总前委在峡江巴邱镇北门一民房内召开总前委扩大会议，史称峡江会议。参加会议的有总前委委员，军以上干部：朱德、朱云卿、杨岳彬、林彪、罗荣桓、黄公略、蔡会文、罗炳辉、谭震林、彭德怀、滕代远、邓萍、张纯清、何长工、袁国平、刘作农、宋乔生；长江局代表周以栗；还有江西省行动委员会李文林、曾山、曾炳春、陈正人等20余人。会议由毛泽东主持。会议对时局的估量、行动问题、土地问题和资本问题进行讨论，并作出决议。会议批驳了李立三所谓“军阀混战越打越大”、面临总危机论调，否定了“立三路线”理论基础，教育了一批干部。

---

① 中共吉安地委党史办、吉安师专政史系、中共吉安县委党史办编：《赣西南革命根据地史》，1993年印，第157页。

峡江会议是红一方面军总前委由怀疑“立三路线”进而反对“立三路线”，开始转变到正确的路线上来的一次会议。但限于当时历史原因，没有也不可能完全摆脱“立三路线”的束缚，直到后来的罗坊会议才正式形成转变。然而，在党的六届三中全会精神还未传达下来之前，总前委审时度势，能坚持从实际出发，自觉地纠正“立三路线”，这就从思想上为这个转变的正式形成作了充分准备。

2. 罗坊会议的召开

1930 年 10 月 21 日，红军到达清江县太平圩，总前委又召开太平圩会议，根据敌人已进入江西对我进攻的形势，会议讨论红军的军事行动问题。24 日，根据会议精神，总部发布“在袁水及瑞州河之间工作待机的命令”。决定部队在袁水和瑞州河之间布置工作，以主力沿袁水配置，在这一带发动群众，筹措给养，扩大红军并训练打下吉安后招收的 8000 新兵，准备与来犯之敌作战的条件。部队到此就不再继续往北前进。25 日，红一方面军总部到达新喻（余）罗坊。在面临敌人大规模“围剿”的情况下，1930 年 10 月 25 日至 30 日，红一方面军和江西省行动委员会在新喻（余）罗坊召开联席会议，史称罗坊会议。参加会议的有红一方面军毛泽东、朱德、彭德怀、滕代远、杨岳彬、朱云卿、古柏、黄公略、林彪、罗荣桓、罗炳辉、何长工、袁国平；中央长江局代表周以栗；江西省行委书记李文林，宣传部长陈正人；江西省苏维埃政府主席曾山等人。会议通过《关于目前政治形势与一方面军及江西党的任务的指示》，确定了“诱敌深入”的反“围剿”作战方针。

“诱敌深入”战略方针的确定，是总前委在紧急关头作出的一个关键性决策，充分体现了总前委和毛泽东坚持实事求是，一切从实际出发的精神，体现了毛泽东高瞻远瞩的战略家的伟大气魄。

11 月 1 日，红一方面军总部在罗坊的园前村发布《移师赣江东岸分散筹款的命令》。正在这时，红三军团内部分官兵，是平江、浏阳、阳新、大冶一带人，留恋家乡，因此，对东渡赣江想不通，仍坚持红一军团和红三军团“夹江而阵”。这显然不利于红军集中兵力粉碎敌人“围剿”，而且有使一、三军团分离的危险。为了解决这一问题，11 月 4 日，红三军团前委在峡江仁和圩召开团以上干部会议，周以栗以中央代表的名义出席会议。会上，彭德怀从大局出发，表示坚决维护罗坊会议的决定，执行总部的命令，认为“做了决定的东西，不能随便改变”，“必须反对地方主义，在政治上以朱、毛为旗帜，集中统一红军，一、三军团不再分开”。如果“一、三军团分开，对目前准备粉碎蒋介石的大军进攻不利”。明确表示：“总前委的决定是正确的，我是一定要过江的，有意见到赣江东岸去讨论”[①]。由于彭德怀在关键时刻立场坚定，并耐心说服反对过江的同志，从而使部队于 11 月 5 日拂晓渡过赣江。按照计划，6 日，红四军、红十二军也在峡江县城附近渡过赣江。这就使推进到袁水流域的敌军扑了一次空，打乱了鲁涤平消灭红军于袁水流域的狂妄计划。鲁涤平得知红军主力渡赣江，随即兵分三路向吉水、永丰、乐安、崇仁、宜黄跟进，企图寻找红军主力决战。红一方面军除以少数兵力配合赤卫队迟滞敌人外，主力按照“诱敌深入”的作战方针，继续向根据地的中心东固及周边退却，于 12 月 1 日到达宁都西北部的黄陂、小布地区。敌军除占领一些苏区外，企图与红军主力决战的计划又宣告破产。

二、第一次反“围剿”战争取得辉煌胜利及在东固公审处决张辉瓒

1. 赣西南军民反“围剿”准备

1930 年 12 月 16 日，各路敌军开始向赣西南根据地中心进攻。19 日，新编第五师（后改为第二十八师）进占东固。20 日，第十八师进到东固，与新编第五师发生误战，第五十师进到乐安招携，第六十师进到万安县赣江西岸地区，第六十一师进到泰和。21 日，第二十四师进到草台冈，第八

① 中共吉安地委党史办、吉安师专政史系、中共吉安县委党史办编:《赣西南革命根据地史》，1993 年印，第 157 页。

师进到新丰市、三坑。敌人在进攻过程中，不断遭到我赣西南根据地军民的阻击、袭扰，后方运输又常为我军民所切断，加上根据地实行坚壁清野，使敌军给养困难，饥饿疲惫，士气沮丧，减员很大，许多弱点都已暴露出来。这就为赣西南军民粉碎敌人的“围剿”，提供了有利条件。

总前委在罗坊决定“诱敌深入”的作战方针后，江西省苏维埃政府在吉安召开赣西各县负责同志会议，由省苏维埃政府主席曾山传达罗坊会议精神，部署了应敌措施。11 月 11 日，江西省苏维埃政府成立全省军事委员会，由省苏维埃政府军事部部长金万帮任主席，统一指挥赣西南的地方革命武装。12 日至 15 日，毛泽东在吉安先后参加赣西南行委和江西省行委扩大会议，对撤出吉安和坚持赣江西岸斗争的工作作了周密的部署。18 日，红军撤出吉安，江西省苏维埃政府于 19 日转移到吉安的陂头，随后又转到富田。24 日，江西省苏维埃政府发出紧急通告，指示“各级政府要督促工作人员深入到群众中，告诉群众坚壁清野，把油盐柴米都埋起来，断绝敌人粮食，使敌人没有饭吃不打自垮”。为严密监视进攻苏区之敌和及时了解敌军动态，根据地加强赤色戒严，在交通要道设立瞭望哨，各区乡组织侦察队，并在吉安与新余、闽西、萍乡、永丰、赣县、分宜、乐安、南康、安福之间，建立九条军事交通干线，以备战时迅速传递军事情报。当敌军占领吉安并向根据地中心推进时，江西省苏维埃政府对袭敌扰敌的工作进行具体部署：命令红二十二军以一师配合吉安儒林区的群众，向吉安神冈山之敌袭扰；吉安市总工会纠察队和纯化区工会纠察队，配合水东群众向吉安之敌进扰；红十二军教导队与吉安纯化区群众配合，在七姑岭至张家渡一带阻滞敌军；吉安水南、东固的群众和地方武装，准备配合红军主力消灭敌人。与此同时，组织了担架队、运输队、交通队、洗衣队、慰劳队支援前线，配合红军作战。根据地群众为红军捐款捐粮，仅永丰和吉水县苏维埃政府就为红军筹款 6 万多元。许多地方的应敌工作得到了毛泽东的表扬。赣西地区的军民，为了配合红军作战，还对敌人展开了积极的钳制行动，对过境的第十九路军进行了广泛的阻击战。广大群众在敌十九路军必经的道路上，掀起了大规模的破路活动，拆除桥梁，挖断道路，并设置各种障碍以迟滞其行动；同时进行坚壁清野，凡是敌人能够利用的各种物资都隐蔽起来，连吃饭使用的碗筷亦都沉入水塘；妇女、儿童和老弱群众，也都有组织地疏散隐蔽到深山里去；赤卫队、少先队都动员起来配合主力红军和地方武装，采取灵活的游击战，积极打击敌人。赣江以西广大群众配合红三军和红二十军，曾一度攻占安福、泰和两县城。

由于赣西南军民同心协力反“围剿”，这就筑起一道打不破的铜墙铁壁，使入侵之敌寸步难行。敌五十师师长谭道源在给蒋介石的电文中写道：到赤区作战是漆黑一团，如同在敌国一样。敌十八师在遭受惨败后供称：“东固暨其以东地区，尽属山地，蜿蜒绵亘，道路崎岖，所有民众，多经匪化，且深受麻醉，盖匪即是民，民即是匪。对于我军进剿，不仅消极的认为恶意，且极端仇视，力图抗拒。如是，对于我军作战上发生下列之困难：第一，我军师行所至，农匪坚壁清野，悉数潜伏山中；第二，潜伏山中之匪徒，对于我军状态窥探无遗。如是，我军企图完全暴露；第三，我军不仅不能派遣一侦察，即欲寻一百姓探问道路，亦不可得，以故我方对于匪情全不明确，即对友军之联系也不容易；第四，山地道路崎岖，行军已感困难，而匪徒对前进之道路也无不大加破坏，我之前进，几使我无路可走，盖一则可予我之极大疲劳，一则无形中可迟滞我军。……其所以不放一枪自行放弃其极坚固之东固匪巢者，即欲诱我深入匪区，予我以上述种种痛苦，而发挥其特长，将我一举包围而歼灭之也[①]。

2. 红一方面军战略反攻的准备

在地方苏维埃政府发动群众做好反“围剿”准备工作的同时，红一方面军退却到宁都的黄陂、小布地区集结，随后加紧转入战略反攻准备。1930年12月上旬，毛泽东在黄陂主持召开红一方面军总前委扩大会议，传达党的六届三中全会精神，明确地指出李立三“左”倾冒险错误，从而

① 《第十八师失败之检讨》（1931年），中共江西省委党史研究室等编：《东固·赣西南革命根据地史料选编》第二册，中央文献出版社2007年版，第769页。

进一步提高了干部对“诱敌深入”方针的认识，并研究转入战略反攻问题。12月22日，总前委在黄陂印发《八个大胜利的条件》，对红军能够粉碎敌人“围剿”的有利条件进行具体分析，八个大胜利的条件的主要内容是：第一，国际形势有利于阶级决战，不利于帝国主义；第二，国内形势有利于阶级决战，不利于蒋介石、鲁涤平；第三，我们的战略好，着着胜利，敌人的战略差，着着失败。诱敌到赤色区域。敌人要我们到白色区域同他打仗，我们偏不去。我们要敌人到红色区域，敌人不得不来。我们不去，使他的轮船火车工事都无用了。他们来赤色区域，我们的梭镖也就更厉害了。敌人到赤色区域，就好像虾子落到了滩头。这一着就是敌败我胜；第四，我们有群众配合，敌人没有，我们得到群众帮助，担架队运输队救护队，报告敌情，带路做交通，到处都有群众出力做帮手。敌人没有，敌人没有人带路，没有人送信，没有人报告消息。只有破坏他的交通，捉他的探子，扰乱他的后方；第五，我们的兵力是集中的，敌人的兵力是分散的，我们以最大的火力给他一路一路击破，教他其余的路虽来也无用。这就叫集中兵力各个击破，断无不胜之理；第六，我们的军队是团结的，敌人的军队是动摇的；第七，我们准备充足，敌人财政恐慌；第八，我们得地利，敌人不得地利。宁都、永丰、兴国一带既是赤色区域，又是山多岭峻，路又窄，地又险，敌人的大步伐摆不开，大炮哪，机关枪哪，也失去作用。红军行动又快，地势又熟，山前一个正面攻击，山后一个包抄打来，要教那陷在那里的白军走投无路。打个片甲不留。《八个大胜利的条件》正确地分析了形势，阐明了红军的战略战术原则，列举了红军作战的优点和敌人的弱点，指出了红军战胜敌人的八个有利条件。这个材料在赣西南苏区广为散发，对动员苏区军民粉碎敌人“围剿”起了重要作用。在广泛进行政治动员的同时，红一方面军总部还根据过去的作战经验和战术等方面存在的问题，颁发《三十条作战注意》，对红军作战的指导思想、原则和要求，以及战场纪律、战场救护、后方工作和战后注意事项等问题，作了简明而具体的规定。红一方面军各部队以此为教材，进行战前的军事教育和训练，对反“围剿”作战的胜利和红军军事素质的提高，起了积极的作用[①]。

为了动员根据地军民为粉碎敌人“围剿”、保卫根据地而斗争，12 月 25 日，红四军总前委在宁都小布河滩上召开了“苏区军民歼敌誓师大会”。会场上贴着毛泽东亲自拟写的表达反“围剿”战略思想的大字对联：“敌进我退，敌驻我扰，敌疲我打，敌退我追，游击战里操胜算；大步进退，诱敌深入，集中兵力，各个击破，运动战中歼敌人。”大会上毛泽东作了动员讲话，深刻分析了敌必败、我必胜的各种条件，进一步增强了赣西南军民的胜利信心。小布誓师，苏区军民众志成城，同仇敌忾。

经过上述一系列的准备，赣西南军民随即转入反“围剿”的战略反攻。

3. 龙冈大捷活捉张辉瓒

1930 年 12 月上旬，蒋介石偕鲁涤平到南昌，召集党、政、军高级官员举行“剿共军事会议”，亲自组织对红一方面军进攻，并狂言“此股一经扑灭，其余自易解决”。12 月 7 日，蒋介石在南昌下达第一号作战命令，宣称“为歼灭各部红军之目的，决于吉安、泰和、赣州以东，永丰、乐安、南丰以南地区向东固红军根据地包围而聚歼之”，企图以分进合击的战略，会攻赣西南革命根据地的中心——东固，将红军主力一举消灭。为加强指挥，蒋介石在南昌设立“陆海空军总司令南昌行营”，以鲁涤平兼行营主任，统一指挥“围剿”军。16 日，各路敌军开始向赣西南根据地中心进攻。19 日，新编第五师（后改为第二十八师）进占东固。20 日，第十八师进到东固与新编第五师发生误战，第五十师开进招携，第六十师开进万安县赣江西岸地区，第六十一师开进泰和。至 12 月下旬，进攻苏区的敌军已迫近红军的集结地。张辉瓒的第十八师一个旅进行到东固南龙，谭道源的第五十师进至源头，许克祥的第二十四师经东韶进至洛口，毛炳文的第八师进至头陂、大岭地区，公秉藩的第二十八师进至东固殷富。这时，一部分敌军已深入到苏区腹地。总前委鉴于深入苏区腹地的敌军已疲惫不堪，且已迫近红军集结地，

① 《第十八师失败之检讨》（1931 年），中共江西省委党史研究室等编：《东固·赣西南革命根据地史料选编》第二册，中央文献出版社 2007 年版，第 769 页。

认为举行战略反攻的条件已成熟。为打好反“围剿”的第一仗，毛泽东对敌我形势进行了具体地分析，认为消灭张辉瓒、谭道源师的条件具备：张、谭两师是“围剿”军的主力，红军实行中间突破，消灭此两师，敌之东西各师便被分离为远距离之两群，“围剿”就基本上打破了；两师各约 1.4 万人，且分驻两处，易为红军集中兵力各个击破；张、谭两师所在的龙冈、源头接近红军的集中地，且人民条件好，容易隐蔽接近敌人，实施奇攻。根据以上分析，总前委决定对敌人实行中间突破的战略，先打张辉瓒、谭道源两师。

12 月 26 日，红一方面军总部得知驻源头的谭道源师于午后进至距小布 15 里的树陂地。红一方面军决定在小布设伏，歼灭谭道源师未果。28 日，红一方面军总部得知张辉瓒师由潭头向上固、龙冈推进，决定改换目标，首先消灭张辉瓒师。29 日晚，红一方面军总司令部在君埠街发出《攻击进攻龙冈之敌张辉瓒师的命令》。30 日拂晓，围歼张辉瓒师的龙冈战斗打响。这天，龙冈山雾弥漫，能见度极低，红军在龙冈撒下天罗地网。上午 8 时许，张辉瓒部遭受红三军先头部队第七师迎头痛击。敌人随即以两团兵力向红军猛攻，被红三军英勇击退。张辉瓒一面组织兵力顽固抵抗，一面急电留守东固的第五十四旅速经南龙赶来增援。下午 3 时，张辉瓒亲自指挥四个团的兵力，对红军阵地实施猛烈反击，企图孤注一掷，突出重围。这时，红军切断了龙冈与东固、殷富敌军的联系。张辉瓒部已陷入红军的四面合围。下午 4 时左右，红军发起总攻击令，一时军号齐鸣，杀声震天。敌军阵脚顿乱，企图从西北突围未逞，随即溃不成军，到处逃窜，师部也被压至龙冈附近的毛家坪、万功山一带。担任正面攻击的红三军直捣张辉瓒师部，张辉瓒的警卫营长见大势已去，集合全营缴械投降。至黄昏，龙冈战斗全部结束。这次战斗全歼国民党军第十八师师部和两个旅 9000 余人，缴获各种武器 9000 余件和无线电台 1 部①，敌副旅长洪汉杰、

① 其实是一部发报机，因不慎损坏，只能收报不能发报，可谓“半部电台”。但这“半部电台”极其珍贵，意义十分重大，毛泽东说：“我们工农红军从此也有了千里眼、顺风耳，这是克敌制胜的一大法宝”。红军以这“半部电台”起家，运用无线电通信在此后的历次反“围剿”战争中及时获取情报、有效歼灭敌人屡建奇功。

团长朱志先当场被击毙，旅长王捷俊、代参谋长周纬黄、团长李月峰被俘。红军打扫战场时在万功山腰活捉了张辉瓒。

4. 东韶战斗重创谭道源师

红军取得龙冈首战胜利后，深入苏区各路敌军纷纷收缩。12 月 31 日，红军移驻小布。总前委和总部根据当前敌我形势决定挥师向东，乘胜追歼敌谭道源第五十师。1931 年 1 月 1 日，总部发出胜字第一号命令，“决以全力扑灭谭师”。2 日，红军获悉“谭师因闻张师惨败，已于本日晨 5 时逃退”。红一方面军当晚发布胜字第二号《追击敌谭道源师的命令》，“决于明晨追击东韶之敌”“以树政治上之声威”。3 日上午 10 时，担任正面攻击的红十二军和左翼的红三军团进抵东韶附近，随即向谭道源师发起猛烈进攻。红军不断突破敌人的阵地，从西、南、北三面紧缩包围，并延伸到后方威胁敌指挥部。下午 1 时，总部发起总攻击，红军占领雪崖垴高地，利用有利阵地向敌猛烈攻击，敌伤亡惨重，营以下长官 30 余人被打死打伤。下午 3 时，敌全线不支，准备突围，向东和东北方向逃跑，红军奋起追击，歼其一部。下午 5 时，东韶战斗胜利结束。这次战斗共歼敌师一个多旅，俘敌官兵 3000 余人，缴获武器 2000 余件。

龙冈、东韶战斗，使敌军“围剿”赣西南苏区的两个主力师遭到惨重损失。这时，第十九路军仅有一部分到达兴国，无力进攻。福建方面各部又无迅速入赣的可能，败局已不可挽回。鉴于这种情况，鲁涤平只得下令收兵：命朱耀华第五十四旅撤到吉水，谭道源第五十师残部到抚州集合待命，罗霖第七十七师退守吉安，公秉藩第二十八师移驻值夏；第十九路军集中兴国；第六路军主力移南丰。至此，敌人对赣西南根据地的第一次“围剿”以失败而告终。

第一次反“围剿”的胜利，极大地鼓舞了根据地广大军民的斗争意志和必胜信念。对第一次反“围剿”取得的辉煌胜利，毛泽东满怀豪情，于 1931 年春欣然挥笔写下了《渔家傲·反第一次大“围剿”》这首词，以示纪念：

万木霜天红烂漫，
天兵怒气冲霄汉。
雾满龙冈千嶂暗，
齐声唤，
前头捉了张辉瓒。

二十万军重入赣，
风烟滚滚来天半。
唤起工农千百万，
同心干，
不周山下红旗乱。

从 1930 年 12 月 30 日到 1931 年 1 月 3 日，赣西南军民在五天之内两战两胜，共毙伤俘敌 1.5 万人，缴获各种武器 1.2 万件。为庆祝第一次反“围剿”的伟大胜利，1931 年 1 月 28 日根据地军民在东固举行盛大集会。公审国民党军第十八师师长张辉瓒。大会根据群众要求，就地处决了张辉瓒。随后，红一方面军在宁都、乐安、永丰、南丰、宜黄、广昌、黎川、建宁、宁化等地摧毁地主武装土围子，分兵发动群众，扩大苏区，筹集经费，准备粉碎敌人新的“围剿”。

三、第二次反“围剿”战争红军横扫七百余里取得五战五捷重大胜利

1. 苏区中央局确定第二次反“围剿”方针策略

为粉碎敌人的第二次“围剿”，1931 年 3 月中旬至 4 月中旬，苏区中央局在宁都黄陂、青塘三次召开中央局会议，专门讨论红军第二次反“围剿”战争的方针策略问题。3 月 18 日，苏区中央局在宁都黄陂召开第一次扩大会，会上除传达贯彻中共中央六届四中全会精神外，就第二次反“围剿”的战略方针问题进行了讨论，但未能就战略方针问题作出决定。4 月

17日，苏区中央局在宁都青塘召开会议，第二次讨论红一方面军第二次反“围剿”战略方针的问题，由于意见分歧严重，使苏区中央局无法作出决定。毛泽东建议吸收红一方面军各军军长、政委以上干部参加会议。苏区中央局接受了毛泽东的建议，在青塘召开扩大会议，第三次讨论战略方针问题。参加会议的人员除中央局主要领导外，扩大到各军军长、政委，有的参谋长和政治部主任也参加会议。经过这次讨论，确定了苏区作战方针，虽然分兵作战的问题未最后解决，但“先打一仗”则必须集中兵力。30日，苏区中央局在东固敖上召开扩大会议，第四次讨论第二次反“围剿”的战略方针问题。会上，苏区中央局先请毛泽东作报告。毛泽东在分析敌我双方的形势后指出：这次“围剿”军虽然增加到20万，但和第一次“围剿”一样，多是杂牌军，非蒋介石嫡系，军队虽然多，但有许多弱点，如行动不一致，指挥不统一，官兵矛盾大，士兵不愿打红军，没有群众条件，地形不熟，给养运输困难，等等。我们在军事力量的对比上虽然小，但有三个有利条件：第一红军好，广大红军指战员斗争情绪非常高涨，上下团结，官兵一致，随时准备战斗；第二群众好，群众得到土地革命的利益，对红军热烈拥护，对敌人非常痛恨，因此，拥护和支持红军战争；第三是地势好。我们对于这一带的地形非常熟悉，可以利用优越的地势条件去进攻敌人。根据以上分析，毛泽东认为，我们占有地利人和的条件，是完全可以在根据地内部打败敌人进攻的。我们可以以少胜多，在历史上以少胜多的事实很多。其次，毛泽东分析了第一仗打谁的问题。他从实际出发，分析了同志们提出的先打第十九路军蒋光鼐、蔡廷锴和第六路军朱绍良、毛炳文、胡祖玉的不利。蒋、蔡的军力较强，不易打胜，且在兴国时间较长，完成了防御工事，两个师又集中在一起，不易分割；去打兴国，等于攻坚，放弃了红军的长处——运动战；如果一时攻不下来，北边的敌人压过来，红军就要吃亏，即使打下兴国，北边的敌人势必靠拢，难于打破“围剿”。这是无把握之仗。第六路军朱、毛、胡都是蒋的亲信，兵力亦较厚；且打它就向西扫，西边为赣江所限，打完后，无发展余地。若打完再东转，又劳师费时。毛泽东提出先打第五路军。第五路军兵力最大，有五个师，可算是这次“围剿”的主力，但同时又是敌军的弱点所在。这支部队，从北方新到，不服水土；一入山区，鸟道羊肠，崇山峻岭，行动都感到困难，更不用说在山地作战了。而且这五个师均为杂牌军，互相猜疑，各怀鬼胎，对我恐惧，士气不振，打垮他们之后，向东横扫，可在闽赣交界之建宁、黎川、泰宁地区扩大根据地，征集资财，便于为打破敌人的下一次“围剿”作准备。毛泽东的这些意见完全为会议所接受，并承认过去的“分兵”策略是错误的。最后决定“坚决的进攻，艰苦的奋斗，长期的作战，以消灭敌人”。而总的作战方针，仍是“诱敌深入”，集中优势兵力歼灭敌人。至此，毛泽东“诱敌深入”的作战方针再次得到肯定。

2. 反“围剿”前形势和对战争的准备

第一次“围剿”失败后，蒋介石仍不善罢甘休。1931 年 1 月 29 日，令军政部部长何应钦以湘鄂赣闽四省“剿匪”司令名义代理总司令职权，到江西指挥四省“围剿”部队及汉口、南昌两行营，并兼南昌行营主任，组织对赣西南苏区的第二次“围剿”。2 月 4 日，何应钦到达南昌，部署“围剿”行动。蒋介石确定这次“围剿”“以厚集兵力、严密包围及取缓进为要旨”，“以主力分别由东、西、北三方面进剿，一部由南面协剿，并依稳扎稳打，步步为营之原则”[①]，逐步对苏区紧缩包围圈，以期彻底消灭红一方面军，摧毁赣西南苏区。以原参加第一次“围剿”的军队为基础，增调王金钰的第五路军、孙连仲的第二十六路军以及第五十二师和第五师的一部到江西，前后共纠集 18 个师又 3 个旅共 20 万兵力，参加对赣西南苏区的第二次“围剿”。

3 月下旬，敌军部署完毕，各路敌军已先后集中江西及其附近地区，其具体作战部署是：第十九路军由蔡廷锴代总指挥，辖第六十师（师长由蔡廷锴兼）、戴戟第六十一师和马昆的第三十四旅，由兴国向龙冈头、宁都进攻；第五路军由王金钰任总指挥，辖上官云相第四十七师、公秉藩第二十八师、郭华宗第四十三师、郝梦龄第五十四师、罗霖第七十七师，由

① 中共吉安县委党史工作办公室编著：《中国共产党吉安县历史》第一卷（1921—1949），中共党史出版社 2013 年版，第 128 页。

吉安、泰和、吉水、永丰向东固、藤田方向进攻；第二十六路军由孙连仲任总指挥，辖第二十五师（师长由孙连仲兼）、高树勋第二十七师、关树人骑兵一师，由乐安、宜黄向东韶、小布进攻；第六路军由朱绍良任总指挥，辖胡祖玉第五师、毛炳文第八师、许克祥第二十四师、路孝忱新编第十三师，由南丰、八都向广昌、黄陂进攻；韩德勤第五十二师担任维护赣江交通和当地“清剿”任务；刘和鼎第五十六师出宁化的安远，周志群新十四旅出宁化，卢兴邦第三十四旅出连城和长汀，张贞第四十九师出上杭和武平，香翰屏第六十二师出蕉岭，防堵红军向东南转移。这样，敌人就在西起赣江、东至建宁的700里漫长战线上，布下了一条弧形阵线，向赣西南根据地取包围之势。按照“稳扎稳打，步步为营”的战略，敌军每天仅推进5里、10里或20里，每前进一步，先派出小部队侦察，然后大部队跟进。与此同时，纠集苏区的地主组织“善后委员会”和“守望队”，配合其主力的军事行动。敌军进入苏区后，大肆烧杀抢劫，放马践踏禾苗，屠杀耕牛，烧毁房屋，企图造成苏区经济困难和人心恐慌。4月1日，何应钦下达总攻击令，向赣西南腹地大举进攻，“限各路于月内克复各县，会师广昌，于国民会议开会前肃清朱毛”。至此，敌人加紧了对赣西南根据地和红一方面军的第二次反革命“围剿”。

在敌各路军队集结赣西南苏区周围时，红一方面军为引敌轻进作好反“围剿”准备，主力即从边缘地区南移到苏区中心。3月中旬，召开赣西南地方部队和赤卫军、少先队工作会议，对地方武装的任务、编制、训练、战术等作详细的讨论和规定。会议确定建立东、南、西、北、中五个指挥部，并把赣西南苏区划为九个作战区：第一区为宁都、广昌、南丰、乐安，由东路指挥部负责指挥；第二区为吉安、吉水之赣江东岸，由中路指挥部负责指挥；第三区为永丰，由永丰县苏维埃政府军事部负责指挥；第四区为兴国、于都北部，由兴国县苏维埃政府军事部负责指挥；第五区为西河区，其主要任务是截断敌第十九路军的后路；第六区为东河区，由东河指挥部负责指挥；第七区为泰和、万安、遂川，主要任务是监视赣江上游之敌；第八区为河西区及北路，以红二十军为骨干，配合群众袭扰河西之敌；第九区为湘东南，以湘东独立师为主干，配合群众截扰由湘入赣之敌。为发挥地方武装的作用，毛泽东还主持拟定通令，指示地方武装在开展游击战争、配合红军歼敌中，要运用好“敌进我退，敌驻我扰，敌疲我打，敌退我追”的游击战术和执行“化整为零，化零为整”的扰敌、堵敌、截敌、袭敌、诱敌、毒敌、捉敌、侦敌、饿敌、盲敌十项任务，并广泛开展宣传活动，争取群众，瓦解敌军，使进攻苏维埃区域的敌人陷入人民战争的汪洋大海之中。

为保证反“围剿”战争的胜利，在经济上开展筹集资财的运动。红一方面军总司令部分别在1月中旬和2月下旬颁布分散筹款和继续东移筹款的命令。经过努力，基本上筹足了三个月的给养。5月8日，中央革命军事委员会发出《节省经费的训令》，要求大家：“为了阶级利益自愿吃苦”，从现有经费内节省出半月的经费。训令发出后，从干部到士兵都积极响应，自觉执行。为节省经费，有的到山上去挖竹笋，下田捡田螺、捉泥鳅，到河里捞鱼虾，节省伙食费；有的上山砍松油代替灯油，节省灯油费；有的一张纸用上四次，节省办公费。同时还成立战争经济委员会，统一管理战时经济。这样，为第二次反“围剿”战争胜利创造了良好的经济条件。在赣西南苏区，成千上万的群众带着担架、扁担、箩筐等随时准备参战支前；地方武装积极配合红军作战，苏区军民进行赤色戒严。

在苏区中央局关于反“围剿”作战方针确定后，红一方面军开始战略退却，实行“诱敌深入”作战方针，即诱敌深入，集中优势兵力，击其虚弱，歼敌于根据地之内。4月23日，毛泽东率红一方面军主力3.4万多人向龙冈、上固、东固地域集结。为便于了解敌情，及时捕捉战机，红军再向西移40里，集结于东固山区，总部驻扎东固敖上村。

毛泽东、朱德率领红军主力集结东固后，东固苏区党组织、苏维埃政府动员广大人民群众迅速行动起来，开展紧张的战备工作：（1）赤色戒严，封锁清息。为把敌人变成聋子和瞎子，东固党组织根据省苏维埃政府军事部、赣西南赤卫军总指挥部两个赤色戒严令的要求，将东固、龙冈和兴国等地划定为临时戒严区。在戒严区范围内，实行红军总司令部和省苏维埃政府印刷的特别通行证，没有通行证的，无论何人不准通行。对形迹可疑

东固敖上第二次反“围剿”军民誓师大会旧址

者扣留，小商、贩客严加盘查。除此以外，在戒严区域内对地主富农分子、一切反革命分子和流域分子进行管制。由于对进入苏区的人严加审查，外出的人要持特别通行证，所以，红军虽然隐伏在敌人的鼻子底下，却没有走漏半点风声。（2）站岗放哨，监视敌情。为监视敌人的动静，东固地方党组织把东固人民组织起来，按不同年龄编成赤卫队、少先队、儿童团，协助红军设关立卡，盘查来往行人，担负着站岗放哨的任务。为严密地监视敌人，他们在东固的白云山、观音崖、九寸岭、锅都岭等山顶设有瞭望哨，每条路口设有明岗暗哨，每块要地都布有巡逻人员，随时掌握敌人的动静。为使敌人不易进入苏区，还组织地方武装，破坏通往东固的要道和桥梁，时时扰乱敌人。东固地方党组织还加紧对敌的侦察工作，经常选派男女老少各式人员化装成商贾、乞丐、僧道等潜入敌军驻地，侦察敌军，为红军制定作战方案提供依据。（3）组织群众，搞好后勤。东固地方党组织，为了更好地支援红军打败敌人的反革命“围剿”，把所有的群众都组织起来，并根据各自的能力，分别组织了不同的队伍：聪明机智的编为侦察队、交通队；熟悉地形的编为向导队、快枪队；身强力壮的编为土枪队、土炮队、救护队、运输队、给养队；老人、妇女、儿童编为洗衣、送粥饭、送茶、做鞋、慰劳及宣传队。（4）厉行节约，共渡难关。红军集结东固后，3万红军和1万多群众的生活逐渐感到困难。起初，粮食由龙冈等地运来。后来战势越来越紧张，龙冈等运粮线被截断，粮草紧张。为了保证红军用粮，东固群众主动将自己的储粮献出来。有5升的借3升，有3升的借2升。军民同甘共苦，共渡难关。东固地方党组织领导人民为策应红军隐伏击敌做了大量的战备工作。

红军主力则隐藏于东固深谷丛林中，一方面开展政治学习，整修武器，军事训练，为实施战略反攻作准备；另一方面，红军遵照总部发布的《动员部队帮助群众插秧耕田的训令》分散到各个村庄，帮助老百姓耕田插秧。毛泽东、朱德等率先垂范，亲自带领红军总部指战员在敖上村九斗坵帮助老百姓莳田。在红军战略退却阶段，战略反攻诸条件准备就绪，已经造成

毛泽东在东固敖上九斗坵莳田（油画）

有利于我不利于敌的形势。3 万红军隐藏在东固待敌达 25 天之久，终于引敌就犯，进而歼之，拉开了第二次反“围剿”战争胜利的序幕。

3. 白云山首战告捷

从 1931 年 5 月 10 日起，各路敌军继续向赣西南根据地的中心区域推进。其中以敌第五路军（王金钰）编为右路军（辖五个师）分为两个纵队，分别由吉安、吉水、永丰南进；以敌第二十六路军（孙连仲）编为中路军（辖三个师），由宜黄、乐安分两路出发，先后进占洛口、南团一线；以敌第六路军（朱绍良）编为左路军（辖五个师），主力先占领广昌，并以一部进占头陂、新安、白水一线；以敌第十九路军（蒋光鼐）编为南路军（辖两个师一个独立旅），以兴国为据点，进占龙冈、城冈、江背一线。其余七个师两个旅为守备队。11 日，何应钦电令敌王金钰的第五路军“不顾一切，奋勇前进，为期攻下东固，树各路之先声”。12 日，敌第五路军令第四十七师由现地富田出发，经九寸岭、观音崖向东固攻击前进。第二十八师由固陂圩出发，经山坑、中洞、头陂、向东固攻击前进。限令 15 日以前占领东固。敌第二十八师接电后作兵力部署：派敌第八十三旅旅长率一六五团、一六四团由固陂圩出发，经山坑、中洞、头陂、东固岭向东固攻击前进；派敌第八十二旅旅长率一六三团、一六六团置富田、九寸岭之间，作为后备队；敌师直属队尾随八十二旅跟进；敌师兵站留驻固陂圩，工兵营负责监护。敌两部兵力共有 11 个团，脱离其富田巩固阵地向东固前进。

5 月 13 日晚，毛泽东、朱德果断下达向进攻东固之敌实行反击围歼的命令。红军主力转移到白云山以南山区，总部设在白云山顶上一个古庙里，统一指挥红军和地方武装先打进驻富田的王金钰部。14 日下午 6 时，红一方面军总司令部无线电台截获敌二十八师准备 15 日向东固进攻情报。毛泽东、朱德、彭德怀等认为歼敌时机已到，下午 8 时，红一方面军总司令朱德、政治委员毛泽东发布《攻击富田消灭王金钰、公秉藩两师的命令》：“方面军决先消灭王（金钰）、公（秉藩）两师之敌，拟于后（16）日从左向富田方向出击”。15 日，国民党军第四十七师沿九寸岭、观音崖，第二十八

毛泽东、朱德指挥白云山战斗（油画）

师沿山坑、中洞、白云山齐头向东固推进。红一方面军立即对攻敌战斗作具体部署：红三军团（包括红三十五军）为左路军，对富田实行迂回包抄，15日进到江树头附近，16日经固陂向富田攻击前进，行动上须绝对隐蔽和严密封锁消息；红三军（缺三十五师）为中路（正面），15日拂晓进到罗坑、张家背、淘金坑一带，并占领白云山、更鼓、石唐、大垄一带阵地，16日午开始向桥头岗一线攻击前进。得手后以一部追击逃走之敌。以一部协助正面红四军侧击观音崖之敌；红四军（并六十四师）亦为中路（正面军），15日以全军进驻东固一带，以一师占领三彩、种湾前一线阵地，六十四师则应位置于蝎斗山之北端，16日分两路，一路攻观音崖，一路攻九寸岭、向富田之敌进歼，16日午后2时猛攻。红十二军（缺六十四师）为右路军，15日以一部占领大小垴一带主要阵地，牵制由上坊、罗坊、潭头三方面之敌，16日待左路与中路得手后，敌全线败退时刻相机向水南追击。如后天右路之敌不来，则为方面军之总预备队。红一方面军所属各部队，于15日拂晓从驻地分头出发，于16日进到各预定地区后隐蔽待敌。红一方面军总司令部和毛泽东、朱德亦于16日离开东固敖上进驻白云山头实地指挥战斗。彭德怀率领的红三军团主力神速地穿过蔡廷锴师和郭华宗师之间相距仅50余里的空隙，迂回到富田西面的固陂圩断敌后路。

5月16日拂晓前，毛泽东带着电台和警卫排登上白云山。接着，朱德带着总部少数人，在同行进的国民党军公秉藩第二十八师先头部队发生遭遇性接触后，也登上白云山。他们一起在白云山古庙中指挥全线战斗。这时，由小道悄悄前进的中路红三军主力已进到中洞南侧，处在居高临下的有利地形。16日凌晨，白云山战斗打响。待公秉藩师尾部离开中洞时，红军突然从山上猛攻下来，使毫无迎战准备的公秉藩师顿时陷入一片慌乱，仿佛遇到“飞将军”[①]从天而降。在右翼战场上，国民党军王金钰部第四十七师先于红军到达九寸岭、观音崖，其所部一个旅离开阵地向白云山进攻时，红军抓住战机，将敌军包围。双方短兵相接，经过激烈战斗，下午3时左右，第四十七师师部发出求救信号。这时，红军七师正向龙冈、枫边、崇贤、老营盘一带阻击敌第十九路军北上，掩护红军主力攻打富田。同时，泰和独立团助红军九师二十九团向富竹坑、湖岭背的驻敌进攻。激战到下午5时许，公秉藩第二十八师惨败，公秉藩在山坑欲爬山突围。19日，公秉藩在值夏被赤卫队俘获，后在释放俘虏时佯称为一般俘虏，遂领路费获释逃脱回到吉安城。此战歼敌第二十八师大部，俘敌副师长王庆龙、旅长柴乔松、参谋处处长朱子奇、团长吴宗周以下官兵4000余人，缴枪3000余支，无线电台1部。在歼灭敌公秉藩师的同时，16日午夜，担任攻击富田王金钰部上官云相师（第四十七师）战斗任务的红三军团向富田之敌发起攻击，此时红四军亦赶到。17日晨结束战斗，歼敌上官云相师一个旅的大部，俘敌官兵3000余人，缴获机步枪1000余支、山炮2门。这就是史上著名的白云山战斗。第二次反“围剿”首战告捷，为以后的连续作战创造了十分有利的条件。

---

① 《史记·李将军列传》：“（李）广居右北平，匈奴闻之，号曰汉之飞将军。”汉武帝时，将领李广很会带兵打仗，行军神速，常常出敌不意，被匈奴称作“飞将军”。这里指英勇善战的红军。

4. 白云山首战后红军横扫七百余里

红军白云山战斗胜利后，按预定计划追歼逃敌，由西向东横扫。敌第二十八师的残部和第四十七师一个旅的残部仓皇逃向水南；大源坑、潭头方面之敌郭华宗的第四十三师也向水南逃窜。1931 年 5 月 17 日，红军由富田乘胜东进，追击向水南逃窜之敌。在红军的追击下敌军只得向吉水白沙方向溃逃。19 日，红军在白沙截住逃敌，全歼敌人第四十七师一个旅的残部和第四十三师一部，余敌企图向永丰守敌靠拢。红军主力赶到后，将其全歼。红四军大部在白沙游击队的带领下，跑步抢占杨家寨通往永丰大路两旁山头，将一股股溃逃之敌消灭。白沙战斗俘敌官兵 3000 余人，缴枪 4000 余支，是第二次反“围剿”的第二个大胜仗。

白沙战斗胜利后，红军继续向东横扫。5 月 21 日，敌第二十七师第八十一旅的先头部队到达永丰中村，与东进至中村的红军前锋部队接触。红一方面军决定歼灭中村之敌，乘势直下南团。具体部署为：以红三军团为左翼，沿地盘源、张家岭、西源龙三路攻击中村之北；红四军为右翼，沿四十九脑向焦坑、罗华山、牛坑、龙上一线向中村南端攻击前进；红三军、红十二军为总预备队，沿龙坑、大江口、普化庵、木樟脑、伞子坑、中坑、濠源、桥下坑策应红四军相机进入源头、准备攻击南团，红十二军在红三军后行进，位于红四军阵地濠源、桥下坑附近，第二天攻击南团时跟红三军之后，担任右翼。5 月 22 日拂晓，红三军团、红四军由西南把中村团团包围。在中村的敌第二十七师师部及直属部队，以及第八十旅及直属队负隅顽抗。红军在赤卫队和地方革命群众的支援下发起总攻，敌师长高树勋弃马夺路逃到大金竹收容残兵；中村东边敌军退到大金竹。23 日凌晨，敌第二十七师余部在遭受相当损失后退守乐安、宜黄。第二十六军左纵队的第二十五师由南团、东韶向东陂、宜黄撤退。红军主力彻底击溃敌第二十六路军的“围剿”，永丰县人民听到红军在中村打败敌人，纷纷从几十里外赶赴战地，帮助红军救护伤员。此战俘敌官兵 3000 余人，缴获电台 1 部、各种武器 2000 多件，取得第二次反“围剿”第三仗的胜利。

中村战斗胜利结束后，5月23日，红一方面军总部进驻南团。为加强作战的指挥，在南团恢复以毛泽东为书记的中共红军第一方面军临时总前委。红一方面军作战的指导和组织均由临时总前委领导。临时总前委决定继续东进，攻打敌军第六路军朱绍良部。同日，敌第六路军第八、第二十四、第五师由广昌经千善先后向南丰退却。26日，毛泽东主持召开临时总前委会议，决定乘敌毛炳文、许克祥两师已撤离广昌，胡祖玉的第五师四个团尚在广昌，态势比较孤立之机，集中兵力歼灭广昌之敌。其部署是：27日，以红三军经甘竹向南丰急进，夺取南丰县城；红一方面军其余部队追击逃往广昌之敌。敌胡祖玉第五师（四个团）被包围在广昌城。27日晨，红军南、西、北三面攻城。敌第五师师长胡祖玉从城西指挥所登上山顶督战，被红军战士一枪击中其腹部，后死于南昌医院。城北敌人凭借自己的优良武器和坚固工事，负隅顽强，战斗十分激烈。毛泽东、朱德调集总预备队红三军团投入战斗。又令攻占甘竹的红三军一部和配合该军战斗的广昌独立营和3000多赤卫军回师北攻广昌城。敌军在红军的强大攻势下，纷纷夺顺化渡桥经千善东逃南丰。晚上9时，红军主力出敌不意从四面八方攻进广昌城，歼敌一个团，缴枪数百支，取得广昌战斗的胜利。

红军攻占广昌后，敌刘和鼎的第五十六师约7000人从宁化的安远以南地区撤回建宁城。红一方面军临时总前委决定集中主力攻打建宁的刘和鼎师。5月30日晚，临时总前委在里心地区开会，部署攻打建宁战斗，决定以红三军团为主攻部队，红十二军为预备队。31日，红三军团出现在建宁城下。城内守敌刘和鼎师出城迎战，被红军消灭三团之众，残敌争相从建宁桥渡河东逃，因拥挤落水不少。当日红军攻占建宁城，俘敌官兵3000余人，缴枪2500余支（挺）、无线电台1部，并缴获大批西药，胜利地结束了第二次反“围剿”的最后一仗。至此，参与“围剿”的20万敌军土崩瓦解，全线败退，被迫转入战略防御。

从1931年5月16日起至31日止，赣西南军民15天横扫700余里，连打五个胜仗，歼敌3万余人，缴枪2万余支，痛快淋漓地粉碎了敌人的第二次“围剿”。这次反“围剿”作战，是在毛泽东的正确战略思想指导下，坚持“诱敌深入”、集中兵力歼灭敌人的作战方针，反对“分兵退敌”的错误意见，实行先打弱敌、各个击破的战术原则而取得胜利的，巩固和扩大了苏区。毛泽东兴致所至于1931年夏写了《渔家傲·反第二次大“围剿”》这首词：

白云山头云欲立，
白云山下呼声急，
枯木朽株齐努力。
枪林逼，
飞将军自重霄入。

七百里驱十五日，
赣水苍茫闽山碧，
横扫千军如卷席。
有人泣，
为营步步嗟何及！

毛主席的这首词生动地描绘了反第二次“围剿”的首次战斗——白云山战斗的情景，热情地歌颂了根据地军民同仇敌忾的革命精神和人民战争的无敌威力。

四、第三次反“围剿”战争的胜利使赣西南和闽西根据地连成一片

1. 红军向赣西南苏区中心回师

1931年7月，蒋介石在对赣西南苏区的第二次“围剿”惨败后不到一个月，即带着英、日、德等国的军事顾问来到南昌，调集30万大军，亲任总指挥，以何应钦为前线总司令，采取“分路围攻，长驱直入”的作战方针，丧心病狂地向苏区发动了第三次“围剿”，企图彻底摧毁中央苏区。

红一方面军临时总前委预见到敌人必将进行第三次“围剿”，但没有

料到敌人新的进攻来得那么快，以致当敌开始进攻时，红军各部还处于分散状态。同时，部队经过第二次反“围剿”苦战后，没有得到充分的休息和补充，全军只有3万人。这就给第三次反“围剿”作战带来很大困难。6月30日，临时总前委决定将分散在闽西北、闽西、赣南广大地区筹款的红军主力迅速收拢，向赣西南苏区中心东固地区回师，准备适时转入反攻，粉碎敌人的“围剿”。与此同时，苏区中央局于7月4日发布《动员准备三次战争的问题》的特别紧急通知，部署进行政治动员、整顿地方武装、肃清反革命、实行赤色戒严、整顿群众参战组织、实行坚壁清野等项反“围剿”的准备工作。同时命令由粤桂边境转移到赣江西岸活动的第七军东渡赣江，同红军主力会合。

7月10日前后，红一方面军主力相继从各自工作区域出发，紧急行军，绕道瑞金以北的壬田，22日前到达于都以北的银坑、琵琶垄地区，同第三军主力、第三十五军、第七军会合。随后，稍经整顿，继续向西北方向转移，28日到达赣西南苏区兴国西北的高兴圩地区，完成回师集中的战略任务。国民党军队进入赣西南苏区后，东奔西走，寻找红军主力决战，却到处扑空。7月底，蒋介石发现红一方面军主力已集中在他侧背的兴国地区后，立刻集中九个师的兵力，分路向兴国扑来，企图消灭红军主力于赣江东岸。8月上旬，各路国民党军纷纷向高兴圩地区逼近，重兵密集，把红一方面军主力压缩在以高兴圩为中心的方圆数十里狭小范围内。红一方面军已处在北、东、南三面受敌和西临赣江的危险境地。毛泽东、朱德决定实行中间突破，向东南的莲塘、良村方向突围，求歼战斗力较弱的一路敌军，尔后进击龙冈、黄陂，调动敌人于运动中予以各个歼灭。

2. 莲塘战斗

1931年8月5日晚，红一方面军主力近3万人利用夜幕掩护，从崇贤、兴国两地敌军之间20千米的空隙中，沿着崇山峻岭秘密东进。敌人对红军这一行动没有察觉，其第一、第二路进击军在红三十五军等部的牵引下，正在扑向赣江边，这就为红军进击敌第三路军创造了有利条件。6日，红军主力到达莲塘、官田地区，红三军团同敌第三路进击军前卫上官云相的第四十七师第二旅接触。红一方面军首长决定迅速歼灭该敌，实行中间突破，然后向北发展，求歼第三路进击军主力。当晚，红三军团（并指挥第七军）和红三、红四、红十二军（缺第三十五师），秘密向敌接近，于7日拂晓突然发起猛攻，激战至上午9时，将敌第二旅及由良村西出侦察的一个多营全部歼灭，毙敌旅长谭子钧，取得了第三次反“围剿”的首战胜利。

3. 良村战斗

莲塘歼敌后，红军当日挥戈进攻距莲塘15千米的良村地区的敌第五十四师。途中与该师由良村向莲塘增援之敌第一六〇旅遭遇，迅速歼其一个团，毙敌旅长张銮治。残敌向良村溃逃，红军衔尾猛追，直逼良村。红军突入圩内，歼敌一部，余敌逃向龙冈。

莲塘、良村两仗，红军歼敌两个多旅，俘敌3500余人，缴获各种枪3100余支（挺）、迫击炮14门、马200余匹。

4. 黄陂战斗

莲塘、良村战斗胜利后，黄陂驻有敌毛炳文的第八师。8月11日晨，红军主力进到黄陂附近。中午，第四军和第十二军主力冒雨发起攻击，一举突入黄陂，迅速歼敌两个团。接着，第三军团和第七军又从东面向黄陂之敌发起猛烈攻击。下午3时，敌师长毛炳文率余部向洛口、宁都突围。红军乘胜追击10多千米，又歼敌一部。前后共歼敌第八师约4个团，俘敌4000多人，缴获各种枪3000余支（挺）、迫击炮11门。

这样，红军从8月7日至11日，五天之内连打了三个胜仗，共毙伤俘敌1万余人，从被动中夺得了主动。随后，红军主力转到君埠以东山区，利用战斗间隙进行休整。

5. 老营盘战斗

黄陂战斗后，国民党军队已将主力掉头东来，对黄陂、君埠地区形成东、南、北三面包围圈。红一方面军再次处在被国民党军队重兵包围的危险境地。毛泽东利用蒋介石最怕红军北出临川进击南昌的恐惧心理决定采取“声东击西”战术，用一部分兵力继续向东牵开敌军，掩护红军主力一部秘密西进，回到兴国隐蔽待机。红十二军佯装红军主力，大张旗鼓地向乐安佯动，吸引敌人向东北方向调动，将国民党军主力一部拖了半个月。毛泽东、朱德亲率红一方面军主力 2 万余人，利用夜色，从两路进攻之敌中间只有 10 千米的狭窄通道中穿越过去。经过一整夜急行军，再次突破重围，安全转移到兴国东北的白石、枫边地区，尔后继续西移至兴国、万安、泰和之间的均村、茶园冈地区隐蔽待机。

国民党“进剿”主力一再扑空，使他们精疲力竭，士气低落。这时，国民党统治集团内部宁粤两派矛盾进一步激化，两广军阀利用蒋介石主力深陷江西之机大举北进，进入湖南。鉴于上述种种情况，1931 年 9 月初，蒋介石下令“围剿”实行总退却。

9 月 6 日晚，红一方面军获悉兴国地区敌人正沿高兴圩大道向北撤退。毛泽东、朱德当即决定抓住兴国北撤之敌一部歼灭之，尔后视机扩大战果。7 日，敌第四军团正沿黄土坳、老营盘一线北撤，红三军和独立第五师迅速出击，首先攻占黄土坳、切断敌人先头独立旅同其后续部队的联系，接着从北、南、西三面向敌独立旅发起攻击，从拂晓打到下午 2 时许，终将该旅全部歼灭，俘敌 2000 余人，缴获各种枪 2000 余支（挺）、迫击炮 10 门。敌人第四军团第九师其余部队慌忙缩回墩丘、长经口固守。

6. 高兴圩战斗

9 月 7 日，红三军团、红四军、红三十五军向高兴圩地区之敌第一军团第六十、第六十一师发起攻击；红七军则向兴国之敌五十二师压迫，保障红军主力在高兴圩的作战。攻击高兴圩的红军各部经过两天激战，毙伤敌 2000 余人，终因敌人占据有利地形，红军兵力不够集中，且徒涉高兴圩以西河流时遭到较大伤亡，结果形成对峙。红军为争取主动，即撤出战斗，主力转移到茶园冈、均村、永丰圩地区待机，而以红三军及独立第五师位于老营盘阻敌北撤。高兴圩之敌因伤亡较大，且对红军情况不明，也就地加修工事，固守整顿。

7. 方石岭战斗和黄公略壮烈牺牲

9月13日，敌人改变退却路线，敌第四军团蒋鼎文第九师残部和第一军团韩德勤第五十二师经崇贤、东固、富田向吉安撤退。敌第九师改道从方石岭逃往东固，尔后经兴国向赣州撤退。敌第五十二师从兴国县城赶来掩护第九师撤退。侦知这一情况后，毛泽东、朱德令红军发起反击，并消灭这股国民党军。这就是红军第三次反“围剿”的最后一仗——方石岭战斗。

9月14日，国民党军第九师、第五十二师从兴国县高兴圩一带匆匆赶到白石，1万多人马把峡谷挤得水泄不通，而村庄西北的方石岭隘口仅4米宽，是兴国通往东固的唯一通道。隘口最窄处建了一供行人遮风避雨的茶亭。一天时间，国民党军只走完一个师，还剩第五十二师留在白石。天黑了，悬崖边的山路崎岖难行，穿着大皮靴的国民党军无可奈何地留在白石宿营。15日晨，大雾弥漫。国民党第五十二师师长韩德勤前一天晚上派往方石岭隘口茶亭警戒的一排士兵，为了回村里去吃早饭，天刚亮就全部撤了。国民党军前脚刚走，红军正好后脚就赶到。看到隘口茶亭无敌军守卫，红四军军长林彪大喜，立即下令占领隘口的两处山头，将全部机关枪集中起来封锁隘口。国民党军做梦也没有料到，天亮后自己刚撤出，这个4米宽的隘口就已经处在红军几十挺机关枪的严密封锁之下。15日上午，国民党军第五十二师列队开往隘口时，红军暴雨般的子弹让国民党军成片倒下。上午11时左右，红军从四面山上发动总攻。这一仗，红军将敌第五十二师全部歼灭，俘敌5000多人，缴获步枪4500多支、机枪70多挺、花机关20多支、骡马200多匹、子弹120万发，敌师长韩德勤被俘后化装成伙夫，侥幸被释放。敌第四军团第九师已经到达东固的部队匆忙经富田逃至吉安，其他各路敌军也纷纷撤到永丰、宜黄、南城、南丰、广昌、宁都、赣州等地。至此，蒋介石的第三次“围剿”以彻底失败而告终。

方石岭战斗（油画）

方石岭战斗胜利后，根据红军总部的命令，红三军军长黄公略率部向瑞金转移。9月15日，部队到达永吉泰苏区的东固六渡坳时突遭敌机空袭，黄公略为掩护部队隐蔽，亲自组织机枪对空射击以吸引敌机，敌机发疯似地向机枪阵地袭来，黄公略不幸身中数弹，因红军缺医少药而抢救无效，壮烈牺牲。9月21日，毛泽东在兴国莲塘村亲自主持黄公略追悼大会，并撰写了挽联：

广州暴动不死，平江暴动不死，而今竟牺牲，堪恨大祸从天降；

革命战争有功，游击战争有功，毕生何奋勇，好教后世继君来。

此后，红军转入进攻，占领会昌、寻乌等县城，使赣南和闽西连成一片，巩固并扩大了中央苏区。

第一、二、三次反“围剿”战争的伟大胜利，歼灭了国民党军大量有生力量，红军主力部队得到极大增强，以东固革命根据地为核心区域的赣西南苏区不断巩固扩大，成为中央革命根据地的重要奠基石，为中央苏区的正式创建形成和走向全盛发展奠定了坚实的基础，为随后中华苏维埃共和国的建立创造了有利条件。

第三节　中央苏区的创建形成和根据地党组织的发展

一、中央革命根据地的正式创建形成

正当赣西南、闽西和湘鄂赣革命根据地迅速巩固发展之时，1930 年 8 月 29 日，党中央为加快计划中的全国苏维埃政府的建立，发出《中央关于在湘鄂赣三省苏区成立中央局给长江局的信》，“决定在湘鄂赣三省苏维埃区域中成立苏维埃的中央局，以指导所有苏维埃区域中的工作”①。红一方面军攻占吉安城后，接连解放了赣西广大地区，使赣江两岸苏区连成一片。10 月 24 日，党中央政治局在《关于苏维埃区域目前工作计划》中指出：“我们现在确定湘鄂赣联接到赣西南为一大区域，要巩固和发展它成为苏区的中央根据地”。“在中央苏区立即设立中央局，目的在指导整个苏维埃区域之党的组织，同时，并在苏区成立中央军事委员会以统一各苏区的军事指挥”。10 月 28 日，《中央给赣东北特委并红十军前委的信》中，将全国主要的红色区域划分六大苏维埃特区，其中把湘鄂赣和赣西南特区划为苏区的中央苏维埃区域。由于蒋介石发动第一次反革命军事“围剿”，湘鄂赣和赣西南两块根据地重新被敌分割，致使党中央以两块根据地为基础建立中央苏区计划未能实现。

红一方面军和赣西南、闽西根据地人民在毛泽东、朱德、彭德怀领导下，经过一年的艰苦奋战，取得第一、二、三次反“围剿”战争的胜利，完成了创建全国苏维埃中心区的伟大战略任务。到 1931 年秋冬，赣南和闽西根据地已巩固地连成一片。苏区范围包括江西的瑞金、会昌、寻乌、安远、信丰、宁都、兴国、于都、广昌、石城、黎川和福建的建宁、泰宁、

① 中共吉安地委党史办、吉安师专政史系、中共吉安县委党史办编：《赣西南革命根据地史》，1993 年印，第 209 页。

宁化、清流、归化、龙岩、长汀、连城、上杭、永定21个县城，形成为全国最大的中央革命根据地。

1931年11月7日，中华工农兵苏维埃第一次全国代表大会在瑞金叶坪隆重召开，正式选举产生了中华苏维埃共和国临时中央政府，由毛泽东任主席，同时组成中华苏维埃共和国中央革命军事委员会，由朱德任主席，正式宣告了以瑞金为中心的中央革命根据地的创建形成，中央苏区进入了全盛发展时期。

二、中共赣西南特区委的成立

1931年1月，以项英为代理书记的中共苏区中央局在宁都黄陂正式成立后，根据苏区中央局第一号通告提出的“苏区党的组织问题除坚决执行三中全会的决议案外，并依据全国苏区设立六个特区委，至于因为区域宽广，指导不便，可在特区委之下设立区分委，指导几个县工作”的决定，为了加强对赣西南地区反“围剿”斗争的领导，1931年1月，在吉安富田成立了中共赣西南临时特区委（后改为中共赣西南特区委），由陈毅、曾山、陈正人、朱昌偕、杨成芙五人组成临时常委会，由陈毅任书记，特区委直属中共苏区中央局管辖。

赣西南特区委下设东路、南路、北路、西路和西河五个分委组织。到1931年5月，中共赣西南特区委共辖25个县委、1个县工委、11个区委和1个市委。第二次反“围剿”战争后，因在赣州至吉安、峡江一线驻有国民党重兵，赣江东、西两岸苏区的联系仍未沟通。中共赣西南特区委不能对其辖的北路、西路和西河分委实施正常领导。同年6月，中共苏区中央局对苏区党组织实行调整，撤销了中共赣西南特区委及所属各分委。

三、中共永吉泰特委的成立

中共苏区中央局作出撤销中共赣西南特区委及其所属各分委的决定不久，中共中央于1931年5月间发出的《中共中央关于苏维埃区域党的组织决议案》传达到中央苏区。根据这个决议案，原赣西南特区委应改设为江西省委，另在湘东南苏区设立湘东南省。但是，由于第二次反“围剿”战争刚结束，赣江东西两岸苏区联系又未能贯通，设立江西省，成立中共江西省委的条件尚未成熟。因此，中共苏区中央局决定先不设立江西省，而将赣江以西苏区划出，与湘东南苏区一起合并，设立湘赣省，在赣江东岸苏维埃区域，分别成立中共赣东、赣南和永吉泰特委，直属中共苏区中央局领导，待条件成熟时，再在这三个特委之上成立中共江西省委。6月中旬，永吉泰特委在东固成立，由毛泽覃任书记，特委机关驻东固，后迁泰和桥头。特委成立时辖永丰、泰和、吉安三个县委和水南、白沙、中鹄三个区委，同年11月解散。

四、中共苏区江西省委的成立

第三次反“围剿”胜利后，江西苏维埃运动得到了蓬勃发展。到1932年上半年，江西省苏维埃政府所辖的区域已发展到赣西南和赣东南的18个县，占有7个全县，8个县城（兴国、于都、瑞金、寻乌、会昌、石城、宁都、广昌），东南与闽西苏区相连，西面以赣江为界，南至赣粤边界，北至永丰，纵约750余里，横约540余里，苏区人口240余万人。红军和地方武装也得到迅速发展。除中央革命军事委员会直属的拥有5万兵力的红军第一方面军外，江西省苏维埃政府所属的革命武装，已扩大到7个红军独立师、15个红军独立团、1个省警卫团和直属队。苏区的赤卫队、少年先锋队等群众武装发展更为迅猛，赤卫队发展到25万人，少年先锋队达50万人。

为了加强对蓬勃发展的苏维埃运动的领导，1931年10月11日，中共苏区中央局决定在江西省苏维埃政府所辖区域内，设立中央苏区江西省，并成立中共苏区江西临时省委，由任弼时任临时省委书记。在这之前，1931年6月17日，中共苏区中央局根据中共中央1931年5月通过的《关于苏维埃区域内党的组织问题决议案》的规定，各特区委应一律改为省委，中央局已撤销中共赣西南特区委，在赣江东岸的赣西南苏区成立直属中央局领导的赣东、赣南和永吉泰三个特委，待条件成熟时再成立苏区江西省委。

中共苏区江西临时省委下辖赣东、赣南、永吉泰三个特委。赣东特委辖宁都、广昌、南丰、乐安、宜黄、石城、瑞金等县；赣南特委辖兴国、赣县、于都、万安等县；永吉泰特委辖永丰、吉安、吉水、泰和等县。苏区江西省是中央苏区在江西境内设立的第一个省。

1931 年 11 月上旬，中共苏区江西省第一次代表大会在兴国召开，选举产生了中共苏区江西省委员会，正式成立中共苏区江西省委。李富春等 13 人为省委委员，李富春、陈正人、曾山、刘球贤、谢佩兰、陈毅、刘启耀、张绩之、蔡畅为省委常委，由陈正人任代理省委书记。12 月，陈正人因病改由李富春任省委书记。省委内设组织部、宣传部、白区工作部、妇女部等工作部门，由陈正人任组织部部长，谢佩兰、邓小平、杨尚奎先后任宣传部部长，蔡畅任白区工作部部长和妇女部部长（妇委书记）。

苏区江西省所辖的区域几经变化。苏区江西省所辖的区域内先后建立了江西、闽赣、粤赣、赣南四个省，充分反映了江西苏维埃运动蓬勃发展的局面。

五、中共公略县委的成立

1931 年 11 月，中华工农兵苏维埃第一次全国代表大会根据永吉泰苏区代表提议，为纪念红三军军长黄公略同志的英雄业绩，决定以赣江东岸的吉水、吉安两县为主的红色区域，也就是原东固革命根据地的核心地区成立公略县。

中华工农兵苏维埃第一次全国代表大作出设立公略县的决定后，在江西苏区及永吉泰苏区迅速进行了贯彻落实。中共江西省委于 1931 年 11 月下旬初在兴国召开会议，决定撤销永吉泰特委，成立公略、永丰、万泰三个县委，同时成立公略县筹备委员会，由原永吉泰特委书记毛泽覃任公略县筹委会书记，梁必諟任筹委会主任，钱恩龙、刘文山、田先虎、李裕来、郭大元、赖正禄等人任委员，负责公略县成立的一切筹备事务。

筹备委员会甫一成立，就立即投入公略县成立的各项准备工作，对公略县的县治，县委和县苏维埃政府以及各个部门办公驻地的选址，县委、县苏维埃政府领导班子和组成人员的人选挑选、考察与确定，各部门办公设备的筹办，相关负责人住宿地点的选择，党政代表大会召开的场地选择等各项工作都进行讨论。最后，筹委会决定以吉水县的水南圩作公略县的县治所在地，以水南圩天主堂为中共公略县委机关办公驻地（后迁到离水南圩不远处的荷山村），以松山村为公略县苏维埃政府机关和各部门办公驻地（不久后迁到水南圩万寿宫）。之后，毛泽覃率领公略县委筹备委员会的同志到达吉水县之水南区松山村开展公略县的筹建工作。

经过紧张筹备，公略县成立大会与“公略县纪念黄公略烈士大会”于1931年11月27日在松山村合并举行。大会主席台上悬挂着鲜红的“庆祝公略县成立大会”的大横幅以及两面并列、对称的绣有镰刀斧头图案的红旗。主席台两侧张贴着毛泽东撰写的追悼黄公略的挽联，作为纪念大会对联。毛泽覃主持大会并宣布公略县成立，朱德代表中华苏维埃共和国临时中央政府到会祝贺并发表讲话。

公略县成立时辖吉水水南、白沙、中鹄（1932年4月后改为开伦区）三个区，吉安东固、陂头（1931年11月以前称纯化）、富田、儒林、水东五个区，泰和县的罗家区，共九个区。1932年3月，辖区先后增加吉水折桂区和冠山区，泰和万合圩，永丰罗坊、潭头区部分区域。

同日，在水南区松山村举行公略县第一次党员代表大会，选举产生中共公略县委，由毛泽覃任书记，贺怡、罗国倬、匡守达、田先虎、施更生、胡海、李衍煋、刘文山八人为委员，易道生等五人为候补委员。中共公略县委设有组织部、宣传部、白区工作部、妇女部、政治保卫局、监察委员会等部门。县委下辖工人联合会、雇农工会、贫农团、拥护红军委员会、拥苏反帝同盟、互济会、少共县委、少先队、儿童团等群众团体。

1932年6月，中共公略县第二次代表大会在水南召开，会议决定创办县委机关星期刊《艰苦奋斗》。

1933年3月，中共公略县第三次代表大会在富田陂下村召开，大会选举钟循仁为县委书记。

1934 年 4 月，中共公略县第四次代表大会在水南召开，会议提出县委、县苏维埃政府的撤退计划，决定县委、县苏维埃政府及各级党团组织合并，组成县委工作团和游击队，上山开展游击斗争。会议还改选公略县委，由李腾辉任书记。

六、中共公略中心县委的成立

中央苏区第三次反“围剿”取得伟大胜利后，江西苏区得到蓬勃大发展。1932 年春，红军占领会昌、安远、寻乌、石城等县城；红三军及独立师配合江西地方武装开展灵活机动的游击战争，消灭苏区内 95% 的地主残余武装，使江西苏区连成一片，与闽西苏区也相贯通。同时扩大了党的组织，增加了党的新成分。据此，江西省委为适应新形势的发展，加强公略、永丰、万泰三县党、政、军的领导，1932 年 3 月在公略县委的基础上，在公略县水南区成立中共公略中心县委，中心县委和公略县委合署办公（即两块牌子，一套人马），由毛泽覃任中心县委书记，李福槐任副书记。内设组织部、宣传部、妇女部、白区工作部、监察委员会等组织机构。各部门领导人是：施庚生任组织部部长，后由罗国卓接任；刘文山任宣传部部长，后由钱恩龙接任；贺怡任妇女部部长，后由王银姬接任；刘家梅任白区工作部部长；孙柱风任监察委员会主任。中心县委还组建了职工联合会、少共公略中心县委、拥护红军委员会、反帝拥苏大同盟等群众团体组织。

中共公略中心县委隶属中共江西省委领导。中心县委成立时下辖公略、永丰、万泰 3 个县委，计 22 个区委，有 265 个党支部。1933 年 5 月中旬至 8 月结束时，下辖公略、永丰、万泰、新干 4 个县委，计 38 个区委。公略县委下辖水南、白沙、冠山、折桂、中鹄、东固、陂头、富田、水东、儒林、罗家 11 个区委；永丰县委（县委书记为余泽鸿，后由李福槐接任）下辖良村、南坑、北坑、龙冈、沙溪、石马、潭头、藤田、八都、七都、江口、鹿冈、古县 13 个区委；万泰县委（县委书记为陈洪时，后由罗国卓接任）下辖古坪、沙村、东逢、寺下、冠朝、之坑、丝茅坪、黄亭、窑下、塘上、茅坪11个区委；新干县委（县委书记为阙祖信）下辖七琴、麦斜、润陂3个区委。中心县委机关驻水南街“天主堂”，不久迁富田区陂下村。

七、中共永丰中心县委的成立

1933年8月，中共江西省委在公略县富田区陂下村召开公略中心县所辖公略、永丰、万泰、新干、龙冈（由永丰县析出）五县党代表大会，动员中央苏区西北前哨边区军民反“围剿”。会议听取并一致同意省军区司令员陈毅代表江西省委就中共中央《关于帝国主义国民党五次“围剿”与我们党的任务的决议》所作的传达报告。大会检查了永丰、公略、新干、万泰四县（龙冈县尚在筹建）党组织过去的各项工作，提出抓紧新苏区和白区工作，继续猛烈地扩大红军等反“围剿”的八项工作任务。大会号召五县党和群众团结一致，坚决执行共产国际与中央的正确指示，克服一切困难，完成夺取吉安、赤化赣江、争取江西首先胜利的任务。大会根据苏区中央局和江西省委的有关指示精神，为加强边远苏区的领导，粉碎国民党第五次“围剿”，决定撤销中共公略中心县委，成立中共永丰中心县委，选举李福槐为中共永丰中心县委书记。永丰中心县委和永丰县委合署办公（即两块牌子，一套人马）。永丰中心县委以藤田为活动中心，领导公略、万泰、永丰、新干、龙冈5个县委，计37个区委。

第四节　中央苏区时期根据地的政权建设和土地革命

一、公略县苏维埃政府的成立

1931年11月28日至30日，公略县苏维埃第一次工农兵代表大会在吉水水南松山村举行。参加会议的人员有各区区委书记、区苏维埃政府主席、各地代表等近500人。会议由中共公略县委书记毛泽覃主持，江西省苏维埃政府主席曾山参加会议并讲话。到会指导的中央领导和红军将领还有项英、萧克等。会议讨论通过了《关于政治报告的决议》《关于土地问题的决议》《关于扩大红军与优待红军的决议》《关于巩固发展游击战争的决议》《关于加强白区工作、发展苏区的决议》《关于巩固发展组织的决议》《关于执行婚姻法的决议》等决议，选举产生了公略县苏维埃政府，由李衍煌任主席，梁必諟任副主席，贺怡、胡海、罗英云（牺牲后增补胡志棠）、刘景春、戴同化五人为委员。

公略县苏维埃政府内设总务处、军事部、劳动部、财政部、土地部、粮食部、国民经济部、裁判部、文化部、工农检察院、内务部、肃反委员会、妇女运动委员会。

公略县苏维埃政府成立后，领导公略县人民深入开展土地革命、经济建设，促进文化教育卫生事业发展，全力支援革命战争活动。

1932年5月，公略县在水南圩万寿宫举行第二次工农兵代表大会。大会选举产生了第二届县苏维埃政府，由胡海任主席，梁必諟任副主席，刘春林、曾洪栋、刘兴楠、刘声伦、胡弼亮五人为委员。

1932年11月，公略县在富田区陂下村召开第三次工农兵代表大会。邓小平以中共江西省委秘书长身份代表中共江西省委出席会议，项英到会指导并作政治报告。会议作出扩大红军、土地问题和财政、经济、文化建设等项决议。大会选举产生了第三届县苏维埃政府，由胡发鑫任主席，曾洪栋任副主席。

1933年10月，公略县在水南召开第四次工农兵代表大会。会议选举产生了第四届县苏维埃政府，由刘声伦任主席，曾洪栋任副主席。

二、重新分配土地

江西苏区公略县是东固革命根据地的核心区、赣西南革命根据地的中心区。公略县成立后，重新进行了土地分配和查田运动。1930年前后，赣西南各地就普遍进行了土地分配运动。如中路办事处的水南、中鹄等区

（1931 年 11 月后为公略县辖区）进行了两次平分土地。各区平分土地时，都是执行二七会议制定的土地法，但是在实际工作中，大多数都是以亩为单位，按人口平均分配土地。结果各地出现分得的田多少不均，好歹不匀，群众不满意。

1932 年 4 月，江西省苏维埃政府颁布《江西省苏维埃政府对于没收和分配土地的条例》，5 月，又颁发了《江西省工农兵第一次代表大会土地问题决议案》。6 月，公略中心县委依据《条例》和《议案》精神，决定于 6 月至 11 月在公永泰三县进行一次重新分配一切土地的运动。这次重新分配土地的方法和步骤是：

健全领导机构。各区、乡在土地委员会之下设立分田委员会，以雇农工会和贫农团为领导，宣传阶级路线和分田的方针政策，负责分配土地的一切工作。

核实各村实情。各区、乡由分田委员会指导各村对本地的土地、人口、房屋、山林、鱼塘、农具等情况进行详细核查，并造册登记，同时划分土地等级。

重新划分阶级。区、乡分田委员会指导各村根据各家各户的土地占有情况和生产资料占有情况，重新划分阶级成分，要求做到避免错划、漏划。

没收土豪财产。主要是没收豪绅地主财产，包括山林、鱼塘、房屋和农具等生产资料和浮财；对于富农则有区别地对待，收回富农好田，没收他们多余的山林、鱼塘、房屋和农具等生产资料。

重新分配土地。以村或乡为单位，按人口重新分配一切土地，对反水农民照样分给田地，同时将所没收的豪绅、地主和富农多余的山林、鱼塘、房屋和农具等生产资料分配给贫苦农民。

经重新分配，公略县平均每人分得 7 石谷田（1 石谷田约合 1.1 亩），最多的达到 15 石，最少的也有 3 石半。在土地重新分配中收回富农在以前分得的好田，而对富农和中农以前分得的差田则不予调换，同时对房屋、山林、鱼塘也都进行了分配。

这次重新分配土地，雇农、贫农和下中农分得较多的好田，获得土地革命的实际利益。但是，在实际分配过程中，还是一定程度上存在着“左”的倾向，没有注意保护中农的利益，特别是富裕中农和富农的利益。扩大了阶级对立面；而反复分田及土地私有权属的多次变更也影响了土地政策的稳定性，影响了农民对土地投入的积极性。

三、开展查田运动

1931 年春，毛泽东根据赣西南苏区土地革命的做法，总结土地革命的经验，制定出一条完整的土地革命路线：依靠贫农、雇农，联合中农，限制富农，保护中小工商业者，消灭地主阶级，变封建半封建的土地所有制为农民的土地所有制。在 1931 年后的土地分配运动中，特别是以村为单位分田的地方有些地主、富农利用宗族势力蒙蔽群众，隐瞒土地。根据《中华苏维埃共和国土地法》，县、区乡成立查田运动委员会，进行查田查阶级，查出地主就没收其田，查出富农就抽其好田，补进坏田。漏划、错划的一些阶级成分都纠正过来了。如富田陂下村的胡宗奎原划为富农，查阶级后划为地主。陂下胡显志、东固西城刘家查出刘厚阶等三家为富农①。

1933 年 6 月，公略中心县委根据中共苏区中央局《关于查田运动的决议》和 1933 年 7 月在富田区陂下村召开的永丰、公略、万泰等九县区苏维埃工作人员查田运动大会、贫农团代表大会的精神，领导公永泰三县开展一场“以农村工人为领导，依靠贫农，联合中农，削弱富农，消灭地主”为阶级路线，以“查阶级，不是再分田”为目的的查田运动。公略县委、县苏维埃政府也于 1933 年 8 月初召开区、乡主席、土地部长查田大会，掀起了轰轰烈烈的查田运动。查田的方法和步骤是：

宣传动员。以乡为单位，先召开五个会，即群众代表会、工会会、贫农团会、妇女代表会、赤卫军少先队会。接着以村为单位召开群众大会，宣传查田运动的意义、政策、任务，动员广大干部群众积极参加并努力完

① 江西省吉安县县志编纂委员会编：《吉安县志》，新华出版社出版 1994 年版，第 517 页。

成查田任务。

调查摸底。即对各村的阶级状况进行调查摸底。从各方面调查地主、富农各种复杂的剥削方式和罪恶，将调查的情况交付贫农团审查通过，再经乡苏维埃政府审核，最后报区苏维埃政府批准。在此基础上召开群众大会，宣布漏划的地主、富农名单。

没收财产。即没收漏划地主、漏划富农的土地、财物，平分给贫苦农民，并张榜公布。

由于王明“左”倾教条主义的错误指导，这次查田运动从一开始就明确提出：查田运动其实是一场残酷的阶级斗争，是一场伟大的群众革命运动；查田是查阶级，而不是再分田。之后，“左”倾错误不断升级，愈演愈烈。有的地方出现查阶级上溯祖宗几代的做法；有的中农放了数额很小的债或收了几担租谷，而极大部分是靠自己劳动过活，也被错误地当作富农或地主予以打击；有些甚至将完全没有剥削别人，而是靠自己的辛勤劳动之后，仅仅多拥有几十担山田，生活比较富裕的中农，也当富农打了；不少地方在查漏划地主和富农的时候，甚至分配数额，以至出现把大量中农特别是富裕中农错划为富农、地主加以打击，把不少富农当作地主加以打击的现象，造成严重侵犯中农利益、消灭富农经济的错误。其结果是地主、富农越查越多。据不完全统计，公略县查出漏划地主 81 户、富农 439 户，没收地主土地 5168 担谷田，抽回富农好田 3056 担谷田，没收稻谷 1400 担，罚地主银圆 16352 元，罚富农捐银圆 4360 元，没收银圆 689 元。还有一些积极投身革命的人也被开除出革命队伍，如折桂区游击队队长高灵山、白沙区苏维埃政府军事部长曾德璜等人都被查出是漏划地主而被开除，曾德璜因此跑进了反革命阵营。

土地分配运动的深入开展，有力地摧毁了封建土地所有制，极大地解放了农村生产力，给贫雇农带来了实实在在的好处。农民群众有了田地，思想觉悟得到极大提高，革命热情空前高涨，对于苏维埃、红军、赤卫队的一切工作都更加踊跃地支持，更加积极地参加到革命斗争当中来。

第五节　中央苏区时期根据地的革命武装斗争

一、组建地方武装

组建地方独立团。公略县成立后，少先队、赤卫队、游击队、警卫营、独立团等地方武装得到加强。1931 年夏至 1933 年春，中央苏区将各地的地方武装组建成十个红军独立师，在公略县组建红军独立师。1931 年 11 月，原永吉泰独立师改称公略独立师（番号仍为中国工农红军江西独立第五师）。1932 年 7 月，公略独立师主力和红军独立第四师（又称赣东独立师）整编，组建新编第二十二军。

1932 年 1 月，根据中共江西省委指示，将公略县红色警卫营扩编，组建公略县独立团，隶属省委直接指挥，统一番号为江西红军独立第五团（这是此番号的再次使用），由下埠、白沙、水南、罗家墟、古富五个连组成，有六七百人、400 多支枪。该团不久即被编入公略独立师；2 月，中共公略县委又成立公略县独立团。公略中心县委成立后，该团受中心县委直接指挥。两个月后，该团整体编入新编公略独立师；4 月，公略县再次组建新的公略县独立团，全团有 145 人、95 支枪。随着扩红运动轰轰烈烈的开展，队伍不断壮大，人数不断增加。1933 年 8 月底，该团在乌江配合红一军团作战，取得乌江战斗的胜利。1933 年 9 月 1 日，全团集体加入红一军团；8 月，在公略模范师（由公略模范营一再扩编，由营升编为团，再升编为师）、原公略独立师留下的部分骨干的基础上，再次整合公略中心县苏区地方武装（各新编独立团），组建新编公略独立师（番号仍为中国工农红军江西独立第五师），负责在公略中心县所辖区域作战，并配合主力红军作战。1934 年 10 月，主力红军长征后，新编公略独立师由公略地区向南转移，在兴国山区被敌第五十八军打散，余部编入毛泽覃任师长的新编江西独立师。毛泽覃牺牲后，新编公略独立师最后被打散。

1932 年间，由白沙警卫连、东固警卫连等合并组建一个公略县独立团，该团没有营的建制、直辖四个步兵连，共有 500 多人、300 余支枪。1933 年下半年，该团改编为江西红军独立第七师，隶属江西军区第三作战分区指挥。4 个月后，独立七师又被改为江西红军独立第三团，也称公略县独立三团。

1933 年 11 月，公略县一次组建两个独立团——公略县独立一团和公略县独立二团。其中，独立二团由罗家、富田、陂头三个区的游击队合编而成。

至此，在公略县范围内以公略县的名义和名称先后组建六个独立团。在第四次和第五次反“围剿”战斗中，六个独立团先后被编入红军正规部队和地方主力部队。

1932 年 2 月，中鹄红色警卫营扩编组成中鹄独立团。1932 年初，中鹄红色警卫营在一次战斗中消灭吉水县郭志高反动靖卫团，俘敌 400 多人。经过宣传教育，400 多名俘虏兵后绝大多数志愿加入工农红军。公略县中鹄红色警卫营被扩编为公略县中鹄独立团。

1934 年 6 月，根据江西军区指挥部命令，公略县独立营与万泰县独立营合并组建江西红军赣江独立团。第五次反“围剿”战斗后期，公略县赣江独立营被编入该团。该团受江西军区直接指挥，配合江西军区主力部队作战。

1934 年 7 月成立公万兴独立团，全团共有官兵 700 多人、600 余支枪，一直坚持战斗到 1935 年 5 月。

主力红军长征后，公略县大部被国民党军队占领，中共江西省委代理书记曾山率领苏区干部和几千人的队伍在公略苏区及周边转战。在形势越来越危急的时刻，1934 年 11 月底，曾山在东固召集会议，实行分区、分兵作战，成立永公龙、兴万泰、宜洛三个独立团。其中，永公龙独立团在公略和永丰一带坚持游击斗争。

组建地方独立营。1931 年 11 月，公略县组建自己的武装——公略县独立营，由县委直接指挥，其前身是吉水县红色警卫营。1932 年 1 月，该营奉命扩编进入公略县独立团，隶属江西省委直接指挥。2 月，公略县委再次组建地方武装，仍然叫公略县独立营，后来整体编入主力红军。1934 年初，第二次编成的公略县独立营被编入主力部队后，公略县委重新组建县内武装，仍叫公略县独立营，1934 年 6 月与万泰县独立营合编，扩编为赣江独立团。

1933 年 3 月底，奉江西军区司令员陈毅的指示，赣江独立营在公略县水东区成立。由公略县 1932 年 8 月新编的水东区游击队扩编而成，主要在赣江东岸配合江西军区部队与从吉安城区出动的敌军作战。1934 年，第五次反“围剿”战争后期奉命编入赣江独立团。

1933 年，由江西省委下令组建江西游击独立一营，常驻公略中心县。全营有 300 余人，200 多支枪，队员全部来自公略县各地游击队，其中以纯化（陂头）区游击队为主体。

1934 年初，由东固游击队和永丰县潭头游击队合并组建而成东潭独立营，有 140 多人、90 多支枪。

至 1934 年，公略县地方各种武装总人数有 17200 多人，参加正规红军的人数也逐年增加，全县 16 岁至 45 岁的男子几乎都加入各种武装组织。儿童团员也要帮助站岗放哨、打探敌情、传递情报。公略县还组织妇女参加赤卫军，完全打破“妇女不能加入赤少队”和“妇女无用”的谬论，广大符合条件的妇女都加入赤卫军。据 1934 年 4 月统计，全县赤卫军成员 50% 以上是女同志。

二、组织系列战斗

公略县成立后，至 1933 年 8 月永丰中心县委成立，公略中心县区域内发生的大小战斗多起。其中主力红军参加的战斗主要有：黎家战斗、江口战斗、秋山战斗、窑背垓战斗、乌江战斗等。1933 年 9 月，国民党军开始大规模进攻中央苏区。中共永丰中心县委领导永丰、公略、万泰、新干、龙冈五县人民积极配合红军进行了大小数十次战斗，主要有草坪战斗、王众岭战斗、芙蓉山突围战、秤砣寨阻击战、富田伏击战、沙村战斗、老营盘战斗等。这些战斗绝大部分都取得了比较辉煌的战果，沉重地打击了敌人的嚣张气焰。

黎家战斗。1932 年秋，国民党第二十八师一部在万泰县茅坪区黎家一带拦路抢劫、奸淫妇女、殴打民众，引起群众痛恨。敌人的恶行反映到了红军独立第五师，师长萧克决定打敌人一个猝不及防，于是指挥第五师和地方武装在一个深夜悄悄来到茅坪，第二天一早分三路直扑驻黎家敌军。在猛烈的炮火袭击面前，毫无准备的敌军被打得晕头转向，但仍负隅顽抗。傍晚时分，嘹亮的冲锋号声响起，三路红军及地方武装如潮水般向后龙山冲击。敌人力不能支，纷纷溃败。此战共毙敌 80 余人，缴获水机关枪 1 挺、长枪 130 多支。

江口战斗。1933 年 4 月中旬，驻在乐安县城的国民党军第四十九师和第五十二师被红五军团团团包围，处于随时被歼灭的境地。驻永丰县城的敌第四十三师和十一师奉命前往乐安增援，并准备顺路破坏刚刚建立的鹿冈红色政权。正驻在七都马路洲的红一方面军总司令部获得这一情报后，立即决定在增援之敌的必经之路永丰江口一带打一场伏击战，阻敌增援。

根据总部的作战部署，红军分两路进入江口，占据有利地形，对江口形成了一个口袋形的包围圈。傍晚时分，敌军 1000 多人进入“口袋”。顿时，枪炮声四起，打得敌人抬不起头。接着，红军以火光为信号，发起冲锋，以勇不可当之势压向敌军，打得敌人纷纷躲进就近的几个村庄。

第二天早晨，红军冲进村庄，与敌人展开巷战，打得敌人拼命向北逃窜，妄图逃回永丰县城，又被从回陂、城陂而来的红军死死压住。同时，东面和南面的红军也压了过来，敌军被压缩在沿陂和城陂两村后面的小山坑里动弹不得。红军居高临下，四面夹击敌人，没多久，战斗便胜利结束。此战共毙俘敌 800 余人，缴枪 800 多支，缴获药品 40 多担。

秋山战斗。在第四次反“围剿”战争中，中央红军在新干县开辟和建立了大片苏区，引起国民党反动派极为不安，千方百计想将其扼杀在发展之初。1933 年 5 月初，国民党独立第三十六旅旅长戴岳率领两个团，联合新干县聂金魁率领的地方保卫团，企图一举“荡平”新干苏区。

红军根据苏区党组织提供的敌人向七琴进攻路线的情报后，迅即派出红二十二军一个团赶到离七琴 7000 米的潭丘、中洲、小简村一带设伏，派二十一军一个团赶到离七琴 5000 米的城上、金堆一带设伏。

5 月 7 日早晨，戴岳和新干县保卫团团副周弼兵分两路，从县城出发，气势汹汹杀向七琴苏区。中午时分，戴岳部刚踏进离秋山不远的小简村，即陷入红二十二军的伏击圈。顿时，四面山头上喊杀声震天，子弹射向敌人，手榴弹雨点似的砸向敌人，打得敌人乱成一团。戴岳欲进不能，欲退不得，只得拼死向秋山方向突围，企图得到周弼的救援。好不容易突围到秋山脚下，又遭新干游击队的迎头痛击。戴岳被打得仅带百余名残兵仓皇逃回新干县城。在戴岳部遭到痛击的同时，周弼部也先后遭到红二十一军和红二十二军的迎头痛击，被全部歼灭，周弼本人也一命呜呼。此次战斗，共毙俘敌 1100 余人，缴获机枪 4 挺、步枪 600 多支、战马 20 余匹、军需物资 12 担。

窑背堎战斗。1933 年 6 月初，新干反动当局不甘秋山战斗的惨败，又串通乐安县保卫团来到新干县城，妄图凭两县保卫团合力“荡平”新干苏区。为此，乐安县保卫团团长王兆麟即与新干县保卫团团长聂金魁、副团长邓佛苏进行了密谋策划。

中共新干县委获知敌人调兵遣将、阴谋进犯苏区的情报后，迅速进行了战斗部署。一方面将新干独立营及新干警卫连紧急调集到七琴，并层层召开县、区、乡及地方武装干部会议，进行广泛的战斗动员，发动群众坚壁清野；另一方面派出交通员，前往永丰县独立团通报敌情，请求他们来新干共同歼敌。

永丰县独立团得到情报后，连夜赶到新干的润陂区盆峰乡脑上、石溪一带，与新干地方武装共同作出战斗部署：永丰县独立团一营深入七琴正面佯攻，引诱敌人进入包围圈，之后正面击敌；永丰县独立团二营与润陂区游击队居包围圈的左翼击敌；新干独立营与七琴区游击队居包围圈右翼击敌；永丰县独立团三营迂回到敌后击敌，并截断敌人的后路。这样，以七琴为中心的口袋阵形成。

6月27日凌晨，新干县保卫团、乐安县保卫团及七琴的“难民团”（逃出苏区的地主豪绅武装）以王兆麟为指挥，以邓佛苏为副指挥，以聂仁山为参谋长，出县城，过短岭，经芦溪，气势汹汹地往七琴杀来。敌人刚踏进七琴的湾里，即与永丰县独立团一营接上火。一营向敌人佯攻一阵后，边战边退，敌人穷追不舍。一营一直退到七琴的窑背垴，敌人也追到窑背垴。一营迅速占领了窑背垴制高点，用密集的火力将敌人截成两段。王兆麟仗着兵多武器好，重新部署兵力，企图强夺窑背垴制高点。此时，对敌冲锋号声响起，永丰县独立团二营和润陂游击队向敌人的左翼猛烈冲杀，新干独立营和七琴游击队向敌人的右翼猛烈进攻，敌人完全陷入我军的包围。山头上红旗招展，杀声震天，手榴弹在敌群中开花。王兆麟见败局已定，只得率溃军慌忙向后逃窜，又遇到永丰县独立团三营的堵击。王兆麟、邓佛苏只得带着残兵逃回新干县城。

此次战斗，歼敌1000余人，缴获机枪6挺、步枪900多支、弹药及其他军用物资100余担，活捉敌三区区长兼“难民团”团长聂仁山等多人，沉重地打击了敌人的嚣张气焰[①]。

乌江战斗。乌江圩位于吉水县城东面15千米处，是公略县的北大门折桂区的属地，是吉水县城通往永丰县、乐安县等地的交通要塞，也是中央苏区北部的一个重要圩镇。国民党军第四次“围剿”失败后，蒋介石亲自策划和部署对中央苏区发动第五次军事“围剿”。

1933年8月，国民党军李思愬的第八十师及乌江的反动武装保卫团、勇敢队已于29日进至乌江，企图与驻吉水县城的敌九十三师、驻枫坪（位于吉水县城和乌江圩中间）的敌第二十七师之八十旅以及驻永丰的敌第十师和第八师，在中央苏区的北线构筑一道从赣江到抚河的封锁线。

面对国民党军的更大规模“围剿”，其实早在1933年6月，红一方面军就在永丰藤田进行了整编，整编成了红一师和红二师，每师有5000多人，并在乐安、永丰、公略三县一带开展游击活动。8月底刚好来到永丰

① 吉水县史志档案馆编著:《中央苏区公略县革命史》，江西人民出版社2020年版，第225—228页。

与吉水两县地带，获知敌人的布置后，红一军团决定乘乌江之敌立脚未稳还未构筑工事和堡垒之机，一举歼灭之。

8月30日，红一师和红二师分别从永丰县的七都和藤田出发，于当天下午秘密集结于茶口村附近、隐蔽在田野和树林中。军团部及军团直属队也随二师来到茶口村，并在茶口村召开师以上指挥员会议，决定由折桂区游击队为向导，红一师（不含第一团）于31日凌晨3时出发，经八江过恩江河，沿吉水县的丁江边境、乌江的双源，迅速绕至乌江圩的西北，切断乌江圩到吉水县城的交通，并钳制枫坪的敌人。公略县独立团配合红一师，负责破坏靠近枫坪的一座名叫鱼陂桥的木桥。红二师和红一师的第一团则稍后出发，按原路进至双源一带，负责正面进攻。11时许，各部神不知鬼不觉地在敌人的眼皮底下到达指定位置，形成对乌江之敌的大包围。公略独立团也准时到达鱼陂桥头，并迅速破坏了该桥。而此时的敌军正在忙着修工事，对被包围毫无知觉。

中午时分，战斗打响。担任正面攻击任务的红二师第五、第六两个团向乌江圩东南马鞍山（亦称馆背岭）一带的敌人阵地发起攻击。红一师的第一团和红二师的第四团向乌江墟东北小孤山（又名飞凤山）的敌人阵地发起攻击。正当战斗激烈之时，突然乌云密布，电闪雷鸣，大雨倾盆。红军冒雨发起冲锋，并与敌人展开白刃战，打得敌人溃不成军，先后攻占了马鞍山和小孤山。溃败的敌人拼命向乌江圩内逃窜。

在正面攻击打响的同时，红一师的第二、第三两个团则分别从乌江圩的西北和西南向敌人阵地发起猛攻，占领了乌江圩西北的黄土岭和西南的几个敌人阵地，溃败的敌人也大部分向乌江圩内逃窜，只有少部分向枫坪方向逃跑。公略县独立团奉令立即追击逃向枫坪之敌，接着又返回配合红军主力追击溃向乌江圩的敌人。到傍晚时分，战斗结束。

此次战斗，全歼国民党第八十师以及乌江的反动武装保卫团和勇敢队，除敌师长李思愬和保卫团团长张寿禄等少数人员逃脱外，其余皆被击毙和俘虏，其中击毙1000余人、俘虏3000多人，缴获迫击炮8门、重机枪27挺、轻机枪25挺、步枪5000余支、无线电台2台以及许多子弹和其他军用品。

乌江战斗是公略县境内发生的最大规模战斗，也是中央苏区第五次反“围剿”战斗开始前一个较大的胜仗，对鼓舞红军士气、振奋红军军威、保卫并巩固中央苏区具有重要意义[①]。

草坪战斗。1933年9月16日早晨5时许，国民党军第二十三师两个团和保安第三、四队共2000余人，企图分三路“围歼”公略县水东区游击队。当敌人进至水东区草坪村一带时，遭到红军和水东区游击队阻击。经过5小时激战，击毙击伤敌军七八十人，红军只伤亡一人。敌军不敢恋战，当即缩回原地，后援之敌见状，也只好撤回吉安城。此战，红军和游击队以少胜多，有力地打击了国民党军的嚣张气焰，大长了苏区军民反“围剿”的勇气。

王众岭战斗。1933年秋，国民党第二十七师、八十九师分驻永丰县三塘、鹿冈，第八十三师驻乐安望坑，税警师驻新干县城，形成对新干苏区的包围。同时，抽调永丰、乐安、新干三县地主武装保卫团各一个大队，合编为江西保卫第二师，由第八十三师第三旅旅长李向荣任师长，为进攻新干苏区主力，妄图从新干打开缺口，进攻永丰，直逼中央苏区腹地。

为粉碎敌人的阴谋，中共新干县委和活动在新干苏区的红二、三、十一团采取“诱敌深入，陷敌孤立”的战术，使用假情报诱敌上钩。10月28日向敌发出假情报，当晚李向荣部即爬过王众岭，向新干县委驻地南边村逼近。红三团尾随敌后，在王众岭截断敌军后路。10月29日拂晓，新干县独立营与敌交火，边打边撤，把敌人引到南边村红军包围圈内，红二团和红十一团分别从澄湖、炉福一带向敌左右两翼发起猛烈攻击；新干县独立营警卫连也从正面发起冲锋。敌抵挡不住，慌忙后撤逃命。当退到王众岭时，被红三团的机枪、步枪、手榴弹组成的密集火力网堵住。战至下午3时许，红军大获全胜，活捉敌师长李向荣、新干保卫团团副邓拂苏，

---

① 吉水县史志档案馆编著:《中央苏区公略县革命史》，江西人民出版社2020年版，第169—173页。

毙俘敌1300余人，缴获轻重机枪7挺、手枪25支、步枪2100余支、5瓦电台1部、战马5匹、军用物资140余担。

芙蓉山突围战（五女跳崖）。1934年1月6日，由新干向乐安芙蓉山转移的红十一团和新干县独立营、麦斜游击队开始突围。这支1600余人的队伍，在经历千辛万苦并与敌人展开大小数十次战斗之后，终于到达离乐安县城约20千米的芙蓉山。然而，落脚不久，又因团长李兴发叛变投敌再度陷入重围。部队在红十一团政委欧阳忠的指挥下，大部冲出敌军包围圈，于2月中旬转战至乐安牛田村与乐安中心县委胜利会合，但担负掩护任务的新干县妇委会主任黄秀英等部分干部和新干县独立营一班战士却与大部队失去联系，被敌人围困在山上。黄秀英等在当地群众的配合下，与敌人在广阔的密林中展开周旋，在极其艰苦的环境中坚持战斗一个多月。3月，黄秀英等决定率战友下山，返回新干，投入新的战斗。当部队行至芙蓉山边缘的王家崖时，被敌兵追击冲散，黄秀英、黄清香、邓洪祥、张素英、聂菊英五名女战士被迫退守到王家崖悬崖上。五名女战士临危不惧，坚持打完最后一颗子弹，从容地砸断枪支，彼此紧紧挽着手臂，高呼："红军万岁！""苏维埃万岁！""共产党万岁！"纵身跳下悬崖。五名巾帼英雄用对党和人民的赤胆忠心，谱写了一曲气壮山河、视死如归的英雄赞歌。

秤砣寨阻击战。秤砣寨位于龙冈入口处右侧悬崖陡峭的龙冈河畔。为了阻击敌人进犯中央苏区西北面大门龙冈，1934年1月至3月，在龙冈县委、县苏维埃政府的动员下，组织附近几个乡的1000余名民工，自带粮食，在进口的咽喉处秤砣寨修筑地下暗堡，奋战两个月，在山下挖出了一个大地洞，不仅能储存粮食、军火，还能容纳100多人，在壕沟的前沿埋下大量的致命竹钉，山顶和山底之间挖有楼梯上下，并用毛竹筒直达下面，上面红军拍打几下，下面部队便知道有情况。同时在山下靠近河边修建一条秘密进出通道，需要划船涉水才能进入地堡，整个地堡建造得十分精巧。

4月30日，国民党军第九十九师占领上固后进犯龙冈，奉命扼守地堡阻击敌人的红军永公龙独立团二营第六连147名红军战士，与敌人展开殊死战斗，打退了敌人一次又一次的冲击，敌人一批批的踩到竹钉，伤亡惨重，敌师长郭思演负重伤。战至5月1日下午5时，地堡被敌二九五旅炸塌，加之秘密出口处被敌人发现，敌人用猛烈火力射击封锁了出口，红军伤亡很大，战斗对我军十分不利。在此情形下，我军组织部分战士突围，在枪林弹雨中，红六连除7名战士冲出外，指导员方国珍、连长王成为、副连长李继坚及其余战士最后全部壮烈牺牲。守卫在这里的红六连的指战员们，以一个连的兵力钳制了敌人四个师的兵力达两天两夜之久，不仅迟滞了国民党“围剿”军向赣南苏区的进攻，而且掩护了兄弟部队的撤退，谱写了反“围剿”战争中可歌可泣的英雄史诗。

富田伏击战。1934年5月中旬，第五次反“围剿”进入十分残酷之时，驻吉安新安的国民党军第五十三师企图进占富田。陈毅率西方军主力从东固南龙进抵富田，调地方武装、赤卫队在富田修筑工事，以迷惑国民党军；调动由中央警卫师改编的红二十三师隐蔽在新安至富田的道路两旁山头上，以伏击国民党军第五十三师。5月24日，国民党军第五十三师六个团由新安向富田推进。当国民党军进至红军伏击圈内时，红军从东、西两侧向国民党军发起攻击。同时，地方武装从富田向新安出击，国民党军处在三面包围之中，被迅速击败，红二十三师和地方武装乘胜追击至新安附近，歼国民党军一部分，另一部分退入新安堡垒，陈毅率西方军撤至东固休整。

沙村战斗（马脑山战斗）。1934年7月中旬，国民党军第八纵队集中六个师的兵力向泰和沙村一线进攻，陈毅指挥兴国模范师和独立六十一、六十二团，三军团政治部主任袁国平指挥第六师，对敌人进行迎头痛击。7月12日，在马脑山一带阵地与敌人展开三天激战，歼灭敌人一部后，往老营盘一带转移。

老营盘战斗。1934年8月中下旬，陈毅指挥兴国模范师和独立十三团利用兴国老营盘隘口的有利地形，对进攻兴国的敌第八纵队设伏，歼敌800多名，缴枪700多支。后战斗转入阵地战，陈毅不幸在此役负伤。

第六节 中央苏区时期根据地的经济文化建设

一、开展经济建设

发展农业生产。公略县和各区苏维埃政府都设有负责农业生产的土地部，各乡苏维埃政府设有土地委员，各村也有专人负责农业生产，对农产品有明确的生产指标，还提出响亮的口号。如1933年春耕，公略县明确提出“谷米增加两成，番薯恢复革命前生产，多种杂粮，多种蔬菜，多种棉花，多出木油、烟叶”的目标，同时提出“人工个个下田，肥料增加一倍，陂圳池塘赶快修好，耕牛农具互相帮助”的行动口号，还组织宣传队开展宣传，巡视员逐级进行督促。打破妇女不下田劳作的传统习俗，动员妇女参加农业生产。很多妇女掌握了耕田、耙田、莳田、施肥等全套农事基本技术。青壮男人大都上前线，妇女成为农业生产的主要力量。

消灭抛荒田，扩大种植面积。国民党军队的连年“围剿”导致公略苏区耕地连片抛荒。据不完全统计，公略县抛荒水田6605石谷田，旱地517石谷田。为增加耕地面积、多打粮食，公略中心县委号召群众开垦抛荒田。1933年2月临时中央政府颁布的《开垦荒地荒田办法》，规定“谁开谁收”、新开荒田三年内不纳土地税的优惠政策，免征累进税三到五年。公略人民由此掀起开垦荒田的高潮。白沙区以村为单位组织消灭荒田冲锋队，其中大水乡很快消灭荒田。公略县1933年共开荒90余亩。

兴修水利，保障灌溉。1933年至1934年春，公略县内对旧有的山塘、水圳、水坝等几乎都进行整修，农田有效灌溉面积达90%以上。公略县折桂区双橹乡江口村动员群众兴修一条3米多宽、2000米长的水渠；富田区修三个水陂；富田区新安乡坪田村开挖一条新水渠；东固区修两个水陂。

开展互助合作。以乡为单位组织耕牛、农具合作社，或者以村为单位组织助耕队。农民以没收地主、富农多余的耕牛和农具，并取得政府信贷的支持，集股组织合作社，耕牛、农具归合作社社员集体所有，互相调剂使用。

开展生产劳动竞赛。竞赛的项目比较多，且要求高，有插秧竞赛、割禾竞赛、开荒竞赛、积肥竞赛、修水陂水圳竞赛。每一项竞赛都做到赛前有布置，赛中有督促，赛后有检查评比，对检查评比出来的优胜者奖励种子、农具乃至耕牛。

推广农业先进生产技术。农闲时节尤其是冬季，各级苏维埃政府组织群众开展积肥运动，公略县还开办一家肥料公司以保障增产增收；提早冬耕冬翻，实行精耕细作；开挖深沟改造冷浸田，降低地下水位，改良土壤。公略县粮食产量在1932年、1933年连续两年递增20%。1933年，公略县的粮食产量比上年增长一成多，豆、黍、番薯等杂粮的收获也明显增加。农民手里有粮，支援红军的底气更足，积极性更高，不仅改善了人民生活，而且支援了革命战争。

努力发展工业。公略县几个大圩镇都开设有军工厂，东固区在原有基础上，巩固发展了兵工厂、织布厂、被服厂、草鞋厂和造币厂等；水南区在圩镇有锅炉厂、樟脑厂、纸烟厂、缝纫厂、石灰厂、铁锅厂、农具厂、碗厂等，还设有织布厂、被服厂、草鞋厂等织造企业，水南区三元乡开办造纸厂。公略中心县委将设在下大屋村的原水南区打铁厂扩大发展为有几十名工人的简易兵工厂，生产梭镖、马刀、鸟枪、土炮、手榴弹等武器。水南区还办了熬盐厂，利用硝盐熬制食盐，基本满足了当地人民对食盐的需求。1933年底，公略县有刨烟合作社6个、铁器合作社3个、锅炉合作社4个、纸槽13个、砖瓦合作社5个、榨油生产合作社8个、织布生产合作社4个、石灰生产合作社40多个。

搞活商业贸易，打破敌人封锁。国民党反动派一方面加紧对公略苏区的军事“围剿”，另一方面则采取严密的经济封锁，企图用经济手段摧垮苏区。中共公略中心县委则积极恢复集市贸易，保护私营商业，派纠察队到各地圩场维持秩序，以低税率鼓励白区小商小贩设法来苏区经商，鼓励支持各地以村为单位开办酒、肉、豆腐店等，继续办好苏区平民银行，同时出台搞活贸易流通的措施：在苏区组织消费合作社，建立粮食调剂局和粮食合作社。1932 年 5 月以前，公略县内共建立生产、消费合作社 74 所，至 1933 年 7 月，公略县各区、乡又建立了 34 个消费合作社，股金达 9495 元（其中社员集股 7301 元）。至 1933 年 7 月，公略中心县共建立粮食合作社 224 个；成立外贸局，内设采购科和白区秘密采购点、运输队，把苏区的茶油、谷米、大蒜、薯粉、竹木、石灰、纸、烟、钨砂等运到白区销售的同时，把采购到的各类苏区急需物资如食盐、煤油、油墨、药材等秘密运回。公略县在值夏设立县贸易分局，经常派人到水东区组织人员到吉安市秘密采购苏区所缺的生活用品，如药、布、洋油、食盐、油墨等，同时将苏区的农副产品如谷米、黄豆、薯粉等卖出去。公略县每月从白区秘密采购并运回的布匹、洋纱分别为 50 多担和 70 多把，还有大批的药品、洋油、食盐等。从而活跃了苏区的经济，粉碎了敌人的封锁。

发展邮政交通事业。公略中心县设立赤色邮政总局，各县都设立邮政局，县局下设分局，分局下设代办所。邮局经办报纸、平信、挂号信、快信、稿件、包裹、印刷品、汇款等业务。红军官兵及其家属的信件一律免费。公略县的邮路以水南为中心，主邮路有六条。

公略中心县委及各县苏维埃政府都很重视交通工作，抓紧修复因战争损坏的道路、桥梁等，恢复交通，确保畅通。中心县内还兴修三条主干大路，分别是富田—东固—龙冈线、值夏—水南—白沙—藤田线、藤田—龙冈—良村线。主要靠军民肩挑背驮进行运输。

二、普及教育事业

公略中心县委对文化教育十分重视，在所属各县、区设立教育部，乡苏维埃设教育委员会，领导文化教育工作。

兴办学校。公略中心县委指示各地大力恢复和创办列宁小学，实行义务教育，凡 15 岁（含 15 岁）以下的适龄儿童不分男女，一律进列宁小学学习。公略县村村办起列宁小学，水南区泸源列宁小学有学生七八十人，王竹坪列宁小学有学生 20 多人。学生不需要交学费。课本由苏区中央局教育部门编印下发。1932 年 5 月，全中心县有列宁小学 459 所、教师 420 余人。其中公略县 245 所，教师 258 人。

扫除文盲。在大办列宁小学的同时，大办识字班和夜校，努力扫除文盲。公略县村村办起识字班和夜校，大批成年人劳作之余在识字班和夜校识字学文化、学唱革命歌曲。识字班的课本主要有《工农读本》《劳动读本》《农民讲话》《工人讲话》《战士讲话》《妇女讲话》等。水南街上的夜校有六个小组，学员 200 多人。为使学员学得进、记得住，还在路口、村口、街头巷尾设立识字牌，让学员走路见字，进村出村见字，抬头就见字。学员将每日所识之字自行写到本子上，定期交教员查验。通过学习，许多女孩也能写短信、写标语，从事宣传工作。

三、兴办文体活动

公略中心县各县、区、乡都建有俱乐部，村民喜欢在此开展唱歌、演戏、跳舞、写标语等宣传活动。每逢节日，俱乐部都有文艺演出，演革命新戏，唱革命小调。文艺演出前，赤卫队、少先队、儿童团、妇女会都会互相拉歌，调动情绪，烘托气氛。不少歌曲和戏剧都是群众自创、自编、自演的。在公、万、泰三县，到处都可能听到军民哼唱红色歌谣。

有条件的区乡组建剧团等文化娱乐组织，开展各种有益的文艺娱乐活动。1932 年冬，公略县水南区俱乐部自编自演一出批判水南大地主的戏剧《骂曾坎生吃冤枉》。这些自创、自编、自唱、自演的文艺节目乡土气息浓厚、通俗易懂、风趣幽默，很受群众欢迎，也在无形中提高了群众的觉悟。公略县水南区村背村姑娘钟月芊 14 岁就参加红军，并被选调到中华苏维埃政府创办的蓝衫团（剧团）。1933 年，她随蓝衫团来到自己的家乡水南，和团里的同志们一起在万寿宫列宁舞台上演出了大戏《龙冈擒瓒》、小戏《小放牛》《一只草鞋》以及歌舞《第一次全苏代表会》《野战军出动歌》《高虎垴战斗歌》《战斗舞》等节目。

苏区中央局创办的《红色中华》《斗争》，少共中央局创办的《青年实话》，江西省委创办的《省委通讯》等报刊在公略中心县内得到广泛发行。

公略中心县委创办机关周刊《艰苦奋斗》，永丰县委创办的机关报《实话》等，颇受干部群众喜爱。各乡、村都有专门的读报员为乡亲们读报，讲解报章内容。

在极其艰苦的战争环境里，公略中心县委领导人民大力开展群众性的练操、野战、掷弹、刺杀、射击等军事体育活动，在学校开设体育课，在区、乡俱乐部及部队驻地开辟运动场，并组织开展体育竞赛。1933 年，中国工农红军总政治部为纪念建军六周年，于 8 月 6 日在永丰藤田举行盛大的中央红军首届体育运动大会。有政治、军事、体育、文化四个方面 30 多个竞赛项目。公略、万泰、永丰等县派观摩团观摩运动会。

四、发展卫生事业

为保护全县人民的身体健康，公略中心县委在所属各县普遍设立卫生委员会，区、乡都设卫生组织，大力开展卫生运动。中心县卫生委员会指导各县、区在原有的基础上利用互济会发展卫生事业，兴办军民两用医院以及既看病又卖药的医药店或药材铺，各县办起医院和药店，区、乡也办较小的医疗站。有的县还设立药业合作社，并附设公共看病所，组织群众大采草药，组织医生进村入户巡回医疗。打破国民党严禁医务人员、医疗器械及药品进入苏区的严峻形势，从而大大地提高全县军民的文化健康水平。

健全医疗基础。公略县内，东固、富田等地创办的红军医院继续为军民服务，各区都由互济会开办医药店。参加医药互济会的群众进店看病不用钱；县、区、乡干部进店看病可以报销医药费；红军家属和贫苦群众持乡苏维埃政府证明，可免费治疗一般性疾病，还可以免费获得膏药等一些小药品。东固区在东固街上创办东固药材铺，既给人看病又经营药材。中鹄区建立医疗工作由医生分片包干制度。

公略县在远离白区的水南区泸源乡山下村建一个疗养所，接收红军和地方武装的伤病员进所疗养。1932 年前后，江西军区在潭头区田中村创办军民两用的江西红色第一医院，分驻小学、万寿宫和潭头街上三个地方，有医护人员近 20 人，并在潭头街上附办中草药铺。位于东固养军山、水东青原山等地的红军医院不仅收治红军伤病员，还为当地群众看病施药，医院转移到哪里就给哪里的群众看病治伤。

1931 年冬和 1932 年春，富田一带发生疟疾、痢疾和天花，一天内几十人倒下，数百人不治身亡。公略中心县采取有力的措施进行防控[①]。针对天花疫情，公略中心县委在辖区内广种牛痘，规定“无论男女，一至廿岁，在可能的范围内，每年种牛痘一次”。即使牛痘浆不够，也要确保种后之需。对于其他瘟病，则要求隔离病人，严密消毒，焚化尸体，不吃病死毒死畜禽的肉，不喝生冷水。同时加强对环境卫生的整治。

在中央苏区时期，以东固革命根据地为核心建立起来的公略县、公略中心县、永丰中心县在党的建设、政权建设、经济文化事业建设和动员群众参军参战、深入土地革命等方面取得很大的成绩，为粉碎敌人的军事“围剿”和巩固、发展中央革命根据地作出了重要的贡献。

---

① 吉水县史志档案馆编著:《中央苏区公略县革命史》，江西人民出版社 2020 年版，第 218 页。

第六章　东固革命根据地之游击坚持

东固革命根据地军民在中央苏区五次反“围剿”战争中作出了巨大奉献和牺牲。由于强敌合围和“左”倾错误指挥，第五次反“围剿”不断失利，主力红军被迫突围进行西征，曾山于1934年9月临危受命接任中共江西省委代理书记，奉命留守江西苏区。1934年10月红军主力长征后，东固及周边地区成为江西红军的最后集结地，曾山、胡海等人坚持游击斗争，在东固及周边地区开展艰苦的游击转战，直到1935年5月中共公万兴特委和公万兴独立团在突围时被完全打散、解体，从此，东固革命根据地完全沦陷。

从1934年9月到1935年5月长达九个月的这段艰苦卓绝的游击战争岁月里，东固革命根据地军民擎起“艰苦奋斗”的红旗，坚持信念不灭、精神不倒，发扬苏区优秀儿女一不怕苦、二不怕死的革命精神，浴血坚持游击斗争，成功地拖住和打击了敌人，有力地配合和支援了中央和主力红军长征，保存了革命的火种，锤炼了革命的骨干，极大地鼓舞和坚定了苏区群众继续革命的斗志，在中国共产党历史和中国革命史上写下了极其悲壮的一页。

第一节　组建留守党政机构

随着第五次反“围剿”的不断失利，1934年10月初，国民党军队推进到中央苏区腹地。10月10日，中共中央、中革军委率领红军主力以及中央机关、直属部队共8.6万人开始撤出中央苏区，踏上战略转移的征途。

江西军区所属各独立团和宁都、洛口、宜黄等县地方武装，在江西省军区司令员陈毅率领下，在公略、万泰、龙冈、宜黄、洛口一带接替红军主力的防务，阻击从江西广昌向建宁方向推进的国民党“围剿”部队，掩护主力红军西征。陈毅负伤后由李赐凡继任。

中央主力红军撤出中央苏区时，中共中央决定成立中共中央分局和中央军区，任命项英为中央分局书记兼中央军区司令员和政治委员，同时成立以陈毅为主任的中华苏维埃共和国中央政府办事处留守中央苏区。留在中央革命根据地的部队有红二十四师、独立团及地方游击队约 1.6 万人，加上党政机关工作人员和红军伤病员共 3 万余人。中共中央赋予以项英和陈毅为首的中央分局和中华苏维埃共和国中央政府办事处的任务是牵制国民党军，掩护红军主力转移，保卫中央苏区和土地革命的胜利果实，使进占苏区的敌人不能顺利统治下去，并准备在有利条件下配合红军主力反攻。

一、曾山代理江西省委书记坚持游击斗争

1934 年 9 月上旬，中共中央决定将江西省委书记李富春调任红军总政治部副主任，随军行动，曾山临危受命接任中共江西省委代理书记，与谭余保、胡海、胡发鑫等中央苏区江西省和湘赣省党政军负责人奉命留守江西苏区，领导苏区军民继续坚持游击斗争，以牵制国民党军。

根据中央分局书记兼中央军区司令员和政治委员项英部署的工作要求，1934 年 10 月 26 日，中共江西省委代理书记兼江西军区政委曾山与刚上任不满两个月的江西军区司令员李赐凡、省苏维埃政府主席刘启耀、省委组织部部长刘球贤、省政治保卫局局长娄梦侠等党政军主要负责同志在宁都县安福乡西甲村召开党政工作会议，研究部署部队的行动方向和计划。会议认为首先集中兵力牵制当面国民党军，全力掩护红军主力北上，然后向东固集结，以东固为据点坚持游击战争。会议决定进一步整顿党政武装组织，肃清部队中的不稳定分子，提高军队战斗力，发动群众，坚壁清野，尽量储备粮食，以备长期艰苦斗争之需。为了集中统一领导，会议决定撤

销江西省苏维埃政府和江西省军区，成立江西军政委员会，由曾山任主席。会议还决定对全省地方武装进行整编，将省直机关干部和部队整编为三个独立团，乐安军分区所辖部队为第一团，省直指挥的部队为第二团，万泰军分区所辖的部队为第四团；各县区武装改编为独立营或挺进游击队，红军医院随部队行动，兵工厂、被服厂等迁往永丰南部山区隐蔽。部署万泰军分区独立第四团和县区独立营、挺进游击队坚持在万泰苏区开展武装斗争。会议号召苏区群众坚壁清野，进行游击战争，以保护苏区人民生命财产安全，迎接主力红军打回来①。

二、公万兴特委的成立

为落实中共中央分局工作安排，进一步加强对游击战争的领导。1934年，留守苏区的中共江西省委和省军政委员会决定在公略、万泰、兴国三县接邻地区成立中共公万兴特委，领导地方党组织和人民坚持革命斗争。同年11月，曾山在泰和县中龙乡桥头岗回龙洲村召集中共公略、万泰、兴国三县领导人会议，曾山在会上代表江西省委宣布成立中共公万兴特委，由徐达志任特委书记（后为胡海），隶属中共江西省委领导，管辖公略、万泰、兴国三个县的党组织。直到1935年5月，在突围中，公万兴特委被打散，领导人被俘，特委随即解体。

第二节　开展游击战争

一、曾山、李赐凡、罗孟文率部坚持游击战争

中央主力红军长征后，严酷的冬天来临。国民党军在中央苏区“剿共”的重兵，除两个纵队尾追红军野战军外，大部分还在苏区周围，从北、东、西三面向中央苏区中心区域推进。其中北路国民党军以“八、十四、

① 中共江西省委党史研究室：《曾山传》（修订本），江西人民出版社2019年版，第124页。

九十四、九十八四个师清剿江西军区”[①]。1934 年 10 月 14 日，兴国县城被国民党军占领，永丰中心县委和龙冈县委驻地亦失陷；10 月 26 日，宁都县城被攻占，敌军云集北门城外山头，准备对江西省首脑机关驻地刘坑乡七里村发动攻击。至此，苏区江西省所辖县城全部丧失，只保留宁都（含洛口）西北边缘山区，永丰、乐安的南部山区，兴国东北部山区以及吉安、吉水南部等部分山区（东固周边一带）。为了灵活应敌，积极游击，26 日下午，即国民党军侵占宁都县城的时候，曾山、李赐凡、刘启耀等率领中共江西省委、江西省苏维埃政府、江西军区及省直机关干部 4000 余人、1500 余支枪和 1 个迫击炮连分两路撤离七里村，转移到宁都安福乡的西甲村。当晚，曾山在此主持召开了军政工作会议，研究部署部队的行动方针和斗争策略。

一切部署停当之后，曾山、李赐凡等率部在宁都、永丰两县边界山区且战且退，经朱良、洋斋、小布、麻田、金竹坑等地，于 1934 年 11 月初到达洛口金竹，同洛口县党政武装会合。而此时，洛口东面的广昌，北面乐安的善和、招携，西面永丰的石马、沙溪、上固均已被敌占领，敌军构筑了军事封锁线，南面受到敌罗卓英的攻击，部队有被包围聚歼的危险。根据当前危机形势，曾山决定在永丰与宁都交界的崇山峻岭中坚持游击战争。随即，曾山率部向永丰中村梨树村进发。11 月中旬，来到梨树村。在此休整几天后，曾山率部攻击驻永丰北坑守碉堡之敌。在中村遇国民党军五十一师一部，与之激战，后退往梅子坪。曾山率省级机关及警卫连穿越狮形崇和老虎崇之间的山道，来到上溪大坪村，驻永丰、宁都交界的竹篙岭排上，并在此指挥全省的游击战争。江西省军政委员会进驻上溪竹篙岭。

竹篙岭村位于永丰上溪乡大坪小竹篙岭山腰，村庄面积约 1 平方千米，人口 96 人，地处上溪乡东部，东临中村乡梅子坪，东南与宁都县毗邻，西南是上溪李坊，江西省军政委员会机关驻此便于指挥游击队进攻，防守时

① 《项英致朱德电（1935 年 1 月）》，江西省委党史资料征集委员会、中共江西省委党史研究室编:《江西党史资料》第二辑，1987 年印，第 101 页。

可以依赖有利地形，居高临下，便于以逸待劳，是难得的军事要地。在国民党军碉堡的封锁下，永丰、龙冈、公略、兴国、万泰、乐安、宜黄、洛口等县级机关或独立营、游击队都迁到永宁交界的上潮、长坑、梨树、梅子坪、大坪、李坊等一带的山区。为了便于集中指挥领导，曾山与李赐凡、刘启耀、娄梦侠等领导商议，决定将八个县组成三个指挥部，负责领导各地的游击战争。兴（国）万泰指挥部以竹坪为基地，宜（黄）洛（口）指挥部以头陂为基地，永（丰）公（略）龙（冈）指挥部以竹篙岭坚竹坑为基地。同时各县区组建独立营，独立营组织游击队，扰乱牵制敌人，打击敌人，保卫苏维埃区域。各指挥部还建立白情侦察队，经常同省委保持联系。

聚集在永（丰）龙（冈）边境的各县独立营和游击队有1万余人、3000余支枪。为统一指挥和行动，中共江西省委决定永宁边境的宜黄、洛口等县的独立营和游击队组编为宜洛独立团，永丰、公略、龙冈等县的独立营和游击队组编为永公龙独立团，活动于东固等地的兴国、万泰独立营、游击队组编为兴万泰独立团。解散红军医院、兵工厂、被服厂，能行动的人员加入红军，老、弱、病、残人员就地安置。

1934年12月，曾山在距上溪竹篙岭只有20华里的永丰中村梅子坪万寿宫召开了永、公、龙三县党政军负责人会议，传达了省委的决定。随后，永丰、公略、龙冈的独立营和游击队战士聚集在万寿宫前的稻田和红薯地里，参加永公龙独立团成立大会。会上，曾山代表省委、省军政委员会宣布了永公龙独立团的编组决定，任命石林生为团长，罗国倬为政委。曾山号召红军指战员“牵制敌人，掩护主力红军顺利北上；巩固后方，保卫苏维埃根据地，迎接抗日胜利。生者英雄，不要忘记共产党会回来。要坚决记到党的六条（指入党宣誓词）。”① 独立团成立后，主要在永丰南部边界山区进行游击战争，活动区域为梅子坪、龙冈、东固等地，任务是清除敌人的碉堡封锁线，保障省级机关的安全。永公龙独立团一直坚持到1935年

① 罗国倬:《红军北上后的江西游击活动》，永丰县人民革命史办公室1958年12月至1959年几次调访记录综合整理。

3月，在君埠空坑与敌九十三师遭遇时，因团长石林生叛变投敌，部队被打散。

1934年12月起，国民党军加快“进剿”步伐，在省军政委员会驻地竹篙岭、高家地一带布下蜘蛛网一样的封锁线，企图压迫红军游击队在狭小的区域内聚而歼之。国民党第三路军副总指挥罗卓英称：“去岁（1934年）12月初，三路军以彻底清剿四处残匪之目的，授令陶（峙岳）夏（楚中）霍（揆彰）等部，进占洛口、东韶、阳水及黄陂、君埠等处，先筑碉封锁，再严密搜捕，旋复以孔（令恂）师进占尧山、苦竹、治村协力清剿。”[①]敌人所到之处，实行“树砍光、屋烧光、人杀光”的“三光”政策，给江西苏区人民带来了深重的灾难。不少地方全家杀绝，全村被杀光，田园荒芜，人烟断绝。甚至国民党反动派在自己的报告书中也不得不承认，在“清剿”区内，“无不焚之居，无不伐之树，无不杀之鸡，无遗留之丁，闾阎不见炊烟，田野但闻鬼哭”[②]。国民党军罗卓英部从宁都西北部黄陂、小布向上溪、中村等地推进。敌人“清剿”仅剩的狭小苏区形势十分严峻。为了保存有生力量，曾山率部队从洛口的金竹坑转移到椒边村、上下潮、南团的崇山峻岭之中。不久，敌十四师在南团四周“搜缴”，曾山率领部队又转移到永丰县黎溪村，并由此出发，经过永丰的沙溪，进军吉安东固。由于无法突破敌人的封锁线，部队遂折回宁都小布，省军政委员会暂驻树陂村。12月底，永丰全境被国民党军占领。

1935年1月上旬，国民党进一步加紧对博生县、胜利县“清剿”，用四个师的兵力将江西省委和省直机关部队包围在宁都小布地区。罗卓英公开宣称：“首先构成网状封锁线，制匪流窜，再抽调精悍部队，分区搜缴”[③]，妄图将江西苏区的红军游击队一网打尽。在强敌的严密包围封锁下，红军游击队只有突出重围才有活路。曾山和李赐凡召开紧急会议，决定分三路冲出敌人的重围：一路由曾山率领，一路由李赐凡率领，一路由洛口

---

① 钟贡勖：《江西农村视察记》，《中央日报》1935年3月16日。

② 苏多寿、刘勉玉主编：《曾山传》，江西人民出版社1999年版，第116页。

③ 钟贡勖：《江西农村视察记》，《中央日报》1935年3月16日。

县军事部部长兼游击队司令宁春庭率领。计划突围到吉安东固，在东固会合后去追赶长征中的主力红军，如此计划受挫，则去湖南和贺龙领导的红军会合，并将这一突围计划报告了项英。在安排好几百名老弱病残和随军家属后，突围行动在一个漆黑的夜晚悄然进行。

李赐凡率领军区教导队和警卫营从塘窝、大沽去东固，在行进到小竹篙岭时，遭到国民党军九十三师两个团包围袭击，李赐凡下令埋掉辎重，部队化整为零，结果敌人集中兵力冲上山来，把红军打散。李赐凡因腿部受伤，由警卫人员掩护，在小布岩背脑一个山洞隐藏 20 余天。1935 年 2 月 3 日（农历大年除夕）吃年饭（老乡送来的糯米酒和糯米糍粑）时，被警卫员杜某开枪杀害，时年 27 岁。刘启耀在战斗中负伤，后在群众掩护下脱险。省委组织部长刘球贤、省政治保卫局长娄梦侠、省妇女部部长李美群等被俘，不久被解至南昌并遭杀害。宁春庭率领洛口县游击队由南转西，经过钓峰、杨依、湖背向东固突围，在行动中部分队员开小差，只剩下 80 余人均被包围，冲至占源只余 10 人并被敌人俘去①。

曾山率领的红二团“选择了另一条突围路线，即永丰县南坑的良村封锁线突围”②。从小布地区到东固，需要经过永丰的君埠和永丰、东固交界的大乌山。敌人从君埠至中村、南坑构筑了碉堡封锁线，各大村庄驻有敌军。为了使部队能够通过君埠，曾山采用调虎离山计，派出一个营的兵力向龙冈驻敌发起进攻，调动君埠驻敌赶赴龙冈增援。乘这个空当，曾山率领大队人马急行军两个小时，从君埠附近穿越过去抵达永丰、吉安交界的一片茶梓林，并在此隐蔽一天，后向大乌山挺进。大乌山是吉安、永丰、兴国三县交界的大山，无论通往哪个县境，都要经过一条蜿蜒 20 多里的羊肠小道。敌军在此进山口驻了两个连，卡住通往东固的通道。黄昏时刻，侦察员用巧计消灭了两个国民党哨兵之后，曾山带领部队用机枪开路，用强火力向驻敌发起猛攻，掩护机关人员往前冲。经过 20 多分钟的激战，部队伤

---

① 郭志明：《中央苏区江西省历史综述》，江西省委党史资料征集委员会、中共江西省委党史研究室编：《江西党史资料》第十四辑，1990 年印，第 20 页。

② 曾山：《回忆 1934 年至 1935 年这段历史（1967 年 10 月 6 日）》，存中央档案馆。

亡200多人，但大队人马终于通过了这条咽喉要道。红军游击队打着火把在山路上行进，黎明时到达东固，与中共公万兴特委书记胡海领导的红四团胜利会合。此时队伍仍有700多人。

曾山率领红二团到达东固以后，即派人四处侦察，了解敌军情况及其动向，并于1935年1月24日发布《训令》，指示全省各红军游击队："我们要誓死保卫公万兴苏区，我们要以积极的行动，胜利的粉碎敌人之封锁，消灭敌之少数守备兵力，调动、分散清剿永洛苏区敌之有生力量，为保卫整个江西苏区而流最后一滴血"①。为积极应对敌情，《训令》对红二、四团及万泰营、公略营，黄沙、右寺、富田、兴国游击司令部，万泰游击司令部的战斗任务和指挥方位作了布置，并对红军游击队的行动提出了严格要求：（一）加紧侦察警戒工作，"各连队健全侦察队组工作，应将部队所在地40里以内之敌情侦察确实，并熟悉该地区之道途、地形及民居情况"。（二）运用夜间动作，"应充分采用夜间战斗，利用星夜暗昏逼近敌堡，穿袭敌之封锁，相机袭取，焚烧敌堡"，分散和疲劳敌之有生力量。（三）善于保守军事秘密，各部队自接到代番号日起，即启用代番号，不得擅讲或擅自写出自己的番号，"做到飘忽，神出鬼没，使敌无从捉摸"。（四）保全有生力量，"绝对避免无战术原则的硬碰硬打，或无原则的分散兵力，遭敌各个击破。灵活的以少数兵力游击进扰敌人于梦寐之中，集中主力干脆的消灭敌之弱点"。（五）破坏敌人交通，"凡通敌之大小道路及我军不必要的大小隘路，尽量破坏之，并增加人工障碍"。（六）建立健全地方工作，"帮助地方党政机关严厉镇压地主富农及一切反革命活动，发动群众游击战争，组织群众游击组"。（七）发动群众进行坚壁清野工作，尽量储藏粮食，以备长期艰苦斗争之准备。《训令》最后要求，"各连队首长以最艰苦的精神，十万倍的努力，用革命竞赛的方式互相督促"，以完成这一战斗任务。

遵照《训令》的规划，曾山与胡海率领红二、四团在东固地区辗转游

---

① 曾山：《训令》（1935年1月24日），江西省委党史资料征集委员会、中共江西省委党史研究室编：《江西党史资料》第十四辑，1990年印，第214页。

击数月，并且帮助群众搞好生产。1935 年 3 月初，国民党军发现“曾山队伍已向东固方向窜走”[①]，遂调集九个团的兵力前往包围。曾山闻讯即率领红二、四团向兴国崇贤转移，敌人又急忙从杨赣苏区抽调兵力堵击。

杨赣苏区包括杨殷和赣县两个县，是中央苏区的西南屏障。1935 年 3 月，中共杨赣特委书记兼第四军分区政治委员罗孟文获悉曾山所部动向后，即率领红十三团巧妙地穿过敌人的碉堡封锁线，到达兴国崇贤，与红二、四团胜利会师。崇贤会师后，红军战斗力更加强大了。敌人便源源不断地增加兵力，加紧对崇贤地区的“清剿”。为此，国民党驻赣绥靖公署主任顾祝同还向吉安、抚州的专员及其下属各县发出紧急密电，称“靖密，据报匪首曾山七股千余人，经我各部队痛剿，刻窜至水南以北岸施家边一带”，要求所部及各县“迅速扑灭该匪”[②]。危急时刻，中共江西省委就当前斗争形势在崇贤齐汾召开扩大会议。会议决定冲出敌人的包围，通过杨赣地区去赣粤边根据地，与李乐天、杨尚奎领导的红军部队会合，并通过他们取得项英、陈毅的领导和指示[③]。由于敌人的戒备十分森严，几次突围都没有成功。1935 年 3 月底，部队决定改道从石陂、北坑、大小杨梅岭越过封锁线，红二、四团作前卫，红十三团作后卫，由于雨天路滑影响行军速度，天亮时被敌人发现并尾追过来，战斗在石陂、北坑交界的大坳岭上打响，经过一番激战，打退了敌人的进攻。大坳岭战斗后，中共江西省委决定分散突围：红二、四团从永丰突围，去湘赣根据地与谭余保的部队会合；红十三团和公万兴特委联系，开展游击战争，保存自己的有生力量，再设法突围去赣粤边。接到省委分散突围的指示后，中共杨赣特委在崇贤桥头岗召开紧急会议，确定突围路线。会后罗孟文带领红十三团四个连共 700 多人，绕过敌人的岗哨，钻树林，跨溪流，不顾一切往前冲，击退了敌人的多次进攻。到达墩丘时，罗孟文决定攻下敌人碉堡，冲出封锁线。他指挥

① 钟贡勛：《江西农村视察记》，《中央日报》1935 年 3 月 16 日。

② 《顾绥靖主任致王专员温县长胡县长施县长等密电》（1935 年 3 月 14 日），存新干县档案馆。

③ 罗孟文：《斗争在杨赣红区与白区》，作家出版社 1962 年版，第 17 页。

机枪连发起进攻，掩护三个步兵连前进，经过数小时激战，歼灭了敌人一个连，终于冲上了秦岭峰，攻占了敌人的两个大碉堡和几个小碉堡。罗孟文在战斗中腿部负伤，但仍在指挥作战。杨赣特委在攻占的大碉堡里立即召开会议，决定部队挺进到西洋山一带活动、休整。会议通过表决要求罗孟文在老乡家里养伤。但部队在向西洋山前进途中，中了国民党军的重兵埋伏，加之红十三团团长陈亦发火线叛变，部队被包围在一个山头上，大部分同志壮烈牺牲，特委领导人赖福冷、王启生、罗孟湖等 16 人被俘，并先后遭到杀害。罗孟文在群众掩护下潜出杨赣地区，后辗转来到泰和马家洲一带，坚持秘密斗争。

二、“半面红旗”

曾山与罗孟文分开后，率部来到胡海领导的公万兴红军游击队，向干部战士讲清当前的形势和任务。他说：“在敌强我弱的情况下，硬拼等于毁灭自己，我们突围出去是要保存革命火种，到了新的根据地，革命力量还会壮大。”[①] 曾山的一席话，大大地鼓舞了战士们的战斗意志和胜利信心。在与胡海分手时，曾山拿出一面写有“艰苦奋斗”四个大字的红旗，满怀革命必胜的信念对胡海说：“这面红旗，我们各拿一半，一则用艰苦奋斗的精神互相勉励；二则我们今后胜利会师时，重新把它缝合起来作为纪念。”[②] 说完后，随即将这面红旗从中剪开，分成两半，曾山把写有“艰苦”二字的半面留给了自己，把写有“奋斗”二字的半面给了胡海。胡海接过“奋斗”二字半面红旗，坚定地表示“革命一定会胜利，共产主义一定会成功，让我们朝着这个目标艰苦奋斗吧”，以互相勉励[③]。

---

① 刘勉玉：《曾山同志在江西苏区游击战争中》，王青争主编：《永留正气在世间——纪念曾山诞辰 100 周年文集》，江西人民出版社 1999 年版，第 260 页。

② 邓六金：《我与曾山》，新华出版社 1999 年版，第 66 页。

③ 曾山随身携带的“艰苦”二字半面红旗，后来在曾山率领所部向北突围，与敌人激战时不慎丢失了。胡海携带的“奋斗”二字半面红旗，后来在 1935 年 3 月 5 日，即胡海被捕前一天，胡海把这半面红旗交给了其妻弟钟荣榜保藏，解放后胡海的亲人把一直珍藏的那半面红旗献给了当地人民政府。那半面红旗至今仍保存在江西省吉安县革命烈士纪念馆，成了珍贵的革命文物。

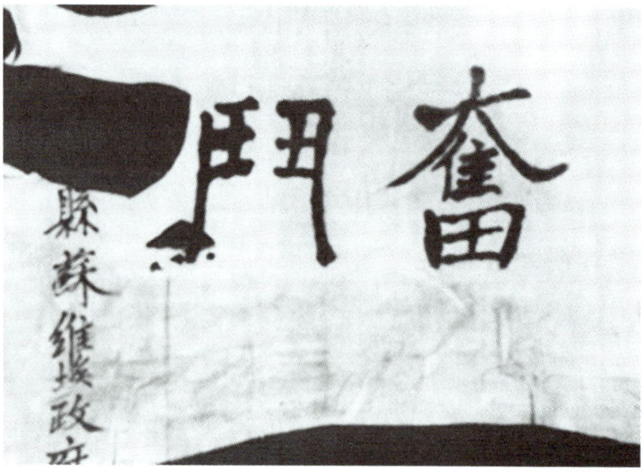

半面红旗

三、曾山突围

在与胡海话别之后，曾山率领红二、四团近千人趁国民党军追赶红十三团之机，迅速从兴古线以北地区突破了敌人的防线。接着，又先后在永丰以南吉安富田学士桥和永丰以北的峡江流源马埠一带，冲破了敌人的碉堡封锁线。在进攻小口岭附近的两个碉堡时，俘敌十多人，缴枪七八支。在兴国的后坊街，一举歼敌一个连，缴获三四十支枪和其他一些战利品。但几经艰苦战斗，部队损失很大，始终未能进入湘赣边与谭余保部会合。曾山只好率领部队辗转游击，采取灵活机动的战略战术与敌人周旋。先后在泰和的沙村、冠朝、固陂，吉安的陂头、值夏、吉水的张家渡、水东、八都，宁都的头陂，广昌、宜黄、黎川等地迂回活动，开展游击斗争。部队风餐露宿，披星戴月，有时晚上与敌激战，有时白天在树林里隐蔽休整，有时几天打一仗，也有时一天进行几场战斗。短短十几天时间，进行大小战斗上百次，先后歼灭了敌人几个连，打垮了这一带地区的反动武装“铲共团”。

为了寻找红一团，1935 年 4 月中旬，曾山率领部队到达乐安地区。乐安地区的敌情十分严重。由于部队连续作战，战士们异常疲劳，许多人在中途掉队。国民党军从被俘和掉队的人员判断，这里还有“江西苏区留下的比较大的红军游击队”，于是调动数个师的兵力前来“清剿”，并出动飞机追踪。红军游击队几乎每天都要打仗，吃饭更加困难，“一天吃到一餐饭就算比较好的”[①]，但在乐安地区没能找到红一团。曾山估计红一团可能到新干去开辟游击区，便率领部队撤离乐安，带领红二、四团经过十多天的昼夜行军、打仗，后抵达新干游击地区。曾山设想当部队到达新干县竹山坑大山上时再进行休整，然后转往湘赣边。不料敌人早有准备，布置了三个师兵力设下埋伏张网以待。部队刚扎下来正要吃饭时，敌人开始了攻击，三面夹攻致使游击队损失惨重。为保存实力，曾山命令部队分散突围。经过顽强的战斗，曾山带领少数队员终于突破了敌人的包围，随后将突围出来的 20 多人编成三个游击小组分散活动。其中，战士编成两个游击小组，干部编为一个游击小组。干部游击小组只有四人，即曾山、萧明煜、郭铨、刘云。曾山要求各游击小组夜间行动，独立作战，以求保存力量。

1935 年 4 月 15 日，曾山率领的干部游击小组转移到永丰县属地的老虎庙山。这里山高林密，又偏僻闭塞，距离县城约 15 千米。他们白天躲避敌人的搜捕，夜晚住宿在庙里。4 月 17 日晚，在山腰间一户守茶山的人家煮饭时，突遭到敌人短枪队袭击，萧明煜不幸中弹牺牲，郭铨被打中左腿。曾山和刘云便轮流背扶郭铨，沿着山间小路来到新干县竹山坑。竹山坑原是游击区，群众与游击队的感情较深。曾山等三人在群众家中隐蔽 20 多天。待郭铨的伤势基本好了以后，再决定走出山去，寻找党的组织和革命队伍。5 月 17 日晚，曾山和郭铨回到永丰老虎庙山脚下，找到一位做篾匠的吉水老乡，请他带路去吉水赣江边。

国民党方面为消灭曾山领导的红军游击队，早就作了充分准备。1935 年 3 月 14 日，负责“剿共”的驻赣绥靖公署主任顾祝同向所属部队和吉安、抚州的专员及其下属各县县长发出急电，电文明确曾山已经率领部队到了“永乐崇淦边区”，要求“所有赣江各县对于渡口，尤应不分昼夜，严加防范，凡行驶赣江船只禁止停泊东岸，以防偷渡”[②]。3 月 26 日，顾祝

① 曾山:《回忆 1934 年至 1935 年这段历史》(1967 年 10 月 6 日)，存中央档案馆。

② 《顾绥靖主任致电王专员温县长胡县长施县长等密电》(1935 年 3 月 14 日)，存新干县档案馆。

同又发出悬赏令："为鼓励部队务期歼灭起见，特再悬赏缉拿。凡生擒匪首曾山者，奖洋三万元"[①]。

做篾匠的吉水老乡是一位革命的同情者，在如此严峻的形势下，仍然不改初衷，表示愿意带路，并且说走就走。他们昼伏夜行，于5月20日拂晓抵达吉水县水田湖口。老乡的活动能力很强，很快就弄到一枚徽章（身份证）和一张路条（通行证），并且联系好了两艘小渔船。当晚，曾山化装成油贩子和郭铨来到赣江边，并分别上了船。曾山顺赣江下游去南昌，郭铨则沿赣江上游回老家吉水富滩（今青原区富滩镇）。曾山到达南昌后，立即去往九江，后几经辗转，闯过了敌人的层层关卡，于5月底来到中国共产党诞生地——上海。在上海，曾山与党组织取得了联系，后经组织批准赴苏联列宁学院学习。

四、胡海英勇就义

胡海与曾山告别后的第二天，中共杨赣特委书记兼第四军分区政治委员罗孟文给胡海来信，相约联合行动。胡海回信说："为了避免敌人发觉，我们还是分头行动。你们先走一步，我们随后就到。"胡海率领部队沿罗孟文率领的红十三团突围路线西行，来到言坑附近时，不料敌人趁大雾悄然逼近公万兴特委驻地。几个敌兵在大坳村里摘菜，游击队步哨发现后，以为是散兵游勇，就交起了火。枪声响后，敌人不断增援，战斗异常激烈。战士们表现得很英勇，冲进敌阵，与敌人展开肉搏。这是一场完全没有准备的战斗，我方伤亡重大，部队全部被冲散。战斗一直持续到傍晚，战士们凭借山林岩洞的保护，隐蔽起来。天黑后，敌人不敢贸然搜山。胡海带领身边的同志趁夜色攀登悬崖，摸出了包围圈。

1935年3月5日，胡海回到东固六渡雪溪迳村岳母家暂避，准备次日取道永丰寻找曾山。他取出那半面红旗，对随行的同志说："看见这半面红旗，我们都不应灰心。目前我们是失败了，但是要相信共产党一定能挽救

① 《第一绥靖司令悬赏缉拿曾山电》（1935年3月26日），存新干县档案馆。

目前的局面。”他小心地把红旗以及随身携带的文件、印章，用油纸包扎好，然后郑重地交给妻弟钟荣榜，叮嘱他要保藏好：“这是我们的希望，头可断，血可流，这个包断然不能落到敌人手里！”3月6日天还未亮，胡海等人正要出发，忽然见山路上有几个人影。雪溪迳是一个偏僻的小山村，村上人一般是不会这么早出村的。胡海意识到情况不妙，于是带领同志们往屋后山隐蔽。不一会儿，后山也发现了很多可疑的人，可以肯定胡海他们被敌人包围了，而且敌人的说话声越来越清晰。由于叛徒周世祥的指认，为首的几个敌兵已经闯进了胡海岳母家，并对其岳母拷问，逼迫交代胡海的下落，否则立即放火焚烧房屋。天大亮后，敌人慢慢收缩包围圈，胡海无路可逃，敌人蜂拥而上将其抓住，胡海就这样被捕了。

其后，谢名仁继任公万兴特委书记，率领仅存的10余名游击队员继续战斗。1935年4月初，谢名仁率队穿越敌人碉堡封锁线时被发现，谢名仁、娄梦侠等人被俘。

此后，谢名仁、胡海和娄梦侠都被押解到南昌，关进了省军法处第一监狱，方志敏也被囚禁于此。在狱中，敌人对胡海审讯过多次，被追问游击队和党组织的情况。胡海总是轻蔑地回答敌人：“你们这些可耻的反动派，根本没有资格来审问我！”胡海严词斥责敌人的利禄引诱，当敌人把准备好的自首书送过来时，他一把将它撕得粉碎。

一天，胡海和方志敏在监狱隔着牢笼的栅栏相见，他们虽然只能用简练的言语向对方表示问候，但这却是相互间极大的鼓舞和激励。胡海向方志敏表示：“我抱定了必死的决心，要同反动派斗争到底，为了阶级的解放事业，为了人民明天的幸福，我没有他求，死而无怨！”6月15日，胡海、娄梦侠、谢名仁在南昌被国民党反动派杀害。万分悲愤的方志敏于6月23日写下了《记胡海、娄梦侠、谢名仁三同志的死》一文，赞誉“他们临难不屈，悲壮就死，不愧为无产阶级的先锋队”。

五、胡发鑫在东固地区坚持斗争

胡发鑫，系富田陂下胡家村人，出身贫寒，1927年参加革命，1932年任公略县苏维埃政府主席。1934年7月成立公万兴独立团，胡发鑫任团长，领导公万兴独立团与东潭独立营、东固赤卫队共600多人、枪，以东固为中心，斗地主、捉叛徒，竭力扰乱国民党后方，两次出击水南、富田等地。中央主力红军战略转移后，于1934年11月8日至28日，率领游击队与敌人3次交锋，缴枪2支。在新圩捉到两个地主和两个叛徒。后又在吉水、永丰、泰和等地迂回游击。国民党派重兵包围，由于独立团兵、粮、医药、武器、弹药得不到补充，形势极为严峻。1935年春，部队只剩下80余人、50余支枪。5月，胡发鑫率领仅有的10多人，一直在富田新石坑、老石坑一带坚持斗争，因水南区圆塘尾村叛徒钟兴贵告密，胡发鑫不幸被捕。在押往水南的途中胡发鑫突然挣脱纵身跳入深涧逃脱，因脚伤藏在其姐夫家养伤，不久又潜伏富田花岩南木岭一带，从事地下工作达半年之久。为躲避敌人追捕，胡发鑫再次与独立团幸存的几名干部分手，潜伏深山后便再也没有了消息。至此，东固革命根据地完全失陷。

1934年9月至1935年5月，遵照中共中央分局的指示，曾山等人带领江西红军游击队与数倍于己的敌人进行了九个多月艰苦卓绝的游击战争，是艰苦卓绝的中央苏区游击战争的重要组成部分，虽然大部分红军将士英勇牺牲，革命英魂永远掩埋在这片红色的革命热土上，但他们不屈不挠的英勇斗争有力地配合和支援了红军长征，极大地保存了革命的火种，锻炼了革命的骨干，鼓舞了苏区群众的革命斗志，在中国革命史上写下了极其悲壮的一页。

第七章　东固革命根据地之重要历史地位

东固革命根据地是土地革命战争时期中国共产党领导创建的最早的农村革命根据地之一，是赣西南苏维埃和江西省苏维埃革命活动的中心，是中国共产党人集体探索“以农村包围城市，武装夺取政权”中国特色革命道路重要延伸发展实践地，与井冈山、赣南、闽西、湘赣等众多的根据地相互配合、共同发展，为中华苏维埃共和国的创建和发展，乃至为中国革命的最后胜利，作出了重要历史贡献，在中国共产党历史上和中国革命史上占有重要历史地位。东固革命根据地的创建者赖经邦、曾炳春、李文林等人把马克思主义基本原理和东固本地实际结合起来，在建党、建军、武装斗争、政权建设、经济文化建设等诸多方面进行了重要的实践探索，创造了许多原创意义的宝贵革命经验，具有十分鲜明的东固革命特色，得到了毛泽东、朱德、陈毅等老一辈无产阶级革命家的高度肯定和赞扬，充分彰显了东固革命根据地在中国革命史上的重要历史地位。

在土地革命斗争中，东固革命根据地人民为中国革命付出了无比巨大的牺牲，他们承受了国民党反动派疯狂的烧杀抢掠，历经了长期革命战争血与火的光辉洗礼。为着推翻黑暗的旧社会、建立光明的新社会，他们义无反顾、不怕牺牲，初心不改、矢志不移，与国民党反动势力展开了长期殊死搏斗，涌现出了许许多多可歌可泣的革命英雄主义事迹，铸就了人民心中不朽的历史丰碑。

第一节　东固革命根据地作出的巨大牺牲

东固地区自1927年11月革命暴动成功后，就被江西反动统治阶级视为“心腹之患”，成了反动政府与四周豪绅地主攻击的重要目标，他们凑集反动靖卫团建立“联防”，接连不断“进剿”东固，企图把东固的革命星火扼杀在摇篮里，但都被东固革命根据地军民予以击溃，东固革命形势继续向前发展。1929年2月红四军与红二、四团在东固会师后，东固根据地进一步发展壮大，东固地区更成为了敌人进攻的首要目标，敌人的文件中均将东固称为“共匪巢穴”，欲先除之而后快，为此，从1930年开始，蒋介石先后纠集其正规军10万、20万、30万兵力，接连发动了主攻东固地区的三次反革命“围剿”，江西国民党反动派头子鲁涤平叫嚷东固“从三岁的小孩到八十岁的老人都被赤化了”。蒋介石曾亲自下令国民党军第五十三师以东固为中心，纵横25里内“格杀勿论”“焚烧殆尽”“一律平毁”。但残酷的镇压吓不倒英雄的根据地人民，从敌人对东固地区的极端憎恨到施行灭绝人性的“三光”政策，足以证明东固根据地人民对革命战争作出的巨大牺牲和贡献。以东固根据地的中心东固地区为例，在当时2800多名东固青壮年中就有2400多名参军上前线，在土地革命斗争中，东固地区有7000余人为革命献出了宝贵的生命，到1934年主力红军实行战略转移进行长征前夕，东固仅留下不满400名青壮年，但仍准备赴前线参军参战。东固地区历次被敌人烧毁的房屋当中，当时境内七个乡统计就多达2450多栋，被掠夺损毁的财产更是难以计数。国民党反动派和地方反动势力对东固革命根据地人民犯下的滔天罪行，惨无人道，罄竹难书。

一、国民党反动军队对东固地区的三次大烧杀

20世纪30年代初期，国民党反动军队先后对东固革命根据地乃至中

央革命根据地发动了五次反革命“围剿”，对东固地区进行了惨绝人寰的大烧杀，东固革命根据地人民经受了巨大的人间灾难。

在第一次反“围剿”战争紧张进行时，1930年12月19日，敌军公秉藩师未发一弹进驻东固，却未将进占东固一事向敌军张辉瓒师通报。20日清晨，因大雾弥漫，张辉瓒师按原计划杀向东固，遭到公秉藩师的猛烈伏击，双方杀得不可开交，直至中午云雾散去才明白是误战，张辉瓒遭蒋臭骂，恼羞成怒，把满腔怒火撒向东固人民，决定在东固大肆烧杀三天，将“民房及苏维埃政府、学校、医院、工农银行，焚烧无遗，红军兵士和农民被屠杀者千余人。”[①]

1931年7月至9月，国民党反动军队对中央苏区进行第三次“围剿”时，又对东固地区进行了疯狂大烧杀。7月5日，红军已从福建西部回师兴国，蒋介石惧怕红军占领东固，7月下旬，指令敌师长李抱冰率五十三师进占东固，先是用大炮轰炸，随后飞机又投掷燃烧弹，致使东固一带山岭大火熊熊，持续数日[②]。7月底至8月初，又在东固至兴国一带烧毁房屋，杀害留守在家的老弱病残群众，洗劫财物，捣毁农作物等。9月初，敌军在老营盘、高兴圩一带被红军重歼后，蒋介石密令国民党军第五十三师师长李抱冰放弃东固，撤往富田待命，临行前务须以东固为中心，纵横25里一律平毁，老百姓格杀无余，焚烧殆尽。李抱冰接电后即召所部策划烧杀实施方案，有的咬牙切齿地说：“我们非杀他个一干二净不可，看他们到哪里去闹革命”。敌一五七团团长、刽子手欧阳律卿想出了一条毒计，事先该团在南龙焚烧所有的房屋，燃起冲天大火。然后敌军士兵伪装成村民回村救火，把300多名群众引出山来，全用机枪扫杀，500多栋房屋付之一炬，几百名群众死于非命。这次大烧杀以东固为中心，凡人财物一律杀光、抢光、烧光，东起禾尚院，西至桥头岗，北起大源坑，南至崇贤，纵横约60华里，烧毁房屋1000多栋，杀害群众2000余人。其景象之惨烈，令人发指。史载东固、崇贤、龙冈等地，房屋，烧毁干净，敌军所过，田禾充作

---

① 《红旗日报》1930年12月24日。

② 吉安县东固镇志编纂委员会编：《东固镇志》，1995年印，第100页。

军食，猪牛杀尽，器物毁坏，受害群众十余万家，赈灾济难，成大问题。这次大烧杀还给东固带来了三大恶疾，即梅毒、疟疾、疥疮[①]。

第五次反“围剿”斗争失败、中央红军主力长征后，东固成为公略、万泰、兴国三县红军游击战争的中心区域，东固人民又为支持江西苏区的红军游击战争，作出了重大贡献和牺牲。1935 年 3 月，国民党军第七十七师占领东固，杀害革命干部 539 名，群众 636 人，烧毁房屋 1000 多栋，抢去大小耕牛 2119 头，毁坏农具 3676 件，抢劫粮食 39.6 万余斤。

国民党反动军队在东固三次大烧杀犯下了滔天罪行，东固人民深受其害。他们的暴行，更加激起了东固人民仇恨和反抗。

二、地方反动势力对根据地人民的疯狂报复

1927 年 11 月，东固暴动取得胜利，使得地方反动武装对东固充满了仇恨，进行疯狂地报复。以富田大土豪王初曦为首的反动武装和五县靖卫团，曾多次进袭东固进行烧杀抢掠，给老百姓造成了很大的祸害。

1929 年底，因毛泽覃曾在中鹄区源头、茅园等乡村组织地方游击队，进行秘密暴动，地方反动势力极度仇恨，两村庄房屋均被敌靖卫团长郭志高烧毁。1931 年 7 月 26 日，中鹄区绕源（今富滩镇绕源村）人民因“通匪”名，被敌靖卫团长郭志高、副团长李其祥、王武阳血洗一整天，烧毁民房 99 栋、祠堂 4 座，3 人当场被杀，4 人躲在柴禾堆里被活活烧死，撤离时还抓走 10 多人，被抓的人关在值夏镇马埠村敌善后委员会遇害（解放后，绕源村浩劫中的死难者被追认为革命烈士）。

在第一、二、三次反“围剿”战争期间，国民党反动派遭到苏区人民的痛击，便变本加厉的组织一次比一次大的反扑，地方上的“守望队”“清乡队”“别动队”“铲共团”“惩共会”“善后会”对水东、中鹄、纯化等地采取疯狂报复，滥杀无辜，革命干部、群众遇害者数千人。

据不完全统计，在中央苏区进入艰难时期，地方反动势力先后在公略

① 吉安县东固镇志编纂委员会编:《东固镇志》，1995 年印，第 99 页。

县水南区杀害苏区干部群众512人，在永丰县沙溪屠杀300多人，活埋妇女8人，奸死妇女30余人。龙冈县裁判部长巫英怀、妇女部长谢炳辉等人被活埋在小别村的薯窖里。公略县特派员刘万兴被吊在树上割了耳朵，然后又被开膛破肚。永丰县潭头区龙州乡少共书记刘发兴、县苏维埃政府干部巫泷水、韶源乡苏维埃政府干部曾育德、管堂早，长坑乡苏维埃政府干部陈传松、余俊方、宋克清、宋汝元等先后被反动派暗杀。据1934年10月8日《红色中华》报报道："被反动派奸死者在白沙罗家等地不知几多，工作人员和红军老婆、青年女子稍微漂亮一点，即被勒逼与反动军官结婚，或者卖到吉安、吉水去做娼妓"，"丑陋一点的则被拘至城市中流离街头讨饭吃"。

三、主力红军北上后，根据地群众惨遭反动派的血腥屠杀

1934年10月，随着中央苏区第五次反"围剿"的不断失利，中央红军开始退出中央苏区北上，开始二万五千里长征。红军北上后，11月，留守的江西省委决定成立公（略）万（泰）兴（国）特委，带领苏区党组织和人民坚持革命斗争，至1935年5月被打散解体，至此东固革命根据地完全失守。地主豪绅、"还乡团"等地方反动势力闯进苏区烧、杀、抢、奸、砸、罚、加重苛捐杂税，实行惨无人道的血腥统治，使苏区人民妻离子散，家破人亡，土地荒芜，民不聊生。反动统治阶级成立"自新团"，宣传"悔过自新不受罚"，"既往不究，自新赎罪"，用软化的手段诱骗群众。实行保甲制，私设牢房，推行连坐法，组织"联保办事处""清乡委员会""惩共委员会""善后委员会""暗杀团""别动队"等组织，残暴地使用开膛剖肚、割耳朵、砍手脚、踩杠子、用煤油烧、灌辣椒水、强令亲人杀亲人等惨绝人寰的手段，严刑拷打、屠杀共产党员和革命群众。水东一大恶霸共杀害群众200余人，值夏一恶霸在舍南、凡塘一次屠杀革命干部和群众11人，其中革命干部王佑祜、段大盛、傅九苟被活活打死。东固街一大恶霸将20名群众剜心剖腹至死。"暗杀团"在值夏街上捉到革命干部9人，当场杀死。

第二节　东固革命根据地的鲜明特点

在土地革命战争时期，以革命老区青原区东固地区为中心区域的东固革命根据地，已经不单纯是一个东固区域的概念，它包括东固革命根据地全盛时期的区域范围，也指的是以东固为中心的赣西南革命根据地的部分范围，最终全部融入了中央革命根据地，成为中央苏区的重要组成部分。这块存在长达近八年之久的中国早期的农村革命根据地，为江西苏维埃革命运动的兴起和发展、中央革命根据地的创建和巩固，为以农村包围城市、武装夺取政权这条独特的中国革命道路的延伸发展，乃至为中国革命的胜利作出了独特的历史贡献，为中国革命提供了在白色政权包围中一小块红色政权能够独立存在的一种好形式，即将公开的武装斗争与秘密割据相结合，党组织及政权机构完全隐藏在群众之中。毛泽东、朱德率领的红四军与李文林领导的红二、四团在东固胜利会师后，毛泽东详细调查了东固革命根据地创建以来的政权建设、武装斗争、土地分配、经济发展等情况。东固革命根据地人民的革命斗争，充满着艰辛、辉煌与悲壮，具有鲜明的革命特色，在中国共产党历史和中国革命史上写下了浓墨重彩的一页。

一、实行公开的武装斗争和秘密割据相结合的斗争形式

在东固革命根据地，武装斗争和红军是公开的，党组织的活动是秘密的，革命政权也以农民协会形式秘密存在。革命初期以群众自治组织——各级农民协会代行红色政权机构作用。农民协会是东固地区建立时间最早、人数最多的群众组织，它有过光荣的斗争历史，在农民群众中享有很高的威信。早在大革命时期，这里就建立了九区农民协会，领导农民进行减租减息、禁吸鸦片，提倡男女平等革命活动。1927 年 2 月，他们在吉安县县长、共产党员周庭藩与驻吉安国民革命军新编第二师师长叶剑英的支持下，将东固人民最痛恨的富田大土豪劣绅王初曦关押了一个多月。这一革命行

动，极大鼓舞了东固人民的斗争热情。轰轰烈烈的大革命失败后，在共产党员赖经邦、刘经化、曾炳春等领导下，于1927年10月很快重建东固农民协会，发展大批农协会员，东龙党支部通过农民协会把广大农民群众团结在自己周围，开展轰轰烈烈的打土豪分浮财、烧地契，创建工农武装割据的斗争。随着革命形势的发展，到1928年夏天，农会会员达到4000多人，东固地区的贫苦农民已经完全被组织在农会之内，以自然村为单位建立了24个村农民协会，自上而下形成一张网络，管理农村一切事务，并大力经营根据地的军事、经济、文化和社会事务建设。

东固革命根据地从1928年春夏初步形成，直到1929年10月才成立区苏维埃政府，在这一年半的时间里，东固的反动势力已经驱逐了，权力完全是我们的，但公开的政权机关和赤卫队都没有，赤色区域之政权，全由农民协会主持。东固党组织通过农民协会管理农村一切行政事务，各级农民协会实际上行使红色政权机构的职能。实践证明，在赤白斗争十分尖锐的情况下，这种组织形式，既能充分调动广大群众的革命积极性，又能保护革命骨干与群众免遭敌人杀害。

二、实行暂缓平分土地与满足农民土地要求相结合的土地政策

这一时期的井冈山、海陆丰革命根据地，因受“左”倾盲动错误的影响，土地政策存在“左”的偏向，在没收地主阶级土地的同时，曾提出“没收一切土地”的过激口号，对自耕农的土地也不加区别的一概没收，这就势必侵犯一部分自耕农的利益，给革命带来损失。

东固党组织在土地问题的处理上十分慎重。从当时东固革命根据地所处的环境来看，赤白斗争十分尖锐，自身力量十分薄弱，必须继续稳定内部环境。因此，东固地区的党组织对于土地问题，区别不同情况分别对待：东固暴动胜利后，家在外地的土豪，再也不敢回到东固收租要粮，家住东固的地主也跑到吉安、南昌等地，避难者不计其数，对于这一部分地主的土地、山林，则采取地主跑了，其田地生产大半归佃农，一部分归农会拿

来办公的办法，即仍由原租种者耕种，产品大半归佃农，小部分用累进的方法征收农业税，供农会办公用。这样，在红色区域还未最后巩固之前，既满足了农民对土地的迫切要求，又极大调动了农民生产积极性及支援革命的积极性。另一方面，对自耕农的土地，则采取保护政策，土地所有权一律不变，农产品归自己，只需缴纳少量的农业税。这在割据区域不很巩固的初创阶段，一部分群众对革命还持怀疑观望态度时，对争取群众，孤立反动派，保护农业生产的发展极为有利，对巩固革命根据地起了很大作用。所以这时虽无正式土地革命之工作，而抗粮抗捐抗税，在客观上已经实现，部分群众已相当认识土地革命之意义。

三、实行独特的经济文化建设

东固革命根据地创建初期，敌人在武装“会剿”的同时，实行严密的经济封锁，给东固军民生活带来很大的困难。地方农民协会在党组织领导下采取种种措施，花大力气开展经济建设，有效促进了苏区经济各项事业的全面发展，打破了敌人的经济封锁，保障了军民生产生活的供应。

发展集市贸易，搞活流通。东固地区物产丰富，堪称粮油之乡。东固圩素有逢圩赶集的习俗，每逢圩日，邻近县周边山区农民携带土特产前来赶集，外地商人也来贩卖东西。每逢农历二月二，鄂、湘、闽、粤等省及省内各地商人纷纷赶来参加传统的庙会，地方商贸经济十分活跃。此时，根据地周围虽然战事频繁，但为搞活经济、沟通物资交流，每月阴历逢一、四、七照常逢圩开市。并采取保护商贩政策，鼓励中小商人从白区贩运物资到东固来经销，这样在一定程度上缓和了物资供应紧张的局面。

创办东固平民银行、消费合作社，缓解根据地的经济困难。为打破敌人对根据地的经济封锁，1928 年秋，由农民协会出面集资创办东固革命根据地历史上第一家银行——东固平民银行，由黄启绶任行长，刘经化、王金亨、汪安国、李文莲等人为委员。资金来源主要为红二团资助 4000 银圆，向群众筹款，革命同志捐赠等。为搞活根据地的金融流通，平民银行发行我党金融史上第一张纸币，票额有一元、五角、二百文、一百文四种。

纸币虽属油印制品，外观粗糙，但信用极好，纸币投放市场后，深受东固革命根据地群众及外地商贩的欢迎，随着纸币价值的增高，直到吉安城外均可使用，“吉安、南昌的纸币没有人要”[①]。东固平民银行的创建，开创了红色中华的金融史。1928 年冬，敌人经济封锁加剧，物资来源更为紧张，遂创办了以欧阳坚泉为社长的消费合作社，其主要任务是组织消费物资的供应，保障军民需求。合作社采取对内禁止谷米出境，经营日用百货，稳定物价，对外通过白区党组织秘密调运紧缺物资等办法，缓解消费物资供应紧张局面。东固消费合作社的建立，是红色中华商业贸易组织的先导。

建立平民工厂，制造军民必需品。1928 年春，东固革命根据地创办了兵工厂、工艺厂、锅炉厂、农具修理厂、油墨蜡纸厂等各类工厂，保证了根据地军民生产生活的需要。为充实武器装备，在三彩淘金坑秘密建立的兵工厂，厂部下分熬硝、火药、木炭、采购、交通、对外联络等部门，制造大刀、梭镖、来复枪、土枪、火药等，同时也加工制造一些简易农业生产工具。

成立教育委员会，发展教育事业。在战事频繁、经济来源紧张的情况下，东固党组织与农民协会仍十分注意提高人民的文化教育水平，专门成立教育委员会领导文化教育事业，在区、乡创办平民学校（后改为列宁小学），在成人中开展学文化和夜校识字班活动，文艺演出等娱乐活动得到普及，东固老百姓的文化教育学习被朱德称为“中国历史上最大的学习运动”[②]。

四、实行以农军为基础同争取教育、改造绿林武装、靖卫队武装相结合的方式创建革命武装

东固革命根据地实行以农军为基础同争取教育、改造绿林武装、靖卫队武装相结合的方式创建革命武装，走出了一条搞“统一战线”创建革命

① 钟平:《此是东井冈》，中国人民政治协商会议江西省委员会文史资料研究委员会编:《江西文史资料选辑》1982 年第一辑。

② ［美］艾格尼丝·史沫特莱，梅念译:《伟大的道路——朱德的生平和时代》，东方出版社 2005 年版，第 320 页。

武装的路子。1927 年 10 月，赖经邦在东固敖上组织成立了东固地区最早的革命武装——工农革命军，成功争取了段月泉、段月忠兄弟的“三点会”绿林武装加入，并由段月泉任副队长。1929 年 11 月，赣西特委成功争取吉安县靖卫大队长罗炳辉率所部官兵 180 余人、150 余支枪宣布起义，起义部队改编为江西工农红军独立第五团，由罗炳辉任团长。这是东固革命根据地通过“统一战线”方式创建革命武装的两个成功案例，是东固革命根据地的一大创举。

长期以来，以东固山为中心，兴国、泰和、永丰交界的边境地区有不少散兵游勇结成的绿林草寇式武装在此占山为王，四处活动，其中尤以“三点会”势力最强。“三点会”又称“洪家帮”或“洪帮”，它起源于明末清初，由广东、福建传入赣南一带。其成员多是贫困破产的农民，也有闲散的游民、流氓盗匪之辈。他们打着“劫富济贫”的旗号出没于深山老林，拦截行人，抢劫勒索，群众对之既恨又怕。因“三点会”有较多的工农成分，“劫富济贫”的口号对唤起劳动人民反抗富豪的统治起了一定的作用，但因没有共产党的领导，缺乏明确的政治目的，又无严密的组织纪律，在没有被共产党改造之前，对革命危害性极大。此时，出没于东固崇山峻岭中影响最大、势力最强的尤以段月泉为首的“三点会”。

段月泉的“三点会”以兴国东村为据点四处活动。他们骁勇无比，熟知这一带山林地势，善于游击作战，更重要的是以段月泉为首的“三点会”成员出身穷苦，“如引导得法，可以变成一种革命力量”[①]。东龙党支部认真分析了这些情况以后，决定将这支力量引上革命道路，使之成为革命力量，既壮大革命力量，又消除东固地区内部隐患。东龙党支部书记赖经邦利用自己与段月泉的亲戚关系，以革命道理开导段月泉，晓之以利害，深明大义，使他提高了阶级觉悟，决心跟着共产党闹革命。1927 年 10 月，段月泉率领 20 多人，携带 14 支枪，星夜下山参加东固工农革命军，壮大了东固革命武装力量。在东固暴动胜利的影响下，不少“三点会”及其他帮会

① 毛泽东:《中国社会各阶级的分析》(1925 年 12 月 1 日),《毛泽东选集》第 1 卷，人民出版社 1991 年版，第 9 页。

组织成员纷纷投奔革命队伍。1928 年春，泰和紫阳山一带最大的一支“三点会”头目孙道法也率部到东固参加革命。

争取“三点会”成员参加革命只是斗争的开始，更为艰巨、长期的工作，是在频繁的游击战争中不断地对他们进行教育改造。段月泉就是在党的教育下成长为一名共产党员、红军指挥员的。第七纵队成立后，继吴江之后任纵队长，后又任红二团副团长、红四团团长。他在创建和保卫东固革命根据地的斗争中作出了应有的贡献。“三点会”成员在第七纵队及以及红二团中所占比例较大，党组织注意发挥党在军队中的核心领导作用，在残酷的战争中发展了大批党员，建立了各级党组织，但是“三点会”等帮会组织的旧习气仍不时反映出来。为进一步加强对这支队伍的领导，1928 年 9 月红二团成立时，由赣西特委派秘书长李文林任红二团团长兼党委书记，段月泉为副团长。李文林是继赖经邦之后东固革命根据地的又一位杰出的领导人。他在大革命时期加入中国共产党，1927 年在国民革命军第三军朱德部任教官，随后参加南昌起义，具有较丰富的军事指挥经验与较高的组织领导水平。红二团在他领导下不断游击赣西南，与反动靖卫团、国民党正规军作战，为红四军进军赣南、闽西扫清了道路。

1929 年，就在赣西革命形势蓬勃发展之时，而在国民党统治的吉安县，加紧了对东固根据地的进攻。为瓦解敌人的力量，中共江西省委决定，委派省委特派员赵醒吾、省委军事巡视员蔡申熙和赣西特委组织部长刘士奇做团结、教育、策反吉安县靖卫大队长罗炳辉的工作，争取他参加革命队伍。危急关头，罗炳辉根据赣西特委指示，于 11 月 15 日率所部官兵宣布起义，起义部队被改编为江西工农红军独立第五团，由罗炳辉任团长。罗炳辉起义的胜利和红五团的成立，瓦解和打击了赣西一带的敌军，鼓舞了赣西革命群众的斗志，增强了赣西工农红军的实力。

五、实行党的秘密工作与山区武装斗争相结合的斗争方式

东固革命根据地是在赤白斗争十分尖锐的斗争中逐步建立起来的，为了有效地灵通信息，更好地打击敌人，保卫根据地的安全，东固党组织在

发展各种武装力量的同时，注意把秘密工作与山区武装斗争相结合起来，在根据地周围新圩、值夏、陂头、新安等重要圩口设立秘密交通站，及时提供情报，敌人一有什么动静，马上就有人向革命队伍报告消息。

1928 年 2 月，泰和天符庙朱国璋靖卫团袭击中洞农会，许多革命群众被抓。第七纵队得到群众报告后派曾金山率领游击队连夜奔袭天符庙，救出被关押的革命群众，并缴获一批武器弹药。1928 年 7 月，地下交通站报告，吉安县县长邹松和吉水县靖卫团团长郭志高纠集吉安、泰和、永丰、兴国等地反动武装，带领近 300 人，发动对东固革命根据地的“五县会剿”。第七纵队得知这一情报后，考虑到敌强我弱，为保存实力，决定隐蔽在山中，与敌周旋，等待时机反攻。敌人窜到东固后扑了个空，又玩弄“招安”阴谋，党组织将计就计。约定下山那天，段月泉、曾炳春指挥第七纵队分三路包围，把敌人打得晕头转向，四处逃窜，猖獗一时的“五县会剿”就这样被东固根据地军民一举粉碎。

由于东固革命根据地善于把党的秘密工作与武装斗争结合，能够及时得到敌情信息，虽然国民党反动军队和地方反动武装多次开展对根据地的“会剿”和“围剿”，结果没有一次成功。即使平时打土豪、筹款，也有人事先把情况摸清楚，使游击队便于取得给养。

六、实行飘忽不定的“打圈子”游击战术

东固革命根据地实行飘忽不定的“打圈子”游击战术，可以灵活机动地打击敌人、保全自己。东固革命武装充分利用山地、农村的优势开展游击战争，打得赢就打，打不赢就走，和敌人绕圈子，牵着敌人鼻子走，把敌人拖疲拖垮。他们的足迹遍及根据地及周围 20 多个县，有效地打击和消灭了敌人，保存了自己，极大地扩大了革命影响。

从第七纵队到红二团，在频繁的战斗中积累了丰富的战斗经验，他们以东固革命根据地为依托，以广阔的赣西南农村为阵地，开展飘忽不定的“打圈子”游击战争。从创建东固工农革命军起，就不断在东固邻近的吉水、永丰、泰和、兴国等地游击。随着战斗力的不断增强，1928 年 8 月第

七纵队西渡赣江、游击于分宜、安福、新余、峡江等地，扩大游击范围，开辟新的游击区域。红二团成立后，游击区域遍及赣西、赣南，纵横数百里，牵着敌人鼻子走，采取打得赢就打，打不赢就走的战术，不怕艰苦，不恋乡土，有效保存自己，消灭敌人。毛泽东在 1929 年 4 月以红四军前委的名义致信湘赣边特委，介绍并高度赞扬东固游击斗争和秘密割据经验，建议特委应根据东固经验迅速调整斗争部署，改变行动方针。

七、实行人民战争的斗争路线

东固革命根据地实行人民战争的正确路线，让敌人陷入人民战争的汪洋大海之中，展现了人民战争的伟力，确保了革命战争无往而不胜。东固根据地坚持发动和组织广大军民热情支持和广泛参与到根据地的建设和发展，保证了红军革命战争的伟大胜利。东固地区的土地分配、发展生产、购买公债、扩红支前等每一项重大活动，革命武装的每一次重大战斗如九打吉安，以及红军第一、二、三次反“围剿”和各次战斗等，都得到了根据地广大人民群众的广泛支持和参军参战。在反“围剿”战争时期，根据地儿童团担负站岗放哨重任，检查路条，盘查行人；妇女和中老年人参加担架队、运输队、交通队、洗衣队、慰问队等帮助红军做好后勤工作。在红军主力集结隐蔽待战期间，各级苏维埃政府把准备进行决战的战场区域都划作戒严区，严防敌人奸细混入刺探情报，而人民群众纷纷化装成各种人员进入敌军驻防地区侦察敌情，一一送回红军总部。地方群众根据战斗需要，破坏道路桥梁，使得敌军辎重武器成为极大负担。在需要坚壁清野的时候，地方群众什么东西都不给敌人留下，就连碗筷都沉入水塘。敌军进入战区，就成了瞎子、聋子，陷入饥饿之中，有时几天或一个星期连盐都吃不到。在第三次反“围剿”时，红军 3 万人马从兴国高兴圩一夜穿插到莲塘时，所经村庄的老百姓都把狗打掉，确保不暴露任何情况。敌军师长谭道源给蒋介石电文说：“到苏区作战且漆黑一团，如同在敌国一样”。敌十八师也说：“东固及其以东地区……所有民众，多经匪化……盖匪即是民，民即是匪。”“兵民是胜利之本”在这里得到了最好的注解，为我党走群众路线这一优良作风的形成提供了原创经验。

第三节　东固革命根据地对中国革命的伟大贡献

在东固革命根据地近八年艰苦卓绝的革命斗争中，根据地广大军民积极响应各级党组织和苏维埃政府的号召，通过筹措经费、扩红支前、后勤支援、参军参战等方式积极支援革命战争，为土地革命战争的胜利乃至中国革命的最后胜利，给予了最坚定的支持，作出了不可磨灭的历史性贡献。

一、积极筹措战争经费支援革命战争

在第一、二、三次反“围剿”的军事斗争中，经费和粮食等物资的筹措始终是件大事。以曾山为主席的江西省苏维埃政府在第一次反“围剿”战争时，为红军筹款200万元。1930年10月，省苏维埃政府在吉安城筹集银圆五六万元，黄金一二十斤；11月上旬，两次在全省苏区分别筹集现金60万元和20万元。11月下旬，募集现金100万元组建江西工农银行，筹措红军军费。

公略县委和县苏维埃政府成立后，领导全县人民迅速开展了购买公债、退还公债、借谷、退还借谷票、做军鞋、节省经费等各项运动，以实际行动支援革命战争。

为了筹集革命战争经费，1932年，省苏维埃政府向各县下达了两次推销短期革命战争公债券的任务，分别是60万元、120万元。公略县苏维埃政府根据省苏第六号命令、十五号通令和十二号公函的指示精神，积极领导全县人民踊跃认购公债券，方法有：一是将省苏维埃政府的指示和下达到本县的任务数目，印成小册子发到各区、各乡；二是召集各区乡代表会议，讨论发行手续，联络群众团体；三是召开群众大会进行宣传鼓励，开展人与人之间认购公债券的竞赛活动。结果出现了全县人民踊跃购买公债券的热潮。每户少则五六元，多则几十元，特别是陂头区群众尽量把家里现金搬来购买公债票。至1932年11月，全县人民就踊跃认购了29000元

公债券，圆满地完成第一期省苏维埃政府下达的公债券的任务。接着县苏维埃政府根据省苏财字第二号训令，分配公略县推销第二期革命公债券 5 万元的任务。县苏维埃政府又动员全县人民认购第二期公债券，1932 年 12 月，全县人民又踊跃认购了第二期公债 48188.5 元。这一年，公略县对购买革命公债工作进行了表彰，富田区花岩乡荣获“购买公债模范乡”称号，公略县苏维埃政府向其颁发“购买公债模范乡”银质奖章一枚。

1933 年 11 月，县苏维埃政府又根据省苏维埃政府下达推销公债的任务，采取县苏维埃政府干部带头的方法，在全县开展认购公债的活动。县苏维埃政府工作人员，在一个会议上 10 分钟就认购公债券 93 元。干部为群众在认购革命公债方面作出了表率，全县群众也不落后，都争着购买公债票。如水东区浣背乡，虽是边区，常受白匪团匪骚扰，但群众购买公债券积极性很高，一下子认购了公债票 800 元。白沙区白沙乡群众也认购公债票 2820 元，杨家寨乡认购 2663 元，白沙市认购 510 元。1933 年 12 月 5 日，儒林区全体工人购买公债券 1478 元，陂头区共 29588 元，县工联 18897 元，水南区 1510 元。据不完全统计，1933 年全县认购公债券 58266 元。1933 年 12 月，开展的革命工作突击运动中，全县又认购公债稻谷 2.2 万担（以稻谷充公债）。

1934 年 2 月，公略县人民群众又认购公债券 9000 多元。至此，除去认购的稻谷，全县前后共认购银圆 144454.5 元，平均每人认购 1 元多。对此，《红色中华》报多次以“推销公债等待更优胜的纪录”为题，公布公略县单位、个人的认购数量。

在掀起购买公债高潮的同时，公略县人民又自发掀起了退还公债券运动的高潮。所谓退还公债券，就是将公债券退回给苏维埃政府，变购买行为为无偿奉献。通过这一运动，全县认购的所有公债券基本上都退还给了苏维埃政府。

为了解决红军的“粮草”，保障红军的军粮供应，公略县还掀起了出借稻谷给红军的运动。白沙区在 1933 年的红五月中先后借出稻谷两次，第一次借出稻谷100654斤，第二次借出413300斤，两次共计513984斤。不仅如此，还动员1000多名群众翻山越岭，多次往返，将借出的稻谷全部肩挑背扛送到80多里外的红军驻地。1934年第一季度，罗家、开伦、陂头、东固四区共借出稻谷32044担。在青黄不接的时候，根据地人民有5升的拿3升，有3升的拿2升，积极为红军提供军粮，整个东固地区出现了“扁担弯弯一行行，千箩万担送军粮”的动人场面。为保证参战红军给养，各级苏区政府组织根据地人民提供米油盐供应，以确保红军官兵能吃上米油盐。在主力红军即将长征前夕，根据地人民又完成了借谷84万担的任务，确保了红军长征之需。

借谷之后，公略县人民又掀起了退还借谷票运动，变出借行动为无偿相送，将出借稻谷给红军的借据退还给出具借谷票的红军单位。1933年5月这一个月当中，全县由妇女作主退还给红军的借谷票面额就达117442斤。在东固区，仅三天内退借谷票面额就达到12300斤。对苏区人民不要借据和退还借据的这种无私奉献的壮举，苏区报刊都作了大量的报道：

借谷不要收据的竞赛

公略罗家区坪上乡群众自动将借谷票退回政府。现收到有十担谷不要收据。该乡正在号召广大群众，准备将全乡借谷票退还政府。同时，又有罗家区街道支部自动提议，准备与坪上乡来竞赛，也准备将全街道的谷票退回。

——1933年5月20日《红色中华》报第3版

顶呱呱的模范乡

富田区中洞乡在红五月的工作中做得非常有成绩，特别是借谷运动，他们自动订定了四千斤，现在不但完成原数，而且超过了四百八十斤！同时退回借谷票全部，全乡现已退回一万三千零八十二斤。虽然这个乡人少，在工作上却这样冲锋，真算得一个顶呱呱的模范乡。

——1933年7月5日《红色中华》报第3版

公略县经济动员的模范乡——陂头乡

陂头区陂头乡在七月九号晚上，召集四村群众大会，首先由乡政府参加人作了一个在目前政治形势下经济动员的意义报告后，群众听了异常兴奋，并且了解了经济动员工作是每个劳苦群众应尽的任务，即就热烈地争先恐后的当大会上，自动退还借谷票几百斤的几十斤的。结果，退还谷票共有9588斤，现还正在继续进行准备全数退还，陂头乡真是经济动员的模范，其他各区各乡赶上前来呵！

——1933年7月24日《省委通讯》第十七期

为红军做军鞋，一直是公略县数万妇女的重要任务，她们纳布鞋、打草鞋、缝袜子。军鞋主要分布鞋、草鞋两种：布鞋既有千针万线纳成的布底硬鞋，又有布底软鞋；草鞋既有用稻草编的，又有用黄麻、苎麻和旧布条编的，还有用旧布与稻草混编的。1932年9月，全县一次就给红军献上软鞋3230双、硬鞋2548双、袜子227双。11月，又一次性送上硬鞋1195双、软鞋280双、草鞋2双，还有袜子10双、洋巾51条。

公略县各级党政机关及各级革命团体的工作人员还发起了节省运动。在经费十分紧张，每人每天生活费只有9分钱的极其艰苦的情况下，仍然坚持每年节省一个月的伙食费，减少四分之一的办公费、五分之二的灯油费。1932年，仅县委及县苏维埃政府工作人员的伙食费一项就节省1426元6角，其中县政治保卫局及各区特派员节省139元5角。不少机关单位还集资养猪、养鸡、做豆腐，开办农事实验场和工作人员合作社。乡苏维埃工作人员不仅没有工资，还带米到乡政府就餐，成为“苏区干部好作风，自带干粮去办公”的模范案例。这些节约出来的资金，全部通过上缴财政的方式纳入了军饷，用于支援革命战争。

各地红色游击队和红色警卫连等地方武装也投入节省运动，支援红军主力部队。他们自己开办合作社、供销社，一方面节省经费，一方面通过经营赚些经费。白沙红色警卫连就在章富村开设了红军供销社，既节流又开源。

儿童团员们也积极投入节省运动。公略县委机关刊物《艰苦奋斗》对此进行了专门报道：

公略儿童在努力参加革命战争巩固后方的口号之下，积极实行节省运动，供给红军战费，购买物品慰劳红军，现在已经集中的，水南区四千五百四十文，手巾一百四十皮，草鞋一百二十双，套鞋二十八双。东固区二十串。富田区九千五百文，手巾八皮，套鞋十一双。中鹄区十五串。白沙有大米数担，没有集中。这是表示公略儿童拥护红军的热烈精神！小朋友们，全体团结起来继续这一工作的前进，大家不要吃果子，省下来送红军，鼓励红军英勇杀敌，创造我们共产主义的世界！

二、广大革命群众踊跃扩红参军支援前线红军作战

为了保卫土地革命果实，巩固和发展红色区域，增加兵员、扩大红军是苏区工作的主要任务。

1929 年 10 月，为把“攻取吉安”口号变成实际行动，赣西特委发动群众配合红军、游击队积极参加攻吉战斗组织，东固革命根据地组织 1 万余人参加。在 1930 年多次攻打吉安的战斗中，数十万群众在党的号召下，纷纷自动组织起来配合红军参加围攻吉安。在攻下吉安后，根据地人民群众掀起了踊跃报名参军的热潮，出现了父送子、妻送郎参军支前的生动场面，大大增强了革命武装力量。

反“围剿”战争时期，赣西南苏区各县、区、乡分别成立独立师、独立团、赤卫队或游击队，直接进入战场阵地，支援红军作战。在第一、二、三次反“围剿”期间，一些地方武装成建制地加入红军，补充红军兵源，参加对敌战斗。

第一次反“围剿”时，江西省苏维埃政府扩红 8000 人。第一、二、三次反“围剿”结束时，红军兵力只有 3 万余人，到第五次反“围剿”结束时全国红军兵力已发展到 30 万人，其中中央主力红军部队近 9 万人。

中央苏区先后开展了三次大规模的扩红运动。公略县成立后也开展了一次次扩大红军的总动员。

在 1931 年 12 月至 1933 年 2 月期间，中央苏区开展了第一次大规模的扩红运动。1931 年 12 月 25 日，中共苏区中央局作出《扩大红军决议案》，

明确 1932 年 1—3 月内，在整个中央苏区开展大规模扩红运动。其中要求江西和闽西两个根据地在三个月内要扩大红军 1.5 万人。之后三个月里，公略县遵照中央局指示落实指标，动员广大青年踊跃参加红军。

1932 年 4 月 2 日，苏区中央局又决定 5 月为“扩大红军突击月”，要求江西和闽西在一个月内扩大红军 7000 人。公略县立即掀起扩红征兵的热潮。

1932 年 7 月和 10 月苏区中央局再次掀起两次扩红突击运动，并且在苏区的省与省、县与县之间进行扩红竞赛。公略县在竞赛中取得较好成绩。

1933 年初，苏区中央局又提出了“扩红春季冲锋季”计划，公略县再掀扩红高潮，处处涌现“送郎当红军”的热烈场面。

送郎当红军（油画）

在 1933 年 2 月至 8 月期间，中央苏区开展了第二次大规模的扩红运动。1933 年 2 月 8 日，中共中央发出“在全中国各苏区创造一百万铁的红军来同帝国主义国民党军队作战”的号召。在中央苏区，各机关、各团体、各地区积极响应中央号召，掀起一轮又一轮的扩红热潮。少共中央局着手组建“少共师”，中华全国总工会苏区中央局着手组建“工人师”，各地纷纷组建“少共模范师”。同年 5 月，苏区中央局在中央苏区开展“扩大红军冲锋月”活动，不少地方的地方武装整师整团地加入红军，江西苏区全省

5 月扩大红军 26529 人。同年 6 月 6 日，苏区中央局作出《关于扩大红军的决议》，强调必须执行中央 2 月 8 日提出的在全中国各苏区创造一百万铁的红军的号召，并提出了通过彻底解决土地问题、彻底实行优待红军条例、加紧政治动员、采用突击方式以扩大红军、有计划地领导和动员赤少模范队整个组织加入红军等措施，加大了扩大红军的力度。到 8 月初，红军工人师和少共国际师成立，红军工人师有 12800 多人，少共国际师有 1 万多人。公略县在这场历时半年的动员中圆满完成了任务。

在 1933 年 9 月至 1934 年 9 月期间，中央苏区开展了第三次大规模的扩红运动。中央苏区先后发动了五次扩红突击运动，其中 1934 年 5 月至 7 月的三个月扩红突击运动，计划扩红 5 万人。在每一次扩红运动中，公略县都要根据江西省苏维埃政府下达的扩红任务具体分配到各区、乡，并组织开展扩红竞赛等动员活动。

全体动员起来扩大红军（油画）

公略县苏维埃政府把扩红运动当作一项经常性的重要任务来抓。每一次扩红运动，公略县委和县苏维埃政府首先召集各区党政军群组织及军事部长会议，传达上级扩红指示，分配扩红任务，商定扩红竞赛条件；其次各区根据县委、县苏维埃政府的扩红会议精神，也相应地召开各乡党政军群组织负责人会议，布置扩红的任务和方法。

公略县扩大红军不搞抓丁拉夫，靠的是深入人心的宣传动员，唤醒工农的翻身意识，通过土地革命前后截然不同的政治地位和生活境况对比，提高人民群众的思想觉悟，使人民群众认识到红军是自己的军队、是穷人的军队、是为劳苦大众打天下的军队；认识到打倒国民党反动派、保卫苏维埃政权、保卫土地革命胜利成果的重大意义和切身利益；认识到参加红军、保卫维埃是每个适龄青年义不容辞的职责，千百万公略青年自觉自愿高高兴兴地加入红军。

全县各级党、政、群机关组织扩红突击队到各机关、单位、区乡村开展扩红宣传，召开县、区、乡、村各级党团员、妇女代表、各行业工人、少先队、儿童团、红军家属等会议进行层层宣传动员。组织扩红宣传队下乡入村，到田间地头、工厂作坊、街道圩场进行宣传。在 1933 年的扩红运动中，全县走村串户的宣传队达 224 个。

注重刊出墙报、黑板报、张贴标语进行宣传动员，几乎每一个村庄都有墙报和黑板报宣传扩红；制作宣传单，在五颜六色的纸张上写满明白易懂的宣传语，广为散发；到处刷写标语，利用标语显眼、直观的特点，使宣传更能入脑入心，产生极好的效果。红一方面军总前敌委员会曾发布一份宣传动员令，号召全体工友、农友、红军将士，每人都要写 12 条标语，不仅屋外写，屋内也要写，“前壁后壁左壁右壁，堂屋内，厨房内，茅厕内，一律给写的满满的。”县、区、乡、村四级都有宣传员，地方武装如独立团、警卫营、游击队等配有宣传队或宣传员，在公略县的村庄几乎每一面墙壁上都有标语，至今依然清晰可见的有“猛烈扩大红军，彻底消灭白军！”“当红军无上光荣！”“国民党压迫士兵，共产党解放士兵！”“拥护为工农利益而战斗的红军！”“军阀打仗升官发财，白军兄弟打仗白白送死，红军打仗分得土地！”“扩大工农武装！”“一人当红军，全家都光荣！”“创建一百万红军铁军！”等。

公略县还适时举行阅兵和游行等活动，以此提高人们参加红军的光荣感和使命感。1932 年 11 月 7 日，以纪念苏联十月革命胜利的名义组织全县的模范赤卫营和模范少先队举行了一次声势浩大的阅兵；1933 年 8 月 1 日，为纪念八一建军节，举行了一次有 2.6 万多人参加的大游行。阅兵和游行时，高喊“当红军光荣”，“拥护共产党，活捉蒋介石”等宣传口号。新兵入伍都要举行隆重、热烈的欢送仪式，欢送现场锣鼓喧天，唢呐震耳，鞭炮齐鸣，彩旗飘扬；村送乡，乡送区，区送县，层层相送；儿童献鲜花，妇女送鞋袜，老少齐上阵；“红旗飘飘四处扬，革命青年上前方，坚决勇敢去杀敌，消灭万恶刮民党”的欢送歌高唱。

党团员和领导干部以身作则带头当红军。1932 年 6 月，水南区模范营营长官达昌带头报名当红军，在他的带动下，全营有 300 多人当红军；1932 年初，县委候补委员、中鹄区区委书记易道生在扩红运动中第一个报名当红军，受他的影响，全区有 200 多名赤卫军和少先队员参军上前线；1933 年上半年，中鹄区儿童团团长施明云率先报名参加少共国际师，全区 300 余名模范少先队员和 20 余名女青年跟着他加入红军；1933 年 9 月，罗家区九山乡苏维埃政府主席胡武钟带头报名入伍，推动了全乡的扩红工作，全乡扩红任务 16 名，实际完成 24 名，超额完成 50%。全县有 10 个党支部的全体委员集体参加红军，还有许多党支部的大部分党员加入红军。钟循仁在担任永丰中心县委书记时就带头报名参加红军。

通过宣传动员，在苏区营造了当红军光荣的浓厚氛围，激发了广大翻身群众当红军的热情，到处涌现出党团员带头参军，青少年踊跃报名，妻送郎、父母送子、兄弟相争当红军的动人场面。

不仅如此，公略县还广泛开展扩大红军的革命竞赛。扩红竞赛采用“集中一切力量”及“全党全团动员”的措施，一次接着一次连续不断地进行。有公略县与其他县之间的竞赛，有公略县所辖区与区、乡与乡、村与村之间的竞赛，有各级工会、妇女会、共青团、少先队、反帝拥苏大同盟之间的竞赛。并制定了扩红竞赛条约，既有一对一的单个赛，又有分组式的团体赛。胜方得红旗，获红板或授予奖牌，落后方则被授予绿旗或黑板。以此激励先进，鞭策后进。

《红色中华》报于1933年12月20日对公略县的扩红竞赛进行了宣传报道：

公略大会的革命竞赛

全县苏代表大会经过十五天的讨论，在做扩大红军的结论时，江西省苏代表提出“最好的干部到红军中去，以竞赛的精神扩大红军”的号召，推动大会猛烈扩大红军的热潮。各位代表都热烈地争先恐后地承认扩大红军的数目，不让一区落在后背，共承认数目在一个月内完成扩红一千四百名。

扩红竞赛产生了许多动人事迹，取得了丰硕成果。面对轰轰烈烈的一浪高过一浪的扩红竞赛，全县上下你追我赶，生怕落后，人人争先当红军，有的成群结队去，有的整村、整乡、整区能去的都去了。白沙区石街村只有10多户人家，参加红军有14人；东固区16岁至45岁的男子几乎都参加了红军，每次扩红起码去一营人（三四百人）；1933年10月，已年过50的水南区村背乡苏维埃政府主席袁勤茂不顾年纪大，毅然带领全乡280名赤卫军和少先队参加红军；陂头乡团支部书记带领全支部共37名共青团员集体加入红军；罗家区塘尾乡石桥村母送子11人，妻送夫4人，妇女肖顺菊把独子送进了军营；桥市乡工人王文盛56岁了，仍带领22名群众参军，区苏维埃政府因他年纪大而劝其回家时，他仍坚决要求到前方“当伙夫也好”；不少妇女也踊跃参加红军，比如中鹄区20多位女青年于1933年6月集体加入少共国际师，水南区沙田村2名女青年加入了少共国际师。

在苏区扩红运动中，公略县扩红成果斐然，成为苏区的一面旗帜。从历次动员的实际成果看，公略县都超额完成了扩红任务。1932年9月，苏区中央局下达江西扩红任务是17300名，江西实际完成28690名，其中公略县就完成7900名，被苏区中央局评为“扩红先进县”。1933年9月，省委指示从公略县抽调10多名干部和从兴国、胜利、赣县抽调的干部组成突击队前往宜黄、乐安等地帮助扩红工作，使当月全省扩红总数达到1000多名。1934年2月战争形势更加严峻，在省委关于5月扩红突击运动全省任务9000人的指示下，公略县又动员了2000多人参加红军，超额完成了任务；6月又有1600多名青年参加红军，将近原计划的200%。

公略中心县成立后，扩大红军一直是公略中心县委压倒一切的中心工作，扩红成效显著。1932年3月，万泰县仅沙村、冠朝、文塘三区就扩红2000人，编成四个营的新兵团被编入补充师。5月是扩红突击月，万泰县独立团1000人加入红军。1932年秋，中心县委组织县与县、区与区之间乃至乡与乡之间的扩红竞赛，号召党团员到红军中去，到艰苦的地方去。广大党团员积极响应，踊跃参军。三县仅在1932年7—9月的竞赛中就扩红977人。1932年8月，富田区花岩乡获评“扩红模范乡”，受到中华苏维埃临时中央政府的表彰，颁发“扩大红军模范乡”银质奖章一枚。后来，又进行了两个月扩红冲锋赛，公略县再动员515人参军，永丰县再扩红368人。

1933年2月，苏区中央局发出创造100万铁的红军、动员所有模范营和赤少队整营整团加入红军的号召后，公略中心县委立即行动，在公永泰三县掀起扩红竞赛和扩红突击运动。4月，公略县率先将357名青壮年送到红军部队。5月，公略县扩红2254人，万泰县扩红208名。接着，公永泰三县又集中1000余名新战士入伍，公永泰赤少模范团全体加入红军。5月后，中心县再掀扩红高潮。永丰县动员4000名少先队员加入少共国际师，被誉为“用飞机速度扩红”的模范；6月，公略县模范师1900余人集体加入红军；永丰县再集中2000余人到县整训后全体加入红军；万泰县集中752名模范师队员到县整训后开赴前线。7月，公略县又动员1700多人参加红军，组织283名青壮年加入工人师，组织185名少先队员加入少共国际师。

仅在1933年4—7月的四个月时间内，公略中心县委领导下的公永泰三县共向主力红军输送了1.5万多名优秀子弟。永丰县瑶田、湖西等地，一天内就有100余名14岁上下的少年跑到红军驻地乐安要求参加红军。永丰县由于扩红成绩显著，曾荣获中华苏维埃中央政府授予的“扩大红军模范县”称号。该县妇女被江西省委授予“模范妇女”银牌奖章。

据不完全统计，从1932年1月至1934年6月止，全县青少年参加红军和地方武装（指赤卫军、游击队、警卫连、独立团等武装组织）共有14864人，其中到红军去的有12738人，到地方武装去的有2126人。至1933年12月，东固区共有2400多人参加了红军。其时，东固区总人口已降至7000人左右，精壮男子约400人。第五次“围剿”前夕，这400名精壮男子又全部加入了红军。

“公略东固区委两个月扩大红军动员的总结：在为着加速粉碎敌人五次‘围剿’，准备与帝国主义直接作战，阻止危机中间帝国主义的出路，争取苏维埃新中国的紧急的伟大历史任务之下，东古（固）区的党在省、县委领导之下，对于扩大红军工作，已经用了布尔什维克的动员来回答省委，在十一月四号全区集中一连新战士加入红军，继续又动员，到十二月七号又集中了新战士一连，在这一次动员中，区委经过了常委会详细讨论，定出了具体计划，组织扩大红军突击队到各乡各村支帮助和指导工作，各乡召集党团员大会，党外召集了苏代会，女工农妇代会，职雇会员大会，赤少队干部会……并组织了红军女家属的宣传慰劳队，抓住红五月动员加入红军的光荣经验，以致最近的安乐、东古（固）、桥市三乡扩大红军的模范例子，去作充分政治动员，在这一动员中，最好是东古乡，他真能运用组织上政治上从各方面去充分动员，并且开始就在赤少队员中进行检举和加强内部领导与教育，结果干部能领导队员整班整排的一致加入红军，特别表现妇女与工人的积极性，东固乡同（铜）灶村一个成年女同志，是一个候补党员，在广大扩大红军运动中，带领他丈夫到乡苏维埃政府报名，还领导群众十五名在乡群众大会上报名当红军，桥市乡达亨村一个王盛文同志有五六十岁，领导群众二十二名加入红军，到区集中时检举他回家，他坚决不回家，要求到前方当三年红军伙夫也好，这更造成扩大红军的热烈空气。东古（固）区开始革命以来，到现在经过七年的残酷战争期间，一共扩大红军到前方两千四百余人，在调查户口，居民统计现在还有七千人左右，其中妇女占四千余，老年男子一千余，儿童六百余，在家精壮勇敢男子不满四百，东古（固）区委准备在明年一月动员全区的壮丁到前方去。”①

公略县不但积极扩大红军，而且十分重视地方革命武装的发展壮大。各区建立了游击队和红色警卫连，各乡建立了赤卫军、少先队。1932 年 2 月正式成立了公略独立团，由易本章任团长，有人员 170 人、枪 142 支。4 月，公略独立团编入江西新独立五师后，又成立了 1 个新独立团，有人员 145 人、枪 95 支。全县有红色警卫连 6 个、游击队 16 支。9 月，又合编为 5 个游击支队、11 个游击大队。罗家、富田合编为罗家游击支队（3 个大队），陂头一个支队（2 个大队），中鹄、东固合编为一个游击支队（3 个大队），游击队员共有 1036 人、枪 735 支。全县有赤卫军模范营 11 个连队、人员 1214 人、105 支枪；少先队模范连 7 个、684 人、40 支枪，赤卫军 40 个连、4853 人，少先队 64 个连、9086 人。

公略县在扩大红军和地方武装的基础上，积极组织群众武装，配合红军作战。1932 年 2 月 12 日，公略独立团及水南等处警卫连，配合当地工农群众于深夜袭击驻水东白军第十师两个营，当场击毙和击伤敌人数十人，缴获机关枪 1 挺，步枪 18 支，军用品无数。7 月，折桂区游击队配合红军一部，在永丰与吉水之间渡河，插过八都圩，进攻吉水县八都靖卫团匪，捉到敌团长王寿彭和 5 名士兵，缴获驳壳枪 1 支、步枪 5 支，占领了八都。9 月 11 日，罗家区游击队配合红军一连，过赣江打靖卫团和“守望队”，缴获步枪 11 支，驳壳 1 支，步枪、驳壳子弹各 1 箱，俘靖卫团匪和“守望队”30 多人。9 月 12 日，中鹄区模范营步枪班，截白军尾子，缴获子弹 15 箱，俘虏官兵 25 人。1932 年 7 至 9 月，公略县陂头、中鹄、白沙、折桂、罗家等 5 个区游击队，先后向敌军和地方靖卫团发起进攻 35 次，缴获敌步枪 23 支、子弹 16 箱、渡船 12 只、西药 1 担，俘敌士兵数十名，活捉敌团长 1 人。

1933 年 9 月 16 日早晨，公略县水东区武装群众配合红军在水东区之草坪一带，击溃国民党军二十三师两个团和伪保安团第三、四队的围攻，

① 《省委通讯》1933 年 12 月 18 日，第 55 期。

击毙击伤伪军七八十名。在作战中，红军英勇非常，以少胜多，顽强战斗，十分沉着。特别是最后，红军身上弹尽，用石子击敌，战至天黑，敌人见红军这样勇敢沉着，又不知红军人数多少，自发心慌，怕被红军包围缴械，立即缩回原地炮垒里去宿营。

1934 年，公略县苏区在敌人的大举进攻下，虽然遭受了极大的蹂躏，甚至有些地方被敌人暂时占领了，但是全县的工农群众仍然在继续地为苏维埃政权奋斗。4 月，公略县苏政府组织少先队成立了 4 个大炮队，并动员了 100 余名队员突击敌人。6 月，公略县委、县政府机关工作人员和县政治保卫局武装人员组成公略独立营，由郭长江任营长（后为胡鑫怀、施志吉），彭仲喜（后为胡发鑫）任政治委员，下设 3 个连（后设 4 个连），共 300 余人（后来达到七八百人）、步枪 200 余支、轻机枪和短枪 10 余支。月底，公略独立营在水南与富田交界的老古庙与反动军一部激战，缴获敌步枪 20 余支，药品、布尺、纸币甚多。不久，公略独立营又配合红军西方面军袁天胜团击败了侵占水南的国民党军。8 月 23 日拂晓，公略独立营在洋田一带敌人的封锁线内，连续突破敌人堡垒数个，歼灭敌人一个守备队，俘虏官兵多人，缴获水机关 1 架，还有步枪、军用品等。10 月，为配合红军长征北上抗日，公略独立营在陂头区一带牵制敌人，先后与白沙、水南、新圩、陂头、值夏等反动“保卫团”作战，俘敌 300 多人，缴获敌步枪 200 多支。后来，由于伪水南区“保卫团”、“守望队”的疯狂“围剿”，加上原公略独立营营长胡鑫怀叛变，公略独立营于 1935 年 5 月被完全破坏。

三、开展各种形式的后勤支援活动配合前线军事斗争

1930 年，在前后攻打吉安近一年的斗争中，赣西南根据地广大人民群众在赣西南特委领导下参加了统一组织的军事行动。他们都能遵守纪律，而且每天早晚必下操，呼口号，以开会、步哨、侦探等均能习惯自如，而且内部组织完全与作战军队组织一样，什么都齐备。

在反“围剿”战争时期，公略县苏维埃政府在积极动员人民群众参军、打仗的同时，还努力做好群众支前的工作。红军的每一次作战行动，公略

县委、县苏维埃政府都要层层成立各种支前组织，动员全县人民支援前线。各种支前组织主要有担架队，抢运红军伤、病员；运输队，运送军粮、武器弹药等生活及战斗物资；破坏队，破坏敌人通讯、桥梁、道路；宣传队，到前线、军营演出，鼓舞士气；慰劳队，给红军部队或红军战士写慰问信，送慰问品；洗衣队，为红军官兵浆洗衣被；护理队，走进红军医院，协助护理伤员；还有向导员、交通员、救护员等专门的支前人员。据 1932 年 9 月统计，全县担架队 1534 人、运输队 978 人、洗衣队 759 人、慰劳队 1880 人，共 5152 人。为了提高各种支前组织和人员的工作能力，各区曾召集队长联席会议三番五次讨论和检阅其工作，并且以乡为单位开群众大会，由区军事部指导。在红军主力集结隐蔽待战期间，各级苏维埃政府把准备进行决战的战场区域都划作戒严区，严防敌人奸细混入刺探情报，而人民群众纷纷化装成各种人员进入敌军驻防地区侦察敌情，一一送回红军总部。地方群众根据战斗需要，破坏道路桥梁，使得敌军辎重武器成为极大负担。在需要坚壁清野的时候，地方群众什么东西都不给敌人留下，就连碗筷都沉入水塘。敌军进入战区，就成了瞎子、聋子，陷入饥饿之中，有时几天或一个星期连盐都吃不到。在第三次反“围剿”时，红军 3 万人马从兴国高兴圩一夜穿插到莲塘时，所经村庄老百姓把狗都打掉，确保不暴露任何情况。敌军师长谭道源给蒋介石电文说：“到苏区作战且漆黑一团，如同在敌国一样。”敌第十八师也说：“东固及其以东地区……所有民众，多经匪化……盖匪即是民，民即是匪。”公略中心县委领导了支援前线的全过程。至 1934 年秋，动员了 2 万多人参加担架队、侦察向导队、运输队、破坏队、洗衣队、救护队、慰劳队七种参战组织，为红军带路送信、探侦敌情、救护伤病员、慰问红军指战员和伤病员。

不仅如此，公略县还组建了长期跟随红军部队的运输队和担架队，被称为“红军伕子”。部队打到哪里，他们就跟随到哪里，人手一件武器、一根扁担、五人一副担架，遇到战斗时拿着武器杀敌，遇到前方和兵站需要抬人抬物时，则成担架队、运输队。不少人因此被直接编入红军部队，还有不少人在后勤保障线上献出了自己宝贵的生命。1933 年 11 月 4 日，中革军委发布征调伕子的训令，并决定在苏区建立三条运输线，其中从公略、永丰、万泰至龙冈、兴国、胜利是一条运输支线。为保障这条支线的运输需要，全县长期有 600 多名伕子为红军服务。在第四次和第五次反“围剿”期间，全县出动的长期担架队员和运输队员都超过 1000 人。

公略县特别重视拥军工作，还成立了慰问团，不仅组织慰劳队开展战时对战士的慰劳，即使是平时也注重对红军队伍的慰问。每当新战士入伍或红军队伍路过或驻扎时，均积极组织当地群众迎送，鼓励群众廉价卖油、盐、柴、米等物品给红军。县委、县苏维埃政府成立慰问团，给红军指战员写慰问信和送软硬鞋、毛巾、袜子、肥皂、花生、豆子等慰劳品。据 1932 年 10 月和 12 月两次统计，仅为红一方面军送软硬底鞋就达 7253 双。红军每到一个地方，公略县各区、乡政府都会组织群众慰劳红军，给

東古羣衆熱烈慰勞紅軍

誰當紅軍誰就有便宜鹽吃

藍定保同志慰勞紅軍的模範

1934 年 6 月 12 日，《红色中华》报登载报道《东固群众热烈慰劳红军》

红军烧开水、煮饭等。1934 年 6 月，红军西方军某师驻扎在东固区，各乡苏维埃政府、工会号召广大妇女、职工烧开水、煮饭、送茶、送菜去慰劳红军。如六渡乡螺坑村，在乡苏维埃政府、工会的鼓动下，在不到 3 个小时的时间内，就募集大洋 40 多元、2 头猪、5 只鸡、200 多个鸡蛋送到红军司令部，慰劳全体战士，表现了广大群众拥护红军的无限热忱。“东固群众热烈慰劳红军：红军工人师驻扎在东固区时，广大工农群众抬猪挑鸡前往慰劳，一天中慰劳的蔬菜达数百担”①。

公略县苏维埃政府不但动员青少年参军打仗，而且十分注意做好红军家属和烈士家属的优抚工作。当时全县的青少年男子几乎都参加了红军和地方游击队，留在家里的只有老人、妇女和孩子，公略县委、县苏维埃政府为了解决红军和游击队指战员的家属和烈属的困难，全面落实中华苏维埃中央临时政府《中国工农红军优待条例》，把每周的星期六定为“优待红军军烈属日”，组织各区、乡、村政府工作人员帮红军家属做一天义务劳动（吃自己的饭），帮助军烈属砍柴、挑水、种菜；组织助耕队，帮助军烈属家里耕田，耕田队普遍做到了先耕先种先割军烈属家里的田，然后再耕种自己家里的田；组织互济会，帮助军烈属解决缺钱用的困难。此外每年“五一”国际劳动节、春节，乡苏维埃政府组织儿童团募果子、物品、蔬菜等慰问红军家属，召集红军家属开茶话会，报告红军胜利的各种消息。这些措施有效解除了扩红对象的后顾之忧，使红军战士不再身在军营心在家。如东固区组织助耕队帮助赖经邦烈士家属耕地种田。东固区的东固乡因为优待红军家属工作做得好还受到上级表扬，《红色中华》报 1934 年 1 月 13 日第二版以“优待红军家属的模范乡”为主标题，以“大家来学习东固乡”为副标题，报道并推广了他们的做法和经验，号召各地向他们学习。

公略县委、县苏维埃政府还积极响应中央苏区的号召，组织开展扩红支前各项争先创优活动。在苏区公略县管辖的各区中，东固区、富田区、陂头区（纯化区改名）、儒林区、开伦区（中鹄区改名）、水东区六个区

---

① 《红色中华》报 1934 年 6 月 12 日。

在 1932 年至 1934 年中央苏区开展的各项争先创优活动中，均取得了突出成绩。1932 年，苏区公略县富田区花岩乡荣获中华苏维埃共和国“扩红模范乡”光荣称号，苏区中央政府颁发该乡银质奖章一枚。1933 年 12 月 16 日，《省委通讯》（中共江西省委党刊）第 55 期刊登了《江西苏区省委二、三、四月工作总结报告》，关于建立模范县区的问题，确定公略县东固区为模范区。1934 年 1 月 1 日，《红色中华》报元旦第一刊报道了《学习第一模范区——东古（固）》，全面介绍了东固扩红支前的先进事迹。此外《省委通讯》还多次实名表扬了东固、陂头、中鹄等区的扩红工作。

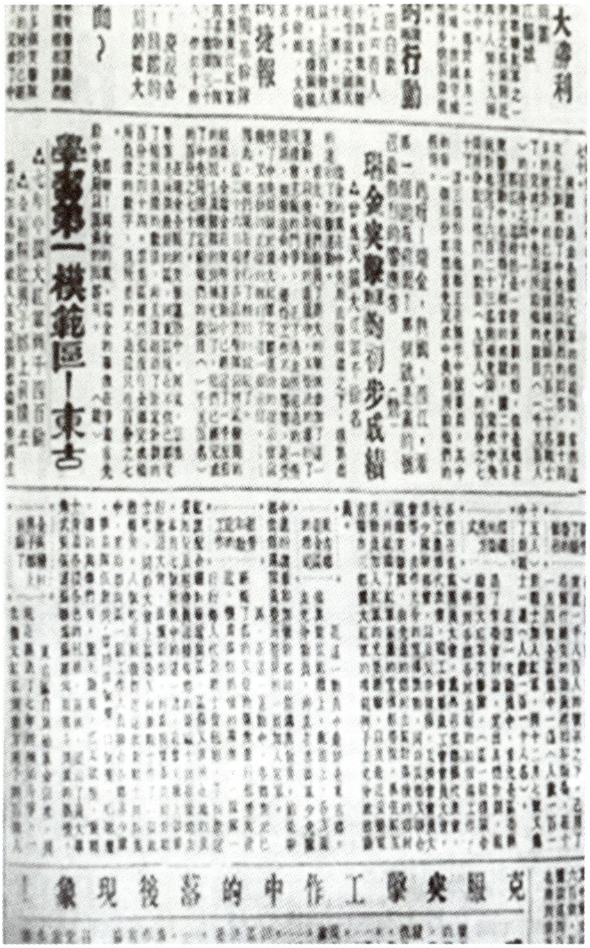
大勝利

的行動

捷報

學習第一模範區——東古

瑞金突擊隊的初步成績

克服突擊工作中的落後現象

1934 年 1 月 1 日，《红色中华》报登载报道《学习第一模范区——东古（固）》

第四节　东固革命根据地的历史地位

东固革命根据地是中国共产党领导创建的最早的农村革命根据地之一，从1927年9月到1935年5月，东固革命根据地从创建，到发展至全盛，到逐渐融入赣西南革命根据地和中央革命根据地，连续不间断的、政权基本由中国共产党领导的土地革命斗争时间跨度长达八年之久，这在中国革命史上都是十分罕见的。东固地区作为赣西南苏区的核心区域和第一、二、三次反“围剿”的主战场，成为赣西南人民革命斗争的一面旗帜，是赣西南革命根据地的重要基础和革命中心，为中央决策建立中央苏区提供了根本性的前提和条件，是创建中央革命根据地的奠基石，和赣南、闽西红色区域共同成为中央革命根据地的三大根基。

一、东固革命根据地为赣西南人民的革命斗争树立了一面旗帜，为农村包围城市、武装夺取政权这条独特的中国革命道路的延伸发展提供了丰富实践经验

1927年9月敖上会议的召开，揭开了东固革命根据地创建的序幕。11月12日，赖经邦、曾炳春、高克念等人领导的东固暴动，成为指引赣西南人民武装斗争的一盏明灯。东固暴动的胜利，使东固工农革命军声威大震，邻近绿林武装纷纷投奔。泰和紫瑶山的孙道发、永丰良村民团首领梁一杰、东固三彩“三点会”头人曾金山都先后带人带枪参加了工农革命军。他们不断在邻县边沿山区开展游击斗争，组织农会，打土豪、分田地，不断开创了东固地区农村武装斗争的新局面。东固革命根据地初创时虽然范围不大，但在赣西南“时而失败，时而兴起”的暴动浪潮中冲刺而出，突破反动统治势力的“会剿”而岿然屹立一隅，在当时革命群众中树立起了“上有井冈山，下有东固山”的巨大革命声望，促进了东固地区革命武装斗争不断向前发展。

东固暴动点燃了赣西南人民的革命星火。东固工农革命军充分利用山地、农村的优势，高举革命武装斗争的旗帜，不断在东固邻近的吉水、永丰、泰和、兴国等地游击，灵活机动地打击各地反动势力，他们采取飘忽不定的“打圈子”游击战术，打得赢就打，打不赢就走，和敌人绕圈子，牵着敌人鼻子走，把敌人拖疲拖垮，成为各地反动派的“心腹之患”。他们的足迹遍及根据地及周围20多个县，有力地打击敌人的嚣张气焰，极大地扩大了革命影响。

东固革命武装对周边各地农民暴动是有求必应，积极支援。往北，工农革命军的武装活动扩展到吉水四十都、水南、白沙和吉安富田花岩等地，帮助他们建立秘密党小组，参加了白沙、水南暴动和捕杀反动武装“红枪会”的斗争；往南，扩展到了兴国枫边、西林、崇贤、大龙等地，进行了抗租、抗粮、抗税、抗债、抗息的武装斗争，支援了于都桥头武装暴动；往东，在永丰潭头、芹溪、沙溪一带秘密组织农会，帮助建立党小组，组织了芹溪、潭头和沙溪暴动；往西，在泰和中洞、佰佐、诸贤坑、桥市等地成立了农会，制定了“三抗”“五抗”斗争策略。东固革命武装的四处点火、主动支援，促进了赣西南各地的武装斗争蓬勃发展。

东固革命根据地成为赣西南各路革命武装的避难地和训练基地。赣西南各地武装在暴动失败后，纷纷转移到东固来休整，学习东固革命斗争经验。如万安暴动失败后，河西部分的农军投奔到井冈山，河东部分的农军则转移到了东固革命根据地；于都桥头、里仁暴动受挫后，暴动领导人和部分农军退到了东固革命根据地；吉水水南的革命武装在本地区站不住脚，也转移到东固，不久他们又回到水南，在水南、白沙开辟了红色区域。东固革命根据地为赣西南地区的革命斗争发展积蓄了有生力量，逐渐发展成为赣西南革命根据地武装斗争的核心区域。

1929年2月，毛泽东率红四军与东固革命武装红独二、四团会师以后，对东固革命根据地的斗争经验及革命形式极为赞赏和肯定，并向湘赣边特委推荐，向中央作了报告。东固区域武装割据的经验，极大地丰富了毛泽东关于“工农武装割据”的思想。东固革命根据地的斗争为农村包围城市、武装夺取政权这条独特的中国革命道路的延伸发展，提供了丰富的实践经验，特别是三次反“围剿”战争胜利后形成的一整套红军游击战争战略战术，进一步丰富和发展了毛泽东的军事思想理论宝库。

二、东固革命根据地为人民军队的发展壮大厚植了力量，为我们党确立党对军队的绝对领导这一根本原则和制度提供了坚实的实践依据

东固革命根据地是中国工农红军的重要发祥地之一，创建的地方革命武装是红一方面军的重要源流，为人民军队的建设和发展作出了重要贡献。东固革命根据地创建工农革命军，组建七、九纵队，成立红二、四团的时间，与南昌起义、秋收起义的时间基本上同步，后来按照党中央的部署和地方党组织的决定，都发展或改编成了中国工农红军正规部队，是中央红军的主力部队，为中国革命的胜利和打下人民江山作出了重大贡献。

东固革命根据地红色区域为人民军队的发展壮大充实了力量。1927 年 10 月，根据敖上会议决定，以九区农会农民自卫队为依托，在争取教育、改造段月泉绿林武装的基础上，建立了东固工农革命军。1928 年 2 月，东固工农革命军与永丰、吉水两县暴动后成立的永吉游击队合编，组成江西工农革命军第三师第七纵队。1928 年 9 月又与延福地区的第九纵队合并，组成赣西南第一支地方红军武装工农红军独立第二团；1929 年 2 月，又组建了江西工农红军独立第四团。1930 年 1 月，红二、四团与其他武装力量组建了红六军，后改为红三军。同年 6 月，红三军、红四军、红十二军组建为红一军团，从此红二、四团就成为“朱毛红军”的重要组成部分。以后还发展了红二十军、红二十二军、红三十五军等，成为中央红军的骨干力量。

1929 年 2 月，红四军在最为困难之时，来到有党有红军的东固与当地工农红军红二、四团进行了胜利会师。东固会师为红四军解救了危难，注入了活力，促进了红四军的战术转变和党的建设，为红四军进军赣南、闽西创造了条件。东固会师后，红二、四团和东固群众送了 4000 元银洋和大量子弹及物资给红四军，红四军在东固补充了给养，充实了装备，休整了

一个星期，消除了疲劳，安置了300多名伤病员，不仅摆脱了建军以来最为困难的时期，而且促进了红二、四团的建设和发展，在赣西南革命史上占有重要的地位。毛泽东对红四军东固短期休整曾作过高度评价，他说："如果当年没有东固的一个星期的休整，红四军将被拖垮，更不可能开创赣南革命根据地。"[①] 东固根据地使红四军在危难时刻得到了极其宝贵的休整补充，成为红四军向赣南、闽西进军的新起点和"加油站"，是嗣后中央红军创立和发展的奠基石。

东固革命根据地为我们党确立党对军队绝对领导的根本原则和制度纲领，提供了最初的实践范例。毛泽东率领红四军到达东固后，与李文林领导的红独二、四团会师，东固红军的一些制度规定给他留下了极为深刻的印象。东固革命根据地党指挥枪的成功经验，得到了毛泽东的充分肯定和赞赏。这为毛泽东随后克服红四军中存在的小团体主义、单纯的军事观点、流寇主义、极端民主化等各种非无产阶级思想提供了丰富的实践经验，为之后进一步丰富党的建军理论，确立党对人民军队绝对领导的建军纲领提供了重要的启示和借鉴。他在1929年6月14日给林彪的信中非常感慨地写道："至于二、四团，四军的同志见了他们直是惭愧万分，他们是指导员支配军官的，前五册上军官的名字列在指导员的后面，一个子弹不问过党不能支配，他们是绝对的党领导。这也可以说是帮助四军党的领导加强的原因。""小团体主义不消灭，不能如二、四团一样的完全由集体的党领导，则红军只是一个好听的名称罢了！"[②]

三、东固革命根据地是中央苏区第一、二、三次反"围剿"战争之主战场，是中央革命根据地创立和发展的奠基石，为中央苏区的建设与发展树立了榜样

发端于1927年11月的东固暴动是江西最早的革命武装暴动之一，由

① 《毛泽东回忆和论述东固革命根据地》，中共江西省委党史研究室等编：《东固·赣西南革命根据地史料选编》第一册，中央文献出版社2007年版，第8页。

② 毛泽东：《给林彪的信》（1929年6月14日），《毛泽东文集》第1卷，人民出版社1993年版，第67、69页。

此而创建的东固革命根据地是中国最早的农村革命根据地之一。东固革命根据地从创建，到发展至全盛，到逐渐融入赣西南革命根据地，发展成为赣西南苏区的核心区域，是赣西南革命根据地的重要基础和革命中心。1929年2月的东固会师直接促进了赣南、闽西革命根据地的开辟。1930年至1931年作为前三次反“围剿”战争主战场的东固革命根据地，取得了三次反“围剿”战争的伟大胜利，又直接促进了赣南、闽西苏区连成一片，并与赣南、闽西红色区域共同构成了中央革命根据地的三大支柱，是中央革命根据地创立和发展的重要奠基石，成为中央苏区的重要组成部分。1936年，毛泽东在同埃德加·斯诺的谈话中也说：“一九二八年春天，由李文林和李韶九领导的游击队，开始在江西的兴国和东固活跃起来。这个运动以吉安一带为根据地，这些游击队后来成为第三军的核心，而这个地区本身则成为中央苏维埃政府的根据地。”①

东固革命根据地的发展壮大，引起了以蒋介石为首的国民党反动派的极端仇恨，必欲除之而后快，从1930年10月开始，先后发动了五次对中央苏区的反革命“围剿”。由此，东固革命根据地成为了第一、二、三次反“围剿”战争的主战场。

在第一反“围剿”战争期间，东固、龙冈是主战场。1930年10月底，国民党10万大军向苏区边缘集结。12月上旬，红军总部确定“诱敌深入”的反“围剿”作战方针。毛泽东指出：进剿敌军“长驱直入”，分成多路，每路又成几个梯队，各路、各梯队间的相隔距离较大，这有利于红军集中优势兵力各个击破。12月底，龙冈一战大获全胜，全歼了国民党军第十八师，缴获了大量战利品，并活捉了敌师长张辉瓒，标志着第一次反“围剿”取得完全胜利。

第二次反“围剿”之战中，东固地区既是战略方针的决策地，又是“横扫千军如卷席”的首要战场。1931年4月，国民党反动派调集20万重兵，采用“稳扎稳打、步步为营”的堡垒战术，分四路向苏区大举进

① 《毛泽东一九三六年同斯诺的谈话》，《毛泽东自述》，人民出版社1993年版，第57页。

攻。中共苏区中央局和红军总部经过多次会议研究，最后在东固敖上开会决定仍采取“诱敌深入”的作战方针，利用大山隘口有利地形，集中优势兵力，先打弱敌，然后自西向东横扫。红军主力在东固附近隐蔽。5月中旬，经过白云山战斗、白沙战斗和中村战斗，取得了第二次反“围剿”前三仗的胜利，为最终粉碎敌军的第二次大“围剿”奠定了坚实的基础。

在第三次反“围剿”之战中，东固一带仍是重要战区，赣西南地方部队担任迟滞敌军前进的重要任务，赣西南苏区仍是决定胜利的主战场。1931年7月，蒋介石亲任总指挥，调集30万大军向红军发动了第三次大“围剿”。由于红军主力远在闽西，赣西南地方武装以运动防御和游击战迎敌，向长驱直入、骄横猛进的敌军不断进行袭扰，迟滞其前进。8月初，红军主力千里回师集结于赣西南苏区的兴国西北地区。红军采取“避其锐气，击其惰归”和“诱敌深入，避敌主力，打其虚弱”的作战方针，历时近40天，取得六战皆胜的辉煌战果，彻底粉碎了敌人的第三次大“围剿”。

三次反“围剿”战争的伟大胜利，不仅歼灭了国民党军大量有生力量，基本形成了红军的战略战术原则，而且使以东固革命根据地为核心区域的赣西南苏区不断巩固扩大，为中央苏区的正式创建形成和走向全盛发展奠定了坚实的基础，为随后中华苏维埃共和国的建立创造了有利条件。

东固革命根据地在革命政权建设、经济文化建设等方面的许多实践探索，为随后的中央苏区的建设和发展提供了原创经验，为中华苏维埃共和国的巩固和发展奠定了良好的基础。中央苏区内的各种经济组织如银行、消费社、兵工厂、印刷厂、造币厂、农具厂等，各种文化教育卫生事业机构如学校，医院、邮政、文艺演出队等，各种政府机构序列等，红军的无线电训练班和红军学校等，都可以在东固革命根据地找到它的原生地或原生态形式。特别是东固革命根据地处在白色政权包围之中，立足自力更生、艰苦探索而首创的四个“第一”：第一所红色平民学校——东固平民学校

（1928 年 9 月）；第一个红色金融机构——东固平民银行（1928 年 10 月）；第一个红色消费合作社——东固平民消费合作社（1928 年 12 月）；第一个红色邮局——东固赤色邮政分局（1929 年 3 月）。这四个“第一”，是东固革命根据地的原创、独创，在全国苏区中是最前卫的，而且在时间上是最早的，对江西和中央苏区的经济文化建设，都产生了重要影响[①]。

---

① 余伯流、何友良主编:《中国苏区史》(上册)，江西人民出版社 2011 年版，第 194 页。

附录：东固革命根据地大事记

1926 年

1 月 26 日，吉安最早的党组织中共吉安小组在省立吉安第七师范成立。

3 月下旬，中共吉安小组升级为中共吉安特别支部，由郭化非任书记。

9 月底，吉安县总工会改组，陂头籍共产党员梁一清被选为委员长，东固籍曾炳春任秘书兼码头工会主席，同时相继成立县农会筹备处、商民协会、妇女解放协会等革命群众组织。

同月，东固籍共产党员赖经邦调入吉安县教育局任巡学员，受党组织派遣，利用下乡巡学机会回到家乡东固进行秘密革命活动。

10 月，中共吉安特支派梁一清、周文波、梁明哲回到值夏、新圩、文陂等地，先后建立了中共值夏支部、中共宝善支部，接着又成立了寨前、任家、芳洲、南湖 4 个支部。

10 月 29 日—31 日，吉安县农会筹备处召开吉安县第一次农民代表大会，通过大会宣言，批准了各区农会组织，选举县农会筹备处组成人员，东固籍共产党员高克念任总务常委。

10 月，永丰、吉水、泰和县成立中共支部，不久，三县农会、工会等革命群众组织也相继成立。

11 月，吉水县水南、白沙区农会成立。

同月，吉水县水南区农协召集四五千农民举行反帝游行，捣毁水南天主堂，打伤意大利神父雷元照，并罚款 5000 元银洋；白沙区农会组织农民捉拿大土豪罗广林、周仁游街，罚款 3400 元银洋。

12 月，吉水县水南、白沙区农民自卫队成立。

1927 年

1 月，中共吉安特别支部升级为中共吉安地方执行委员会（简称中共吉安地委），对外称“赣西农运办事处”，由罗石冰任书记。中共吉安地委既是吉安 10 县党的领导机构，也是吉安县党的领导机构。

2 月，东固九区农民协会成立，由梁必芳任常务执委。

同月，吉水水南区党的秘密组织在水北改进小学成立，由龚荣为负责人。

同月，赖经邦以教育局巡学员身份回到东固，东固涧东书院教员刘经化、汪安国、汪云从和篾匠李会风，经赖经邦、高克念介绍加入中国共产党，东固第一个党组织中共东固小组在涧东书院成立，由刘经化任组长。

3 月下旬，吉安县农民协会正式成立，由高克念任总务常委。吉安县农会拨给东固九区农会 9 支长枪，成立农民自卫队。

4 月，东固九区农会向吉安县国民政府呈送《关于立即捉拿大恶霸王初曦的控告书》，列举十大罪状，告发大土豪王初曦。县长周庭藩（秘密共产党员）接受东固人民的要求，案子很快得到处理，在驻吉新编第二师师长叶剑英支持下，由九区农会将王初曦捕押送县，囚禁一月有余。

同月，中共吉水区委成立，刘倬甫任书记，下辖文昌区（水南）、方德区（白沙）等五个支部。

5 月，吉水县民团，水南、白沙区农民自卫队在永丰工人纠察队和永丰县民团配合下，围剿流落在吉水冠山岭一带的北洋军残部何金山部，俘虏八人，缴获银洋 600 多元。

7 月，根据《中国共产党第三次修改章程决议案》精神，撤销中共吉安地委，成立中共吉安县委，由梁明哲任书记，张一道任宣传部长，隶属江西省委领导。值夏、宝善、寨前、任家、芳洲、南湖等党支部和东固党小组受中共吉安县委领导。此后，又增设了水东支部。

8月6日，国民党吉安警备司令、吉安驻军第三军第八师师长朱世贵在江西省主席朱培德指使下，以召开吉安治安联席会议为名，诱捕共产党员、吉安县总工会委员长梁一清，县商民协会会长晏然，县人民自卫队队长钟祥钦等五人，并勒令封闭工会，解散群众组织，收缴自卫队武器，大肆搜捕共产党人和革命群众，史称吉安八六反革命事件。

8月12日，梁一清、晏然、钟祥钦等共产党人和革命同志在吉安中山场被国民党杀害。此时原在吉安活动的共产党员纷纷潜回各地农村，赖经邦、曾炳春、高克念、汪安国等人亦回到东固，开展秘密革命活动。

9月初，中共吉安县委恢复活动，由张一道任书记，县委下设东、南、西、北四个区委。东固属南区区委管辖。

同月，团吉安县委在吉安城恢复办公，先期转入农村的团员陆续回到吉安城。

9月下旬，赖经邦在东固敖上村段蔚林家中主持召开敖上会议。会议分析了当前形势，作出了建立东龙党支部、恢复和发展农民协会、建立东固工农革命军三个重要决定，成为开创东固革命根据地的起点。

9月下旬，东固农民协会成立，赖经邦、曾炳春、刘经化、汪云从、李会凤五人为农会执委。

10月，中共赣西特委在万安成立，由曾延生任特委代表，管辖吉安、万安、永新、莲花、安福等县。

同月，在东龙党支部领导下，收集原九区农协保存的九支枪和赖经邦自佩的两支短枪，精选了二三十名年轻的贫苦农民组建东固工农革命军，由赖经邦任队长。

同月，被裁减的原赣军第三师某部排长李育青率21人、19支枪流落到吉安县北部山区油田路西一带活动，经共产党员李锦云等人说服教育，争取了这支队伍参加革命，建立了油田游击队，由李育青任队长。

同月，江西省委在万安召集吉安、万安等县负责同志会议组织行动委员会，专门指导吉安、万安、永新、莲花、安福县一带秋暴工作。

同月，经赖经邦等人争取，段月泉（又名段起凤）率部20余人、14

支枪从兴国县蜈蚣山到东固参加工农革命军，被任命为东固工农革命军副队长。

11月12日，在曾炳春11月初在南区区委了解到省委、县委暴动计划并探得吉安反动驻军调防，城内空虚，东龙党支部当即决定抓住时机举行暴动的情况下，由赖经邦、曾炳春、段蔚林、段月泉等率领东固工农革命军和群众100余人连夜奔袭富田，准备捉拿罪恶昭著的地方大豪绅王初曦，暴动队伍到达富田王家村时，王初曦已闻风而逃，仅抓获其弟王良照。工农革命军抄了王初曦的家，缴获长枪6支、子弹数十发，把没收到的财产分给当地的贫苦农民，29日返回东固，史称东固暴动。暴动队伍宣传贫苦农民要团结起来，跟共产党闹革命，打倒土豪劣绅。这一行动震撼了靠近东固的邻县，特别是富田到吉安城的新安、新圩、陂头、值夏、永和等地。东固暴动揭开了东固武装斗争的序幕，成为赣西秋暴斗争的前奏。

11月13日，东固暴动队伍大胆地挺进到距吉安城仅10千米的永和圩，打击土豪8人，筹得军饷上万元，以工农革命军及共产党的名义散发传单，张贴标语，宣传工农革命的伟大意义。15日，暴动队伍返回富田，休整三日。

11月18日，东固暴动队伍袭击驻吉水水南天主堂的吉水反动地方武装“文昌自卫队”，缴枪16支，于次日返回富田，驻10余日，筹集物资，充实军需。还召集富田地区的缝纫工给暴动队伍做了数百套军服，然后凯旋回师东固。富田土豪王初曦等11人联名向南京国民政府主席呈文控告赖经邦、曾炳春、刘经化等人，要求派兵拘捕。

12月上旬，赖经邦、段月泉率工农革命军包围永丰沙溪靖卫团，缴枪2支，俘虏团丁2名。

12月12日，富田土豪王初曦率富田、新安、新圩、陂头、值夏“五市联防”靖卫队进攻东固，在敖上大肆抢劫，并烧毁了赖经邦家的房屋。

同月，赖经邦率东固工农革命军转移至永丰、吉水一带打土豪。

12月20日，投奔东固工农革命军的原永丰良村绿林首领梁人杰率部围剿永丰龙冈靖卫团，缴枪11支。

12月21日，江西省委决定创造赣西南割据。由吉安东固、延福一带地方武装会合泰和等地农民暴动，进攻县城，同时在乡村开展游击斗争。

同月，《江西省委军事部工作计划》指出对吉安、万安等县工农军应立即派人前往改组，以便进行整顿和训练工作，并强调设县代表制度。

同月，在赖经邦等人的帮助下秘密成立永丰潭头芹菜坑农民协会。随后在罗坊相继成立12个农会，发展7名党员。成立了归东龙党支部领导的石陂、芹菜坑、卧龙3个党小组。永丰工农革命军成立，由吴江任队长，有队员50余人、30多支枪。

1928年

1月上旬，中共江西省委决定取消赣西、赣南两特委，在赣州成立赣西南特委，由王为宪任书记。特委下设军事委员会，东固工农革命军队长参加军委会，同时公开成立赣西南工农革命委员会，以领导赣西南各地武装暴动。

1月12日，永丰工农革命军在吴江率领下攻打永丰县城未克，遂在县城附近打土豪筹款，后退到潭头与吉水农军会合。这时永丰藤田、石马靖卫团进至沙溪准备攻打农军，永丰、吉水农军与东固工农革命军联合行动，一举击败了靖卫团的进攻，在沙溪一带打游击。

同月，万安暴动失败后，领导人萧子龙、萧玉成率领万安河东农军转移到东固，学习东固武装斗争经验。

同月，中共赣西特委委员曾山、萧道德、萧义亿等深入水东秘密活动，发展党员，建立了中共水东特别支部，驻青原山黄龙桥一带。次年3月撤销。

1月30日，第九纵队出击吉安县塘东枧口钱粮局，逮捕头目曹植清。接着里应外合夜袭吉水阜田靖卫团，俘获全部人枪，首战告捷，史称延福暴动。

2月，赣西南特委批准将东固工农革命军和永丰、吉水工农革命军合编并吸收部分工农群众参加成立江西工农革命军第三师第七纵队，有150多人、80余支枪，由吴江任纵队长，赖经邦任党代表兼参谋长，曾炳春任秘书长。

同月，北洋军散兵何金山部100余人被党组织收编为江西工农革命军第三师第八纵队，由何金山任纵队长。

同月，在吉安油田、塘东游击队基础上吸收部分工农群众参加，改编成立江西工农革命军第三师第九纵队，由李育青任纵队长，黄志道任参谋长，金万邦任党代表。纵队有200多人、160多支枪，下设3个中队。

同月，第七纵队在吉水县三元乡农民配合下到龙头村打土豪筹款，拘捕了土豪陈义礼和陈义祖。

同月，中共东龙区委在东固敖上成立，由高克念任书记，下辖敖上、东固、安乐、江口、南龙、三彩、六渡7个支部。

同月，中共水南支部在吉水华山村成立，由田骏任书记。

同月，永丰县潭头芹溪农民在柏金吾、郭梅、姚振领导下举行暴动，公开成立芹溪农民协会，由叶宗继为常务执委。

同月，第七纵队驻扎东固养军山，在山附近修建了不少军事设施，设立第七纵队后方医院，收治战场上的伤员和生病的官兵，也为地方群众诊治疾病。

是年春，东固地区建立了24个乡村农民协会，会员达4000余人。

3月，第九纵队奉特委之命前往东固集训，与第七纵队会师于永丰良村（今兴国良村）。省委派詹天龙、叶天雷、金万邦等人到东固，加强对七、九纵队的领导，成立了七、九纵队总指挥部，由叶天雷任总指挥，詹天龙任党代表，赖经邦任参谋长，统一指挥七、九纵队的行动。

3月13日，第七纵队在东固区三彩乡淘金坑秘密筹建兵工厂，负责人为谢云龙，厂长为徐发松。

同月，第七纵队捣毁永丰表湖公安分局，抓获分局代理局长刘其昌及巡警谢德胜，就地发动群众，宣传革命。

同月，第七纵队深入永丰、吉水边界地区游击，在沙溪、君埠等地打土豪筹款，赖经邦带领12人枪到永丰沙溪桥背南岸钟山下一带帮助组织发动群众，举行沙溪暴动，组织农民协会。

同月，第九纵队攻打峡江县城，缴枪20多支。

同月，柏金吾奉命到潭头秘密组织中共潭头支部，代号赤潮社。省委决定撤销赣西南特委，恢复赣西、赣南特委。但赣西特委未能恢复，由吉安县委代行职权，管辖吉安、吉水、乐安、永丰、安福、新余、峡江等县党组织。

3月14日，第七纵队在永丰厚村打退国民党军吉安驻军第二十七团第三营的进攻，随后联络吉水水南等处农民武装占据永丰县良村、龙冈、沙溪、潭头、罗坊一带。

3月23日，应于都党组织负责人萧韶、丘倜的邀请，詹天龙、梁人杰带领七、九纵队赴于都支援桥头暴动。暴动受挫，七、九纵队撤回东固，暴动领导人萧韶、丘倜、萧大鹏转移到东固，学习东固革命经验。

4月初，永丰藤田、瑶田游击队配合七、九纵队攻打永丰县城未克，在城外打土豪筹款，随后撤到吉水县白沙。

同月，东龙区委和第七纵队先后几次派人送信去井冈山，沟通了两块根据地的联系。

4月，东固党组织和东固工农革命军经过几个月的英勇奋战，在以东固为中心周边地区的革命斗争取得了成功，发展了党的组织、建立了乡村农会、扩大了革命武装，使这块五县交界之处的东固地区，变成了屹然挺立的革命红色区域，标志着东固革命根据地初步形成。

同月，永丰土豪张荣等68人联名上书南京国民政府，报告永丰、吉水边界工农军活动情况，要求当局速调军队“进剿”。

同月，泰和桥市、中洞、伯佐、诸贤坑等地派人来东固请求帮助，东龙区委派高克念、罗宗清二人去伯佐、诸贤坑等地开展工作，帮助成立农民协会，制定“三抗”（抗租、抗债、抗税）、“五抗”（抗租、抗息、抗债、抗捐、抗税）策略。

同月，第七纵队秘书长曾炳春受吉安县委委派到兴国冰心洞召开中共兴国区委扩大会议，根据八七会议精神讨论并决定兴国武装暴动事项。

5 月初，中共吉安县委派詹天龙、刘启勋到吉水白沙召集吉安、吉水、永丰等县边界地区负责人开会，加紧开展农运工作部署武装暴动。不久，白沙农民举行暴动，捕杀大土豪罗广森、周仁等人，没收其财产分给贫苦农民。

同月，东龙区委派林国家、陈老克等人到泰和桥头帮助成立中洞、潭溪农民协会，在农会领导下集中土枪土炮、马刀梭镖，成立农民自卫队，举行武装暴动，打款土豪，开仓放粮。

同月，詹天龙、段月泉于 15 日率领第七纵队从潭头出发分两路攻打永丰县城。20 日一部在藤田遭敌突袭受挫，人员、枪支、战马稍受损失，部分文件落入敌手。

5 月 19 日，吉水县水南支部书记曾伯雄和龚荣领导水南下车村农民捕杀上车村恶霸曾广运，并公开建立农民武装。次日龚荣、吴立千等人发动水南上车、周坑及西团等地工农五六百人捕杀了下车村土豪曾道志、曾凡香，接着后城村农民也镇压了土豪谢树元，史称水南暴动。

5 月 23 日，中共江西省委致中央信中汇报，已对东固第七纵队游击活动作出了加紧训练的指示。

5 月 24 日，第八纵队纵队长何金山率部公开投敌，次日勾结土豪劣绅会同反动武装“红枪会”围攻周坑村，杀害农会领导人吴立千父亲等七八名革命群众，并烧其房屋。接着袭击龚荣家乡三甲村，把全村民房烧毁，水南支部遭破坏。经特委批准，以武力处决第八纵队为首者，分编余部，取消番号。

5 月下旬，吉安县委在吉安城被破坏，牺牲同志八人，文件完全散失，县委被迫停止活动。

同月，东龙区委对外称红色曙光社，以文化社团面目出现，负责人为胡鸣岗。

同月，袁振亚、吴江组织领导永丰藤田农民举行暴动，接着沙溪、潭头、石马等地也相继暴动。暴动后各地普遍建立农民协会，成立游击队。

同时成立中共沙溪支部，代号列宁社。

同月，担负领导赣西南地区武装暴动的赣西南行动委员会在东固成立，由刘士奇任书记，丘倜、萧韶、詹天龙、赖经邦等任委员，行动委员会在东固开办赣西南干部训练班，培训武装斗争领导人。

6月28日，第七纵队党代表曾炳春率部支援兴国谢云龙领导的崇贤农民暴动，击溃崇贤靖卫团，击毙靖卫团长曾文绚，打击了邹瑞淮等一批恶霸地主，缴枪16支及大批子弹和财物，处决了大龙天星坝土豪罗镰扬、罗爵高，拔掉了东固南面的反动据点，进一步沟通了东固与兴国崇贤一带的联络。

6月30日，赖经邦率领第七纵队和东固工农群众攻打兴国枫边靖卫团，捣毁靖卫团巢穴，但在追歼残敌中遭遇伏兵，赖经邦不幸被捕，于7月1日壮烈牺牲。后段月泉率队痛歼了枫边靖卫团，枫边贫苦农民也借此纷纷举行暴动。

同月，赣南第十五纵队在兴国雷公寨成立，由管开炳任纵队长，朱学玖任党代表，钟声楼任参谋长。

同月，中共白沙支部成立，由郭梅任书记。

7月初，赣西特委在吉安恢复，由贺俊任书记，恢复后的赣西特委兼吉安县委。

7月3日，江西省委报告《江西工作近况》一文称“吉安第七纵队较好，游击颇有成绩，队伍扩大为200余人，130余支枪”。

同月，吉水县水南区西团游击队（后改为水南游击队）成立，由杨金芳任队长，有步枪五支。

同月，第九纵队奉命回延福平乱，在吉安县塘东的逢塘村背松林打败了吉安县油田、安福县枫田靖卫团及一个连的国民党军，歼敌50余名，当场击毙靖卫团长彭家瑶，缴枪约80支，旋即又攻打固江靖卫团，缴枪30多支。

同月，吉安、永丰、吉水、泰和、兴国靖卫团在国民党吉安县长邹松带领下，对东固根据地实行“五县会剿”，兵分四路进攻根据地，毫无收获，便玩弄“招抚”阴谋。曾炳春等率领第七纵队将计就计，出其不意击溃敌军，从而粉碎了敌人的“五县会剿”。

同月，兴国枫边崇贤靖卫团袭击东固，烧毁涧东书院、东龙区委驻地和赖经邦、刘经化家房屋。

同月，刘岱等人化装成卖牛农民送信去井冈山。

8月，富田区农民协会在陂下成立，常委胡家驹、胡家运等，下设办公室，分财政、土地、妇女、工会、赤卫队，少先队与儿童团等组织。

同月，七、九纵队转战分宜、新余、安福等县，先后与国民党一个旅以上的兵力作战二三次，俱获胜利。

9月初，东龙区委筹款在东固创办平民小学，由宋振育任校长，平民小学采用自编课本进行教学。

9月初，赣西特委决定，将江西工农革命军第三师七、九纵队开赴吉水阜田短期休整，在此由赣西特委秘书长李文林主持将七、九纵队合编为江西工农红军独立第二团，由李文林任团长兼团党委书记，段月泉任副团长，刘泽民任参谋长，袁振亚任政治部主任。全团有300余人、160多支枪。红二团党委隶属赣西特委，以东固为大本营开展工农武装割据斗争。

同月，中共吉安县富田陂下支部成立，由胡家驹任书记。

10月初，中共东龙区委改为东固区委，由刘经化任书记，下辖东固、富田、水南、白沙、崇贤、枫边、潭头、沙溪等地20多个党支部。

同月，东龙游击队在东固殷富村万寿宫成立，由刘任贤任队长，刘振邦任秘书。有30余人枪，成立后在边界区域开展游击斗争。

同月，东固区委和红二团筹集银洋8000元（其中红二团捐助4000元）开办东固平民银行，由黄启绶任行长，发行了中国工农红色政权的第一张纸币，纸币分一元、五角、二百文、一百文四种，流通于东固革命根据地以及邻近地区。同月，红二团一部在永丰良村围歼永丰县靖卫团，当场击毙靖卫团长刘醒凡。

同月，红二团在东固山坑创建红军医院，解决了红军中的伤员有所医的问题，医院也为当地群众看病，密切了军民关系。

同月，东固区委在东固村冻坑礼堂开办了“活动分子学习班”，即“干部训练班”，用以培养政治军事干部。

同月底，中共水南区委成立，由张德辉任书记（后叛变）。

11月，江西省委向中央报告中指出“吉安的七、九纵队近亦冲击重围，由兴国跑到吉安北乡来了，该部战斗力很强，曾两次在千余反动军队包围中冲锋而出”。

同月，中共白沙区委成立，由胡珍任书记。

12月10日，红二团东渡赣江，第一次攻克乐安县城，大败守城的靖卫团，毙敌6名，俘敌17名，缴枪57支，镇压衙门录士游高祥和元传宗，接着在乐安大金竹发动群众，打土豪筹款，同时与打入乐安县团练局内部的我地下党组织负责人张英取得联络。

12月20日，为打破敌人经济封锁，保障根据地供给，东固区委筹款成立东固消费合作社，负责人是王金亨。

同日，红二团会同赣南十五纵队攻克兴国县城，俘敌30名，抓获县商团团长吴大鹏，收缴商团枪支110余支，占领了一座兵工厂，打开监狱，救出被押群众100余名。

同日，红二团一部与安福吉安边界游击队在吉安县延福组编为赣西游击第一大队，由周益堂任大队长，罗万任指导员，第一大队特支隶属赣西特委。

同月，红二团在兴国良村击溃前来合击红二团的国民党军刘士毅一部及兴国各乡靖卫团，击毙兴国靖卫团长刘明德。

12月底，红二团返回东固根据地，休整训练，遭到国民党吉安守军七十二团两个连及永丰、吉安、吉水、乐安等县靖卫团袭击，红二团仓促应战失利，次日红二团轻装上阵，全团指战员奋勇作战，大败敌军，打死打伤敌军六七十人，缴枪30余支，夺回部分马匹辎重。

是年，在东固街创办贫农工艺厂，有工人28名，专为七、九纵队生产军用衣被、绑腿、袜子等。

1929 年

1 月初，红二团突袭驻扎在新圩羊角庵的吉安“五市联防”靖卫团，击毙其大队长，缴枪数支。

1 月 8 日，赣南第十六纵队成立，由曾老四任纵队长，张文焕任党代表，钟先桐任参谋长。

同月，赣西特委书记贺俊调省委工作，另调唐在刚任代理书记。

同月，吉水白沙游击队在白沙城上村成立，由郭国昭任队长，张宜任指导员，拥有 24 支土枪和 5 支鸟铳。

同月，驻吉安国民党军金汉鼎部以两个团的兵力在靖卫团的配合下，分四路进犯东固，红二团采取敌来我去，飘忽不定的游击战术转战赣东、赣南，到达宜黄县新丰、候坊一带发动群众、帮助建立农民协会。

1 月 14 日，毛泽东、朱德、陈毅率红四军离开井冈山出击赣南，与敌军屡战失利，处于建军以来困难的时期。

2 月 2 日凌晨，在寻乌县吉潭乡圳下村，红四军军部遭到赣敌刘士毅部两个团和靖卫团近 2000 人的袭击，军部和毛泽东、朱德、陈毅等领导均被敌人围住。红军将士奋不顾身救出毛泽东等领导人脱离危险，三十一团一营党代表毛泽覃腿部负重伤，但率领警卫战士断后的朱德妻子伍若兰却因战斗中受伤被敌人俘去，因坚贞不屈，不久在赣州被敌人杀害。

2 月初，在寻乌县罗福嶂召开了红四军前委扩大会议，为了寻求一个“有党有群众”的地方休整部队，补充给养，安置伤员，毛泽东决定，经瑞金、宁都前往东固，与红二团联系，先在东固找个安身之地，再寻机西渡赣江打回井冈山。

2 月 10 日，红四军在瑞金大柏地一仗，大获全胜。

2 月 13 日，红四军进驻宁都县城。

2 月 15 日，红二团和赣南第十五、十六纵队会师于兴国莲塘，赣西特委雷震东和红二团团长李文林主持召开了江西工农革命军第三师第十五、十六纵队和兴国农民武装党团活动分子会，讨论决定将第十五、十六纵队及部分游击队、赤卫队员及抽调红二团100余名党、团员骨干官兵合编成立江西工农红军独立第四团，由段月泉任团长，金万邦任团党委书记，鄢日新任政治部主任，刘泽民任参谋长。全团下辖4个连，有400多人、300多支枪。

2月16日，红四军到达永丰龙冈。此时正在兴国莲塘的红二团团长李文林得到宁都党组织送来毛泽东关于"调队会师东固"的亲笔信后，即刻带了一连人马赶到永丰龙冈，接应毛泽东、朱德和红四军，并于17日到达东固南龙。

2月17日，毛泽东和朱德率领红四军抵达吉安县东固地区，与江西红军独立第二团、第四团会合。

2月18日，红四军在南龙水西河坝上召开军民大会，毛泽东在会上强调了"三大纪律、六项注意"，要求部队搞好军民团结。当天下午，红四军到达东固圩，东固地方党组织负责人刘经化、高克念等人到红四军总部会见了毛泽东、朱德。

2月20日，红四军在螺坑召开了两军团以上干部和东固地方党组织负责人联席会议。会上，毛泽东询问了红二、四团的政治、军事、组织等情况，同时介绍了红四军的军队建设情况。

2月22日，红四军和红二、四团在东固螺坑石古垯河坝上召开胜利会师大会。毛泽东在会上高度赞扬了东固根据地的成就。会后，派毛泽覃、谢唯俊、陈东日等到红二、四团参加东固革命根据地的领导工作。

2月23日，毛泽东在东固地区云汉堂主持召开了部队和地方党员干部会议，红二、四团干部、东固地方干部以及吉安、兴国、泰和、宁都等地党组织负责人参加了会议。毛泽东在会议上传达了中共六大决议案的主要精神，对根据地政权建设和土地分配作了明确的指示，交流了实行工农武装割据、开展游击斗争等经验。

同月，在东固瑶下设立红军医院，安置红四军伤病员，毛泽东、朱德离开东固前前往看望。

2月25日，赣敌李文彬部逼近东固，红四军离开东固经吉水白沙、永丰等地，东进赣南、闽西开辟根据地，红二、四团则向兴国一带继续游击，以策应红四军进军赣南、闽西。曾金山率队袭击泰和中洞天符庙靖卫团，救出中洞农协负责人左长根等人。

3月，红二、四团配合红四军攻克于都县城。

同月，中共泰和中洞支部成立。

同月，泰和游击队在东坑成立，隶属东固区委领导，由曾金山任队长，在中洞一带打游击。不久，游击队在中洞发动群众召开大会，公开处决中洞大恶霸罗清连，从此中洞桥市一带革命活动逐渐由秘密走向公开。

3月20日，通过对赣南、闽西和东固革命根据地的考察，在福建长汀，毛泽东以红四军前委名义致福建省委并中央的报告。报告首次提出了建立中央革命根据地的构想，从而把红二、团行动纳入红四军前委行动部署之中。

同日，东固赤色邮政分局成立，由钟声佾任局长。从此，苏区建立了以赤色邮政为主，交通站为辅的邮政通信网。

同日，东固山坑红军医院迁至东固瑶下，改为赣西第一后方医院。

3月，东固区委和苏区政府为方便东固人民治病，也为红军伤病能得到及时医治，在东固古街筹办了东固总药材部，总药材部以中、草药为主，兼设门诊部，治疗枪伤、刀伤、毒疮等外科疾患有良效。

同月，赣西特委代理书记唐在刚调离，由江建民代理书记。

3月下旬，李文林领导红二团第二次攻占兴国县城，杀了国民党县长钟老槐。

4月，为培养军事干部和地方干部，红二团以东固干部训练班学员为基础，在东固螺坑成立了东固教导队，由陈东日担任队长，有学员100多人，每天“三操二讲一练”。

4月5日，毛泽东以红四军前委名义向中央建议，利用蒋桂战争爆发之机会，争取江西，同时兼及闽西、浙西，并指出“赣南的希望更大，吉安、永丰、兴国等县的红军第二团、第四团有日益发展之势”。

4月13日，毛泽东以红四军前委名义致信湘赣边特委，介绍并高度赞扬东固游击斗争和秘密割据经验，建议特委应根据东固经验迅速调整斗争部署，改变行动方针。

同日，赣西游击第二大队在东固成立，由原红四军留在东固养伤的干部担任指挥，有枪 40 余支，常在外打游击。

同月，东固农会驻泰和中洞办事处在东坑成立，负责人为罗宗清、胡家驹、郭绍香。

同月，中鹄游击队在中鹄区茅园村成立，由郭椿任队长，王甲天任政委，有队员 20 余名、1 支长枪、1 支短枪、6 支土枪，隶属于中共吉水县委领导。

4 月底，中共江西省委候补常委冯任到吉安任赣西特委书记。

5 月 4 日，中共江西省委军事工作报告详细记载了红二、四团的组织训练装备情况，红二团有官兵 850 余人、步枪 414 支、机枪 3 挺、驳壳枪 30 支、迫击炮 1 门；红四团有枪 400 支（其中好枪仅 160 支）、手枪 18 支。

5 月 9 日，江西省委在给信江特委的信中，高度评价红二、四团牵制赣敌，间接支援了赣东北革命。

5 月 10 日，湘赣边特委在宁冈召开特委二届四次执委扩大会议，根据毛泽东 4 月 13 日代表前委来信介绍的东固秘密割据经验，结合湘赣边实际，改变工作方式，调整了斗争部署。

同月，国民党军第十二师、七十二师之二十一、三十四、三十五、三十六等旅分三路向东固根据地“进剿”，其中第二路军张兴仁部于 13 日占领兴国，李韶九、段月泉率部撤回东固。

同月，赣西第一次党代表大会在东固召开，大会为贯彻中共六大精神，作出了《加强政权建设和加速土地革命大纲》的政治决议，选举产生了新的特委，由冯任任书记。

5 月下旬至 6 月上旬，红二、四团在赣西特委领导下，在东固集中进行政治军事训练，发展了一批共产党员，提高了军队素质，增强了战斗力。至此红二团拥有官兵 900 余人，其中有党员 223 人，团有党委，连有支部，排有小组。

6月初，成立红二、四团行动委员会，由李文林任书记兼二、四团政委，鄢日新任总指挥，李韶九任红二团团长，段月泉任红四团团长，并相应成立了红二、四团政治委员会和军事委员会。

同月，按照赣西南特委的指示，红二、四团统一在东固整训，原红二团教导队改为二、四团教导队，由李介思任队长，萧龙章任支部书记，陈东日任政治部主任（后为金万邦），周子昆任军事教员，曾炳春任政治教员，有学员100多人，学习军事理论知识以及上战场实战。后红二、四团教导队由东固螺坑迁到富田陂下，称“红军学校”。

同月，红二团在乐安、宜黄、南丰、广昌等游击。在宜黄东陂伏击了国民党军第十八师五十二旅的一个营，打死敌人40余名，缴获机枪2挺、步枪30余支，帮助建立革命政权，开辟了东陂红色区域。红四团留在东固、兴国边界和吉水、永丰一带活动。

同月，吉安八乡联防靖卫队改编为吉安县靖卫队，由罗炳辉任大队长，下设4个中队，共300多人，驻吉安县值夏，以扼断东固根据地与吉安之联系。

6月14日，毛泽东于新泉给林彪的信中，高度肯定红二、四团“是绝对的党领导”。

7月，东固区革命委员会成立，由傅月照任主席。革命委员会下设财政、军事、社会保险、教育四部和土地、人民审判两个委员会。东固根据地由秘密割据转为公开建立红色政权。

同月，东固区分了一次田。根据兴国《土地法》“没收一切地主阶级和公共土地”的规定，分配给无地或少地的农民耕种。土地分配的原则是：以乡为单位，按土地肥瘦分甲、乙、丙三等拉平。凡本乡区人民，不分性别，3岁以上的均为1人头，按人头平分，土地所有权则归乡苏维埃政府。

同月，继东固区革命委员会成立后，吉水的中鹄、水南、白沙，泰和的仙槎、仁善，兴国的崇贤、城岗、方太、高兴，吉安的水东等地也先后成立了革命委员会。

同月，赣西特委派出三个巡视员分别到红二、四团和东固指导工作。

同月，永丰、乐安、兴国等县和东固赤色武装集中进攻永丰、乐安县靖卫团，缴枪百余支。

同月，吉水县水南游击队到吉安县城山、小水村一带游击，打土豪，筹款1700多元银洋。

同月，红二团同南丰地方游击队进攻南丰县城。

8月1日，赣西特委根据省委25号通告精神制订8月份工作计划，提出集中全力开展秋收斗争和扩大游击区域，指示红二、四团应返回赣西支援万安、吉水、永丰等秋收斗争，东龙、白沙游击队应尽全力帮助泰和、万安南乡的秋收斗争。

8月上旬，泰和一都农民为抗租抗债遭泰和五乡靖卫团袭击，死亡10余人，被捕百余人。为此，东固、吉泰游击队前去支援，击败敌人。

8月17日，红二团会同南丰洽村、广昌古竹一带赤卫队分两路包围吴文荪靖卫团，攻克广昌县城，打开监狱，救出被捕群众。

8月23日，红二团第二次攻克乐安县城，随后转战万崇、池头一带游击，捉拿万文香、邱高云等土豪10余人，并在万崇等地补充兵员，就地训练，29日进驻招携。

同月，水东特支改为水东区委。

9月1日，陈毅给中央的《关于赣南、闽西、粤东江情况的报告》中指出东固“为江西红军第二团之根据地”，“于都桥头是红四团之根据地”，这两处是“最红的地方可以为赣南群众斗争的代表”。

9月7日，红二团在南丰游击队配合下攻克南丰县城，捕杀英国巡捕一人，然后撤到南丰洽村、瞿村一带组织农民武装，打土豪，抗租废债。

9月上旬，吉水县白沙区农民在二、四团教导队和水南游击队配合下，举行武装暴动，击败白沙地主武装“挨户团”。

9月15日，赣西特委召开第二次全体会议，总结特委四个月来的工作，研究当前任务，改组了常委，由王伯元任书记。

9月25日，民国江西省政府主席鲁涤平派遣湘军第五十师成光耀的一四八旅接替滇军第十二师金汉鼎部进驻吉安，加紧对东固、延福等苏区根据地的进攻。

9月30日，赣西特委在水南开办军事训练班，毛泽覃到训练班讲课。

同月，东固苏区开办了农民夜校九所，有学生300多名，农民夜校的学生大多数是女子。

同月，红二、四团教导队由东固迁到富田陂下村，改为赣西红军学校，由陈东日负责。

10月，策动乐安县靖卫大队队长张英率部共110多名队员、枪80余支起义。大部分队员参加了红军。此后，红二、四团在吉安北部作战七八次，多次获胜。在吉水县三曲滩击败国民党军邓英部一个营，而后又攻取峡江县城，进攻新余，袭击分宜县城，消灭了宜春彬江靖卫团。红四团进攻吉水县城和吉安水东之战，缴枪150支。

同月，赣西革命委员会成立，驻东固，由曾山任主席，成为赣西苏维埃区域过渡性的红色政权机构。

是年秋，毛泽覃、李白芳、易道生、王甲天、蔡拔萃、郭梅等在中鹄区源头（今富滩镇丹村村委会源头）成立中鹄区革命委员会，由易道生任主席。革命委员会机关先后驻源头、施家边、张家渡。中鹄区革命委员会领导张家渡、四达、皂村、富滩、施家边、源头等乡村农民积极开展革命斗争。

10月，在原东固区革命委员会的基础上成立东固区苏维埃政府，下设财政、军事、社会保险、教育四部和土地、人民审判两个委员会。罗宗清、段起凤、胡海、罗绍林、李良愈、古名榜先后任主席，政府机关先后驻南龙、东固等地。直辖23个乡苏维埃政府。

同月，由东固消费合作社总社兴办锅炉厂、农具加工修理厂，铸造犁头、犁壁、铁锅、铁罐等生产、生活用品，修理各种农具，还生产硝盐，缓解食盐紧缺困难。

10月25日，中共赣西特委作出“攻取吉安”的决定，组织总行动委员会和南、北两路行动委员会，成立赣西红军总司令部，并制订了攻吉行动计划。

11月8日，团赣西特委书记曾道懿被捕叛变，吉安城内中共赣西特委、城区工委、共青团赣西特委遭破坏，攻吉计划泄露，省委特派员赵醒吾、赣西特委常委黄宜和申中以及200多位同志、群众牺牲，特委机关被迫迁到吉安县陂头，由刘士奇任代理书记。

11月中旬，中共赣西特委决定，以红二、四团为主力，以红三团及农民赤卫军配合，计划于11月22日强攻吉安城。

11月15日凌晨，罗炳辉率领吉安县靖卫大队180多人、150多支枪，在值夏水北罗家宣布起义。

同日，赣西临时苏维埃政府成立，由曾山任主席，统一领导东固、延福及赣西各县区苏维埃政权，形成赣西苏维埃区域。从此，东固根据地汇入了赣西革命的伟大洪流，进入新的发展时期。

11月16日，在罗炳辉起义影响下，吉安纯化区农民举行暴动，在值夏青云台成立纯化区革命委员会，由刘吉山任主席，机关设在陂头万寿宫。

同月，中鹄区革命委员会在源头改为中鹄区苏维埃政府。郭大元、刘宗耀、施明宣曾先后任区苏维埃政府主席。政府机关先后驻源头。

12月中旬，红二、四团在水东群众武装配合下，消灭了驻防水东的国民党江西省保安第三团第一中队，开辟了从张家渡到水东、天玉沿江数10里的水东苏区，张家渡之战缴枪20余支。

12月15日，水东区革命委员会成立，以水东区农协为基础，创建了水东苏区。

1930年

1月，红四军从福建古田回师江西，月底到达藤田。

同月，纯化区革命委员会富田办事处升格为富田区苏维埃政府，由尹礼煊、匡君铨、曾洪栋、曾守财、曾选锦先后任主席。政府机关先后驻富田陂下、王家、王田，直辖20个乡苏维埃政府。

1月中旬，于田会议召开，会议研究了党的政治任务和红军统一指挥等问题，决定把赣西的地方武装江西红军独立第二、三、四、五团和永新、宁冈、莲花县赤卫队编为红军第六军，以便集中红军主力，积极准备进攻吉安；将赣西特委和湘赣边特委合并为赣西特委；对土地革命、青年团、工会工作等均有详细的讨论和决定；对袁文才、王佐问题进行了讨论并作出了处理。

1月下旬，红六军在万安成立，军以下为旅建制，军长为黄公略，政治委员为刘士奇，参谋长为曾昭汉，政治部主任为毛泽覃。

1月底，毛泽东、朱德率红四军由宁都东韶向吉安进军。

是年初，共产党员李明清等人在水东区的平湖村组织30多人成立赤卫队，后改为水东游击队，由李明清任队长，有18支枪。经常在吉安城区和赣江东岸袭击国民党军队。1930年4月并入中鹄区游击队。

2月6日至9日，毛泽东主持召开陂头会议，即著名的二七会议。会议中心议题是研究武装群众、扩大红军、建立红色政权和分配土地等重大问题。

同日，根据二七会议决定，会上正式成立赣西苏维埃政府，由曾山任主席，机关驻吉安县陂头。

2月14日，前委颁布了关于二七会议的第一号通告。指出不论何地，凡暴动驱逐了豪绅之后，须立即没收土地分与农民。同时，还规定商业资本在2000元以下者不筹款，2000元以上者，要求他们按比例捐助军饷。

同日，二七会议主席团发布了《关于占领吉安建立江西省苏维埃政府》的通告。

2月20日，国民党唐云山独立第十五旅从湖北、南昌、樟树到达吉水县城与吉水乌江一线。红四军前委根据唐云山旅的进占情况，采取“诱敌深入到赤色区域，尔后歼灭之”。号称“铁军”的唐云山独立第十五旅，在同红军不到两天的接触后，全军覆灭。红军共缴获敌步枪3000余支、机枪18挺、迫击炮10余门、子弹150多担，俘敌官兵1600余人。

同月，毛泽东行军途中，在“马背上哼成”《减字木兰花·广昌路上》诗词，盛赞赣西南“十万工农下吉安”的伟大壮举。

同月，水东革命委员会改为水东区苏维埃政府。机关驻水东杨家庄，后由杨家庄迁至中鹄社山。

同月，中国工农红军学校创立，由毛泽东任校长，陈东日任教育长，设置有政治课和军事课，初创时有学员100多人，成立了步枪、迫击炮、特种兵三个军事大队，开办时仅有枪支200余支，直接受赣西南特委领导，主要培养红军基层军官，期满考试合格发给毕业证书，分配到部队或苏维埃政府任职。

同月，在陂头成立赣西少共先锋总队，由汪耀鸣任总队长，下设4个支队、16个大队。

同月，为配合红军攻打吉安，在富田山中村建立赣西南第三后方医院。

3月，东固平民银行改称东固银行，隶属赣西南苏维埃政府财政部。

3月上旬，第二次攻打吉安受阻。红四军和红六军第二纵队经吉水、东固往赣南转移。

3月15日，正式成立赣西南特委和苏维埃政府，再次提出攻打吉安，并成立赣西赤卫军总指挥部。

同日，赣西南第一次妇女代表大会在陂头召开。

同月，纯化区革命委员会改为纯化区苏维埃政府，同时，新圩、桐坑两个办事处撤销。机关驻陂头万寿宫，下辖新圩、陂头等20个乡苏维埃政府。

同月，设立江西省苏维埃政府筹备处。

同月，纯化游击队成立，下辖四个大队、一个警卫连（4月，改为陂头游击队）。

3月22日—29日，赣西南党的第一次代表大会在富田陂下村召开。会议的召开标志着赣西南革命根据地和赣西南苏维埃区域已经形成，东固革命根据地从此完全融入赣西南革命根据地，成为赣西南苏维埃区域的中心。

同月，赣西南赤色邮政总局在富田成立。

同月，在陂头创办列宁小学，学生约300人。

4月，龙子达、邢广洪率各县游击队、泰和独立营、红军学校学生等赣西南地方武装和群众共2万余人，攻打吉安，击败吉水的反动武装“红黄学会”和守望队，恢复了水东、儒林苏区的工作。

5月，赣西南苏维埃政府下设东、西、北和赣南东河、西河五个办事处。黄鉴为东路办事处主任，刘天干为西路办事处主任，周鉴清为北路办事处主任，邱达三为西河办事处主任，萧大鹏为东河办事处主任。

5月9日，中共赣西南特委组织以中央巡视员彭清泉为书记的“攻吉前委”，调集赣西南地方武装和群众10万余人武装包围吉安七天，使吉安守军惊慌失措，豪绅地主和大资本家纷纷逃往南昌。

5月中旬，赣西南中路地方武装单独发动攻吉战斗，在赣江对岸隔河射击，牵制了进攻北路之国民党军。

6月，中国工农红军学校从富田陂下迁到陂头的永慕堂，改称赣西南红军军官学校第三分校，前期由朱德任校长，毛泽东任政委，陈奇涵任教育长，陈东日任学生总队长。学员增加到600多人。

同月，红军后方医院迁入青原山净居寺，收治攻打吉安时的红军伤病员。

同月，中国工农红军第一军团在福建汀州组建，简称红一军团。

同月，中国工农红军第三军团在湖北大冶县成立，简称红三军团。红三军团成立时约1万余人，后发展到1.8万余人。

6月16日，国民党吉安守军换防，中共赣西南特委立即部署攻打吉安城。

6月28日上午，各路队伍将吉安城全面包围，发起总攻。但因武器太差，攻不下守军的工事，加之援兵不及，被迫撤出战斗。

7月1日拂晓，黄公略率领红六军第一、三纵队1万余人，在曾山率领的地方武装配合下，包围吉安，开始攻吉。

7月上旬，以赣西第四纵队、第十一纵队、第二十纵队、第三十纵队为基础在吉安县陂头村正式成立中国工农红军第二十军。全军共有2500余人枪，下辖一七二团、一七三团两个团。

同月，红六军改称红三军，为红一军团建制，改纵队称师，下辖七、八、九三个师。

同月，赣西南赤色总工会在富田成立。

8月5日—11日，中共赣西南特委在吉安县横江街召开第二次全体委员会议（简称“二全会议”），会议由李文林主持。会议的召开，传达贯彻“立三路线”，把赣西南革命根据地的各项工作从原来正确的轨道上滑入了“左”倾错误的轨道。直到1930年10月红一方面军总前委与江西省行委在新余罗坊会议时才最后使赣西南党向正确方向转变。

是年秋，在东固三彩山坑村创办山坑印刷厂，又名列宁书报社，没有铅印，全系油印。

同月，中国工农红军第一方面军在湖南浏阳永和成立，简称红一方面军，由朱德任总司令，毛泽东任总政治委员，朱云卿任总参谋长，杨岳彬任总政治部主任。

8月25日，红二十军、红军学校和青年干部学校学员，并调10万“精勇工农”配合第八次攻打吉安，在吉安城西南郊三天两战，在高沙歼国民党军1个营，击溃1个团，俘获400余人枪。

9月5日，红二十军和北路武装向吉安发起总攻。这次攻吉虽终未能攻进城去，但使吉安已成为一座孤城。

同月，赣西南赤色总工会改为赣西南总工会，驻富田。

9月13日，红一方面军总前委在株洲确定了“由株萍路回师袭击赣敌，以红一军团攻取吉安”的战略决策。

10月4日拂晓，红军和10万赤、少队员向吉安城发起总攻。午夜红军占领吉安城。5日晚，毛泽东、朱德和军团总部进城。史称“九打吉安”。

10月6日，在吉安城成立中共吉安县委和县苏维埃政府，由毛泽覃任书记，杨成芙任主席。

10月6日，中共红一方面军总前委与赣西南特委召开扩大会议，筹备成立江西省苏维埃政府。

10月7日，吉安10余万群众在中山场举行“庆祝吉安暴动胜利大会”，毛泽东、朱德在会上讲了话。会上，宣告在吉安城成立江西省苏维埃政府，为全国第一个有实际意义的省级苏维埃政府。

同月，少共县委在吉安城成立，内设组织部、宣传部。11 月迁至陂头。12 月再迁吉水水南。

同月，江西省苏维埃政府决定在东固平民银行的基础上创办江西工农银行，创设地点为吉安城。

同月，江西省赤色总工会成立，驻吉安。

同月，中共赣西南特委及各级党组织设立妇女机构，县设妇女部，县以下各区均设有妇女会，区妇女会下辖乡、村两级妇女会，村有妇女代表。区以上农协会、工会、共青团等群众团体中也设有妇女会、女工部、青妇部等办事机构。

同月，蒋介石、冯玉祥、阎锡山军阀混战刚结束，蒋介石便调转 10 万兵力，发起了对江西苏区的第一次反革命“围剿”。毛泽东、朱德指挥红一方面军东渡赣江开始反“围剿”。至 1931 年 1 月 3 日，这次战斗共歼国民党军第十八师师部和两个旅近 1 万人，缴获各种武器 9000 余件，无线电台 1 部。

同月，红军攻克吉安县城，吉安惠黎医院戴济民医师在青原山创办红军医院，设内科、外科、轻伤、重伤四个科。

11 月 18 日上午，毛泽东等率留守红军及各机关人员离开吉安城，从值夏七姑岭过赣江，前往永丰藤田与红军主力会合，组织第一次反“围剿”战役。

11 月 20 日，毛泽东在陂头参加省苏维埃政府会议。

12 月 12 日，在富田发生了富田事变。

同月，国民党军第十八师师长张辉瓒率部进占东固，与公秉藩部发生混战，遭到蒋介石臭骂，恼羞成怒，决定在东固大烧大杀三天。

是年，在云楼乡山中村设立赣西南后方医院。

是年，开展土地分配。县、区、乡成立土地委员会，以原耕地为基础，抽多补少，抽肥补瘦，按人口平均分配。

是年下半年，东固警卫营成立，下辖三个连，后改为工农红军独立团，又改为中国工农红军补充师，由胡定坤任师长，补充师专职训练新兵，后东固成立了警卫连。

1931 年

1 月，国民党设立东固特别行政区，纯化乡及儒林 74 都（今东固、富田、新圩、文陂、值夏）归其管辖。

1 月 10 日，红军第一方面军无线电训练班在宁都县小布成立，4 月迁到东固敖上续办。

1 月 17 日，中共赣西南特区委在富田陂下村成立，由陈毅、曾山、陈正人、朱昌偕、杨成芙组成常委会，由陈毅任书记。

1 月 28 日，在东固河坝上召开公审张辉瓒万人军民大会，大会在群情激愤中处决了张辉瓒。

2 月，中华全国总工会苏维埃区域执行局在富田正式成立，同年秋迁往兴国。

4 月 1 日，在第一次“围剿”遭到惨败的蒋介石不甘罢休，纠集 18 个师又 3 个旅共 20 万兵力，对赣西南苏区进行第二次“围剿”。从 5 月 16 日起至 31 日止，赣西南军民 15 天中横扫 700 余里，连打 5 个胜仗，歼敌 3 万余人，缴获枪支 2 万余支，痛快淋漓地粉碎了敌人的第二次“围剿”。

同月，原吉安县组建的儒林区苏维埃政府撤销后，在值夏七姑岭重新组建儒林区苏维埃政府。

同月，苏区中央局扩大会议在东固敖上召开，第四次讨论第二次反“围剿”的战略方针问题。毛泽东在会议上作报告，分析了敌我双方的形势。会议最终确立了毛泽东的“诱敌深入”的作战方针。

4 月下旬至 5 月中旬，红一方面军所辖 3 万人马秘密隐藏在东固，东固及周边地区数 10 万地方武装和人民群众密切配合，准备第二次反“围剿”战斗。

4 月 26 日，国民党空军第三队进驻吉安，对苏区进行侦察和轰炸。

是年夏，国民党政府对苏区实行保甲制。

6月17日，撤销中共赣西南特区委，在富田成立永（丰）吉（安）泰（和）特委，由毛泽覃任书记。另成立赣东、赣南特委及湘赣省委。

同月，省苏维埃政府决定成立庐吉县苏维埃政府，县治驻东固，辖吉安县富田、东固、纯化及吉水的水南、白沙、中鹄、水东、折桂、冠山、螺田等区乡。

同月，永吉泰特委军事部成立，由萧克任部长；永吉泰独立师（又称红军独立第五师）在东固成立，由萧克任师长，毛泽覃任政委。

7月1日，蒋介石调集30万兵力，自任“剿匪”总指挥，采取“分路围攻，长驱直入”战术，对赣西南根据地发动第三次“围剿”。到9月15日方石岭战斗，主力红军连同地方部队和群众武装共击溃敌军7个师，歼敌17个团，毙伤俘敌3万余人，缴获步枪23000余支，机枪170余挺，迫击炮55门，无线电台6部，取得了第三次反“围剿”的胜利。

同月，江西工农银行开始印制铜圆券，纸币面额有铜圆拾枚、伍十枚、壹百枚三种。

8月，国民党撤销东固特别行政区，改设平赤县。

同月下旬，国民党军第五十三师师长李抱冰率部进占东固，用大炮轰击山林，用飞机投掷燃烧弹，引发数日熊熊大火。

9月13日，蒋介石密令第五十三师师长李抱冰撤离东固前，以东固为中心，纵横12.5千米，实行“烧光、杀光、抢光”的“三光”政策，持续七天，杀害老百姓2000多人，烧毁房屋1000多栋。

9月15日，红三军军长黄公略在东固六渡坳被国民党飞机空袭，中弹牺牲。

9月21日，红一方面军第三军军长黄公略追悼大会在兴国县莲塘村举行。毛泽东亲自主持追悼大会并书写了挽联：“广州暴动不死，平江暴动不死，而今竟牺牲，堪恨大祸从天降；革命战争有功，游击战争有功，毕生何奋勇，好教后世继君来”。

11月7日，东固江口人胡海出席在瑞金召开的中华工农兵苏维埃第一次全国代表大会，被选为苏维埃中央执行委员。后被任命为中央土地人民委员部副部长、代部长。

同日，中华工农兵苏维埃第一次全国代表大会决定，为纪念在东固牺牲的红三军军长黄公略，划出吉安（东固、富田、纯化、儒林、水东）、吉水（水南、白沙、冠山、中鹄、折桂）、泰和（罗家圩）共11个区（大致为庐吉县范围）建立公略县，成立中共公略县委和县苏维埃政府，由毛泽覃任县委书记，直属中央苏区江西省领导。

同月，中华苏维埃共和国国家银行成立，江西工农银行随即撤销。

同月，公略县少共县委在水南成立，内设组织部、宣传部、青年妇女委员会、儿童局。

同月，公略县成立后，重新开辟水东工作，在水东设立白区工作站，负责沟通中央苏区与湘赣苏区的联络，并深入吉安城内建立地下联络站，负责收集情报和采购物资。

11月底，公略县苏维埃第一次代表大会在水南松山村召开，毛泽覃主持会议，会议宣布公略县苏维埃政府正式成立，由李衍星任县苏维埃政府主席，梁必洪、曾洪栋任副主席。县苏维埃政府机关驻吉水水南松山，隶属江西省苏维埃政府领导。

1932年

1月，公略县委决定将所辖警卫营、警卫连组建为公略县独立团，由易本章任团长。

同月，水东区委、区苏维埃政府恢复，成为公略县的边缘区。

2月，东固警卫连改编为公略独立团，没有营的建制，直辖四个步兵连，共有500多人、300余支枪。

2月12日，公略独立团及水南警卫队在水东群众配合下，夜袭水东敌军，伤敌10人，缴获机枪1挺、步枪18支及部分军用品。

同月，公略中心县委成立，领导公略、永丰、万泰三个县委和新干、峡江的部分区委，由毛泽覃任书记，中心县委机关先驻吉水水南，后迁往富田陂下村。

3月，中共苏区江西省委根据苏区中央局指示，成立公略中心县苏维埃政府，与中共公略县委、县苏维埃政府合署，胡海、胡发鑫、刘声伦先后任中心县苏维埃政府主席。中心县委、政府机关先驻公略县水南区水南街天主堂，后迁公略县富田区陂下村。

4月，公略中心县委领导的公略、永丰、万泰三个独立团扩编为江西独立第五师，由萧克任师长，毛泽覃任政委。

5月，江西省苏维埃政府召开第一次全省苏维埃工农兵代表大会，正式成立江西省苏维埃政府，由曾山任主席，陈正人、陈家俊任副主席。

6月，国民党第四十三师进犯乌江一线，逼近水南。中共公略中心县委、县苏维埃政府由水南迁往陂头。公略县人民配合红军开始了第四次反“围剿”斗争。

同月，民国政府将江西省划分为13个行政区。第九行政区治吉安，辖吉安、吉水、峡江、永丰、泰和、万安六县。

6月—11月，公略中心县委、县苏维埃政府领导苏区军民开展了一次重新平均分配一切土地的运动。

8月，公略中心县苏维埃政府迁往富田区陂下村办公。

11月，在陂下村召开了公略县苏维埃第三次代表大会，改选胡发鑫为县苏维埃政府主席。

1933年

2月，公略中心县委、县苏维埃政府组织开展扩红运动，永丰、公略、万泰三县先后有1.5万人参加红军，永丰县被誉为“飞机速度扩红”的模范。

6月，中华苏维埃共和国中央政府发出《关于查田运动的训令》，苏区中央局也作出《关于查田运动的决议》，根据《中华苏维埃共和国土地法》，县、区、乡都召开工作人员查田运动大会和贫农团代表大会，决定开展查田斗争，明确查田、查阶级、分田任务。

6月7、8日，公略县模范师1900余人集中在吉水水南加入红军主力部队。

8月初，中共公略县委、县苏维埃政府召开全县区乡主席和土地部长查田大会。会议上确定执行中央政府《关于查田运动的训令》规定的运动路线，即“以农村工人为领导，依靠贫农，兼顾联合中农，削弱富农，消灭地主”的阶级路线。

8月，中共江西省委在富田陂下村召开公略中心县所辖五县党代表大会。大会决定撤销中共公略中心县委，公略县委迁往水南街；成立中共永丰中心县委和中心县苏维埃政府，领导公略、万泰、永丰、新干、峡江五个县委，由李书槐任书记，胡海、胡发鑫、刘声伦先后任永丰中心县苏维埃政府主席。

9月9日，水东区地方武装在大洲上袭击敌人运输船只，打退护送敌轮，缴获木船和木排各1只。

9月16日，国民党第二十三师2个团和保安团2个队共2000余人，包围水东苏区，水东游击队在草坪伏击敌人，击毙、击伤敌军数10人。

是年冬，公略县东固区在江西省第一次工农妇女代表大会上，被评为妇女工作模范区。

12月，东固区统计共有2400人参加红军，占青壮年人口数的34.29%，被中华苏维埃中央临时政府评为“第一模范区”。

1934年

是年初，东固游击队和永丰县潭头游击队合并为东潭独立营，由胡发鑫任营长，有140多人、90多支枪。

4月，因第五次反“围剿”失利，水东苏区全部丧失。

5月24日，国民党军第五十三师六个团由新安向富田推进。当国民党军进至红军伏击圈内时，陈毅率西方军从东、西两侧向国民党军发起攻击。同时，地方武装从富田向新安出击，国民党军处在三面包围之中，被迅速击败。

5月，国民党军进犯公略县开伦、水南、白沙等苏区。中共公略县委、县工农兵政府迁往东固。

7 月，公万兴独立团成立，由胡发鑫任团长，全团共有官兵 700 多人、600 余支枪。

10 月，第五次反“围剿”失利，主力红军战略转移，江西军区司令员陈毅率领军区所属各独立团，在公略、万泰、龙冈、宜黄、洛口一带阻击国民党军。陈毅负伤后由李赐凡继任；中共江西省委书记李富春调任红军总政治部代主任后，省委书记由曾山继任。为了领导游击战争，撤销了江西省苏维埃政府和省军区，成立了江西省军政委员会，由曾山任主席。

11 月，留守苏区的江西省委决定，成立公万兴特委，直属省委领导，辖公略、万泰、兴国三个县委，由徐达志、胡海先后担任特委书记。

是年，民国政府全面推行保甲制度，推行“连坐法”，“一家出匪，全家坐牢”，“为匪、窝匪、通匪者杀全家”。境内许多共产党员、革命干部和群众惨遭杀害。

1935 年

1 月，曾山率领红军独立第一、二、三团，转战至永丰县汉下、上固、龙冈，冲破国民党军在龙冈设置的封锁线后，向东固方向转移。在转移突围中，原江西军区司令员李赐凡牺牲，各独立团由曾山率领，继续转战吉安、吉水一带游击。

1 月 13 日，曾山率部在永丰藤田，与国民党军第五十九师 1 个团激战，摧毁国民党军碉堡 6 个，缴枪 200 多支，俘官兵 100 余人。

3 月，曾山率部在东固与兴国崇贤交界处与中共杨赣特委书记罗孟文率领的独立第十三团会合。

同月，国民党军第七十四师占领苏区东固，分别杀害当地干部 539 人和群众 636 人，烧毁房屋 1000 多栋，抢走大小耕牛 2119 头，抢劫粮食 39.6 万余斤，毁坏农具 3676 件。

同月，在突围中，公万兴特委被打散，特委书记胡海在东固六渡雪溪迳被捕，被押解南昌，于 6 月在南昌英勇牺牲。公万兴独立团团长胡发鑫受伤被敌追捕至山中，坚持斗争至 5 月，此后杳无音信。

4 月，曾山率红军独立第二、四团和游击队，在永丰藤田冲破国民党军封锁线，经石马、北坑、君埠向乐安方向进军。进至君埠时，遭国民党军多路部队包围袭击，红军多数人员被捕和牺牲。曾山冲出重围转移至吉水湖口，坚持秘密斗争。于 5 月间辗转千里到达上海找到党组织，后被派往苏联学习。

5 月，公万兴特委、公万兴独立团停止活动，东固革命根据地完全丢失。

主要参考资料

《毛泽东选集》第1卷，人民出版社1991年版

《毛泽东文集》第1卷，人民出版社1993年版

《毛泽东自述》，人民出版社1993年版

罗孟文：《斗争在杨赣红区与白区》，作家出版社1962年版

中国人民解放军政治学院党史教研室编：《中共党史参考资料》第五册，人民出版社1979年版

江西省档案馆、中共江西省委党校党史教研室编：《中央革命根据地史料选编》上、中、下册，江西人民出版社1982年版

中央档案馆编：《中共中央文件选集》第三册（一九二七年），中共中央党校出版社1983年版

孔永松、林天乙、戴金生编著：《中央革命根据地史要》，江西人民出版社1985年版

井冈山革命根据地党史资料征集编研协作小组、井冈山革命博物馆编：《井冈山革命根据地》上册，中共党史资料出版社1987年版

廖正本、余伯流编著：《赣南革命三十年》，江西高校出版社1992年版

江西省吉安县县志编纂委员会编：《吉安县志》，新华出版社1994年版

中共吉安地委党史办编：《中共吉安党史大事年表》，中央文献出版社1994年版

邓六金：《我与曾山》，新华出版社1999年版

苏多寿、刘勉玉主编：《曾山传》，江西人民出版社1999年版

王青争主编:《永留正气在世间——纪念曾山诞辰100周年文集》，江西人民出版社1999年版

中共新余市委党史资料征集委员会编:《新余人民革命史》，新华出版社2001年版

中共江西省委党史研究室等编:《东固·赣西南革命根据地史料选编》第一册、第二册，中央文献出版社2007年版

张友南、肖居孝、匡小明:《吉安革命史》，国家行政学院出版社2008年版

中共江西省委党史研究室等编:《东固根据地与中国革命道路的开辟——纪念东固革命根据地创建80周年学术讨论会汇集》，中共党史出版社2008年版

尹世洪、祝黄河:《中共党史卷》，江西人民出版社2010年版

黄惠运、石劲松、刘军:《东固革命根据地简史》，四川出版集团巴蜀书社2011年版

江西省吉水县史志档案局编:《中国共产党吉水历史》第一卷（1919—1949），中共党史出版社2011年版

本书编纂委员会编:《中国共产党井冈山地方史》第一卷，中共党史出版社2011年版

余伯流、何友良主编:《中国苏区史》（上册），江西人民出版社2011年版

中共江西省委党史研究室:《中国共产党江西简史》，江西人民出版社2011年版

《中共红四军前委给中央的信》（1929年3月20日），中共中央文献研究室、中央档案局编:《建党以来重要文献选编》（一九二一——一九四九）第六册，中央文献出版社2011年版

《中共红四军前委给湘赣边界特委的信》（1929年4月13日），中共中央文献研究室、中央档案局编:《建党以来重要文献选编》（一九二一——一九四九）第六册，中央文献出版社2011年版

中共吉安县委党史工作办公室编:《中国共产党吉安县历史》第一卷（1921—1949），中共党史出版社 2011 年版

余伯流、陈钢:《井冈山革命根据地史》，江西人民出版社 2014 年版

中共吉安市委党史工作办公室编:《红色吉安丛书·故事篇》，中共党史出版社 2014 年版

中共吉安市委党史工作办公室编:《红色吉安丛书·事件篇》，中共党史出版社 2014 年版

吴俊林主编:《泰和红色记忆》一卷，江西人民出版社 2016 年版

中国井冈山干部学院、中央档案馆编:《红色中华》全编（整理本），江西人民出版社 2016 年版

中共江西省委党史研究室:《曾山传》（修订本），江西人民出版社 2019 年版

唐莲英、叶福林、丁仁祥:《东固革命根据地史论》，华东师范大学出版社 2019 年版

中共永丰县委党史工作办公室:《中国共产党江西省永丰县历史》第一卷（1926—1949），中共党史出版社 2019 年版

吉水县史志档案馆编著:《中央苏区公略县革命史》，江西人民出版社 2020 年版

［美］艾格尼丝·史沫特莱，梅念译:《伟大的道路——朱德的生平和时代》，东方出版社 2005 年版

《红旗日报》，1930 年 12 月 24 日

钟贡勛:《江西农村视察记》，《中央日报》1935 年 3 月 16 日

陈荣华:《略谈东固革命根据地的创建》，《南昌大学学报》1979 年第 3 期

钟平:《此是东井冈》，《江西文史资料选集》1982 年第 1 期

温振春:《东固革命根据地的兵工厂》，《军事历史》1992 年第 3 期

江西省委党史资料征集委员会、中共江西省委党史研究室编:《江西党史资料》第一辑，1987 年印

江西省委党史资料征集委员会、中共江西省委党史研究室编:《江西党史资料》第二辑，1987年印

江西省委党史资料征集委员会、中共江西省委党史研究室编:《江西党史资料》第四辑，1987年印

江西省委党史资料征集委员会、中共江西省委党史研究室编:《江西党史资料》第十辑，1989年印

江西省委党史资料征集委员会、中共江西省委党史研究室编:《江西党史资料》第十四辑，1990年印

江西省委党史资料征集委员会、中共江西省委党史研究室编:《江西党史资料》第二十三辑，1992年印

江西党史现代史学会编:《江西党史论文集》，1983年印

中共吉安县委党史资料征集办公室编:《吉安县党史资料》第一辑，1987年印

江西省吉安县地名办公室编:《江西省吉安县地名志》，1987年印

中共吉安地委党史办、吉安师专政史系、中共吉安县委党史办编:《赣西南革命根据地史》，1993年印

吉安县东固镇志编纂委员会编:《东固镇志》，1995年印

青原区政协文史委编:《红色畲乡东固》，2011年印

《苏区中央局关于第三次反“围剿”作战经过给中央的报告》，1931年10月21日

《顾绥靖主任致王专员温县长胡县长施县长等密电》（1935年3月14日），存新干县档案馆

《第一绥靖司令悬赏缉拿曾山电》（1935年3月26日），存新干县档案馆

罗国倬:《红军北上后的江西游击活动》，永丰县人民革命史办公室1958年12月至1959年几次调访记录综合整理

曾山:《回忆1934年至1935年这段历史》（1967年10月6日），存中央档案馆

后 记

《东固革命根据地斗争史》项目研究编纂工作于 2019 年 11 月开始创意，并拟写编纂提纲。于 2020 年 4 月申报中央党史和文献研究宣传专项引导资金项目资助，同时通过购买服务方式聘请地方党史专家参与组成项目组，启动了项目研究工作。项目于 2020 年 6 月 23 日成功获得中央党史和文献研究宣传引导资金立项资助，是当年江西省县（市、区）党史部门唯一获得资助的国家级项目。

自启动以来，项目组成员集中时间、集中精力，加班加点、昼夜奋战，历时近一年时间，形成初稿，此后又召开多次改稿会、审稿会，并召开党史专家学者咨询会进行咨询评审把关，对书稿进行反复打磨、细心修改，数易其稿，力求精益求精。此后又经过中央党史和文献研究宣传专项引导资金项目领导小组办公室组织的专家组多轮评审把关，终于把这本比较全面系统真实客观反映东固革命根据地革命斗争历程的《东固革命根据地斗争史》，捧到了读者诸君面前。

本书项目组在编委会领导下开展工作，并具体负责项目日常研究编纂工作，邀请了十余名本土党史专家学者、大学教授参与研究编纂。为了搞好项目研究编纂工作，项目组精心收集、梳理了历年来关于东固革命根据地的大量研究资料，不定期组织深入东固革命根据地的中心区域——东固地区，广泛开展调研，采访本土党史专家，考察革命旧居旧址，并赴兴国、于都、寻乌、宁都、吉水、吉安等曾经属于东固革命根据地中心区域或者发展区域的县域开展专题学习考察，精心收集了 600 余万字的第一手资料，为高质量编纂本书奠定了扎实的前期准备工作基础和资料基础。

本书比较详尽地记述了从1927年到1935年，东固革命根据地在中国共产党领导下历经艰辛创建、巩固发展、先后融入赣西南革命根据地和中央革命根据地的艰辛斗争历程及所发生的重大历史事件，在充分吸收提炼以往研究有益成果的基础上，做到了脉络更清晰、定位更精准、记述更系统、史料更充实、观点有创新。特别是对东固暴动与党的领导，东固革命根据地与延福革命根据地的关系，毛泽东在东固的调研指导，东固革命根据地的历史特点、历史贡献与历史地位等方面，进行了深入地调查、论证与阐述，力求更精准地还原历史真实，填补了以往东固革命根据地研究领域的诸多空白，具有一定的学术价值。全书图文并茂，语言平实，融入了诸多民谣、红色诗词、红色故事等，力求更加引人入胜。

本书编纂坚持以编年体为主、记事本末体为辅的体例展开，采用章、节、目三级编纂，以史实陈述为主，做到史论结合。使用规范的现代语体文记述，力求观点正确、体例严谨、内容真实、特色鲜明、资料详实，语言表述力求准确、简洁、严谨、流畅、规范、生动。除引用原文外，均以第三人称记述。凡涉及政区、地名等，有特定称谓的，均以当时称谓记述，重要者在首次出现时括注现时称谓。人物称谓一般直书其名，重要者冠以当时职衔。会议名称专门记述时一般采用全称，或使用规范简称。具有时代特征和地域特点的专用语、缩略语，首次出现时括注说明。本书编纂文字、标点符号、数字、计量单位均遵循国家法律法规有关规定。本书书首设有“前言”和“概述”，书后设有“附录”（“东固革命根据地大事记”，作为对本书的资料补充）、“主要参考资料”和“后记”。

本书编纂得到了中共中央党史和文献研究院、中共江西省委党史研究室、中共吉安市委党史工作办公室和中共吉安市青原区委、吉安市青原区人民政府等单位及有关领导的大力关心、支持、指导和帮助；得到了吉水县史志档案馆、吉安县档案馆、兴国县委党史办、于都县委党史办、寻乌县委党史办、宁都县委史志办等兄弟单位的大力支持；得到了中共吉安市委党史办朱荣辉、李萍，井冈山大学历史系黄惠运，原吉安县委党史办曹小淦，原吉安县人民政府教育督导室刘来兴等党史专家学者的大力指导和帮助；吸收了党史学界同仁关于东固革命根据地历史研究领域的一些有益成果；采用了有关摄影家、美术家创作的一些有关东固革命根据地历史的摄影、美术作品作为本书的配图。在此，谨对给予本书编纂工作大力支持、指导和帮助的各有关单位、各级领导、专家学者、摄影家、美术家表示诚挚的感谢！对为编纂本书付出大量心血和辛勤汗水的各位专家学者和工作人员致以崇高的敬意！

本书封面与内文中的美术作品与照片由东固革命根据地博物馆提供。因年代久远，无法与作者取得联系。恳请有关权利人联系吉安市青原区档案史志馆，我们将按《著作权法》相关规定支付稿酬。本书编纂由于时间仓促、经验不足，加上编者学力有限，存有错漏和不妥之处在所难免，万望广大读者和业内精英批评指正。

编　者

2021 年 4 月 12 日